Arquitetura de software: As partes difíceis

Análises modernas de trade-off para arquiteturas distribuídas

Arquitetura de software: As partes difíceis

Análises modernas de trade-off para arquiteturas distribuídas

Neal Ford, Mark Richards,
Pramod Sadalage & Zhamak Dehghani

ALTA BOOKS
GRUPO EDITORIAL

Rio de Janeiro, 2024

Arquitetura de Software: As Partes Difíceis

Copyright © 2024 ALTA BOOKS

ALTA BOOKS é uma empresa do Grupo Editorial Alta Books (Starlin Alta Editora e Consultoria Ltda.)

Copyright © 2022 Neal Ford, Mark Richards, Pramod Sadalage & Zhamak Dehghani.

ISBN: 978-85-508-1984-6

Authorized Portuguese translation of the English edition of Software Architecture: The Hard Parts ISBN 9781492086895 © 2022 Neal Ford, Mark Richards, Pramod Sadalage & Zhamak Dehghani. This translation is published and sold by permission of O'Reilly Media, Inc., which owns or controls all rights to publish and sell the same. PORTUGUESE language edition published by Grupo Editorial Alta Books Ltda., Copyright © 2024 by STARLIN ALTA EDITORA E CONSULTORIA LTDA.

Impresso no Brasil — 1ª Edição, 2024 — Edição revisada conforme o Acordo Ortográfico da Língua Portuguesa de 2009.

Dados Internacionais de Catalogação na Publicação (CIP) de acordo com ISBD

A772   Arquitetura de Software: as partes difíceis: análises modernas de trade-off para arquiteturas distribuídas / Neal Ford ... [et al.] ; traduzido por Leandro Menegaz. - Rio de Janeiro : Alta Books, 2024.
448 p. : il. ; 15,7cm x 23cm.

Tradução de: Software Architecture: The Hard Parts
Inclui índice e apêndice.
ISBN: 978-85-508-1984-6

1. Ciência da Computação. 2. Arquitetura de Software. I. Ford, Neal. II. Richards, Mark. III. Sadalage, Pramod. IV. Dehghani, Zhamak. V. Menegaz, Leandro. VI. Título.

2023-3639
CDD 004
CDU 004

Elaborado por Vagner Rodolfo da Silva - CRB-8/9410

Índice para catálogo sistemático:
1. Ciência da Computação 004
2. Ciência da Computação 004

Todos os direitos estão reservados e protegidos por Lei. Nenhuma parte deste livro, sem autorização prévia por escrito da editora, poderá ser reproduzida ou transmitida. A violação dos Direitos Autorais é crime estabelecido na Lei nº 9.610/98 e com punição de acordo com o artigo 184 do Código Penal.

O conteúdo desta obra fora formulado exclusivamente pelo(s) autor(es).

Marcas Registradas: Todos os termos mencionados e reconhecidos como Marca Registrada e/ou Comercial são de responsabilidade de seus proprietários. A editora informa não estar associada a nenhum produto e/ou fornecedor apresentado no livro.

Material de apoio e erratas: Se parte integrante da obra e/ou por real necessidade, no site da editora o leitor encontrará os materiais de apoio (download), errata e/ou quaisquer outros conteúdos aplicáveis à obra. Acesse o site www.altabooks.com.br e procure pelo título do livro desejado para ter acesso ao conteúdo..

Suporte Técnico: A obra é comercializada na forma em que está, sem direito a suporte técnico ou orientação pessoal/exclusiva ao leitor.

A editora não se responsabiliza pela manutenção, atualização e idioma dos sites, programas, materiais complementares ou similares referidos pelos autores nesta obra.

Produção Editorial: Grupo Editorial Alta Books
Diretor Editorial: Anderson Vieira
Vendas Governamentais: Cristiane Mutüs
Gerência Comercial: Claudio Lima
Gerência Marketing: Andréa Guatiello

Assistente Editorial: Isabella Gibara
Tradução: Leandro Menegaz
Copidesque: Aline Amaral
Revisão: André Cavanha; Alessandro Thomé
Diagramação: Cristiane Saavedra
Revisão Técnica: William P. Alves
(Desenvolvedor de Software)

Rua Viúva Cláudio, 291 — Bairro Industrial do Jacaré
CEP: 20.970-031 — Rio de Janeiro (RJ)
Tels.: (21) 3278-8069 / 3278-8419
www.altabooks.com.br — altabooks@altabooks.com.br
Ouvidoria: ouvidoria@altabooks.com.br

Editora afiliada à:

Elogios para *Arquitetura de Software: As Partes Difíceis*

"Este livro fornece o manual que faltava sobre a construção de microsserviços e a análise das nuances das decisões arquitetônicas em toda a tech stack. Neste livro, você tem um catálogo de decisões de arquitetura que pode tomar ao construir seu sistema distribuído e quais são os prós e contras associados a cada decisão. Este livro é obrigatório para todo arquiteto que está construindo sistemas distribuídos modernos."

—ALEKSANDAR SERAFIMOSKI,
consultor líder, Thoughtworks

"É uma leitura obrigatória para tecnólogos apaixonados por arquitetura. Grande articulação de padrões."

—VANYA SETH,
chefe de tecnologia, Thoughtworks India

"Se você é um aspirante a arquiteto ou um perito liderando uma equipe, este livro o guiará pelas especificidades de como ter sucesso em sua jornada para criar aplicativos corporativos e microsserviços, e sem enrolação."

—DR. VENKAT SUBRAMANIAM,
autor premiado e fundador da Agile Developer, Inc.

"*Arquitetura de Software: As Partes Difíceis* fornece ao leitor informações valiosas e práticas e exemplos do mundo real sobre como separar sistemas altamente acoplados e construí-los novamente. Ao adquirir habilidades efetivas de análise de trade-off, você começará a tomar melhores decisões de arquitetura."

—JOOST VAN WENEN,
sócio-gerente e cofundador, Infuze Consulting

"Adorei ler este trabalho abrangente sobre arquiteturas distribuídas! Uma grande mistura de discussões sólidas sobre conceitos fundamentais, juntamente com toneladas de conselhos práticos."

—DAVID KLOET,
arquiteto de software independente

"Dividir uma grande bola de lama[1] não é um trabalho fácil. Começando pelo código e chegando aos dados, este livro o ajudará a ver os serviços que devem ser extraídos e os que devem permanecer juntos."

—RUBÉN DÍAZ-MARTÍNEZ,
desenvolvedor de software da Codesai

"Este livro lhe dará uma base teórica e uma estrutura prática para ajudar a responder às perguntas mais difíceis enfrentadas na arquitetura de software moderna."

—JAMES LEWIS,
diretor técnico, Thoughtworks

---

1. Do inglês, *big ball of mud*. Termo popularizado por Brian Foote e Joseph Yoder, em 1997, que remete a um sistema de software que carece de uma arquitetura perceptível (N. do T.).

Sobre os Autores

NEAL FORD é diretor, arquiteto de software e criador de memes na Thoughtworks, uma empresa de software e uma comunidade de indivíduos apaixonados, com propósitos e que pensam de forma disruptiva para fornecer tecnologia que aborde os desafios mais difíceis, ao mesmo tempo em que buscam revolucionar o setor de TI e criar mudanças sociais positivas. É um especialista reconhecido internacionalmente em desenvolvimento e entrega de software, especialmente na interseção de técnicas de engenharia ágil e arquitetura de software. Neal é autor de sete livros (e contando), vários artigos de revistas e dezenas de apresentações em vídeo e tem discursado em centenas de conferências de desenvolvedores em todo o mundo. Seus tópicos incluem arquitetura de software, entrega contínua, programação funcional, inovações de software de ponta e um livro e vídeo focado em negócios sobre como melhorar as apresentações técnicas. Confira seu site: nealford.com.

MARK RICHARDS é um arquiteto de software experiente e prático envolvido na arquitetura, no design e na implementação de arquiteturas de microsserviços, arquiteturas orientadas a serviços e sistemas distribuídos em uma variedade de tecnologias. Ele está na indústria de software desde 1983 e tem experiência e especialização significativas em aplicativos, integração e arquitetura corporativa. Mark é autor de vários livros e vídeos técnicos, incluindo *Fundamentos da Arquitetura de Software*, da série de vídeos "Fundamentos da Arquitetura de Software" e de vários livros e vídeos sobre microsserviços, bem como mensagens corporativas. Mark também é palestrante e instrutor de conferências e falou em centenas de conferências e grupos de usuários em todo o mundo sobre uma variedade de tópicos técnicos relacionados a empresas.

PRAMOD SADALAGE é diretor de dados e DevOps da Thoughtworks. Sua experiência inclui desenvolvimento de aplicativos, desenvolvimento de banco de dados Agile, design de banco de dados evolutivo, design de algoritmos e administração de banco de dados.

ZHAMAK DEHGHANI é diretora de tecnologias emergentes da Thoughtworks. Anteriormente, trabalhou na Silverbrook Research como engenheira de software principal e na Fox Technology como engenheira de software sênior.

Sumário

PREFÁCIO XIII
    Convenções Usadas Neste Livro   XIII
    Usando Exemplos de Código   XIV

1. O que Acontece quando Não Há "Melhores Práticas"? 1
    Por que "As Partes Difíceis"?   2
    Dando Conselhos Atemporais Sobre Arquitetura de Software   3
    A Importância dos Dados na Arquitetura   4
    Registros de Decisão de Arquitetura   5
    Fitness Functions de Arquitetura   6
        Usando Fitness Functions   8
    Arquitetura *versus* Design: Mantendo as Definições Simples   15
    Apresentando a Saga Sysops Squad   17
        Fluxo de Trabalho sem Abertura de Tickets   19
        Fluxo de Trabalho de Tickets   19
        Um Cenário Ruim   20
        Componentes da Arquitetura do Sysops Squad   20
        Modelo de Dados do Sysops Squad   22

PARTE I: SEPARANDO AS COISAS

2. Discernindo o Acoplamento na Arquitetura de Software 27
    Arquitetura (Quantum | Quanta)   30
        Implementável de Forma Independente   32
        Alta Coesão Funcional   33
        Alto Acoplamento Estático   33
        Acoplamento Quântico Dinâmico   40
    A Saga Sysops Squad: Entendendo Quanta   43

3. Modularidade de Arquitetura 47
    Drivers de Modularidade   51
        Manutenibilidade   53
        Testabilidade   56
        Implantabilidade   57
        Escalabilidade   58
        Disponibilidade/Tolerância a Falhas   60
    Saga Sysops Squad: Criando um Caso de Negócios   61

4. Decomposição Arquitetônica 65
    A Base de Código É Decomponível?   67
        Acoplamento Aferente e Eferente   68
        Abstração e Instabilidade   69
        Distância da Sequência Principal   71
    Decomposição Baseada em Componentes   72
    Bifurcação Tática   74
        Trade-Offs   78
    Saga Sysops Squad: Escolhendo uma Abordagem de Decomposição   79

5. Padrões de Decomposição Baseados em Componentes 81
Padrão Identificar e Dimensionar Componentes 84
Descrição do Padrão 84
Fitness Functions para Governança 87
Padrão Reunir Componentes de Domínio Comum 95
Descrição do Padrão 95
Saga Sysops Squad: Reunindo Componentes Comuns 98
Padrão de Componentes Achatados 102
Descrição do Padrão 102
Fitness Functions para Governança 107
Saga Sysops Squad: Achatando Componentes 108
Padrão Determinar as Dependências do Componente 111
Descrição do Padrão 112
Fitness Functions para Governança 116
Saga Sysops Squad: Identificando as Dependências de Componentes 118
Padrão Criar Domínios de Componentes 119
Descrição do Padrão 120
Fitness Functions para Governança 121
Saga Sysops Squad: Criando Domínios de Componentes 122
Padrão Criar Serviços de Domínio 125
Descrição do Padrão 126
Fitness Functions para Governança 128
Saga Sysops Squad: Criando Serviços de Domínio 129
Resumo 130

6. Separando os Dados Operacionais 131
Drivers de Decomposição de Dados 133
Desintegradores de Dados 133
Integradores de Dados 145
Saga Sysops Squad: Justificando a Decomposição do Banco de Dados 148
Decompondo Dados Monolíticos 150
Etapa 1: Analisar o Banco de Dados e Criar Domínios de Dados 155
Etapa 2: Atribuir Tabelas a Domínios de Dados 155
Etapa 3: Separar Conexões de Banco de Dados em Domínios de Dados 157
Etapa 4: Mover Esquemas para Servidores de Banco de Dados Separados 158
Etapa 5: Mudar para Servidores de Banco de Dados Independentes 160
Selecionando um Tipo de Banco de Dados 160
Bancos de Dados Relacionais 162
Bancos de Dados de Chave-valor 164
Bancos de Dados de Documentos 167
Bancos de Dados de Família de Colunas 169
Bancos de Dados de Grafos 171
Bancos de Dados NewSQL 174
Bancos de Dados Nativos da Nuvem 175
Bancos de Dados de Série Temporal 177
Saga Sysops Squad: Bancos de Dados Poliglotas 180

7. Granularidade de Serviço 187
Desintegradores de Granularidade 190
Escopo e Função do Serviço 191
Volatilidade do Código 193
Tolerância a Falhas 195
Segurança 197
Extensibilidade 198
Integradores de Granularidade 199
Transações em Banco de Dados 200
Fluxo de Trabalho e Coreografia 202
Código Compartilhado 205
Relacionamentos de Dados 207
Encontrando o Equilíbrio Certo 209

Saga Sysops Squad: Granularidade de Atribuição de Tickets   211
Saga Sysops Squad: Granularidade do Registro do Cliente   214

PARTE II: JUNTANDO AS COISAS

8. Reutilizar Padrões 221
Replicação de Código   223
    Quando Usar   225
Biblioteca Compartilhada   225
    Gerenciamento de Dependências e Controle de Mudanças 226
    Estratégias de Controle de Versão   228
    Quando Usar   230
Serviço Compartilhado   230
Risco de Alteração   231
    Desempenho   233
    Escalabilidade   234
    Tolerância a Falhas   234
    Quando Usar   235
Sidecars e Malha de Serviços   236
    Quando Usar   240
Saga Sysops Squad: Lógica de Infraestrutura Comum   240
Reutilização de Código: Quando Isso Agrega Valor?   243
    Reutilização Via Plataformas   245
Saga Sysops Squad: Funcionalidade de Domínio Compartilhado   245

9. Propriedade dos Dados e Transações Distribuídas 249
Atribuição de Propriedade de Dados   250
Cenário de Propriedade Única   251
Cenário de Propriedade Comum   252
Cenário de Propriedade Conjunta   253
    Técnica de Divisão de Tabela   254
    Técnica de Domínio de Dados   257
    Técnica de Delegação   258
Técnica de Consolidação de Serviços   261
Resumo da Propriedade de Dados   262
Transações Distribuídas   263
Padrões de Consistência Eventual   268
    Padrão de Sincronização em Segundo Plano   269
    Padrão Baseado em Solicitação Orquestrada   272
    Padrão Baseado em Eventos   277
Saga Sysops Squad: Propriedade de Dados para Processamento de Tickets 279

10. Acesso a Dados Distribuídos 283
Padrão de Comunicação Entre Serviços   285
Padrão de Replicação de Esquema de Coluna   287
Padrão de Cache Replicado   288
Padrão de Domínio de Dados   293
Sysops Squad Saga: Acesso a Dados para Atribuição de Tickets   295

11. Gerenciando Fluxos de Trabalho Distribuídos 299
Estilo de Comunicação de Orquestração   301
Estilo de Comunicação de Coreografia   305
    Gerenciamento do Estado do Fluxo de Trabalho 310

Trade-Offs Entre Orquestração e Coreografia	314
Proprietário do Estado e Acoplamento	314
Saga Sysops Squad: Gerenciando Fluxos de Trabalho	316

12. Sagas Transacionais ... 321

Padrões de Sagas Transacionais	322
Padrão Epic Saga(sao)	323
Padrão Phone Tag Saga(sac)	328
Padrão Fairy Tale Saga(seo)	331
Padrão Time Travel Saga(sec)	334
Padrão Fantasy Fiction Saga(aao)	337
Padrão Horror Story(aac)	339
Padrão Parallel Saga(aeo)	342
Padrão Anthology Saga(aec)	345
Gerenciamento de Estado e Consistência Eventual	347
Máquinas de Estado de Saga	348
Técnicas para Gerenciar Sagas	351
Saga Sysops Squad: Transações Atômicas e Atualizações de Compensação	354

13. Contratos ... 361

Contratos Rígidos *Versus* Flexíveis	363
Trade-Offs Entre Contratos Rígidos e Flexíveis	366
Contratos em Microsserviços	368
Acoplamento de Selo	372
Sobreacoplamento via Acoplamento de Selo	373
Largura de Banda	373
Acoplamento de Selo para Gerenciamento de Fluxo de Trabalho	374
Saga Sysops Squad: Gerenciando Contratos de Abertura de Tickets	375

14. Gerenciando Dados Analíticos ... 379

Abordagens Anteriores	380
O Data Warehouse	380
O Data Lake	385
A Malha de Dados	389
Definição de Malha de Dados	389
Quantum do Produto de Dados	390
Malha de Dados, Acoplamento e Quantum de Arquitetura	393
Quando Usar a Malha de Dados	394
Saga Sysops Squad: Malha de Dados	395

15. Crie Sua Própria Análise de Trade-Offs ... 399

Encontrando Dimensões Emaranhadas	401
Acoplamento	401
Analise os Pontos de Acoplamento	402
Avaliar os Trade-Offs	404
Técnicas de Trade-Off	404
Análise Qualitativa Versus Quantitativa	405
Listas MECE	405
A Armadilha do "Fora de Contexto"	406
Modelo de Casos de Domínio Relevantes	409
Prefira Pontos Principais a Evidências Esmagadoras	411
Evitando Óleo de Cobra e Evangelismo	413
Saga Sysops Squad: Epílogo	417

APÊNDICE A ...	419
APÊNDICE B ...	421
APÊNDICE C ...	423
ÍNDICE ...	427

Prefácio

Enquanto dois de seus autores, Neal e Mark, estavam escrevendo o livro *Fundamentos da Arquitetura de Software*, continuamos nos deparando com exemplos complexos de arquitetura que queríamos abordar, mas que eram muito difíceis. Todos eles não ofereciam soluções fáceis, mas sim uma coleção de trade-offs confusos. Colocamos esses exemplos de lado em uma pilha que chamamos de "As Partes Difíceis". Terminado o livro, olhamos para a agora gigantesca pilha de partes difíceis e tentamos descobrir: *por que esses problemas são tão difíceis de resolver nas arquiteturas modernas?*

Pegamos todos os exemplos e trabalhamos com eles como arquitetos, aplicando a análise de trade-offs para cada situação, mas também prestando atenção ao processo que usamos para chegar aos trade-offs. Uma de nossas primeiras revelações foi a crescente importância dos dados nas decisões de arquitetura: quem pode/deve acessar os dados, quem pode/deve escrever para eles e como gerenciar a separação de dados analíticos e operacionais. Para isso, convidamos especialistas nesses campos para se juntarem a nós, o que permite que este livro incorpore de maneira total a tomada de decisão a partir de ambos os ângulos: arquitetura para dados e dados para arquitetura.

O resultado é este livro: uma coleção de problemas difíceis na arquitetura de software moderna, os trade-offs que tornam as decisões difíceis e, por fim, um guia ilustrado para mostrar como aplicar a mesma análise de trade-off aos seus próprios problemas únicos.

Convenções Usadas Neste Livro

As seguintes convenções tipográficas são usadas neste livro:

Itálico
> Indica termos novos, URLs, endereços de e-mail, nomes de arquivo e extensões de arquivo.

Fonte monoespaçada
> Usada para listagens de programas, bem como dentro de parágrafos para referenciar elementos do programa, como nomes de variáveis ou funções, bancos de dados, tipos de dados, variáveis de ambiente, declarações e palavras-chave.

Fonte monoespaçada em negrito
> Mostra comandos ou outro texto que deve ser digitado pelo usuário.

Fonte monoespaçada em itálico
> Mostra o texto que deve ser substituído por valores fornecidos pelo usuário ou por valores determinados pelo contexto.

 Este elemento significa uma dica ou sugestão.

Usando Exemplos de Código

Material complementar (exemplos de código, exercícios etc.) está disponível para download em *http://architecturethehardparts.com* (conteúdo em inglês).

O propósito deste livro é ajudá-lo a alcançar seus objetivos. Em geral, se um código de exemplo for apresentado, você poderá utilizá-lo em seus programas e em suas documentações. Não é necessário entrar em contato conosco para obter permissão de uso, a menos que esteja reproduzindo uma parte significativa do código. Por exemplo, escrever um programa que utiliza vários blocos de código deste livro não requer permissão. Vender ou distribuir um CD-ROM com exemplos dos livros da Alta Books exigirá permissão. Responder a uma pergunta citando este livro e mencionando um exemplo de código não requer permissão. Mas a inserção de uma quantidade substancial de exemplos de código referente a esta obra na documentação de seu produto exige permissão.

Agradecemos, mas não exigimos, que você use citações ou referência. Uma referência geralmente inclui nome do autor, título, local de publicação, editora e ano da publicação. Por exemplo: "FORD, Neal; RICHARDS, Mark; SADALAGE, Pramod; DEHGHANI, Zhamak. *Arquitetura de Software: As Partes Difíceis*. Rio de Janeiro: Alta Books, 2024."

Agradecimentos

Mark e Neal gostariam de agradecer a todas as pessoas que participaram de nossas aulas (quase exclusivamente online), workshops, sessões de conferência e reuniões de grupos de usuários, bem como todas as outras pessoas que ouviram versões deste material e forneceram um feedback inestimável. Iterar em um novo material é especialmente difícil quando não podemos fazê-lo ao vivo, por isso agradecemos àqueles que comentaram sobre as muitas iterações. Agradecemos à equipe editorial, que tornou essa experiência tão indolor quanto possa ser escrever um livro. Agradecemos também a alguns oásis aleatórios de grupos de preservação da sanidade e de geração de ideias que têm nomes como Pasty Geeks e Hacker B&B.

Obrigado aos que fizeram a revisão técnica do nosso livro — Vanya Seth, Venkat Subramanian, Joost van Weenen, Grady Booch, Ruben Diaz, David Kloet, Matt Stein, Danilo Sato, James Lewis e Sam Newman. Seus insights e comentários valiosos ajudaram a validar nosso conteúdo técnico e a tornar este livro melhor.

Queremos agradecer especialmente aos muitos trabalhadores e às famílias impactados pela inesperada pandemia global. Como trabalhadores do conhecimento, enfrentamos inconveniências que nem se comparam com a enorme disrupção e devastação que se abateu sobre muitos de nossos amigos e colegas em todas as esferas da vida. Nossa compaixão e nosso apreço vão especialmente para os profissionais de saúde, muitos dos quais nunca esperaram estar na linha de frente de uma terrível tragédia global, mas lidaram com isso nobremente. Nossos agradecimentos coletivos nunca poderão ser adequadamente expressos.

Agradecimentos de Mark Richards

Além dos agradecimentos anteriores, mais uma vez agradeço à minha adorável esposa, Rebecca, por me aturar em mais um projeto de livro. Seu apoio e seus conselhos infindáveis ajudaram a fazer este livro acontecer, mesmo quando isso significava que ela deixasse de trabalhar em seu próprio romance. Você significa o mundo para mim, Rebecca. Agradeço também ao meu bom amigo e coautor Neal Ford. Colaborar com você nos materiais deste livro (assim como no nosso último) foi uma experiência realmente valiosa e gratificante. Você é, e sempre será, meu amigo.

Agradecimentos de Neal Ford

Gostaria de agradecer à minha família estendida, à Thoughtworks como um coletivo, e a Rebecca Parsons e Martin Fowler como partes individuais dela. A Thoughtworks é um grupo extraordinário de pessoas que conseguem produzir valor para os clientes, mantendo um olhar atento sobre por que as coisas funcionam para que possamos melhorá-las. A Thoughtworks apoiou este livro de muitas maneiras e continua a desenvolver seus colaboradores, que me desafiam e me inspiram todos os dias. Também agradeço ao nosso clube de coquetéis do bairro por uma fuga regular da rotina, incluindo as versões semanais ao ar livre e socialmente distanciadas que nos ajudaram a sobreviver ao momento estranho que acabamos de viver. Agradeço ao meu amigo de longa data Norman Zapien, que nunca deixa de proporcionar uma conversa agradável. Por fim, agradeço à minha esposa, Candy, que continua a apoiar esse estilo de vida que me faz encarar coisas como escrever livros, em vez de cuidar de nossos gatos.

Agradecimentos de Pramod Sadalage

Agradeço à minha esposa, Rupali, por todo o apoio e compreensão, e às minhas adoráveis meninas, Arula e Arhana, pelo incentivo; papai ama vocês duas. Todo o trabalho que faço não seria possível sem os clientes com quem trabalho e as várias conferências que me ajudaram a iterar os conceitos e o conteúdo. Agradeço à AvidXchange, o cliente mais recente com quem estou trabalhando, por seu suporte e por fornecer um ótimo espaço para iterar novos conceitos. Agradeço também à Thoughtworks por seu apoio contínuo em minha vida, e a Neal Ford, Rebecca Parsons e Martin Fowler, por serem mentores incríveis; todos vocês me fazem uma pessoa melhor. Por fim, agradeço aos meus pais, especialmente à minha mãe, Shobha, de quem sinto saudades todos os dias. *Eu sinto sua falta, MÃE.*

Agradecimentos de Zhamak Dehghani

Agradeço a Mark e Neal por seu convite aberto para contribuir com este incrível corpo de trabalho. Minha contribuição para este livro não teria sido possível sem o apoio contínuo de meu marido, Adrian, e a paciência de minha filha, Arianna. Eu amo vocês dois.

1.
O que Acontece quando Não Há "Melhores Práticas"?

Por que um tecnólogo como um arquiteto de software se apresenta em uma conferência ou escreve um livro? Porque ele descobriu o que é coloquialmente conhecido como uma "melhor prática", um termo tão usado que aqueles que o falam sofrem com uma reação negativa cada vez mais forte. Independentemente do termo, os tecnólogos escrevem livros quando descobrem uma nova solução para um problema geral e querem transmiti-la a um público mais amplo.

Mas o que acontece com esse vasto conjunto de problemas que não têm boas soluções? Existem classes inteiras de problemas na arquitetura de software que não têm boas soluções gerais, mas apresentam um conjunto confuso de trade-offs moldados para um conjunto (quase) igualmente confuso.

Quando você é um desenvolvedor de software, desenvolve habilidades excepcionais na pesquisa online de soluções para seu problema atual. Por exemplo, se você precisa descobrir como configurar uma ferramenta específica em seu ambiente, o uso especializado do Google encontra a resposta.

Mas isso não é verdade para os arquitetos.

Para os arquitetos, muitos problemas apresentam desafios únicos porque combinam o ambiente e as circunstâncias exatas de sua organização — quais são as chances de alguém ter encontrado exatamente esse cenário *e* o ter publicado em um blog ou no Stack Overflow?

Os arquitetos podem se perguntar por que existem tão poucos livros sobre arquitetura em comparação com tópicos técnicos como frameworks, APIs e assim por diante. Arquitetos raramente enfrentam problemas comuns, mas lutam constantemente com a tomada de decisões em novas situações. Para os arquitetos, todo problema é único como um floco de neve. Em muitos casos, o problema é novo não apenas dentro de uma organização em particular, mas em todo o mundo. Não existem livros ou sessões de conferência para esses problemas!

Os arquitetos não devem buscar constantemente soluções mágicas para seus problemas; elas são tão raras agora quanto eram em 1986, quando Fred Brooks cunhou a frase:

> Não há um único desenvolvimento, seja em tecnologia ou técnica de gestão, que por si só prometa uma melhoria de uma ordem de magnitude [dez vezes maior] em uma década em produtividade, confiabilidade e simplicidade.
>
> — Fred Brooks, no artigo "No Silver Bullet"

Como praticamente todos os problemas apresentam novos desafios, o verdadeiro trabalho de um arquiteto reside em sua capacidade de determinar e avaliar objetivamente o conjunto de trade-offs em ambos os lados de uma decisão consequencial para resolvê-lo da melhor maneira possível. Os autores não falam sobre "melhores soluções" (neste livro ou no mundo real) porque "melhor" implica que um arquiteto conseguiu maximizar todos os possíveis fatores concorrentes dentro do projeto. Em vez disso, nosso conselho um tanto irônico é o seguinte:

Não tente encontrar o melhor design na arquitetura de software; em vez disso, esforce-se pela combinação menos ruim de trade-offs.

Frequentemente, o melhor design que um arquiteto pode criar é o conjunto menos ruim de trade-offs — nenhuma característica de arquitetura única se destaca se estiver sozinha, mas o equilíbrio de todas as características de arquitetura concorrentes promove o sucesso do projeto.

O que levanta a questão: "Como um arquiteto pode *encontrar* a combinação menos ruim de trade-offs (e documentá-los de forma eficaz?)" Este livro trata principalmente da tomada de decisões, permitindo que os arquitetos tomem melhores decisões quando confrontados com novas situações.

Por que "As Partes Difíceis"?

Por que chamamos este livro de *Arquitetura de Software: As Partes Difíceis*? Na verdade, o "difícil" no título cumpre dupla função. Primeiro, *difícil* conota *dificuldade*, e arquitetos constantemente enfrentam problemas difíceis que literalmente (e figurativamente) ninguém enfrentou antes, envolvendo inúmeras decisões tecnológicas com implicações de longo prazo em camadas sobre o ambiente interpessoal e político onde a decisão deve ocorrer.

Segundo, *difícil* conota *dureza* — assim como na separação de *hardware* e *software*, o *duro* [hard] deve mudar muito menos porque fornece a base para *macio* [soft]. Da mesma forma, os arquitetos discutem a distinção entre *arquitetura* e *design*, em que a primeira é estrutural e o segundo é mais facilmente alterado. Assim, neste livro, falamos sobre as partes fundamentais da arquitetura.

A própria definição de arquitetura de software proporcionou muitas horas de conversa improdutiva entre seus praticantes. Uma definição favorita um tanto irônica é que "arquitetura de software é a *coisa* que é difícil de mudar mais tarde". É sobre essa *coisa* que trata nosso livro.

Dando Conselhos Atemporais Sobre Arquitetura de Software

O ecossistema de desenvolvimento de software muda e cresce de forma constante e caótica. Tópicos que estavam na moda há alguns anos foram incluídos no ecossistema e desapareceram ou foram substituídos por algo diferente/melhor. Por exemplo, há dez anos, o estilo de arquitetura predominante para grandes empresas era a arquitetura orientada a serviços e orientada por orquestração. Agora, praticamente ninguém mais constrói nesse estilo de arquitetura (por razões que descobriremos ao longo do caminho); o estilo preferido atualmente para muitos sistemas distribuídos são os microsserviços. Como e por que essa transição aconteceu?

Quando os arquitetos olham para um estilo em particular (especialmente um estilo histórico), eles devem considerar as restrições existentes que levam essa arquitetura a se tornar dominante. Na época, muitas empresas estavam se fundindo para se tornarem *empreendimentos*, com todos os problemas de integração decorrentes dessa transição. Além disso, o código aberto não era uma opção viável (geralmente por motivos políticos e não técnicos) para grandes empresas. Assim, os arquitetos enfatizaram recursos compartilhados e orquestração centralizada como solução.

No entanto, nos anos seguintes, o código aberto e o Linux tornaram-se alternativas viáveis, tornando os sistemas operacionais *comercialmente* livres. Mas o verdadeiro ponto de inflexão ocorreu quando o Linux se tornou *operacionalmente* livre com o advento de ferramentas como Puppet e Chef, que permitiram que as equipes de desenvolvimento girassem programaticamente seus ambientes como parte de uma compilação automatizada. Quando esse recurso chegou, ele promoveu uma revolução arquitetônica com microsserviços e a infraestrutura emergente de contêineres e ferramentas de orquestração como o Kubernetes.

O que isso ilustra é que o ecossistema de desenvolvimento de software se expande e evolui de maneiras completamente inesperadas. Um novo recurso leva a outro, que inesperadamente cria novos recursos. Ao longo do tempo, o ecossistema se substitui completamente, uma peça de cada vez.

Isso apresenta um problema antigo para autores de livros sobre tecnologia em geral e arquitetura de software especificamente — como podemos escrever algo que não seja ultrapassado imediatamente?

Não nos concentramos em tecnologia ou outros detalhes de implementação neste livro. Em vez disso, nos concentramos em *como* os arquitetos tomam decisões e como ponderar objetivamente os trade-offs quando apresentados a novas situações. Usamos cenários e exemplos contemporâneos para fornecer detalhes e contexto, mas os princípios subjacentes se concentram na análise de trade-offs e na tomada de decisões quando confrontados com novos problemas.

A Importância dos Dados na Arquitetura

> Os dados são uma coisa preciosa e durarão mais do que os próprios sistemas.
>
> Tim Berners-Lee

Para muitos na arquitetura, os dados são tudo. Toda empresa que constrói qualquer sistema deve lidar com dados, pois eles tendem a viver muito mais do que sistemas ou arquitetura, exigindo pensamento e design diligentes. No entanto, muitos dos instintos dos arquitetos de dados para construir sistemas fortemente acoplados criam conflitos nas arquiteturas distribuídas modernas. Por exemplo, arquitetos e DBAs devem garantir que os dados de negócios sobrevivam à quebra de sistemas monolíticos e que os negócios ainda possam obter valor de seus dados, independentemente das ondulações da arquitetura.

Já foi dito que os *dados são o ativo mais importante de uma empresa*. As empresas desejam extrair valor dos dados que possuem e estão encontrando novas maneiras de implantar dados na tomada de decisões. Todas as partes da empresa agora são orientadas por dados, desde atender clientes existentes até adquirir novos clientes, aumentar a retenção de clientes, melhorar produtos, prever vendas e outras tendências. Essa confiança nos dados significa que toda a arquitetura de software está a serviço dos dados, garantindo que os dados corretos estejam disponíveis e possam ser usados por todas as partes da empresa.

Os autores construíram muitos sistemas distribuídos algumas décadas atrás, quando estes se tornaram populares, mas a tomada de decisões em microsserviços modernos parece mais difícil, e queríamos descobrir o porquê. Acabamos percebendo que, nos primórdios da arquitetura distribuída, ainda mantínhamos dados em um único banco de dados relacional. No entanto, em microsserviços e na aderência filosófica a um *contexto delimitado* do design orientado ao domínio, como forma de limitar o escopo do acoplamento de detalhes de implementação, os dados passaram a ser uma preocupação arquitetural, juntamente com a transacionalidade. Muitas das partes difíceis da arquitetura moderna derivam de tensões entre dados e preocupações de arquitetura, que desvendaremos na Parte I e na Parte II.

Uma distinção importante que abordamos em vários capítulos é a separação entre dados *operacionais* e *analíticos*.

Dados operacionais
> Dados usados para a operação do negócio, incluindo vendas, dados transacionais, estoque, e assim por diante. Esses dados são o que a empresa usa — se algo interromper esses dados, a organização não poderá funcionar por muito tempo. Esses tipos de dados são definidos como *Processamento de Transações Online* [em inglês, *Online Transactional Processing* — OLTP] e normalmente envolvem a inserção, atualização e exclusão de dados em um banco de dados.

Dados analíticos
> Dados usados por cientistas de dados e outros analistas de negócios para previsões, tendências e outras inteligências de negócios. Esses dados geralmente não são transacionais e não são relacionais — podem estar em um banco de dados de grafos ou instantâneos em um formato diferente de seu formato transacional original. Esses dados não são críticos para a operação do dia a dia, mas sim para a direção e decisões estratégicas de longo prazo.

Cobrimos o impacto dos dados operacionais e analíticos ao longo do livro.

Registros de Decisão de Arquitetura

Uma das formas mais eficazes de documentar as decisões de arquitetura é por meio de *Registros de Decisão de Arquitetura* [em inglês, *Architectural Decision Records* — ADRs]. Os ADRs foram primeiramente evangelizados por Michael Nygard em uma postagem de blog e posteriormente marcados como "adotar" no ThoughtWorks Technology Radar. Um ADR consiste em um arquivo de texto curto (geralmente de uma a duas páginas) descrevendo uma decisão de arquitetura específica. Embora os ADRs possam ser escritos usando-se texto simples, eles geralmente são escritos em algum tipo de formato de documento de texto como AsciiDoc ou Markdown. Alternativamente, um ADR também pode ser escrito usando-se um modelo de página wiki. Dedicamos um capítulo inteiro a ADRs em nosso livro anterior, *Fundamentos de Arquitetura de Software*.

Aproveitaremos os ADRs como forma de documentar várias decisões de arquitetura feitas ao longo do livro. Para cada decisão de arquitetura, usaremos o seguinte formato de ADR, com a suposição de que cada ADR seja aprovado:

> *ADR: Uma frase substantiva curta contendo a decisão de arquitetura*
>
> *Contexto*
> Nesta seção, adicionaremos uma breve descrição de uma ou duas frases do problema e listaremos as soluções alternativas.
>
> *Decisão*
> Nesta seção, declararemos a decisão de arquitetura e forneceremos uma justificativa detalhada da decisão.
>
> *Consequências*
> Nesta seção do ADR, descreveremos quaisquer consequências após a aplicação da decisão e também discutiremos os trade-offs que foram considerados.

Uma lista de todos os Registros de Decisão de Arquitetura criados neste livro pode ser encontrada no Apêndice B.

Documentar uma decisão é importante para um arquiteto, mas *governar* o uso adequado da decisão é um tópico separado. Felizmente, as práticas modernas de engenharia permitem automatizar muitas preocupações comuns de governança usando *fitness functions de arquitetura*.

Fitness Functions de Arquitetura

Uma vez que um arquiteto tenha identificado o relacionamento entre os componentes e codificado isso em um projeto, como ele pode garantir que os implementadores aderirão a esse projeto? Mais amplamente, como os arquitetos podem garantir que os princípios de design que eles definem se tornem realidade se não forem eles a implementá-los?

Essas questões se enquadram no título de *governança de arquitetura*, que se aplica a qualquer supervisão organizada de um ou mais aspectos do desenvolvimento de software. Como este livro aborda principalmente a estrutura da arquitetura, abordamos como automatizar os princípios de design e qualidade por meio de fitness functions em muitos lugares.

O desenvolvimento de software evoluiu lentamente ao longo do tempo para adaptar práticas exclusivas de engenharia. Nos primórdios do desenvolvimento de software, uma metáfora de fabricação era comumente aplicada às práticas de software, tanto em casos grandes (como o processo de desenvolvimento em Cascata) quanto nos pequenos (práticas de integração em projetos). No início da década de 1990, um repensar das práticas de engenharia de desenvolvimento de software, liderada por Kent Beck e os outros engenheiros do projeto C3, chamado eXtreme Programming (XP), ilustrou a importância do feedback incremental e da automação como facilitadores-chave da produtividade do desenvolvimento de software. No início dos anos 2000, as mesmas lições foram aplicadas à interseção de desenvolvimento de software e operações, gerando o novo papel do DevOps e automatizando muitas tarefas operacionais anteriormente manuais. Assim como antes, a automação permite que as equipes sejam mais rápidas porque não precisam se preocupar com as coisas dando errado sem um bom feedback. Assim, *automação* e *feedback* tornaram-se princípios centrais para um desenvolvimento de software eficaz.

Considere os ambientes e as situações que levam a avanços na automação. Na era anterior à integração contínua, a maioria dos projetos de software incluía uma longa fase de integração. Esperava-se que cada desenvolvedor trabalhasse em algum nível de isolamento dos outros e, ao final, integrasse todo o código em uma fase de integração. Vestígios dessa prática ainda permanecem nas ferramentas de controle de versão que forçam a ramificação e impedem a integração contínua. Não surpreendentemente, existia uma forte correlação entre o tamanho do projeto e a dor da fase de integração. Ao ser pioneira na integração contínua, a equipe XP demonstrou o valor do feedback rápido e contínuo.

A revolução do DevOps seguiu um curso semelhante. À medida que o Linux e outros softwares de código aberto se tornaram "bons o suficiente" para as empresas, combinados com o advento de ferramentas que permitiam a definição programática de (eventualmente) máquinas virtuais, o pessoal de operações percebeu que poderia automatizar as definições de máquinas e muitas outras tarefas repetitivas.

Em ambos os casos, os avanços em tecnologia e insights levaram à automatização de um trabalho recorrente que era tratado por uma função cara — que descreve o estado atual da governança de arquitetura na maioria das organizações. Por exemplo, se um arquiteto escolhe um determinado estilo de arquitetura ou meio de comunicação, como ele pode garantir que um desenvolvedor o implemente corretamente? Quando feito manualmente, os arquitetos realizam revisões de código ou talvez mantenham comitês de revisão de arquitetura para avaliar o estado da governança. No entanto, assim como na configuração manual de computadores em operação, detalhes importantes podem facilmente cair em revisões superficiais.

Usando Fitness Functions

No livro de 2017 *Building Evolutionary Architectures* [*Construindo Arquiteturas Evolucionárias*, em tradução livre], os autores (Neal Ford, Rebecca Parsons e Patrick Kua) definiram o conceito de uma *fitness function de arquitetura*: qualquer mecanismo que realize uma avaliação objetiva da integridade de alguma característica da arquitetura ou combinação de características da arquitetura.

Qualquer mecanismo
Os arquitetos podem usar uma ampla variedade de ferramentas para implementar fitness functions; mostraremos vários exemplos ao longo do livro. Por exemplo, existem bibliotecas de teste dedicadas a testar a estrutura da arquitetura, os arquitetos podem usar monitores para testar as características da arquitetura operacional, como desempenho ou escalabilidade, e frameworks de engenharia de caos testam a confiabilidade e resiliência — todos exemplos de fitness functions.

Avaliação de integridade objetiva
Um facilitador-chave para a governança automatizada está nas definições objetivas das características da arquitetura. Por exemplo, um arquiteto não pode especificar que deseja um site de "alto desempenho"; ele deve fornecer um valor de objeto que possa ser medido por um teste, monitorador ou outra fitness function.

Os arquitetos devem estar atentos às *características da arquitetura composta* — aquelas que não são objetivamente mensuráveis, mas, na verdade, são compostas de outras coisas mensuráveis. Por exemplo, "agilidade" não é mensurável, mas se um arquiteto começar a separar o termo amplo de *agilidade*, o objetivo é que as equipes possam responder com rapidez e confiança às mudanças, seja no ecossistema ou no domínio. Assim, um arquiteto pode encontrar características mensuráveis que contribuam para a agilidade: implantabilidade, testabilidade, tempo de ciclo, e assim por diante. Muitas vezes, a falta de capacidade de medir uma característica de arquitetura indica uma definição muito vaga. Se os arquitetos se esforçam para obter propriedades mensuráveis, isso permite que eles automatizem a aplicação da fitness function.

Alguma característica de arquitetura ou combinação de características de arquitetura
Esta característica descreve os dois escopos para fitness functions.

Atômica
Essas fitness functions lidam com uma única característica de arquitetura isoladamente. Por exemplo, uma fitness function que verifica os ciclos de componentes em uma base de código tem escopo atômico.

Holística
O contrário são as fitness functions *holísticas*, que validam uma combinação de características de arquitetura. Um aspecto complicado das características da arquitetura é a sinergia que elas às vezes exibem com outras características da arquitetura. Por exemplo, se um arquiteto deseja melhorar a segurança, existe uma boa chance de que isso afete o desempenho. Da mesma forma, escalabilidade e elasticidade às vezes estão em desacordo — o suporte a muitos usuários simultâneos pode dificultar o manuseio de surtos repentinos. As fitness functions holísticas exercem uma combinação de características de arquitetura interligadas para garantir que o efeito combinado não afete negativamente a arquitetura.

Um arquiteto implementa fitness functions para construir proteções em torno de mudanças inesperadas nas características da arquitetura. No mundo do desenvolvimento de software Ágil, os desenvolvedores implementam testes de unidade, funcionais e de aceitação do usuário para validar diferentes dimensões do design de *domínio*. No entanto, até agora, não existia nenhum mecanismo semelhante para validar a parte das *características da arquitetura* do projeto. Na verdade, a separação entre fitness functions e testes de unidade fornece uma boa diretriz de escopo para arquitetos. As fitness functions validam as características da arquitetura, não os critérios de domínio; testes de unidade são o oposto. Assim, um arquiteto pode decidir se uma fitness function ou um teste de unidade é necessário fazendo a pergunta: "É necessário algum conhecimento de domínio para executar este teste?" Se a resposta for "sim", então um teste de aceitação de unidade/função/usuário é apropriado; se "não", então é necessária uma fitness function.

Por exemplo, quando os arquitetos falam sobre *elasticidade*, trata-se da capacidade do aplicativo de resistir a um surto repentino de usuários. Observe que o arquiteto não precisa saber detalhes sobre o domínio — pode ser um site de comércio eletrônico, um jogo online ou qualquer outra coisa. Assim, a *elasticidade* é uma preocupação de arquitetura e está dentro do escopo de uma fitness function. Se, por outro lado, o arquiteto quiser validar as partes corretas de um endereço de correspondência, isso é coberto por um teste tradicional. É claro que essa separação não é puramente binária — algumas funções de aptidão vão tocar no domínio, e vice-versa, mas os diferentes objetivos fornecem uma boa maneira de separá-los mentalmente.

Aqui estão alguns exemplos para tornar o conceito menos abstrato.

Um objetivo comum do arquiteto é manter uma boa integridade estrutural interna na base de código. No entanto, forças malévolas trabalham contra as boas intenções do arquiteto em muitas plataformas. Por exemplo, ao codificar em qualquer ambiente de desenvolvimento Java ou .NET popular, assim que um desenvolvedor faz referência a uma classe ainda não importada, o IDE apresenta uma caixa de diálogo perguntando ao desenvolvedor se ele deseja importar automaticamente a referência. Isso ocorre com tanta frequência que a maioria dos programadores desenvolve o hábito de afastar a caixa de diálogo de importação automática como uma ação reflexa. No entanto, importar classes ou componentes arbitrariamente entre si significa um desastre para a modularidade. Por exemplo, a Figura 1-1 ilustra um antipadrão particularmente prejudicial que os arquitetos desejam evitar.

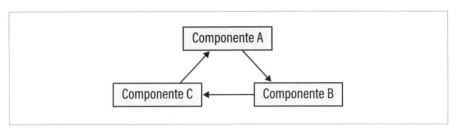

Figura 1-1. Dependências cíclicas entre componentes.

Na Figura 1-1, cada componente faz referência a algo nos outros. Ter uma rede de componentes como essa prejudica a modularidade porque um desenvolvedor não pode reutilizar um único componente sem também trazer os outros. E, claro, se os outros componentes forem acoplados a outros componentes, a arquitetura tende cada vez mais para o antipadrão da Grande Bola de Lama. Como os arquitetos podem controlar esse comportamento sem estar constantemente preocupados com os desenvolvedores sempre prontos a atirar? As revisões de código ajudam, mas acontecem muito tarde no ciclo de desenvolvimento para serem eficazes. Se um arquiteto permitir que uma equipe de desenvolvimento importe desenfreadamente toda a base de código por uma semana até a revisão do código, já terá ocorrido um dano sério na base de código.

A solução para este problema é escrever uma fitness function para evitar ciclos de componentes, como mostrado no Exemplo 1-1.

Exemplo 1-1. Fitness function para detectar ciclos de componentes

```
public class CycleTest {
  private JDepend jdepend;

  @BeforeEach
  void init() {
      jdepend = new JDepend();
      jdepend.addDirectory("/path/to/project/persistence/classes");
      jdepend.addDirectory("/path/to/project/web/classes");
      jdepend.addDirectory("/path/to/project/thirdpartyjars");
  }
```

```
    @Test
    void testAllPackages() {
        Collection packages = jdepend.analyze();
        assertEquals("Cycles exist", false, jdepend.containsCycles());
    }
}
```

No código, um arquiteto utiliza a ferramenta de métricas JDepend para verificar as dependências entre os pacotes. A ferramenta entende a estrutura dos pacotes Java e falha no teste se existir algum ciclo. Um arquiteto pode conectar esse teste à construção contínua de um projeto e parar de se preocupar com a introdução acidental de ciclos por desenvolvedores sempre prontos a atirar. Este é um ótimo exemplo de uma fitness function que protege as práticas importantes e não urgentes do desenvolvimento de software: é uma preocupação importante para os arquitetos, mas tem pouco impacto na codificação do dia a dia.

O Exemplo 1-1 mostra uma fitness function centrada em código de nível muito baixo. Muitas ferramentas populares de qualidade de código (como o SonarQube) implementam muitas fitness functions comuns de maneira completa. No entanto, os arquitetos também podem querer validar a macroestrutura da arquitetura, bem como a micro.

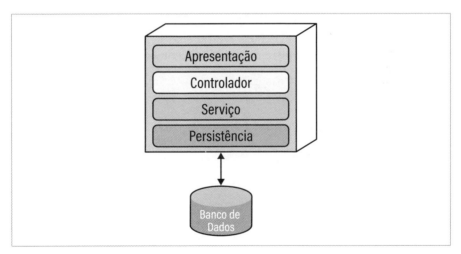

Figura 1-2. Arquitetura tradicional em camadas.

Ao projetar uma arquitetura em camadas, como a da Figura 1-2, o arquiteto define as camadas para garantir a separação das preocupações. No entanto, como o arquiteto pode garantir que os desenvolvedores respeitem essas camadas? Alguns desenvolvedores podem não entender a importância dos padrões, enquanto outros podem adotar uma atitude "melhor pedir perdão do que permissão" por causa de alguma preocupação local predominante, como o desempenho.

Mas permitir que os implementadores corroam as razões da arquitetura prejudica a saúde da arquitetura no longo prazo.

O ArchUnit permite que arquitetos resolvam esse problema por meio de uma fitness function, mostrada no Exemplo 1-2.

Exemplo 1-2. Fitness function ArchUnit para governar camadas

```
layeredArchitecture ()
    .layer("Controller").definedBy("..controller..")
    .layer("Service").definedBy("..service..")
    .layer("Persistence").definedBy("..persistence..")

    .whereLayer("Controller").mayNotBeAccessedByAnyLayer()
    .whereLayer("Service").mayOnlyBeAccessedByLayers("Controller")
    .whereLayer("Persistence").mayOnlyBeAccessedByLayers("Service")
```

No Exemplo 1-2, o arquiteto define o relacionamento desejável entre as camadas e escreve uma fitness function de verificação para governá-lo. Isso permite que um arquiteto estabeleça princípios de arquitetura fora dos diagramas e outros artefatos informativos e os verifique continuamente.

Uma ferramenta semelhante no espaço .NET, a NetArchTest, permite testes para essa plataforma. Uma verificação de camada em C# aparece no Exemplo 1-3.

Exemplo 1-3. NetArchTest para dependências de camada

```
// As classes na apresentação não devem fazer referência direta a repositórios
var result = Types.InCurrentDomain()
    .That()
    .ResideInNamespace("NetArchTest.SampleLibrary.Presentation") .ShouldNot()
    .HaveDependencyOn("NetArchTest.SampleLibrary.Data")
    .GetResult()
    .IsSuccessful;
```

As ferramentas continuam a aparecer nesse espaço com graus crescentes de sofisticação. Continuaremos a destacar muitas dessas técnicas à medida que ilustramos as fitness functions juntamente de muitas de nossas soluções.

Encontrar um resultado objetivo para uma fitness function é fundamental. No entanto, *objetivo* não implica *estático*. Algumas fitness functions terão valores de retorno não contextuais, como *true/false* ou um valor numérico, como um limite de desempenho. No entanto, outras fitness functions (consideradas *dinâmicas*) retornam um valor baseado em algum contexto. Por exemplo, ao medir a *escalabilidade*, os arquitetos medem o número de usuários simultâneos e também geralmente medem o desempenho de cada usuário. Muitas vezes, os arquitetos projetam sistemas para que, à medida que o número de usuários aumenta, o desempenho por usuário diminua um pouco — mas não caia de um penhasco. Assim, para esses sistemas, os arquitetos projetam fitness function de desempenho que levam em consideração o número de usuários simultâneos. Desde que a medida de uma característica da arquitetura seja objetiva, os arquitetos podem testá-la.

Embora a maioria das fitness functions deva ser automatizada e executada continuamente, algumas serão necessariamente manuais. Uma fitness function manual requer uma pessoa para lidar com a validação. Por exemplo, para sistemas com informações jurídicas confidenciais, um advogado pode precisar revisar as alterações em partes críticas para garantir a legalidade, que não pode ser automatizada. A maioria dos pipelines de implantação oferece suporte a estágios manuais, permitindo que as equipes acomodem fitness functions manuais. Idealmente, elas são executadas com a maior frequência possível — uma validação que não é executada não pode validar nada. As equipes executam fitness functions sob demanda (raramente) ou como parte de um fluxo de trabalho de integração contínua (mais comum). Para obter o benefício completo de validações, como fitness functions, elas devem ser executadas continuamente.

A continuidade é importante, conforme ilustrado neste exemplo de governança corporativa usando fitness functions. Considere o seguinte cenário: o que uma empresa faz quando uma exploração de dia zero é descoberta em uma das estruturas ou bibliotecas de desenvolvimento que a empresa usa? Se for como a maioria das empresas, os especialistas em segurança vasculham os projetos para encontrar a versão incorreta da estrutura e garantir que ela esteja atualizada, mas esse processo raramente é automatizado, contando com muitas etapas manuais. Essa não é uma questão abstrata; esse exato cenário afetou uma grande instituição financeira descrita em A Violação de Dados da Equifax. Assim como a governança de arquitetura descrita anteriormente, os processos manuais são propensos a erros e permitem que os detalhes escapem.

A Violação de Dados da Equifax

Em 7 de setembro de 2017, a Equifax, uma das principais agências de pontuação de crédito dos EUA, anunciou que havia ocorrido uma violação de dados. Em última análise, o problema foi atribuído a uma exploração de hackers do popular framework web Struts no ecossistema Java (Apache Struts vCVE-2017-5638). A fundação emitiu um comunicado anunciando a vulnerabilidade e lançou um patch em 7 de março de 2017. O Departamento de Segurança Interna entrou em contato com a

> Equifax e empresas semelhantes no dia seguinte, alertando-as sobre esse problema, e elas executaram varreduras em 15 de março de 2017, o que não revelou todos os sistemas afetados. Assim, o patch crítico não foi aplicado a muitos sistemas mais antigos até 29 de julho de 2017, quando os especialistas em segurança da Equifax identificaram o comportamento de hackers que levou à violação de dados.

Imagine um mundo alternativo em que cada projeto executa um pipeline de implantação e a equipe de segurança tem um "slot" no pipeline de implantação de cada equipe onde podem implantar funções de adequação. Na maioria das vezes, essas serão verificações mundanas preventivas, como impedir que os desenvolvedores armazenem senhas em bancos de dados e tarefas regulares de governança semelhantes. No entanto, quando uma exploração de dia zero aparece, ter o mesmo mecanismo em todos os lugares permite que a equipe de segurança insira um teste em cada projeto que verifique uma determinada estrutura e número de versão — se encontrar a versão perigosa, ele falha na compilação e notifica a equipe de segurança. As equipes configuram pipelines de implantação para despertar em qualquer alteração no ecossistema — código, esquema de banco de dados, configuração de implantação e fitness functions. Isso permite que as empresas automatizem de maneira universal importantes tarefas de governança.

As fitness functions dão muitos benefícios para os arquitetos, entre os quais a chance de fazer alguma codificação novamente! Uma das queixas universais entre os arquitetos é que eles não conseguem mais codificar muito — mas as fitness functions geralmente são código! Ao construir uma especificação executável da arquitetura, que qualquer pessoa pode validar a qualquer momento executando a construção do projeto, os arquitetos devem entender bem o sistema e sua evolução contínua, o que se sobrepõe ao objetivo principal de acompanhar o código do projeto à medida que ele cresce.

Por mais poderosas que sejam as fitness functions, os arquitetos devem evitar usá-las em excesso. Os arquitetos não devem formar uma conspiração e se retirar para uma torre de marfim para construir um conjunto impossivelmente complexo e interligado de fitness functions que meramente frustram desenvolvedores e equipes. Em vez disso, é uma maneira de os arquitetos criarem uma lista de verificação executável de princípios *importantes* mas não *urgentes* em projetos de software. Muitos projetos se afogam na urgência, permitindo que alguns princípios importantes sejam deixados de lado. Essa é a causa frequente de dívida técnica: "Sabemos que isso é ruim, mas voltaremos para consertar depois" — e o depois nunca chega. Ao codificar regras sobre qualidade de código, estrutura e outras proteções contra deterioração em fitness functions que são executadas continuamente, os arquitetos criam uma lista de verificação de qualidade que os desenvolvedores não podem ignorar.

Há alguns anos, o excelente livro *Checklist: Como Fazer as Coisas Bem-feitas*, de Atul Gawande, destacou o uso de listas de verificação por profissionais como cirurgiões, pilotos de avião e outros campos que comumente usam (às vezes por força de lei) listas de verificação como parte de seu trabalho. Não é porque eles não conhecem seu trabalho ou são particularmente esquecidos; quando os profissionais executam a mesma tarefa repetidamente, torna-se fácil enganar a si mesmos quando ela é ignorada acidentalmente, e as listas de verificação evitam isso. As fitness functions representam uma lista de verificação de princípios importantes definidos por arquitetos e executados como parte da construção para garantir que os desenvolvedores não os ignorem acidentalmente (ou propositalmente, devido a forças externas, como pressão de cronograma).

Utilizamos fitness functions ao longo do livro quando surgir uma oportunidade para ilustrar a administração de uma solução arquitetônica, bem como o design inicial.

Arquitetura *versus* Design: Mantendo as Definições Simples

Uma área de constante luta para os arquitetos é manter a *arquitetura* e o *design* como atividades separadas, mas relacionadas. Embora não queiramos entrar na discussão interminável sobre essa distinção, nos esforçamos neste livro para permanecer firmemente no lado da *arquitetura* desse espectro por várias razões.

Primeiro, os arquitetos devem entender os princípios adjacentes da arquitetura para tomar decisões eficazes. Por exemplo, a decisão entre comunicação *síncrona* versus *assíncrona* tem uma série de compensações antes de os arquitetos entrarem em detalhes de implementação. No livro *Fundamentos da Arquitetura de Software*, os autores cunharam a segunda lei da arquitetura de software: *por que* é mais importante do que *como*. Embora, em última análise, os arquitetos devam entender como implementar soluções, eles devem primeiro entender por que uma escolha tem melhores trade-offs do que outra.

Em segundo lugar, ao focar nos conceitos de arquitetura, podemos evitar as inúmeras implementações desses conceitos. Os arquitetos podem implementar a comunicação assíncrona de várias maneiras; focamos o motivo pelo qual um arquiteto escolheria a comunicação assíncrona e deixaria os detalhes da implementação para outro lugar.

Terceiro, se começássemos a implementar todas as variedades de opções que mostramos, este seria o livro mais longo já escrito. O foco nos princípios da arquitetura nos permite manter as coisas tão genéricas quanto possível.

Para manter os assuntos tão fundamentados na arquitetura quanto possível, usamos as definições mais simples possíveis para os conceitos-chave. Por exemplo, o *acoplamento* em arquitetura pode encher livros inteiros (e eles existem). Para esse fim, usamos as seguintes definições, quase simplistas:

Serviço
> Em termos coloquiais, um serviço é uma coleção coesa de funcionalidades implantadas como um executável independente. A maioria dos conceitos que discutimos em relação a serviços se aplica amplamente a arquiteturas distribuídas e, especificamente, arquiteturas de microsserviços.
>
> Nos termos que definimos no Capítulo 2, um *serviço* é parte de um quantum de arquitetura, que inclui outras definições de acoplamento estático e dinâmico entre serviços e outros quanta.

Acoplamento
> Dois artefatos (incluindo serviços) estão acoplados se uma alteração em um pode exigir uma alteração no outro para manter a funcionalidade adequada.

Componente
> Um bloco de construção de arquitetura do aplicativo que executa algum tipo de função de negócios ou infraestrutura, geralmente manifestada por meio de uma estrutura de pacote (Java), namespace (C#) ou um agrupamento físico de arquivos de código-fonte em algum tipo de estrutura de diretório. Por exemplo, o componente Order History pode ser implementado por meio de um conjunto de arquivos de classe localizados no namespace app.business.order.history.

Comunicação síncrona
> Dois artefatos se comunicam de forma síncrona se o chamador precisar aguardar a resposta antes de continuar.

Comunicação assíncrona
> Dois artefatos se comunicam de forma assíncrona se o chamador não esperar pela resposta antes de continuar. Opcionalmente, o chamador pode ser notificado pelo receptor por meio de um canal separado quando a solicitação for concluída.

Coordenação orquestrada
    Um fluxo de trabalho é orquestrado se incluir um serviço cuja principal responsabilidade é coordenar o fluxo de trabalho.

Coordenação coreografada
    Um fluxo de trabalho é coreografado quando falta um orquestrador; em vez disso, os serviços no fluxo de trabalho compartilham as responsabilidades de coordenação do fluxo de trabalho.

Atomicidade
    Um fluxo de trabalho é *atômico* se todas as partes do fluxo de trabalho mantiverem um estado consistente o tempo todo; o oposto é representado pelo espectro de *consistência eventual*, explicado no Capítulo 6.

Contrato
    Usamos o termo *contrato* de maneira ampla para definir a interface entre duas partes de software, que podem abranger chamadas de método ou função, chamadas remotas de arquitetura de integração, dependências, e assim por diante — em qualquer lugar onde dois pedaços de software se juntam, um contrato está envolvido.

A arquitetura de software é, por natureza, abstrata — não podemos saber que combinação única de plataformas, tecnologias, software comercial e outra estonteante variedade de possibilidades nossos leitores podem ter, exceto que não há duas exatamente iguais. Cobrimos muitas ideias abstratas, mas devemos alicerçá-las com alguns detalhes de implementação para torná-las concretas. Para isso, precisamos de um problema para ilustrar os conceitos de arquitetura — o que nos leva ao Sysops Squad.

Apresentando a Saga Sysops Squad

saga
    Uma longa história de conquistas heroicas
        Oxford Languages Dictionary

Discutimos várias *sagas*, tanto literais quanto figuradas. Os arquitetos cooptaram o termo *saga* para descrever o comportamento transacional em arquiteturas distribuídas (que abordamos em detalhes no Capítulo 12). No entanto, as discussões sobre arquitetura tendem a se tornar abstratas, especialmente quando se consideram problemas abstratos como as partes difíceis da arquitetura. Para ajudar a resolver esse problema e fornecer algum contexto do mundo real para as soluções que discutimos, iniciamos uma saga literal sobre o *Sysops Squad*.

Usamos a saga Sysops Squad em cada capítulo para ilustrar as técnicas e os trade-offs descritos neste livro. Embora muitos livros sobre arquitetura de software cubram novos esforços de desenvolvimento, muitos problemas do mundo real existem nos sistemas existentes. Portanto, nossa história começa com a arquitetura existente do Sysops Squad destacada aqui.

A Penultimate Electronics é uma gigante da eletrônica que tem inúmeras lojas de varejo em todo os Estados Unidos. Quando os clientes compram computadores, TVs, aparelhos de som e outros equipamentos eletrônicos, eles podem optar por adquirir um plano de suporte. Quando ocorrem problemas, especialistas em tecnologia voltados para o cliente (o "Sysops Squad") vão à residência do cliente (ou ao escritório) para corrigir problemas com o dispositivo eletrônico.

Os quatro principais usuários do aplicativo de abertura de tickets da Sysops Squad são os seguintes:

Administrador
O administrador mantém os usuários internos do sistema, incluindo a lista de especialistas e seu conjunto de habilidades, localização e disponibilidade correspondentes. O administrador também gerencia todo o processamento de cobrança para clientes que usam o sistema e mantém dados de referência estáticos (como produtos suportados, pares nome-valor no sistema e assim por diante).

Cliente
O cliente se registra no serviço Sysops Squad e mantém seu perfil de cliente, contratos de suporte e informações de cobrança. Os clientes inserem tickets de problemas no sistema e também preenchem pesquisas após a conclusão do trabalho.

Especialista do Sysops Squad
Especialistas recebem tickets de problema e corrigem problemas com base no ticket. Eles também interagem com a base de conhecimento para buscar soluções para os problemas dos clientes e inserir observações sobre os reparos.

Gerente
O gerente acompanha as operações de tickets de problemas e recebe relatórios operacionais e analíticos sobre o sistema geral de tickets de problemas do Sysops Squad.

Fluxo de Trabalho sem Abertura de Tickets

Os fluxos de trabalho sem abertura de tickets incluem as ações executadas por administradores, gerentes e clientes que não estão relacionadas a um ticket de problema. Esses fluxos de trabalho são descritos a seguir:

1. Os especialistas do Sysops Squad são adicionados e mantidos no sistema por meio de um administrador, que insere sua localidade, disponibilidade e habilidades.
2. Os clientes se cadastram no sistema Sysops Squad e têm vários planos de suporte com base nos produtos adquiridos.
3. Os clientes são faturados de maneira automática mensalmente com base nas informações de cartão de crédito contidas em seu perfil. Os clientes podem visualizar o histórico de faturamento e extratos através do sistema.
4. Os gerentes solicitam e recebem vários relatórios operacionais e analíticos, incluindo relatórios financeiros, relatórios de desempenho de especialistas e relatórios de abertura de tickets.

Fluxo de Trabalho de Tickets

O fluxo de trabalho de tickets começa quando um cliente insere um ticket de problema no sistema e termina quando o cliente conclui a pesquisa após a conclusão do reparo. Esse fluxo de trabalho é descrito da seguinte forma:

1. Os clientes que adquiriram o plano de suporte inserem um ticket de problema usando o site do Sysops Squad.
2. Uma vez que um ticket de problema é inserido no sistema, o sistema determina qual especialista do Sysops Squad seria o mais adequado para o trabalho com base nas habilidades, na localização atual, área de serviço e disponibilidade (livre ou em um trabalho no momento).
3. Uma vez atribuído, o ticket de problema é carregado para um aplicativo móvel personalizado dedicado no dispositivo móvel do especialista do Sysops Squad. O especialista também é notificado por uma mensagem de texto de que tem um novo ticket de problema.
4. O cliente é notificado por uma mensagem de texto SMS ou e-mail (com base em sua preferência de perfil) que o especialista está a caminho.
5. O especialista usa o aplicativo móvel personalizado em seu telefone para recuperar as informações e a localização do ticket. O especialista do Sysops Squad também pode acessar uma base de conhecimento

por meio do aplicativo móvel para descobrir o que foi feito no passado para corrigir o problema.
6. Depois que o especialista corrigir o problema, ele marcará o ticket como "concluído". O especialista do Sysops Squad pode adicionar informações sobre o problema e reparar a base de conhecimento.
7. Após o sistema receber a notificação de que o ticket foi concluído, ele envia um e-mail ao cliente com um link para uma pesquisa, que o cliente preenche.
8. O sistema recebe a pesquisa concluída e registra as informações desta.

Um Cenário Ruim

As coisas não estão boas com o aplicativo de tickets de problemas do Sysops Squad ultimamente. O atual sistema de registro de ticket de problemas é um grande aplicativo monolítico que foi desenvolvido há muitos anos. Os clientes estão reclamando que os consultores nunca aparecem por causa de tickets perdidos, e muitas vezes o consultor errado aparece para consertar algo sobre o qual eles não sabem nada. Os clientes também têm reclamado que o sistema nem sempre está disponível para inserir novos tickets de problema.

A mudança também é difícil e arriscada nesse grande monólito. Sempre que uma mudança é feita, geralmente demora muito e outra coisa geralmente dá errado. Devido a problemas de confiabilidade, o sistema Sysops Squad frequentemente "congela" ou trava, resultando na indisponibilidade de todas as funcionalidades do aplicativo de cinco minutos a duas horas enquanto o problema é identificado e o aplicativo reiniciado.

Se algo não for feito em breve, a Penultimate Electronics será forçada a abandonar a lucrativa linha de negócios de contrato de suporte e demitir todos os administradores, especialistas, gerentes e equipe de desenvolvimento de TI do Sysops Squad.

Componentes da Arquitetura do Sysops Squad

O sistema monolítico para o aplicativo Sysops Squad lida com gestão de tickets, relatórios operacionais, registro de clientes e faturamento, bem como funções administrativas gerais, como manutenção de usuários, login e habilidades de especialistas e manutenção de perfis. A Figura 1-3 e a Tabela 1-1 correspondente ilustram e descrevem os componentes do aplicativo monolítico existente (a parte ss. do namespace especifica o contexto do aplicativo Sysops Squad).

1. O QUE ACONTECE QUANDO NÃO HÁ "MELHORES PRÁTICAS"?

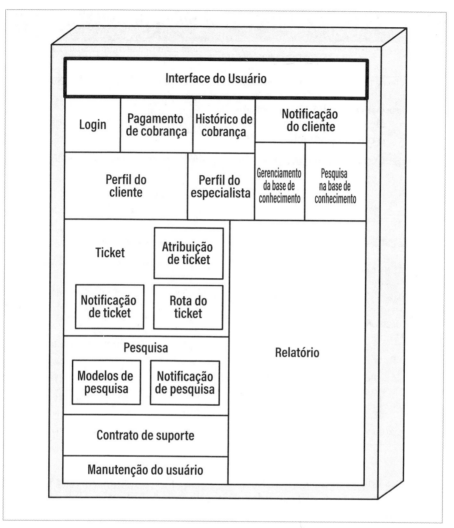

Figura 1-3. Componentes dentro do aplicativo Sysops Squad.

Tabela 1-1. Componentes existentes do Sysops Squad

Componente	Namespace	Responsabilidade
Login	ss.login	Login interno de usuário e cliente e lógica de segurança.
Pagamento de Cobrança	ss.billing.payment	Cobrança mensal do cliente e informações do cartão de crédito do cliente.
Histórico de Cobrança	ss.billing.history	Histórico de pagamentos e extratos de cobrança anteriores.

Componente	Namespace	Responsabilidade
Notificação do Cliente	ss.customer.notification	Notificar o cliente sobre cobrança, informações gerais.
Perfil do Cliente	ss.customer.profile	Manter o perfil do cliente, cadastro de clientes.
Perfil do Especialista	ss.expert.profile	Manter o perfil do especialista (nome, localização, habilidades etc.).
Man. BC	ss.kb.maintenance	Manter e visualizar itens na base de conhecimento.
Pesquisa BC	ss.kb.search	Motor de consulta para pesquisar a base de conhecimento.
Relatório	ss.reporting	Todos os relatórios (especialistas, tickets, financeiros).
Ticket	ss.ticket	Criação de ticket, manutenção, conclusão, código comum.
Atribuição de Ticket	ss.ticket.assign	Encontrar um especialista e atribuir o ticket.
Notificação de Ticket	ss.ticket.notify	Notificar o cliente de que o especialista está a caminho.
Rota do Ticket	ss.ticket.route	Enviar o ticket para o aplicativo de dispositivo móvel dos especialistas.
Contrato de Suporte	ss.supportcontract	Contratos de suporte para clientes, produtos no plano.
Pesquisa	ss.survey	Manter pesquisas, capturar e registrar resultados de pesquisas.
Notificação de Pesquisa	ss.survey.notify	Enviar e-mail de pesquisa ao cliente.
Modelos de Pesquisa	ss.survey.templates	Manter várias pesquisas com base no tipo de serviço.
Manutenção do Usuário	ss.users	Manter usuários e funções internas.

Esses componentes serão usados em capítulos subsequentes para ilustrar várias técnicas e trade-offs ao lidar com a divisão de aplicativos em arquiteturas distribuídas.

Modelo de Dados do Sysops Squad

O aplicativo Sysops Squad, com seus vários componentes listados na Tabela 1-1, usa um único esquema no banco de dados para hospedar todas suas tabelas e o código do banco de dados relacionado. O banco de dados é usado para manter clientes, usuários, contratos, cobranças, pagamentos, base de conhecimento e pesquisas de clientes; as tabelas estão listadas na Tabela 1-2, e o modelo ER é ilustrado na Figura 1-4.

1. O QUE ACONTECE QUANDO NÃO HÁ "MELHORES PRÁTICAS"?

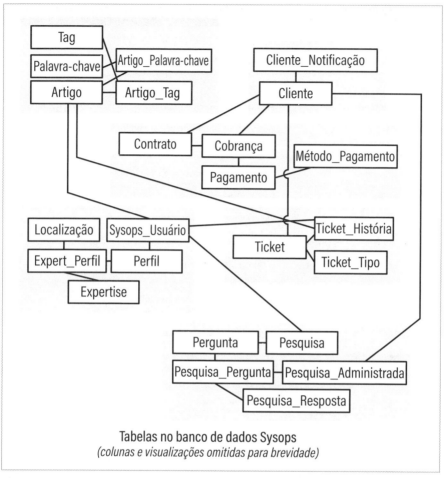

Figura 1-4. Modelo de dados dentro do aplicativo Sysops Squad.

Tabela 1-2. Tabelas de banco de dados do Sysops Squad

Tabela	Responsabilidade
Cliente	Entidades precisando de suporte da Sysops.
Customer_Notification	Preferências de notificação para clientes.
Pesquisa	Uma pesquisa de satisfação do cliente pós-suporte.
Pergunta	Perguntas em uma pesquisa.
Survey_Question	Uma pergunta é atribuída à pesquisa.
Survey_Administered	A pergunta da pesquisa é atribuída ao cliente.

23

Tabela	Responsabilidade
Survey_Response	Resposta de um cliente à pesquisa.
Cobrança	Informações de cobrança para contrato de suporte.
Contrato	Um contrato entre uma entidade e o Sysops para suporte.
Payment_Method	Métodos de pagamento suportados para efetuar o pagamento.
Pagamento	Pagamentos processados para cobranças.
SysOps_User	Os vários usuários Sysops.
Perfil	Informações de perfil para usuários Sysops.
Expert_Profile	Perfis de especialistas.
Expertise	Expertises variadas dentro do Sysops.
Localização	Locais atendidos pelo especialista.
Artigo	Artigos para a base de conhecimento.
Tag	Tags em artigos.
Palavra-chaves	Palavra-chave para um artigo.
Article_Tag	Tags associadas a artigos.
Article_Keyword	Tabela de junção para palavras-chave e artigos.
Ticket	Tickets de suporte gerados por clientes.
Ticket_Type	Diferentes tipos de tickets.
Ticket_History	O histórico dos tickets de suporte.

    O modelo de dados Sysops é um modelo de dados de terceiro formato normal padrão com apenas alguns procedimentos ou gatilhos armazenados. Porém, existe um número razoável de visualizações que são usadas principalmente pelo componente *Relatório*. À medida que a equipe de arquitetura tenta dividir o aplicativo e avançar para a arquitetura distribuída, ela terá de trabalhar com a equipe de banco de dados para realizar as tarefas no nível do banco de dados. Essa configuração de tabelas e exibições de banco de dados será usada ao longo do livro para discutir várias técnicas e trade-offs para realizar a tarefa de desmembrar o banco de dados.

PARTE I
SEPARANDO AS COISAS

Como muitos de nós descobrimos quando éramos crianças, uma ótima maneira de entender como algo se encaixa é primeiro separá-lo. Para entender assuntos complexos (como trade-offs em arquiteturas distribuídas), um arquiteto deve descobrir por onde começar a desemaranhar.

No livro *O que Todo Programador Deveria Saber sobre Projeto Orientado a Objeto*, Meilir Page-Jones fez a astuta observação de que o acoplamento na arquitetura pode ser dividido em acoplamento estático e dinâmico. Acoplamento estático refere-se à maneira como as partes arquitetônicas (classes, componentes, serviços, e assim por diante) são conectadas: dependências, grau de acoplamento, pontos de conexão, e assim por diante. Um arquiteto geralmente pode medir o acoplamento estático em tempo de compilação, pois representa as dependências estáticas dentro da arquitetura.

O acoplamento *dinâmico* se refere a como as partes da arquitetura *chamam* umas às outras: que tipo de comunicação, quais informações são transmitidas, rigidez dos contratos, e assim por diante.

Nosso objetivo é investigar como fazer análises de trade-off em arquiteturas distribuídas, e para fazer isso, devemos separar as peças móveis para que possamos discuti-las isoladamente de forma a entendê-las completamente antes de juntá-las novamente.

A Parte I trata principalmente da *estrutura de arquitetura*, como as coisas são acopladas estaticamente. No Capítulo 2, abordamos o problema de definir o escopo do acoplamento estático e dinâmico em arquiteturas e apresentamos o quadro completo que devemos separar para entender. O Capítulo 3 inicia esse processo, definindo modularidade e separação na arquitetura. O Capítulo 4 fornece ferramentas para avaliar e desconstruir bases de código, e o Capítulo 5 fornece padrões para auxiliar esse processo.

Dados e transações se tornaram cada vez mais importantes na arquitetura, conduzindo muitas decisões de troca por arquitetos e DBAs. O Capítulo 6 aborda os impactos arquitetônicos dos dados, incluindo como conciliar serviços e limites de dados. Por fim, o Capítulo 7 une o acoplamento de arquitetura com as preocupações de dados para definir *integradores* e *desintegradores* — forças que incentivam um tamanho e limites de serviço maiores ou menores.

2.
Discernindo o Acoplamento na Arquitetura de Software

Q uarta-feira, 3 de novembro, 13h

Logan, o arquiteto-líder da Penultimate Electronics, interrompeu um pequeno grupo de arquitetos no refeitório, discutindo arquiteturas distribuídas. "Austen, você está usando gesso *de novo*?"

"Não, é apenas uma tala", respondeu Austen. "Torci meu pulso jogando disc golf no fim de semana — está quase bom."

"O que é... não importa. O que é essa conversa apaixonada que eu interrompi?"

"Por que alguém não escolhe sempre o *padrão saga* em microsserviços para conectar transações?", perguntou Austen. "Dessa forma, os arquitetos podem tornar os serviços tão pequenos quanto quiserem."

"Mas você não precisa usar *orquestração* com sagas?", perguntou Addison. "E os momentos em que precisamos de comunicação assíncrona? E qual será a complexidade das transações? Se dividirmos muito as coisas, podemos realmente garantir a fidelidade dos dados?"

"Você sabe", disse Austen, "se usarmos um barramento de serviço corporativo [em inglês, *enterprise service bus* — ESB], podemos fazer com que ele gerencie a maioria dessas coisas para nós."

"Achei que ninguém mais usava ESBs — não deveríamos usar Kafka para coisas assim?"

"Eles nem são a mesma coisa!", disse Austen.

Logan interrompeu a conversa cada vez mais acalorada. "É uma comparação de maçãs com laranjas, mas nenhuma dessas ferramentas ou abordagens é uma solução

27

mágica. Arquiteturas distribuídas como microsserviços são difíceis, especialmente se os arquitetos não puderem desvendar todas as forças em jogo. O que precisamos é de uma abordagem ou estrutura que nos ajude a descobrir os problemas difíceis em nossa arquitetura."

"Bem", disse Addison, "o que quer que façamos, tem que ser o mais desacoplado possível. Tudo o que li diz que os arquitetos devem adotar o desacoplamento o máximo possível"

"Se você seguir esse conselho", disse Logan, "tudo ficará tão desacoplado que nada poderá se comunicar com qualquer outra coisa — é difícil construir softwares dessa maneira! Como muitas coisas, o acoplamento não é inerentemente ruim; os arquitetos só precisam saber como aplicá-lo adequadamente. Na verdade, lembro-me de uma citação famosa de um filósofo grego sobre isso..."

> Todas as coisas são venenosas, não existe nada que não seja veneno; é a dosagem por si só que faz com que uma coisa não seja um veneno.
>
> —Paracelso

Uma das tarefas mais difíceis que um arquiteto enfrentará é desvendar as várias forças e compensações em jogo nas arquiteturas distribuídas. As pessoas que fornecem conselhos constantemente exaltam os benefícios dos sistemas "fracamente acoplados", mas como os arquitetos podem projetar sistemas onde nada se conecta a nada? Os arquitetos projetam microsserviços de baixa granularidade para obter a desacoplamento, mas a orquestração, a transacionalidade e a assincronicidade se tornam grandes problemas. O conselho genérico diz "desacoplar", mas não fornece diretrizes sobre *como* atingir esse objetivo enquanto ainda constrói sistemas úteis.

Os arquitetos lutam com decisões de granularidade e comunicação porque não há guias universais claros para tomar decisões — não existem práticas recomendadas que possam ser aplicadas a sistemas complexos do mundo real. Até agora, os arquitetos não tinham a perspectiva e a terminologia corretas para permitir uma análise cuidadosa que pudesse determinar o melhor (ou menos ruim) conjunto de trade-offs caso a caso.

Por que os arquitetos têm lutado com decisões em arquiteturas distribuídas? Afinal, estamos construindo sistemas distribuídos desde o século passado, usando muitos dos mesmos mecanismos (filas de mensagens, eventos, e assim por diante). Por que a complexidade aumentou tanto com os microsserviços?

A resposta está na filosofia fundamental dos microsserviços, inspirada na ideia de um *contexto delimitado*. A construção de serviços que modelam contextos limitados exigiu uma mudança sutil, mas importante, na maneira como os arquitetos projetavam sistemas distribuídos, porque agora a transacionalidade é uma preocupação de arquitetura de primeira classe. Em muitos dos sistemas distribuídos que os arquitetos projetaram antes dos microsserviços, os manipuladores de eventos normalmente se conectavam a um único banco de dados relacional, permitindo lidar com detalhes como integridade e transações. Mover o banco de dados dentro do limite do serviço move as preocupações dos dados para as preocupações da arquitetura.

Como dissemos antes, *"Arquitetura de Software" é aquilo que você não consegue pesquisar no Google*. Uma habilidade que os arquitetos modernos devem desenvolver é a capacidade de fazer análises de trade-off. Embora existam vários frameworks há décadas (como o Método de Análise de Trade-off de Arquitetura [em inglês, *Architecture Trade-off Analysis Method* — ATAM], eles não têm foco nos problemas reais que os arquitetos enfrentam diariamente.

Este livro se concentra em como os arquitetos podem realizar análises de trade-off para qualquer número de cenários exclusivos de sua situação. Como em muitas coisas na arquitetura, o conselho é simples; as partes difíceis estão nos detalhes, principalmente em como as partes difíceis ficam emaranhadas, dificultando a visão e a compreensão das partes individuais, conforme ilustrado na Figura 2-1.

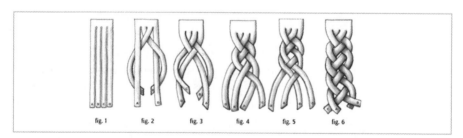

Figura 2-1. Uma trança emaranha o cabelo, tornando os fios individuais difíceis de identificar.

Quando os arquitetos olham para problemas emaranhados, eles lutam para realizar a análise de trade-off por causa das dificuldades em separar as preocupações para que possam considerá-las de forma independente. Assim, o primeiro passo na análise de trade-off é desvendar as dimensões do problema, analisando quais partes estão acopladas umas às outras e qual o impacto que esse acoplamento tem na mudança. Para esse propósito, usamos a definição mais simples da palavra *acoplamento*:

Acoplamento

Duas partes de um sistema de software são acopladas se uma mudança em uma pode causar uma mudança na outra.

Muitas vezes, a arquitetura de software cria problemas multidimensionais, onde várias forças interagem de maneiras interdependentes. Para analisar os trade-offs, um arquiteto deve primeiro determinar quais forças precisam de trade-off para com as outras.

Assim, aqui está nosso conselho para a análise moderna de trade-offs na arquitetura de software:

1. Descubra quais partes estão emaranhadas.
2. Analise como elas estão acopladas umas às outras.
3. Avalie os trade-offs determinando o impacto da mudança em sistemas interdependentes.

Embora os passos sejam simples, as partes difíceis se escondem nos detalhes. Assim, para ilustrar esse framework na prática, pegamos um dos problemas mais difíceis (e provavelmente o mais próximo do genérico) em arquiteturas distribuídas, que está relacionado a microsserviços:

Como os arquitetos determinam o tamanho e os estilos de comunicação para microsserviços?

Determinar o tamanho adequado para microsserviços parece um problema generalizado — serviços muito pequenos criam problemas transacionais e de orquestração, e serviços muito grandes criam problemas de escala e distribuição.

Para esse fim, o restante deste livro desvenda os muitos aspectos a serem considerados ao responder a pergunta anterior. Fornecemos uma nova terminologia para diferenciar padrões semelhantes, mas distintos, e mostramos exemplos práticos de aplicação desses e de outros padrões.

No entanto, o objetivo geral deste livro é fornecer a você técnicas baseadas em exemplos para aprender a construir sua própria análise de trade-off para os problemas exclusivos em seu domínio. Começamos com nosso primeiro grande desembaraço de forças em arquiteturas distribuídas: definir um quantum de arquitetura junto dos dois tipos de acoplamento, estático e dinâmico.

Arquitetura (Quantum | Quanta)

O termo quântico[1] [em inglês, *quantum*] é, obviamente, muito usado no campo da física conhecido como *mecânica quântica*. No entanto, os autores escolheram a palavra pelas mesmas razões que os físicos o fizeram. *Quantum* originou-se da palavra latina *quantus*, que significa "quão grande" ou "quantos". Antes que

---

1. Ao longo do livro, serão utilizados os termos como no original, *quantum* e *quanta*. (N. do T.)

a física o cooptasse, a profissão de advogado o usava para representar o "valor exigido ou permitido" (por exemplo, em indenizações pagas). O termo também aparece no campo matemático da topologia, referente às propriedades das famílias de formas. Por causa de suas raízes latinas, o singular é *quantum*, e o plural é *quanta*, semelhante à simetria de dado/dados [em inglês, *datum/data*].

Um quantum de arquitetura mede vários aspectos da topologia e do comportamento na arquitetura de software relacionados a como as partes se conectam e se comunicam umas com as outras:

Quantum de arquitetura
> Um quantum de arquitetura é um artefato independentemente implementável com alta coesão funcional, alto acoplamento estático e acoplamento dinâmico síncrono. Um exemplo comum de um quantum de arquitetura é um microsserviço bem formado em um fluxo de trabalho.

Acoplamento estático
> Representa como as dependências estáticas são resolvidas na arquitetura por meio de contratos. Essas dependências incluem sistema operacional, estruturas e/ou bibliotecas entregues por meio de gerenciamento de dependência transitiva e qualquer outro requisito operacional para permitir que o quantum funcione.

Acoplamento dinâmico
> Representa como o quanta se comunica em tempo de execução, de forma síncrona ou assíncrona. Assim, as funções de adequação para essas características devem ser *contínuas*, normalmente utilizando monitores.

Embora o acoplamento estático e o dinâmico pareçam semelhantes, os arquitetos devem distinguir duas diferenças importantes. Uma maneira fácil de pensar sobre a diferença é que o *acoplamento estático* descreve como os serviços são, enquanto o *acoplamento dinâmico* descreve como os serviços *chamam* uns aos outros em tempo de execução. Por exemplo, em uma arquitetura de microsserviços, um serviço deve conter componentes dependentes, como um banco de dados, representando o acoplamento estático — o serviço não é operacional sem os dados necessários. Esse serviço pode chamar outros serviços durante o fluxo de trabalho, o que representa um acoplamento dinâmico. Nenhum serviço requer que o outro esteja presente para funcionar, exceto para esse fluxo de trabalho de tempo de execução. Assim, o acoplamento estático analisa as dependências operacionais, e o acoplamento dinâmico analisa as dependências da comunicação.

Essas definições incluem características importantes; vamos cobrir cada uma em detalhes, pois elas estão na maioria dos exemplos do livro.

Implementável de Forma Independente

Implementável de forma independente implica vários aspectos de um quantum de arquitetura — cada quantum representa uma unidade implantável separada dentro de uma arquitetura específica. Portanto, uma arquitetura monolítica — uma que é implantada como uma única unidade — é, por definição, um único quantum de arquitetura. Dentro de uma arquitetura distribuída, como microsserviços, os desenvolvedores tendem à capacidade de implantar serviços de forma independente, geralmente de maneira altamente automatizada. Assim, do ponto de vista de implementação independente, um serviço dentro de uma arquitetura de microsserviços representa um quantum de arquitetura (contingente ao acoplamento — conforme discutido a seguir).

Fazer com que cada quantum de arquitetura represente um ativo implantável dentro da arquitetura serve a vários propósitos úteis. Primeiro, o limite representado por um quantum de arquitetura serve como uma linguagem comum útil entre arquitetos, desenvolvedores e operações. Cada um entende o escopo comum em questão: os arquitetos entendem as características do acoplamento, os desenvolvedores entendem o escopo do comportamento, e a equipe de operações entende as características implementáveis.

Em segundo lugar, o quantum de arquitetura representa uma das forças (acoplamento estático) que os arquitetos devem considerar ao buscar a granularidade adequada dos serviços em uma arquitetura distribuída. Muitas vezes, em arquiteturas de microsserviços, os desenvolvedores enfrentam a difícil questão relativa a qual granularidade de serviço oferece o conjunto ideal de trade-offs. Alguns desses trade-offs giram em torno da implementabilidade: qual cadência de lançamento esse serviço requer, quais outros serviços podem ser afetados, quais práticas de engenharia estão envolvidas, e assim por diante. Os arquitetos se beneficiam de um entendimento firme de exatamente onde estão os limites de implantação nas arquiteturas distribuídas. Discutimos a granularidade do serviço e seus trade-offs correspondentes no Capítulo 7.

Terceiro, a *implementabilidade independente* força o quantum de arquitetura a incluir pontos de acoplamento comuns, como bancos de dados. A maioria das discussões sobre arquitetura ignora convenientemente questões como bancos de dados e interfaces de usuário, mas os sistemas do mundo real geralmente precisam lidar com esses problemas. Assim, qualquer sistema que usa um banco de dados compartilhado falha nos critérios quânticos de arquitetura para implantação independente, a menos que a implantação do banco de dados esteja em sintonia com o aplicativo. Muitos sistemas distribuídos que de outra forma se qualificariam para vários quanta falham na parte implementável, independentemente se compartilham um banco de dados comum que tenha sua própria cadência de implantação. Assim, apenas considerar os limites de implantação não fornece uma medida útil. Os arquitetos também devem considerar o segundo critério para um quantum de arquitetura, a alta coesão funcional, para limitar o quantum de arquitetura a um escopo útil.

Alta Coesão Funcional

Alta coesão funcional refere-se estruturalmente à proximidade de elementos relacionados: classes, componentes, serviços, e assim por diante. Ao longo da história, cientistas da computação definiram uma variedade de tipos de coesão, com o escopo, nesse caso, voltado para o *módulo* genérico, que pode ser representado como *classes* ou *componentes*, dependendo da plataforma. Do ponto de vista do domínio, a definição técnica de *alta coesão funcional* se sobrepõe aos objetivos do *contexto delimitado* no projeto orientado a domínio: comportamento e dados que implementam um fluxo de trabalho de domínio específico.

De um ponto de vista de implementabilidade puramente independente, uma arquitetura monolítica gigante se qualifica como um quantum de arquitetura. No entanto, é bem possível que não seja altamente coeso funcionalmente, mas inclui a funcionalidade de todo o sistema. Quanto maior o monólito, menor a probabilidade de ser singularmente coeso de maneira funcional.

Idealmente, em uma arquitetura de microsserviços, cada serviço modela um único domínio ou fluxo de trabalho e, portanto, exibe alta coesão funcional. A coesão nesse contexto não é sobre como os serviços interagem para realizar o trabalho, mas como um serviço é independente e acoplado a outro serviço.

Alto Acoplamento Estático

Alto acoplamento estático implica que os elementos dentro do quantum de arquitetura estejam firmemente conectados, o que é realmente um aspecto dos contratos. Os arquitetos reconhecem coisas como REST ou SOAP como formatos de contrato, mas assinaturas de métodos e dependências operacionais (por meio de pontos de acoplamento, como endereços IP ou URLs) também representam contratos. Assim, os contratos são uma *parte difícil da arquitetura*; abordamos questões de acoplamento envolvendo todos os tipos de contratos, incluindo como escolher os apropriados, no Capítulo 13.

Um quantum de arquitetura é, em parte, uma medida de acoplamento estático, e a medida é bastante simples para a maioria das topologias de arquitetura. Por exemplo, os diagramas a seguir mostram os estilos de arquitetura apresentados no livro *Fundamentos da Arquitetura de Software*, com o acoplamento do quantum de arquitetura estático ilustrado.

Qualquer um dos estilos de arquitetura monolítica terá necessariamente um quantum de um, conforme ilustrado na Figura 2-2.

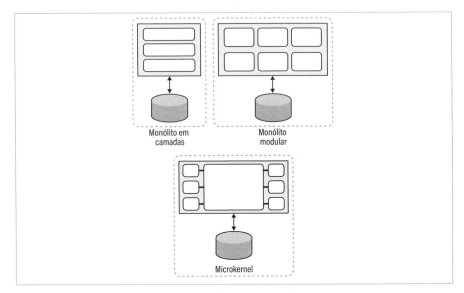

Figura 2-2. Arquiteturas monolíticas sempre têm um quantum de um.

Como vemos, qualquer arquitetura que seja implantada como uma única unidade e utilize um único banco de dados sempre terá um único quantum. A medida do quantum de arquitetura de acoplamento estático inclui o banco de dados, e um sistema que depende de um único banco de dados não pode ter mais do que um único quantum. Assim, a medida de acoplamento estático de um quantum de arquitetura ajuda a identificar pontos de acoplamento na arquitetura, não apenas dentro dos componentes de software em desenvolvimento. A maioria das arquiteturas monolíticas contém um único ponto de acoplamento (normalmente, um banco de dados) que torna sua medida de quantum igual a um.

As arquiteturas distribuídas geralmente apresentam desacoplamento no nível do componente. Considere o próximo conjunto de estilos de arquitetura, começando com a arquitetura baseada em serviços mostrada na Figura 2-3.

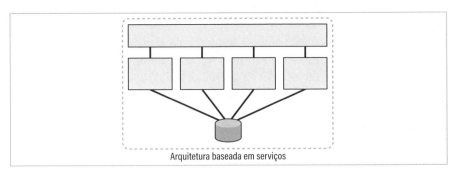

Figura 2-3. Quantum de arquitetura para uma arquitetura baseada em serviços.

Embora esse modelo de serviços individuais mostre o isolamento comum em microsserviços, a arquitetura ainda utiliza um único banco de dados relacional, levando sua pontuação de quantum de arquitetura para um.

> ### Arquitetura Baseada em Serviços
>
> Quando nos referimos à *arquitetura baseada em serviços*, não nos referimos a uma arquitetura genérica baseada em serviços, mas a um estilo de arquitetura híbrida específico que segue uma estrutura de macrocamadas distribuída que consiste em uma interface de usuário implantada separadamente, serviços remotos de granulação grossa implantados separadamente e um banco de dados monolítico. Essa arquitetura aborda uma das complexidades dos microsserviços — a separação no nível do banco de dados. Os serviços em uma arquitetura baseada em serviços seguem os mesmos princípios que os microsserviços (com base no contexto delimitado do projeto orientado a domínio), mas dependem de um único banco de dados relacional, porque os arquitetos não viram valor na separação (ou viram muitos trade-offs negativos).
>
> As arquiteturas baseadas em serviços são alvos comuns na reestruturação de arquiteturas monolíticas, permitindo a decomposição sem interromper os esquemas de banco de dados e pontos de integração existentes. Cobrimos os padrões de decomposição no Capítulo 5.

Até agora, a medição de acoplamento estático do quantum de arquitetura avaliou todas as topologias com valor *um*. No entanto, arquiteturas distribuídas criam a possibilidade de múltiplos quanta, mas não necessariamente a garantem. Por exemplo, o estilo do mediador da arquitetura orientada a eventos sempre será avaliado para um único quantum de arquitetura, conforme ilustrado na Figura 2-4.

Mesmo que esse estilo represente uma arquitetura distribuída, dois pontos de acoplamento o empurram em direção a um único quantum de arquitetura: o banco de dados, como nas arquiteturas monolíticas anteriores, mas também o próprio Orquestrador de Solicitação — qualquer ponto de acoplamento holístico necessário para o funcionamento da arquitetura forma uma arquitetura quântica em torno dele.

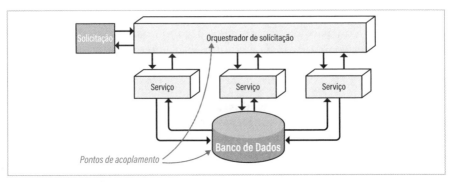

Figura 2-4. Um EDA mediado tem um único quantum de arquitetura.

As arquiteturas orientadas a eventos de corretor (sem um mediador central) são menos acopladas, mas isso não garante a dissociação completa. Considere a arquitetura orientada a eventos ilustrada na Figura 2-5.

Essa arquitetura orientada a eventos no estilo de corretor (sem um mediador central) é, no entanto, um único quantum de arquitetura, porque todos os serviços utilizam um único banco de dados relacional, que atua como um ponto de acoplamento comum. A pergunta respondida pela análise estática para um quantum de arquitetura é: "Isso depende da arquitetura necessária para inicializar esse serviço?" Mesmo no caso de uma arquitetura orientada a eventos em que alguns dos serviços não acessam o banco de dados, se dependem de serviços que *realmente* acessem o banco de dados, eles se tornam parte do acoplamento estático do quantum de arquitetura.

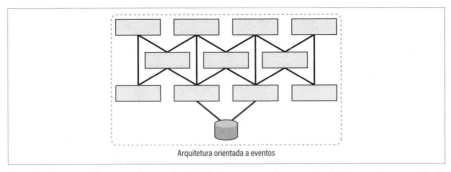

Figura 2-5. Mesmo uma arquitetura distribuída, como a arquitetura orientada a eventos no estilo de corretor, pode ser um único quantum.

Mas e as situações em arquiteturas distribuídas em que não existem pontos de acoplamento comuns? Considere a arquitetura orientada a eventos ilustrada na Figura 2-6.

Os arquitetos projetaram esse sistema orientado a eventos com dois armazenamentos de dados e sem dependências estáticas entre os conjuntos de serviços.

Observe que o quantum de arquitetura pode ser executado em um ecossistema semelhante à produção. Ele pode não ser capaz de participar de todos os fluxos de trabalho exigidos pelo sistema, mas é executado com sucesso e opera — envia solicitações e as recebe dentro da arquitetura.

A medida de acoplamento estático de um quantum de arquitetura avalia as dependências de acoplamento entre os componentes arquitetônicos e operacionais. Assim, o sistema operacional, o armazenamento de dados, o agente de mensagens, a orquestração de contêineres e todas as outras dependências operacionais formam os pontos de acoplamento estáticos de um quantum de arquitetura, usando os contratos mais rígidos possíveis, dependências operacionais (mais sobre o papel dos contratos nos quanta de arquitetura no Capítulo 13).

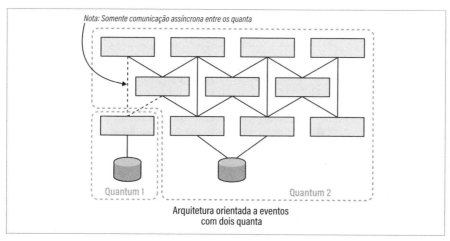

Figura 2-6. Uma arquitetura orientada a eventos com múltiplos quanta.

O estilo de arquitetura de microsserviços apresenta serviços altamente desacoplados, incluindo dependências de dados. Os arquitetos nessas arquiteturas favorecem altos graus de desacoplamento e tomam cuidado para não criar pontos de acoplamento entre os serviços, permitindo que cada serviço individual forme seus próprios quanta, conforme mostrado na Figura 2-7.

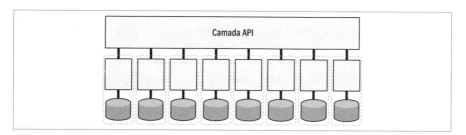

Figura 2-7. Microsserviços podem formar seus próprios quanta.

Cada serviço (agindo como um contexto delimitado) pode ter seu próprio conjunto de características de arquitetura — um serviço pode ter níveis mais altos de escalabilidade ou segurança do que outro. Esse nível granular de escopo de características de arquitetura representa uma das vantagens do estilo de arquitetura de microsserviços. Altos graus de desacoplamento permitem que as equipes que trabalham em um serviço se movam o mais rápido possível, sem se preocupar em romper outras dependências.

No entanto, se o sistema estiver fortemente acoplado a uma interface de usuário, a arquitetura formará um único quantum de arquitetura, conforme ilustrado na Figura 2-8.

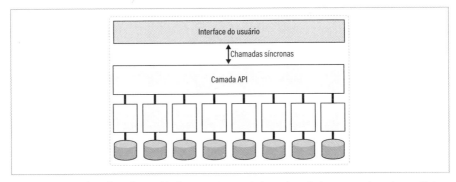

Figura 2-8. Uma interface de usuário fortemente acoplada pode reduzir um quantum de arquitetura de microsserviços a um.

As interfaces de usuário criam pontos de acoplamento entre o front-end e o back-end, e a maioria das interfaces de usuário não funcionará se partes do back-end não estiverem disponíveis.

Além disso, será difícil para um arquiteto projetar diferentes níveis de características de arquitetura operacional (desempenho, escala, elasticidade, confiabilidade etc.) para cada serviço se todos eles devem cooperar juntos em uma única interface de usuário (especialmente no caso de chamadas síncronas, abordadas na seção "Acoplamento Quântico Dinâmico", mais adiante neste capítulo).

Os arquitetos projetam interfaces de usuário utilizando uma assincronicidade que não cria acoplamento entre a frente e o verso. Uma tendência em muitos projetos de microsserviços é usar uma estrutura de *microfrontend* para elementos de interface do usuário em uma arquitetura de microsserviços. Em tal arquitetura, os elementos da interface do usuário que interagem em nome dos serviços são emitidos pelos próprios serviços. A superfície da interface do usuário atua como uma tela onde os elementos da interface do usuário podem aparecer e também facilita a comunicação fracamente acoplada entre os componentes, normalmente usando eventos. Essa arquitetura é ilustrada na Figura 2-9.

2. DISCERNINDO O ACOPLAMENTO NA ARQUITETURA DE SOFTWARE

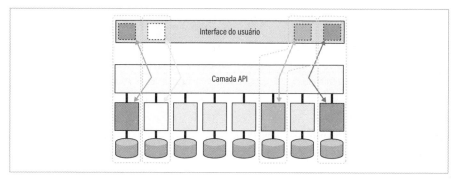

Figura 2-9. Em uma arquitetura microfrontend, cada componente de serviço + interface do usuário forma um quantum de arquitetura.

Nesse exemplo, os quatro serviços sombreados juntamente com seus microfrontends correspondentes formam quanta de arquitetura: cada um desses serviços pode ter características de arquitetura diferentes.

Qualquer ponto de acoplamento em uma arquitetura pode criar pontos de acoplamento estáticos do ponto de vista quântico. Considere o impacto de um banco de dados compartilhado entre dois sistemas, conforme ilustrado na Figura 2-10.

O acoplamento estático de um sistema fornece informações valiosas, mesmo em sistemas complexos envolvendo arquitetura de integração. Cada vez mais, uma técnica comum de arquitetos para entender a arquitetura legada envolve a criação de um diagrama quântico estático de como as coisas são "conectadas", o que ajuda a determinar quais sistemas serão afetados pela mudança e oferece uma maneira de entender (e potencialmente desacoplar) a arquitetura.

O acoplamento estático é apenas metade das forças em jogo nas arquiteturas distribuídas. A outra é o acoplamento dinâmico.

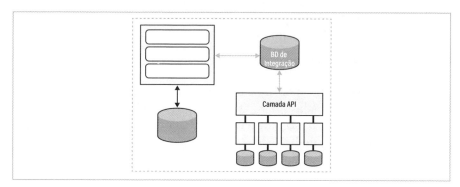

Figura 2-10. Um banco de dados compartilhado forma um ponto de acoplamento entre dois sistemas, criando um único quantum.

39

Acoplamento Quântico Dinâmico

A última parte da definição do quantum de arquitetura diz respeito ao acoplamento síncrono em tempo de execução — em outras palavras, o comportamento dos quanta da arquitetura à medida que eles interagem uns com os outros para formar fluxos de trabalho dentro de uma arquitetura distribuída.

A natureza de *como* os serviços chamam uns aos outros cria decisões de trade-off difíceis porque representa um espaço de decisão multidimensional, influenciado por três forças interligadas:

Comunicação
Refere-se ao tipo de sincronicidade de conexão utilizada: síncrona ou assíncrona.

Consistência
Descreve se a comunicação do fluxo de trabalho requer atomicidade ou pode utilizar consistência eventual.

Coordenação
Descreve se o fluxo de trabalho utiliza um orquestrador ou se os serviços se comunicam por meio de coreografia.

Comunicação

Quando dois serviços se comunicam, uma das questões fundamentais para um arquiteto é se essa comunicação deve ser síncrona ou assíncrona.

A comunicação *síncrona* exige que o emissor aguarde a resposta do receptor, conforme mostrado na Figura 2-11.

Figura 2-11. Uma chamada síncrona aguarda um resultado do receptor.

O serviço de chamada faz uma chamada (usando um de vários protocolos que suportam chamadas síncronas, como gRPC) e *bloqueia* (não faz mais processamento) até que o receptor retorne um valor (ou status indicando uma mudança de estado ou condição de erro).

A comunicação *assíncrona* ocorre entre dois serviços quando o emissor envia uma mensagem para o receptor (geralmente por meio de um mecanismo como uma fila de mensagens) e, assim que o emissor recebe a confirmação de que a mensagem será processada, ele retorna ao trabalho. Se a solicitação requerer um valor de resposta, o receptor pode usar uma fila de resposta para (de forma assíncrona) notificar o emissor sobre o resultado, o que é ilustrado na Figura 2-12.

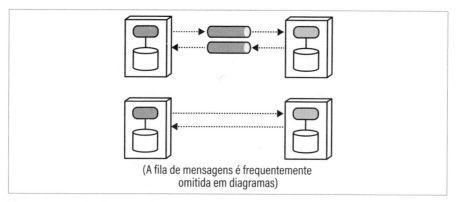

(A fila de mensagens é frequentemente omitida em diagramas)

Figura 2-12. A comunicação assíncrona permite o processamento paralelo.

O emissor envia uma mensagem para uma fila de mensagens e continua o processamento até ser notificado pelo receptor de que as informações solicitadas estão disponíveis via chamada de retorno. Geralmente, os arquitetos usam filas de mensagens (ilustradas por meio do tubo cilíndrico cinza no diagrama superior da Figura 2-12) para implementar a comunicação assíncrona, mas as filas são comuns e criam ruídos nos diagramas, por isso muitos arquitetos as deixam de fora, conforme mostrado no diagrama inferior. E, é claro, os arquitetos podem implementar a comunicação assíncrona sem filas de mensagens usando uma variedade de bibliotecas ou estruturas. Cada variedade de diagrama implica mensagens assíncronas; o segundo fornece um resumo visual e menos detalhes de implementação.

Os arquitetos devem considerar trade-offs mais importantes ao escolher como os serviços se comunicarão. As decisões em torno da comunicação afetam a sincronização, o tratamento de erros, a transacionalidade, a escalabilidade e o desempenho. O restante deste livro investiga muitas dessas questões.

Consistência

Consistência refere-se ao rigor da integridade transacional à qual as chamadas de comunicação devem aderir. As transações atômicas (transações de tudo ou nada que exigem consistência *durante* o processamento de uma solicitação) ficam de um lado do espectro, enquanto diferentes graus de consistência eventual ficam do outro lado.

A transacionalidade — ter vários serviços participando de uma transação tudo ou nada — é um dos problemas mais difíceis de modelar em arquiteturas distribuídas, resultando no conselho geral de tentar evitar transações entre serviços. Discutimos a consistência e a interseção de dados e arquitetura nos Capítulos 6, 9, 10 e 12.

Coordenação

Coordenação refere-se a quanta coordenação o fluxo de trabalho modelado pela comunicação requer. Os dois padrões genéricos comuns para microsserviços são orquestração e coreografia, que descrevemos no Capítulo 11. Fluxos de trabalho simples — um único serviço respondendo a uma solicitação — não exigem consideração especial dessa dimensão. No entanto, à medida que a complexidade do fluxo de trabalho aumenta, maior é a necessidade de coordenação.

Esses três fatores — comunicação, consistência e coordenação — informam a importante decisão que um arquiteto deve tomar. Criticamente, no entanto, os arquitetos não podem fazer essas escolhas isoladamente; cada opção tem um efeito gravitacional sobre as outras. Por exemplo, a transacionalidade é mais fácil em arquiteturas síncronas com mediação, enquanto níveis mais altos de escala são possíveis com sistemas coreografados assíncronos eventualmente consistentes.

Pensar nessas forças como relacionadas entre si forma um espaço tridimensional, ilustrado na Figura 2-13.

Cada força em jogo durante a comunicação de serviço aparece como uma dimensão. Para uma decisão específica, um arquiteto pode representar graficamente a posição no espaço representando a força dessas forças.

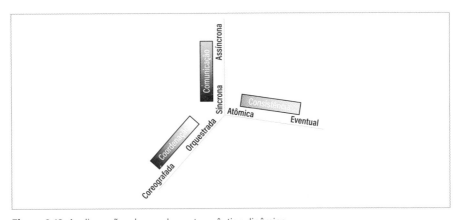

Figura 2-13. As dimensões do acoplamento quântico dinâmico.

Quando um arquiteto consegue criar uma compreensão clara das forças em jogo dentro de uma determinada situação, ele cria critérios para a análise de trade-offs. No caso de acoplamento dinâmico, a Tabela 2-1 mostra uma estrutura para identificar nomes de padrões fundamentais com base nas oito combinações possíveis.

2. DISCERNINDO O ACOPLAMENTO NA ARQUITETURA DE SOFTWARE

Tabela 2-1. A matriz de interseções dimensionais para arquiteturas distribuídas

Nome do padrão	Comunicação	Consistência	Coordenação	Acoplamento
Epic Saga[sao]	síncrona	atômica	orquestrada	muito alto
Phone Tag Saga[sac]	síncrona	atômica	coreografada	alto
Fairy Tale Saga[seo]	síncrona	eventual	orquestrada	alto
Time Travel Saga[sec]	síncrona	eventual	coreografada	médio
Fantasy Fiction Saga[aao]	assíncrona	atômica	orquestrada	alto
Horror Story[aac]	assíncrona	atômica	coreografada	médio
Parallel Saga[aeo]	assíncrona	eventual	orquestrada	baixo
Anthology Saga[aec]	assíncrona	eventual	coreografada	muito baixo

Para entender completamente essa matriz, devemos primeiro investigar cada uma das dimensões individualmente. Portanto, os capítulos a seguir ajudam você a construir o contexto para entender os trade-offs individuais de comunicação, consistência e coordenação, e depois emaranhá-los novamente no Capítulo 12.

Nos capítulos restantes da Parte I, nos concentramos no acoplamento estático e na compreensão das várias dimensões em jogo nas arquiteturas distribuídas, incluindo propriedade de dados, transacionalidade e granularidade de serviço. Na Parte II, Juntando as Coisas, focamos o acoplamento dinâmico e o entendimento dos padrões de comunicação em microsserviços.

A Saga Sysops Squad: Entendendo Quanta

Terça-feira, 23 de novembro, 14h32

Austen foi ao escritório de Addison com uma expressão zangada incomum. "Ei, Addison, posso incomodá-la por um minuto?"

"Claro, o que foi?"

"Eu tenho lido sobre essas coisas de quantum de arquitetura e simplesmente... não... entendo... isso!"

Addison riu. "Sei o que você quer dizer. Eu tive dificuldade com isso quando era puramente abstrato, mas quando você a fundamenta em coisas práticas, acaba sendo um conjunto útil de perspectivas."

43

"O que você quer dizer?"

"Bem", disse Addison, "o quantum de arquitetura basicamente define um contexto delimitado de DDD em termos de arquitetura."

"Por que não usar contexto delimitado, então?", perguntou Austen.

"O contexto delimitado tem uma definição específica no DDD, e sobrecarregá-lo com coisas sobre arquitetura apenas faz com que as pessoas tenham que se diferenciar constantemente. São semelhantes, mas não a mesma coisa. A primeira parte sobre *coesão funcional* e *implantação independente* certamente corresponde a um serviço baseado em contexto delimitado. Mas a definição de quantum de arquitetura vai além, identificando tipos de acoplamento — é aí que entram as coisas *estáticas* e *dinâmicas*."

"O que é isso tudo? O *acoplamento* não é apenas *acoplamento*? Por que fazer a distinção?"

"Acontece que um monte de preocupações diferentes giram em torno dos diferentes tipos", disse Addison. "Vamos pegar o *estático* primeiro, porque gosto de pensar como as coisas estão conectadas. Outra maneira de pensar sobre ele: considere um dos serviços que estamos construindo em nossa arquitetura de destino. Qual é toda a fiação necessária para fazer o bootstrap desse serviço?"

"Bem, está escrito em Java, usando um banco de dados Postgres e rodando no Docker. É isso, certo?"

"Você não está entendendo bem", disse Addison. "E se você tivesse que construir esse serviço do zero, supondo que não tivéssemos nada no lugar? É Java, mas também usa SpringBoot e cerca de quinze ou vinte frameworks e bibliotecas diferentes."

"Isso mesmo, podemos olhar no arquivo Maven POM para descobrir todas essas dependências. O que mais?"

"A ideia por trás do *acoplamento quântico estático* é a fiação necessária para funcionar. Estamos usando eventos para comunicação entre serviços — e o corretor de eventos?"

"Mas essa não é a parte dinâmica?"

"Não a *presença* do corretor. Se o serviço (ou, mais amplamente, o quantum de arquitetura) que desejo inicializar utiliza um agente de mensagens para funcionar, o agente deve estar presente. Quando o serviço *chama* outro serviço por meio do corretor, entramos no lado dinâmico."

"Ok, isso faz sentido", disse Austen. "Se eu pensar no que seria necessário para inicializá-lo do zero, esse é o acoplamento quântico estático."

"Isso mesmo. E essa informação é superútil. Recentemente, construímos um diagrama do acoplamento quântico estático para cada um de nossos serviços defensivamente."

Austen riu. "Defensivamente? O que você…"

"Estávamos realizando uma análise de confiabilidade para determinar se eu mudaria isso, o que poderia quebrar, onde algo poderia estar em nossa arquitetura ou operações. Eles estão tentando fazer a mitigação de riscos — se mudarmos um serviço, eles querem saber o que deve ser testado."

"Entendo — esse é o acoplamento quântico estático. Eu posso ver como essa é uma visão útil. Também mostra como as equipes podem impactar umas às outras. Isso parece realmente útil. Existe uma ferramenta que podemos baixar que descubra isso para nós?"

"Não seria legal?". E Addison riu. "Infelizmente, ninguém com nossa combinação única de arquitetura construiu e abriu o código exatamente da ferramenta que queremos. No entanto, parte da equipe da plataforma está trabalhando em uma ferramenta para automatizá-la, necessariamente customizada para nossa arquitetura. Eles estão usando os manifestos de contêiner, arquivos POM, dependências NPM e outras ferramentas de dependência para criar e manter uma lista de dependências de compilação. Também instituímos a observabilidade para todos os nossos serviços, de modo que agora temos arquivos de log consistentes sobre quais sistemas chamam uns aos outros, quando e com que frequência. Eles estão usando isso para construir um gráfico de chamadas para ver como as coisas estão conectadas."

"Ok, então o acoplamento estático é como as coisas são conectadas. E quanto ao acoplamento *dinâmico*?"

"Acoplamento dinâmico diz respeito a como os quanta *se comunicam*, particularmente chamadas síncronas *versus* assíncronas e seu impacto nas características da arquitetura operacional — coisas como desempenho, escala, elasticidade, confiabilidade, e assim por diante. Considere a elasticidade por um momento — lembra-se da diferença entre escalabilidade e elasticidade?"

Austen deu um sorriso malicioso. "Eu não sabia que haveria um teste. Vamos ver… *Escalabilidade* é a capacidade de suportar muitos usuários simultâneos; *elasticidade* é a capacidade de suportar uma explosão de solicitações de usuários em um curto período de tempo."

"Correto! Estrela dourada para você. Ok, vamos pensar na *elasticidade*. Suponha que em nossa arquitetura de estado futuro tenhamos dois serviços como Abertura de Tickets e Atribuição e os dois tipos de chamadas. Projetamos cuidadosamente nossos serviços para serem altamente desacoplados estaticamente uns dos outros, para que possam ser elásticos independentemente. Esse é o outro efeito colateral do acoplamento estático, a propósito — ele identifica o escopo de coisas como características de arquitetura operacional. Digamos que a Abertura de Tickets esteja operando em dez vezes a escala elástica da Atribuição e precisamos fazer uma ligação entre eles. Se fizermos uma chamada síncrona, todo o fluxo de trabalho ficará atolado, pois o emissor aguarda o processamento e o retorno do serviço mais lento. Se, por outro lado, fizermos uma chamada assíncrona, usando a fila de mensagens como buffer, podemos permitir que os dois serviços executem operacionalmente de forma independente, permitindo que o emissor adicione mensagens à fila e continue trabalhando, recebendo uma notificação quando o fluxo de trabalho estiver concluído."

"Ah, entendi, entendi! O quantum de arquitetura define o escopo das características da arquitetura — é óbvio como o acoplamento estático pode afetar isso. Mas vejo agora que, dependendo do tipo de chamada que fizer, você pode acoplar temporariamente dois serviços."

"Isso mesmo", disse Addison. "Os quanta de arquitetura podem se emaranhar temporariamente, durante o curso de uma chamada, se a natureza da chamada vincular coisas como desempenho, capacidade de resposta, escala e muitos outros."

"Ok, acho que entendo o que é um quantum de arquitetura e como funcionam as definições de acoplamento. Mas eu nunca vou acertar essa coisa quantum/quanta!"

"O mesmo para datum/data, mas ninguém nunca usa datum!" E Addison riu. "Você verá muito mais o impacto do acoplamento dinâmico em fluxos de trabalho e sagas transacionais à medida que continua investigando nossa arquitetura."

"Mal posso esperar!"

3.
Modularidade de Arquitetura

T erça-feira, 21 de setembro, 9h33

Era a mesma sala de conferências em que estiveram centenas de vezes antes, mas hoje a atmosfera era diferente. Muito diferente. À medida que as pessoas se reuniam, nenhuma conversa fiada acontecia. Apenas silêncio. O tipo de silêncio mortal que você poderia cortar com uma faca. Sim, esse é, de fato, um clichê apropriado, dado o tópico da reunião.

Os líderes de negócios e patrocinadores do aplicativo de ticket Sysops Squad, que apresentava falhas, reuniram-se com os arquitetos do aplicativo, Addison e Austen, com o objetivo de expressar sua preocupação e frustração com a incapacidade do departamento de TI de corrigir os problemas intermináveis associados ao aplicativo de ticket com problema. "Sem um aplicativo de trabalho", disseram eles, "não podemos continuar apoiando essa linha de negócios".

Quando aquela tensa reunião terminou, os patrocinadores do negócio saíram silenciosamente um por um, deixando Addison e Austen sozinhos na sala de conferências.

"Foi uma reunião ruim", disse Addison. "Não acredito que eles estejam realmente *nos* culpando por todos os problemas que estamos enfrentando atualmente com o aplicativo de ticket de problemas. Essa é uma situação muito ruim."

"Sim, eu sei", disse Austen. "Especialmente a parte sobre o possível fechamento da linha de negócios de suporte ao produto. Seremos designados para outros projetos, ou, pior, talvez até sejamos dispensados. Embora eu preferisse passar todo o tempo no campo de futebol ou nas pistas de esqui no inverno, não posso me dar ao luxo de perder este emprego."

"Nem eu", disse Addison. "Além disso, gosto muito da equipe de desenvolvimento que temos e odiaria vê-la desfeita."

"Eu também", disse Austen. "Ainda acho que desmembrar o aplicativo resolveria a maioria desses problemas."

"Concordo com você", disse Addison, "mas como convencê-los a gastar mais dinheiro e tempo para refatorar a arquitetura? Veja como eles reclamaram na reunião sobre a quantidade de dinheiro que já gastamos aplicando patches aqui e ali apenas para criar problemas adicionais no processo".

"Você está certa", disse Austen. "Eles nunca concordariam com um esforço de migração de arquitetura caro e demorado neste momento."

"Mas se concordamos que precisamos separar o aplicativo para mantê-lo vivo, como vamos convencer a empresa e obter o financiamento e o tempo de que precisamos para reestruturar completamente o aplicativo Sysops Squad?", perguntou Addison.

"Não tenho nem ideia", disse Austen. "Vamos ver se Logan está disponível para discutir esse problema conosco."

Addison conferiu online e viu que Logan, o principal arquiteto da Penultimate Electronics, estava disponível. Addison enviou uma mensagem explicando que queria desmembrar o aplicativo monolítico existente, mas que não tinha certeza de como convencer a empresa de que essa abordagem funcionaria. Addison explicou na mensagem que eles estavam em apuros e precisavam de alguns conselhos. Logan concordou com um encontro e se juntou a eles na sala de conferências.

"O que faz vocês terem tanta certeza de que desmembrar o aplicativo Sysops Squad resolverá todos os problemas?", perguntou Logan.

"Porque", disse Austen, "tentamos corrigir o código várias vezes e não parece estar funcionando. Ainda temos muitos problemas."

"Vocês não entenderam o que perguntei", disse Logan. "Deixe-me fazer a pergunta de uma maneira diferente. Que garantias vocês têm de que desmontar o sistema resultará em algo mais do que apenas gastar mais dinheiro e desperdiçar mais tempo valioso?"

"Bem", disse Austen, "na verdade, não temos".

"Então, como sabem que desmembrar o aplicativo é a abordagem certa?", perguntou Logan.

"Nós já dissemos a você", disse Austen. "Porque nada do que tentamos parece funcionar!"

"Desculpe", disse Logan, "mas vocês sabem tão bem quanto eu que essa não é uma justificativa razoável para o negócio. Nunca conseguirão o financiamento de que precisam com esse tipo de motivo".

"Então, qual seria uma boa justificativa comercial?", perguntou Addison. "Como vendemos essa abordagem para o negócio e aprovamos o financiamento adicional?"

3. MODULARIDADE DE ARQUITETURA

"Bem", disse Logan, "para construir um bom caso de negócios para algo dessa magnitude, primeiro vocês precisam entender os benefícios da modularidade arquitetônica, combinar esses benefícios com os problemas que estão enfrentando com o sistema atual e, finalmente, analisar e documentar os trade-offs envolvidos no desmembramento do aplicativo".

As empresas hoje enfrentam uma torrente de mudanças; a evolução do mercado parece continuar acelerando em um ritmo alucinante. Impulsionadores de negócios (como fusões e aquisições), aumento da concorrência no mercado, aumento da demanda dos consumidores e aumento da inovação (como automação por meio de aprendizado de máquina e inteligência artificial) necessariamente exigem mudanças nos sistemas de computador subjacentes. Em muitos casos, essas alterações nos sistemas de computador, consequentemente, exigem alterações nas arquiteturas subjacentes que os suportam.

No entanto, não são apenas os negócios que estão passando por mudanças constantes e rápidas — mas também o ambiente técnico no qual esses sistemas de computador residem. A conteinerização, a mudança para infraestrutura baseada em nuvem, a adoção de DevOps e até mesmo novos avanços em pipelines de entrega contínua impactam a arquitetura subjacente desses sistemas de computador.

É difícil no mundo de hoje gerenciar toda essa mudança constante e rápida com relação à arquitetura de software. A arquitetura de software é a estrutura fundamental de um sistema e, portanto, geralmente pensada como algo que deve permanecer estável e não sofrer alterações frequentes, semelhante aos aspectos estruturais subjacentes de um grande edifício ou arranha-céu. No entanto, ao contrário da arquitetura estrutural de um edifício, a arquitetura de software deve mudar e se adaptar constantemente para atender às novas demandas do ambiente de negócios e tecnologia de hoje.

Considere o aumento do número de fusões e aquisições acontecendo no mercado atual. Quando uma empresa adquire outra, ela adquire não apenas os aspectos físicos de uma empresa (como pessoas, prédios, estoque, e assim por diante), mas também mais clientes. Os sistemas existentes em qualquer uma das empresas podem ser dimensionados para atender ao aumento no volume de usuários como resultado da fusão ou aquisição? A escalabilidade é uma grande parte das fusões e aquisições, assim como a agilidade e a extensibilidade, todas *preocupações de arquitetura*.

Grandes sistemas monolíticos (implantação única) geralmente não fornecem o nível de escalabilidade, agilidade e extensibilidade necessários para dar suporte à maioria das fusões e aquisições. A capacidade de recursos adicionais da máquina (threads,[1] memória e CPU) é preenchida muito rapidamente. Para ilustrar este ponto, considere o copo de água mostrado na Figura 3-1. O vidro representa o servidor (ou máquina virtual), e a água representa o aplicativo. À medida que os aplicativos monolíticos crescem para lidar com o aumento da demanda do consumidor e da carga do usuário (seja de fusões, aquisições ou crescimento da empresa), eles começam a consumir cada vez mais recursos. À medida que mais água é adicionada ao copo (representando a crescente aplicação monolítica), o copo começa a encher. Adicionar outro copo (representado como outro servidor ou máquina virtual) não faz nada, porque o novo copo conteria a mesma quantidade de água que o primeiro.

Figura 3-1. Um copo cheio representando uma grande aplicação monolítica perto da sua capacidade.

Um aspecto da modularidade arquitetônica é dividir grandes aplicativos monolíticos em partes separadas e menores para fornecer mais capacidade para maior escalabilidade e crescimento, ao mesmo tempo em que facilita mudanças constantes e rápidas. Por sua vez, esses recursos podem ajudar a atingir os objetivos estratégicos de uma empresa.

Adicionando outro copo vazio ao nosso exemplo do copo de água e dividindo a água (aplicação) em duas partes separadas, metade da água pode agora ser despejada no novo copo vazio, fornecendo 50% a mais de capacidade, conforme mostrado na Figura 3-2. A analogia do copo d'água é uma ótima maneira de explicar a modularidade arquitetônica (a quebra de aplicativos monolíticos) para as partes interessadas nos negócios e executivos C-level, que inevitavelmente pagarão pelo esforço de refatoração da arquitetura.

---

1   Thread é o termo em inglês para Linha ou Encadeamento de Execução. Ele é um pequeno programa que trabalha como um subsistema, sendo uma forma de um processo se autodividir em duas ou mais tarefas. Essas tarefas múltiplas podem ser executadas simultaneamente para rodar mais rápido do que um programa em um único bloco ou praticamente juntas, mas são tão rápidas que parecem trabalhar em conjunto ao mesmo tempo. (N. do T.)

Figura 3-2. Dois copos meio cheios representando uma aplicação desmembrada com bastante capacidade de crescimento.

O aumento da escalabilidade é apenas um benefício da modularidade arquitetônica. Outro benefício importante é a agilidade, a capacidade de responder rapidamente às mudanças. Um artigo da *Forbes* de janeiro de 2020, escrito por David Benjamin e David Komlos, afirmou o seguinte:

> Há apenas uma coisa que vai separar o grupo em vencedores e perdedores: a capacidade sob demanda de fazer correções de curso ousadas e decisivas que são executadas de forma eficaz e com urgência.

As empresas devem ser ágeis para sobreviver no mundo de hoje. No entanto, embora as partes interessadas dos negócios possam tomar decisões rápidas e mudar de direção rapidamente, a equipe de tecnologia da empresa pode não conseguir implementar essas novas diretrizes com rapidez suficiente para fazer a diferença. Permitir que a tecnologia se mova tão rápido quanto os negócios (ou, inversamente, impedir que a tecnologia reduza a velocidade dos negócios) requer um certo nível de agilidade arquitetônica.

Drivers de Modularidade

Os arquitetos não devem dividir um sistema em partes menores, a menos que existam drivers de negócios claros. Os principais drivers de negócios para dividir os aplicativos em partes menores incluem a *velocidade de lançamento no mercado* [em inglês, *speed-to-market*] (às vezes chamada de tempo de lançamento no mercado [em inglês, *time to-market*]) e a obtenção de um nível de *vantagem competitiva* no mercado.

A velocidade de lançamento no mercado é alcançada por meio da agilidade arquitetônica — a capacidade de responder rapidamente às mudanças. Agilidade é uma característica arquitetônica composta por muitas outras características de arquitetura, incluindo manutenibilidade, testabilidade e implementabilidade.

A vantagem competitiva é alcançada por meio da velocidade de lançamento no mercado combinada com escalabilidade e disponibilidade geral de aplicativos e tolerância a falhas. Quanto melhor uma empresa faz, mais ela cresce, daí a necessidade de mais escalabilidade para suportar o aumento da atividade do usuário. *Tolerância a falhas*, a capacidade de um aplicativo falhar e continuar operando, é necessária para garantir que, à medida que partes do aplicativo falham, outras partes ainda possam funcionar normalmente, minimizando o impacto geral para o usuário final. A Figura 3-3 ilustra a relação entre os drivers técnicos e os drivers de negócios resultantes para modularidade (contidos em caixas).

As empresas devem ser ágeis para sobreviver no mercado volátil de ritmo acelerado e em constante mudança de hoje, o que significa que as arquiteturas subjacentes também devem ser ágeis. Conforme ilustrado na Figura 3-3, as cinco principais características arquitetônicas para oferecer agilidade, velocidade de lançamento no mercado e, em última instância, vantagem competitiva no mercado atual são disponibilidade (tolerância a falhas), escalabilidade, implantabilidade, testabilidade e manutenibilidade.

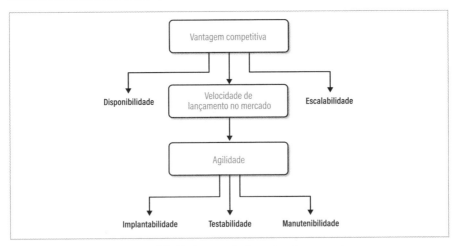

Figura 3-3. Os drivers para a modularidade e as relações entre eles.

Observe que a *modularidade arquitetônica* nem sempre precisa se traduzir em uma arquitetura distribuída. Manutenibilidade, testabilidade e implantabilidade (definidas nas seções a seguir) também podem ser alcançadas por meio de arquiteturas monolíticas, como um monólito modular ou até mesmo uma arquitetura de microkernel (consulte o Apêndice B para obter uma lista de referências que fornecem mais informações sobre esses estilos de arquitetura). Ambos os estilos de arquitetura oferecem um nível de modularidade arquitetônica com base na forma como os componentes são *estruturados*. Por exemplo, com um monólito modular, os componentes são agrupados em domínios bem formados, fornecendo o que é conhecido como *arquitetura particionada por domínio* (consulte *Fundamentos da Arquitetura de Software*, Capítulo 8). Com a arquitetura de microkernel, a funcionalidade é particionada em componentes de plug-in separados, permitindo um escopo de implantação e teste muito menor.

Manutenibilidade

Manutenibilidade é sobre a facilidade de adicionar, alterar ou remover recursos, bem como aplicar alterações internas, como patches de manutenção, atualizações de estrutura, atualizações de terceiros, e assim por diante. Como acontece com a maioria das características de arquitetura composta, a manutenibilidade é difícil de definir objetivamente. Alexander von Zitzewitz, arquiteto de software e fundador da hello2morrow (*http://www.hello2morrow.com*), escreveu um artigo sobre uma nova métrica para definir objetivamente o nível de manutenibilidade de um aplicativo. Embora a métrica de manutenibilidade de von Zitzewitz seja bastante complicada e envolva muitos fatores, sua forma inicial é a seguinte:

$$ML = 100 * \sum_{i=1}^{k} c_i$$

Em que *ML* é o nível de manutenibilidade [em inglês, *maintainability level*] do sistema geral (porcentagem de 0% a 100%), *k* é o número total de componentes lógicos no sistema, e c_i é o nível de acoplamento para qualquer componente específico, com foco especial nos níveis de acoplamento de entrada. Essa equação basicamente demonstra que quanto maior o nível de acoplamento de entrada entre os componentes, menor o nível geral de manutenibilidade da base de código.

Deixando de lado a matemática complicada, algumas das métricas típicas usadas para determinar a capacidade de manutenibilidade relativa de um aplicativo com base em componentes (os blocos de construção arquitetônicos de um aplicativo) incluem o seguinte:

Acoplamento de componentes
O grau e a maneira como os componentes se conhecem.

Coesão de componentes
O grau e a maneira como as operações de um componente se interrelacionam.

Complexidade ciclomática
O nível geral de indireção e aninhamento dentro de um componente.

Tamanho do componente
O número de instruções de código agregadas dentro de um componente.

Particionamento técnico versus *particionamento de domínio*
Componentes alinhados por uso técnico ou por finalidade de domínio — consulte o Apêndice A.

Dentro do contexto da arquitetura, estamos definindo um *componente* como um bloco de construção arquitetônico do aplicativo que realiza algum tipo de função comercial ou de infraestrutura, geralmente manifestada por meio de uma estrutura de pacote (Java), namespace (C#) ou agrupamento físico de arquivos (classes) dentro de algum tipo de estrutura de diretório. Por exemplo, o componente Order History pode ser implementado por meio de um conjunto de arquivos de classe localizados no namespace app.business.order.history.

Grandes arquiteturas monolíticas geralmente têm baixos níveis de manutenibilidade devido ao particionamento técnico da funcionalidade em camadas, ao forte acoplamento entre os componentes e à fraca coesão dos componentes de uma perspectiva de domínio. Por exemplo, considere um novo requisito dentro de uma arquitetura monolítica tradicional em camadas para adicionar uma data de validade aos itens contidos na lista de desejos de um cliente (itens em uma lista para talvez comprar posteriormente). Observe na Figura 3-4 que o escopo da mudança do novo requisito está no *nível do aplicativo*, pois a mudança é propagada para todas as camadas dentro do aplicativo.

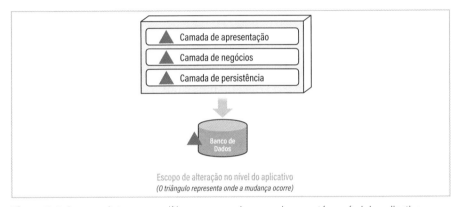

Figura 3-4. Com arquiteturas monolíticas em camadas, a mudança está no nível do aplicativo.

Dependendo da estrutura da equipe, a implementação dessa simples alteração para adicionar uma data de validade aos itens da lista de desejos em uma arquitetura monolítica em camadas pode exigir a coordenação de pelo menos três equipes:

- Seria necessário que um membro da equipe de interface do usuário adicionasse o novo campo de validade à tela.
- Seria necessário que um membro da equipe de backend adicionasse regras de negócios associadas à data de validade e alterasse contratos para adicionar o novo campo de validade.
- Seria necessário que um membro da equipe de banco de dados alterasse o esquema da tabela para adicionar a nova coluna de validade na tabela de lista de desejos.

Como o domínio da Lista de Desejos está espalhado por toda a arquitetura, torna-se mais difícil manter um determinado domínio ou subdomínio (como a Lista de Desejos). As arquiteturas modulares, por outro lado, particionam domínios e subdomínios em unidades de software menores e implantadas separadamente, facilitando, assim, a modificação de um domínio ou subdomínio. Observe que com uma arquitetura baseada em serviço distribuído, conforme mostrado na Figura 3-5, o escopo da mudança do novo requisito está em um *nível de domínio* dentro de um serviço de domínio específico, tornando mais fácil isolar a unidade de implantação específica que requer a mudança.

Mudar para uma modularidade ainda mais arquitetônica, como uma arquitetura de microsserviços, conforme ilustrado na Figura 3-6, coloca o novo requisito em um escopo de mudança de *nível de função*, isolando a mudança para um serviço específico responsável pela funcionalidade da lista de desejos.

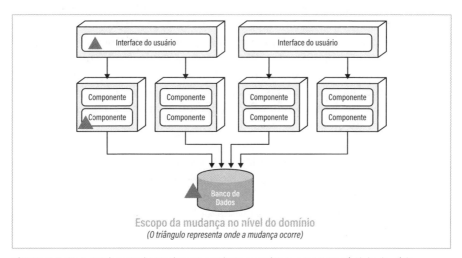

Figura 3-5. Com arquiteturas baseadas em serviços, a mudança ocorre no nível do domínio.

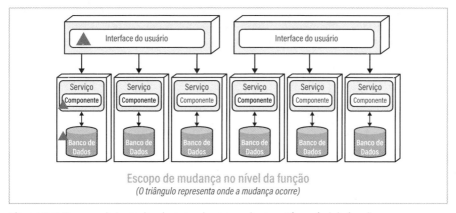

Figura 3-6. Com arquiteturas de microsserviços, a mudança está no nível da função.

Essas três progressões em direção à modularidade demonstram que, à medida que o nível de modularidade arquitetônica aumenta, também aumenta a capacidade de manutenibilidade, tornando mais fácil adicionar, alterar ou remover funcionalidades.

Testabilidade

Testabilidade é definida como a facilidade de testar (geralmente implementada por meio de testes automatizados), bem como a *integralidade* dos testes. A testabilidade é um ingrediente essencial para a agilidade arquitetural. Grandes estilos de arquitetura monolítica, como a arquitetura em camadas, suportam níveis relativamente baixos de testabilidade (e, portanto, agilidade) devido à dificuldade em obter testes de regressão plenos e completos de todos os recursos dentro da grande unidade de implantação. Mesmo que um aplicativo monolítico tenha um conjunto completo de testes de regressão, imagine a frustração de ter de executar centenas ou mesmo milhares de testes de unidade para uma simples alteração de código. Não apenas levaria muito tempo para executar todos os testes, mas o pobre desenvolvedor ficaria parado pesquisando por que dezenas de testes falharam quando, na verdade, os testes com falha não têm nada a ver com a mudança.

A modularidade arquitetônica — a divisão de aplicativos em unidades de implantação menores — reduz significativamente o escopo geral do teste para alterações feitas em um serviço, permitindo uma melhor integridade do teste, bem como a facilidade de testar. A modularidade não apenas resulta em suítes de teste menores e mais direcionadas, mas também torna mais fácil manter os testes de unidade.

Embora a modularidade arquitetônica geralmente melhore a testabilidade, às vezes pode levar aos mesmos problemas que existem com aplicativos monolíticos de implantação única. Por exemplo, considere um aplicativo que foi dividido em três unidades de implantação independentes menores (serviços), conforme ilustrado na Figura 3-7.

Fazer uma alteração no Serviço A limita o escopo do teste apenas a esse serviço, já que o Serviço B e o Serviço C não estão acoplados ao Serviço A. No entanto, à medida que a comunicação aumenta entre esses serviços, conforme mostrado na parte inferior da Figura 3-7, a testabilidade diminui rapidamente, porque o escopo de teste para uma mudança no Serviço A agora inclui o Serviço B e o Serviço C, impactando tanto a facilidade quanto a integralidade do teste.

3. MODULARIDADE DE ARQUITETURA

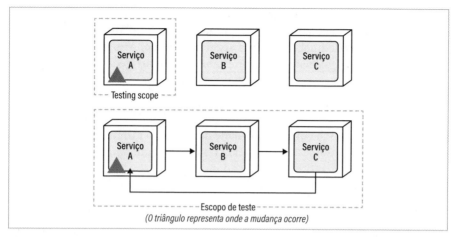

Figura 3-7. O escopo do teste aumenta à medida que os serviços se comunicam entre si.

Implantabilidade

Implantabilidade não é apenas sobre a facilidade de implantação — é também sobre a frequência da implantação e o risco geral da implantação. Para dar suporte à agilidade e responder rapidamente às mudanças, os aplicativos devem dar suporte a todos esses três fatores. A implantação de software a cada duas semanas (ou mais) não apenas aumenta o risco geral de implantação (devido ao agrupamento de várias alterações), mas, na maioria dos casos, atrasa desnecessariamente novos recursos ou correções de bugs que estão prontos para serem enviados aos clientes. Obviamente, a frequência de implantação deve ser equilibrada com a capacidade do cliente (ou usuário final) de absorver as alterações rapidamente.

As arquiteturas monolíticas geralmente suportam baixos níveis de implantação devido à quantidade de cerimônia envolvida na implantação do aplicativo (como congelamentos de código, implantações simuladas, e assim por diante), o aumento do risco de que algo mais possa quebrar assim que novos recursos ou correções de bugs forem implantados e um longo intervalo de tempo entre implantações (semanas a meses). Os aplicativos com um certo nível de modularidade arquitetônica em termos de unidades de software implantadas separadamente têm menos cerimônia de implantação, menos risco de implantação e podem ser implantados com mais frequência do que um grande aplicativo monolítico único.

Assim como a capacidade de teste, a capacidade de implantação também sofre um impacto negativo à medida que os serviços se tornam menores e se comunicam mais uns com os outros para concluir uma transação comercial. O risco de implantação aumenta, e fica mais difícil implantar uma mudança simples por medo de quebrar outros serviços. Para citar o arquiteto de software Matt Stine (*https://www.mattstine.com*) em seu artigo sobre orquestração de microsserviços:

> Se seus microsserviços devem ser implantados como um conjunto completo em uma ordem específica, coloque-os de volta em um monólito e evite problemas.

Esse cenário leva ao que é comumente chamado de "grande bola de lama distribuída", em que poucos (se houver) dos benefícios da modularidade arquitetônica são realizados.

Escalabilidade

Escalabilidade é definida como a capacidade de um sistema permanecer responsivo à medida que a carga do usuário aumenta gradualmente ao longo do tempo. Relacionada à escalabilidade está a *elasticidade*, que é definida como a capacidade de um sistema permanecer responsivo durante picos instantâneos e erráticos significativamente altos na carga do usuário. A Figura 3-8 ilustra as diferenças entre escalabilidade e elasticidade.

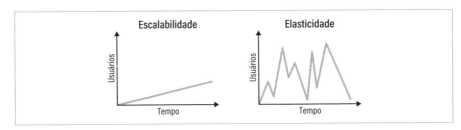

Figura 3-8. Escalabilidade é diferente de elasticidade.

Embora ambas as características arquitetônicas incluam capacidade de resposta em função do número de solicitações simultâneas (ou usuários no sistema), elas são tratadas de maneira diferente do ponto de vista arquitetônico e de implementação. A escalabilidade geralmente ocorre por um longo período em função do crescimento normal da empresa, enquanto a elasticidade é a resposta imediata a um aumento na carga do usuário.

Um ótimo exemplo para ilustrar ainda mais a diferença é o de um sistema de ingressos para shows. Entre grandes eventos de shows, geralmente há uma carga de usuários simultânea razoavelmente leve. No entanto, quando os ingressos para um show popular são colocados à venda, a carga de usuários simultâneos aumenta significativamente. O sistema pode passar de 20 usuários simultâneos para 3 mil usuários simultâneos em questão de segundos. Para manter a capacidade de resposta, o sistema deve ser capaz de lidar com os altos picos de carga de usuários e também de iniciar instantaneamente serviços adicionais para lidar com o pico de tráfego. A elasticidade depende de serviços com um *tempo médio de inicialização* [em inglês, *mean time to startup* — MTTS] muito pequeno, o que é alcançado arquitetonicamente por ter serviços muito pequenos e refinados. Com uma solução arquitetônica apropriada, o MTTS (e, portanto, a elasticidade) pode ser gerenciado por meio de técnicas de tempo de design, como pequenas plataformas leves e ambientes de tempo de execução.

Embora a escalabilidade e a elasticidade melhorem com serviços mais refinados, a elasticidade é mais uma função da granularidade (o tamanho de uma unidade de implantação), enquanto a escalabilidade é mais uma função da modularidade (a divisão dos aplicativos em unidades de implantação separadas). Considere os estilos de arquitetura tradicional em camadas, arquitetura baseada em serviços e arquitetura de microsserviços e suas classificações de estrelas correspondentes para escalabilidade e elasticidade, conforme ilustrado na Figura 3-9 (os detalhes desses estilos de arquitetura e suas classificações de estrelas correspondentes podem ser encontrados em nosso livro *Fundamentos da Arquitetura de Software*). Observe que uma estrela significa que a capacidade não é bem suportada pelo estilo de arquitetura, enquanto cinco estrelas significam que a capacidade é um recurso importante do estilo de arquitetura e é bem suportada.

Observe que as taxas de escalabilidade e elasticidade são relativamente baixas com a arquitetura monolítica em camadas. Grandes arquiteturas monolíticas em camadas são difíceis e caras de dimensionar porque toda a funcionalidade do aplicativo deve ser dimensionada no mesmo grau (escalabilidade no nível do aplicativo e MTTS ruim). Isso pode se tornar particularmente caro em infraestruturas baseadas em nuvem. No entanto, com a arquitetura baseada em serviços, observe que a escalabilidade melhora, mas não tanto quanto a elasticidade. Isso ocorre porque os serviços de domínio em uma arquitetura baseada em serviço têm granulação grossa e geralmente contém todo o domínio em uma unidade de implantação (como processamento de pedidos ou gerenciamento de armazém) e geralmente têm um tempo médio de inicialização (MTTS) muito longo para responder rápido o suficiente para a demanda imediata de elasticidade, devido ao seu grande tamanho (escalabilidade em nível de domínio e MTTS razoável). Observe que, com os microsserviços, tanto a escalabilidade quanto a elasticidade são maximizadas devido à natureza pequena, de finalidade única e granulada de cada serviço implantado separadamente (escalabilidade em nível de função e excelente MTTS).

Assim como a testabilidade e a implantabilidade, quanto mais serviços se comunicam entre si para concluir uma única transação de negócios, maior é o impacto negativo na escalabilidade e elasticidade. Por esse motivo, é importante manter a comunicação síncrona entre os serviços ao mínimo ao exigir altos níveis de escalabilidade e elasticidade.

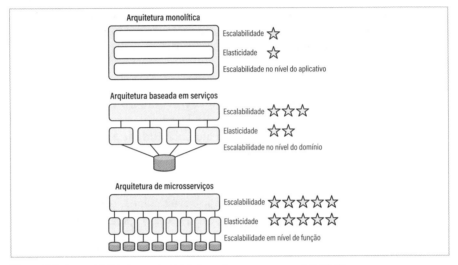

Figura 3-9. A escalabilidade e a elasticidade melhoram com a modularidade.

Disponibilidade/Tolerância a Falhas

Como muitas características de arquitetura, a *tolerância a falhas* tem definições variadas. No contexto da modularidade arquitetônica, definimos tolerância a falhas como a capacidade de algumas partes do sistema permanecerem responsivas e disponíveis enquanto outras partes do sistema falham. Por exemplo, se ocorrer um erro fatal (como uma condição de falta de memória) na parte de processamento de pagamento de um aplicativo de varejo, os usuários do sistema ainda poderão procurar itens e fazer pedidos, mesmo que o pagamento de processamento não esteja disponível.

Todos os sistemas monolíticos sofrem de baixos níveis de tolerância a falhas. Embora a tolerância a falhas possa ser um pouco mitigada em um sistema monolítico com várias instâncias de toda a carga do aplicativo balanceada, essa técnica é cara e ineficaz. Se a falha for devido a um bug de programação, esse bug existirá em ambas as instâncias, portanto, potencialmente derrubando ambas as instâncias.

A modularidade arquitetônica é essencial para alcançar a tolerância a falhas no nível do domínio e no nível da função em um sistema. Ao dividir o sistema em várias unidades de implantação, a falha catastrófica é isolada apenas para essa unidade de implantação, permitindo, assim, que o restante do sistema funcione normalmente. No entanto, há uma ressalva quanto a isso: se outros serviços forem dependentes de forma síncrona de um serviço que está falhando, a tolerância a falhas não será alcançada. Essa é uma das razões pelas quais a comunicação assíncrona entre serviços é essencial para manter um bom nível de tolerância a falhas em um sistema distribuído.

Saga Sysops Squad: Criando um Caso de Negócios
Quinta-feira, 30 de setembro, 12h01

Armadas com uma melhor compreensão do que significa *modularidade arquitetônica* e os drivers correspondentes para desmembrar um sistema, Addison e Austen se reuniram para discutir os problemas do Sysops Squad e tentar combiná-los com os drivers de modularidade para construir uma justificativa de negócios sólida para apresentar aos patrocinadores do negócio.

"Vamos pegar cada um dos problemas que estamos enfrentando e ver se podemos combiná-los com alguns dos drivers de modularidade", disse Addison. "Dessa forma, podemos demonstrar para a empresa que desmembrar o aplicativo resolverá de fato os problemas que estamos enfrentando."

"Boa ideia", disse Austen. "Vamos começar com a primeira questão sobre a qual eles falaram na reunião — mudança. Parece que não podemos aplicar efetivamente as alterações ao sistema monolítico existente sem que algo mais se rompa. Além disso, as alterações demoram muito, e testar as alterações é uma verdadeira dor de cabeça."

"E os desenvolvedores estão constantemente reclamando que a base de código é muito grande e é difícil encontrar o lugar certo para aplicar alterações a novos recursos ou correções de bugs", disse Addison.

"Ok", disse Austen, "claramente, a manutenibilidade geral é uma questão fundamental aqui".

"Certo", disse Addison. "Portanto, ao desmembrar o aplicativo, ele não apenas desacoplaria o código, mas também isolaria e particionaria a funcionalidade em serviços implantados separadamente, tornando mais fácil para os desenvolvedores aplicar as alterações."

"A testabilidade é outra característica importante relacionada a esse problema, mas já cobrimos isso por causa de todos os nossos testes de unidade automatizados", disse Austen.

"Na verdade, não é", respondeu Addison. "Dê uma olhada nisso."

Addison mostrou a Austen que mais de 30% dos casos de teste são comentados ou obsoletos, e há casos de teste ausentes para algumas das partes críticas do fluxo de trabalho do sistema. Addison também explicou que os desenvolvedores reclamavam continuamente que todo o conjunto de testes de unidade precisava ser executado para qualquer alteração (grande ou pequena), o que não apenas levava muito tempo, mas os desenvolvedores enfrentavam a necessidade de corrigir problemas não relacionados à alteração. Essa era uma das razões pelas quais demorava tanto para aplicar até mesmo as mudanças mais simples.

"A testabilidade é sobre a facilidade de testar, mas também a integridade do teste", disse Addison. "Não temos nenhum dos dois. Ao desmembrar o aplicativo, podemos reduzir significativamente o escopo do teste para alterações feitas no aplicativo, agrupar testes de unidade automatizados relevantes e obter uma melhor integridade do teste — portanto, menos bugs."

"O mesmo se aplica à implantabilidade", continuou Addison. "Como temos um aplicativo monolítico, temos de implantar todo o sistema, mesmo para uma pequena correção de bug. Como nosso risco de implantação é muito alto, Parker insiste em fazer lançamentos de produção mensalmente. O que Parker não entende é que, ao fazer isso, acumulamos várias alterações em cada lançamento, algumas das quais nem sequer foram testadas em conjunto umas com as outras."

"Concordo", disse Austen. "E, além disso, as implantações simuladas e os congelamentos de código que fazemos para cada lançamento consomem um tempo valioso — tempo que não temos. No entanto, o que estamos falando aqui não é de um problema de arquitetura, mas puramente de um problema de pipeline de implantação."

"Discordo", disse Addison. "É definitivamente relacionado à arquitetura também. Pense nisso por um minuto, Austen. Se dividirmos o sistema em serviços implantados separadamente, uma alteração para qualquer serviço específico terá como escopo apenas esse serviço. Por exemplo, digamos que fazemos mais uma alteração no processo de atribuição de tickets. Se esse processo fosse um serviço separado, não apenas o escopo do teste seria reduzido, mas reduziríamos significativamente o risco de implantação. Isso significa que poderíamos implantar com mais frequência com muito menos cerimônia, além de reduzir significativamente o número de bugs."

"Entendo o que quer dizer", disse Austen. "E embora concorde com você, ainda sustento que em algum momento teremos que modificar nosso atual pipeline de implantação também."

Satisfeitos com o fato de que desmembrar o aplicativo Sysops Squad e mudar para uma arquitetura distribuída resolveria os problemas de mudança, Addison e Austen passaram para as outras preocupações do patrocinador do negócio.

"Ok", disse Addison, "a outra grande coisa sobre a qual os patrocinadores de negócios reclamaram na reunião foi a satisfação geral do cliente. Às vezes, o sistema não está disponível, parece travar em determinados momentos do dia, e tivemos muitos problemas de perda de tickets e problemas de encaminhamento de tickets. Não é de admirar que os clientes estejam começando a cancelar seus planos de suporte".

"Espere", disse Austen. "Tenho algumas métricas mais recentes aqui que mostram que não é a funcionalidade principal de abertura de tickets que continua derrubando o sistema, mas a funcionalidade e os relatórios de pesquisa com o cliente."

"Essa é uma excelente notícia", disse Addison. "Portanto, ao separar essa funcionalidade do sistema em serviços separados, podemos isolar essas falhas, mantendo a funcionalidade principal de tickets operacional. Essa é uma boa justificativa por si só!"

"Exatamente", disse Austen. "Portanto, estamos de acordo que a disponibilidade geral por meio de tolerância a falhas abordará o fato de o aplicativo nem sempre estar disponível para os clientes, pois eles interagem apenas com a parte de abertura de tickets do sistema."

"Mas e quanto ao congelamento do sistema?", perguntou Addison. "Como justificamos essa parte com o desmembramento do aplicativo?"

"Acontece que pedi a Sydney, da equipe de desenvolvimento do Sysops Squad, para fazer algumas análises para mim exatamente sobre esse problema", disse Austen. "Acontece que é uma combinação de duas coisas. Primeiro, sempre que temos mais de 25 clientes criando tickets ao mesmo tempo, o sistema trava. Mas, olha só, sempre que eles executam os relatórios operacionais durante o dia em que os clientes estão inserindo tickets de problema, o sistema também trava."

"Então", disse Addison, "parece que temos um problema de escalabilidade e carregamento de banco de dados aqui".

"Exatamente!", disse Austen. "E veja só — ao desmembrar o aplicativo *e* o banco de dados monolítico, podemos segregar relatórios em seu próprio sistema e também fornecer escalabilidade adicional para a funcionalidade de abertura de tickets voltada para o cliente."

Satisfeito por ter um bom caso de negócios para apresentar aos patrocinadores de negócios e confiante de que essa era a abordagem certa para salvar essa linha de negócios, Addison criou um Registro de Decisão de Arquitetura [em inglês, *Architecture Decision Record — ADR*] para a decisão de separar o sistema e criar uma apresentação de caso de negócio correspondente para os patrocinadores do negócio.

ADR: Migrar o Aplicativo Sysops Squad para uma Arquitetura Distribuída

Contexto

> O Sysops Squad é atualmente um aplicativo monolítico de tickets de problemas que oferece suporte a várias funções de negócios diferentes relacionadas a tickets de problemas, incluindo registro de clientes, entrada e processamento de tickets de problemas, operações e relatórios analíticos,

faturamento e processamento de pagamentos e várias funções administrativas de manutenção. O aplicativo atual tem vários problemas envolvendo escalabilidade, disponibilidade e manutenibilidade.

Decisão

Migraremos o aplicativo monolítico Sysops Squad existente para uma arquitetura distribuída. Ao mudar para uma arquitetura distribuída, conseguiremos:

- Tornar a funcionalidade básica de tickets mais disponível para nossos clientes externos, proporcionando, assim, melhor tolerância a falhas.
- Fornecer melhor escalabilidade para o crescimento do cliente e criação de tickets, resolvendo os frequentes congelamentos de aplicativos que estamos enfrentando.
- Separar a funcionalidade de relatórios e a carga de relatórios no banco de dados, resolvendo os frequentes congelamentos de aplicativos que estamos enfrentando.
- Permitir que as equipes implementem novos recursos e corrijam bugs muito mais rapidamente do que com o aplicativo monolítico atual, proporcionando, assim, uma melhor agilidade geral.
- Reduzir a quantidade de bugs introduzidos no sistema quando ocorrem mudanças, proporcionando, assim, melhor testabilidade.

Consequências

O esforço de migração causará atrasos na introdução de novos recursos, pois a maioria dos desenvolvedores será requisitada para a migração da arquitetura.

O esforço de migração incorrerá em custo adicional (estimativas de custo a serem determinadas).

Até que o pipeline de implantação existente seja modificado, os engenheiros de lançamento terão de gerenciar o lançamento e o monitoramento de várias unidades de implantação.

O esforço de migração exigirá que desmembremos o banco de dados monolítico.

Addison e Austen reuniram-se com os patrocinadores de negócios do sistema de tickets de problemas do Sysops Squad e apresentaram seu caso de maneira clara e concisa. Os patrocinadores de negócios ficaram satisfeitos com a apresentação e concordaram com a abordagem, informando Addison e Austen para prosseguir com a migração.

4.
Decomposição Arquitetônica

Segunda-feira, 4 de outubro, 10h04

Agora que Addison e Austen tinham autorização para mudar para uma arquitetura distribuída e desmembrar o aplicativo monolítico Sysops Squad, precisavam determinar a melhor abordagem para começar.

"O aplicativo é tão grande que nem sei por onde começar. É tão grande quanto um elefante!", exclamou Addison.

"Bem", disse Austen. "Como se come um elefante?"

"Rá, eu já ouvi essa piada antes, Austen. Uma mordida de cada vez, é claro!", disse Addison.

"Exatamente. Então vamos usar o mesmo princípio com o aplicativo Sysops Squad", disse Austen. "Por que não começamos a desmembrar, uma mordida de cada vez? Lembra como eu disse que os relatórios eram uma das coisas que causavam o congelamento do aplicativo? Talvez devêssemos começar por aí."

"Isso pode ser um bom começo", disse Addison. "Mas e os dados? Apenas tornar os relatórios um serviço separado não resolve o problema. Também precisaríamos separar os dados ou até mesmo criar um banco de dados de relatórios separado com data pumps para alimentá-lo. Eu acho que é uma mordida muito grande para começar."

"Você está certa", disse Austen. "Ei, e quanto à funcionalidade da base de conhecimento? Ela é bastante independente e pode ser mais fácil de extrair."

"Isso é verdade. E quanto à funcionalidade de pesquisa? Isso deve ser fácil de desmembrar também", disse Addison. "O problema é que não posso deixar de sentir que deveríamos abordar isso com uma abordagem mais metódica, em vez de apenas comer o elefante mordida por mordida."

"Talvez Logan possa nos dar alguns conselhos", disse Austen.

Addison e Austen se reuniram com Logan para discutir algumas das abordagens que estavam considerando para desmembrar o aplicativo. Eles explicaram a Logan que queriam começar com a base de conhecimento e a funcionalidade de pesquisa, mas não tinham certeza do que fazer depois disso.

"A abordagem que vocês estão sugerindo", disse Logan, "é conhecida como Antipadrão de Migração de Elefantes [em inglês, *Elephant Migration Anti-Pattern*].[1] Comer o elefante uma mordida de cada vez pode parecer uma boa abordagem no início, mas na maioria dos casos, leva a uma abordagem não estruturada que resulta em uma grande bola de lama distribuída, o que algumas pessoas também chamam de monólito distribuído. Eu não recomendaria essa abordagem".

"Então, que outras abordagens existem? Existem padrões que podemos usar para desmembrar o aplicativo?", perguntou Addison.

"Vocês precisam ter uma visão holística do aplicativo e aplicar bifurcação tática ou decomposição baseada em componentes", disse Logan. "Essas são as duas abordagens mais eficazes que conheço."

Addison e Austen olharam para Logan. "Mas como vamos saber qual usar?"

Enquanto a modularidade arquitetônica descreve o *porquê* de desmembrar um aplicativo monolítico, a decomposição arquitetônica descreve o *como*. Desmembrar aplicativos monolíticos grandes e complexos pode ser uma tarefa complexa e demorada, e é importante saber se é viável iniciar tal esforço e como abordá-lo.

A decomposição baseada em componentes e a bifurcação tática são duas abordagens comuns para separar aplicações monolíticas. A *decomposição baseada em componentes* é uma abordagem de extração que aplica vários padrões de refatoração para refinar e extrair componentes (os blocos de construção lógicos de um aplicativo) para formar uma arquitetura distribuída de maneira incremental e controlada. A abordagem de bifurcação tática envolve fazer réplicas de um aplicativo e remover as partes indesejadas para formar serviços, semelhante à maneira como um escultor cria uma bela obra de arte a partir de um bloco de granito ou mármore.

Qual abordagem é mais eficaz? A resposta a essa pergunta é, claro, *depende*. Um dos principais fatores na seleção de uma abordagem de decomposição é quão bem o código de aplicativo monolítico existente está estruturado. Existem componentes claros e limites de componentes dentro da base de código, ou a base de código é basicamente uma grande bola de lama não estruturada?

---

1 O termo *Elephant Migration AntiPattern* se refere a um antipadrão de migração que ocorre ao se passar de uma arquitetura monolítica para microsserviços. Recebeu o nome do famoso enigma "como se come um elefante? Uma mordida de cada vez!" (N. do T.)

4. DECOMPOSIÇÃO ARQUITETÔNICA

Como ilustra o fluxograma na Figura 4-1, a primeira etapa em um esforço de decomposição de arquitetura é determinar primeiro se a base de código é mesmo decomponível. Cobrimos esse tópico em detalhes na próxima seção. Se a base de código for decomponível, a próxima etapa é determinar se o código-fonte é em grande parte uma bagunça não estruturada, sem componentes claramente definíveis. Se for esse o caso, então a bifurcação tática (consulte a seção "Bifurcação Tática", mais adiante neste capítulo) provavelmente é a abordagem correta. No entanto, se os arquivos de código-fonte forem estruturados de uma forma que combine funcionalidades semelhantes dentro de componentes bem definidos (ou mesmo vagamente definidos), então uma abordagem de decomposição baseada em componentes (consulte "Decomposição Baseada em Componentes", mais adiante neste capítulo) é o caminho a seguir.

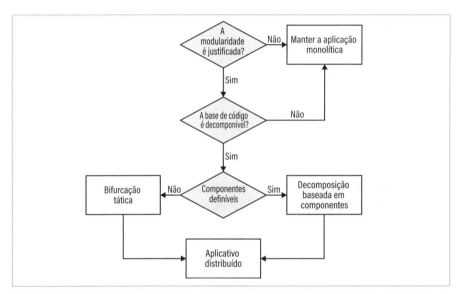

Figura 4-1. A árvore de decisão para selecionar uma abordagem de decomposição

Descrevemos ambas as abordagens neste capítulo e, em seguida, dedicamos um capítulo inteiro (Capítulo 5) para descrever cada um dos padrões de decomposição baseados em componentes detalhadamente.

A Base de Código É Decomponível?

O que acontece quando uma base de código não tem estrutura interna? Pode mesmo ser decomposta? Esse software tem um nome coloquial — Antipadrão Grande Bola de Lama [em inglês, *Big Ball of Mud Anti-Pattern*], cunhado por Brian Foote em um ensaio de mesmo nome (*http://www.laputan.org/mud*

67

— conteúdo em inglês) em 1999. Por exemplo, um aplicativo da web complexo com manipuladores de eventos conectados diretamente a chamadas de banco de dados e sem modularidade pode ser considerado uma arquitetura Grande Bola de Lama. Geralmente, os arquitetos não gastam muito tempo criando padrões para esses tipos de sistemas; a arquitetura de software diz respeito à estrutura interna, e esses sistemas carecem desse recurso definidor.

Infelizmente, sem uma governança cuidadosa, muitos sistemas de software se degradam em grandes bolas de lama, deixando para os arquitetos subsequentes (ou talvez um antigo eu desprezado) reparar. O primeiro passo em qualquer exercício de reestruturação de arquitetura exige que um arquiteto determine um *plano* para a reestruturação, o que, por sua vez, exige que o arquiteto entenda a estrutura interna. A questão-chave que o arquiteto deve responder é se essa base de código é salvável. Em outras palavras, é uma candidata a padrões de decomposição, ou outra abordagem é mais apropriada?

Nenhuma medida isolada determinará se uma base de código tem uma estrutura interna razoável — essa avaliação cabe a um ou mais arquitetos. No entanto, os arquitetos têm ferramentas para ajudar a determinar as características macro de uma base de código, particularmente as métricas de acoplamento, para ajudar a avaliar a estrutura interna.

Acoplamento Aferente e Eferente

Em 1979, Edward Yourdon e Larry Constantine publicaram *Structured Design: Fundamentals of a Discipline of Computer Program and Systems Design* [*Design Estruturado: Fundamentos de uma Disciplina de Programa de Computador e Design de Sistemas*, em tradução livre], definindo muitos conceitos básicos, incluindo as métricas de acoplamento aferente e eferente. O acoplamento *aferente* mede o número de conexões *de entrada* para um artefato de código (componente, classe, função, e assim por diante). O acoplamento *eferente* mede as conexões *de saída* para outros artefatos de código.

Observe o valor de apenas essas duas medidas ao alterar a estrutura de um sistema. Por exemplo, ao desconstruir um monólito em uma arquitetura distribuída, um arquiteto encontrará classes compartilhadas como Address. Ao construir um monólito, é comum e encorajado que os desenvolvedores reutilizem conceitos básicos como Address, mas ao separar o monólito, agora o arquiteto deve determinar quantas outras partes do sistema usam esse ativo compartilhado.

Praticamente toda plataforma tem ferramentas que permitem aos arquitetos analisar as características de acoplamento do código para auxiliar na reestruturação, migração ou compreensão de uma base de código. Existem muitas ferramentas para várias plataformas que fornecem uma visualização de matriz de relacionamentos de classe e/ou componente, conforme ilustrado na Figura 4-2.

Neste exemplo, o plug-in do Eclipse fornece uma visualização da saída do JDepend, que inclui análise de acoplamento por pacote, juntamente com algumas métricas agregadas destacadas na próxima seção.

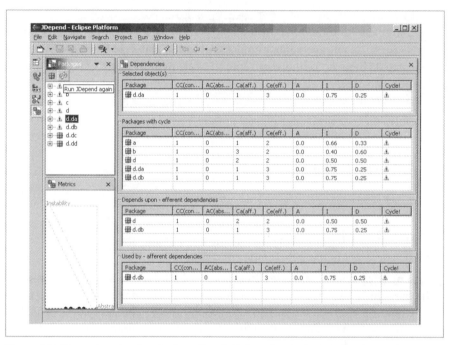

Figura 4-2. JDepend na visualização de análise do Eclipse de relacionamentos de acoplamento.

Abstração e Instabilidade

Robert Martin, figura bem conhecida no mundo da arquitetura de software, criou algumas métricas derivadas para um livro C++ no final dos anos 1990 que são aplicáveis a qualquer linguagem orientada a objetos. Essas métricas — abstração e instabilidade — medem o equilíbrio das características internas de uma base de código.

Abstração é a proporção de artefatos abstratos (classes abstratas, interfaces, e assim por diante) para artefatos concretos (classes de implementação). Representa uma medida do *abstrato versus implementação*. Elementos abstratos são recursos de uma base de código que permitem aos desenvolvedores entender melhor a função geral. Por exemplo, uma base de código que consiste em um único método main() e 10 mil linhas de código pontuaria quase zero nessa métrica e seria bastante difícil de entender.

A fórmula para abstração aparece na Equação 4-1.

Equação 4-1. Abstração

$$A = \frac{\sum m^a}{\sum m^c + \sum m^a}$$

Na equação, m^a representa elementos *abstratos* (interfaces ou classes abstratas) dentro da base de código, e m^c representa elementos *concretos*. Os arquitetos calculam a abstração calculando a razão entre a soma dos artefatos abstratos e a soma dos concretos.

Outra métrica derivada, a *instabilidade*, é a razão do acoplamento eferente para a soma do acoplamento eferente e aferente, mostrado na Equação 4-2.

Equação 4-2. Instabilidade

$$I = \frac{C^e}{C^e + C^a}$$

Na equação, C^e representa o acoplamento *eferente* (ou de saída), e C^a representa o acoplamento *aferente* (ou de entrada).

A métrica de instabilidade determina a volatilidade de uma base de código. Uma base de código que exibe altos graus de instabilidade quebra mais facilmente quando alterada devido ao alto acoplamento. Considere dois cenários, cada um com C^a de 2. Para o primeiro cenário, $C^e = 0$, gerando uma pontuação de instabilidade de zero. No outro cenário, $C^e = 3$, gerando uma pontuação de instabilidade de 3/5. Assim, a medida de instabilidade de um componente reflete quantas mudanças potenciais podem ser forçadas por mudanças em componentes relacionados. Um componente com um valor de instabilidade próximo a um é altamente instável, um valor próximo a zero pode ser estável ou rígido: é estável se o módulo ou componente contém principalmente elementos abstratos e rígido se compreende principalmente elementos concretos. No entanto, a desvantagem da alta estabilidade é a falta de reutilização — se cada componente for autocontido, a duplicação é provável.

Um componente com valor I próximo a 1, podemos concordar, é altamente instável. No entanto, um componente com valor de I próximo de 0 pode ser estável ou rígido. No entanto, se contiver principalmente elementos concretos, é rígido.

Assim, em geral, é importante observar o valor de I e A juntos, e não isoladamente. Daí a razão de considerar a sequência principal apresentada na próxima seção.

Distância da Sequência Principal

Uma das poucas métricas holísticas que os arquitetos têm para a estrutura arquitetônica é a *distância da sequência principal*, uma métrica derivada baseada em instabilidade e abstração, mostrada na Equação 4-3.

Equação 4-3. Distância da sequência principal

$$D = |A + I - 1|$$

Na equação, A = *abstração*, e I = *instabilidade*.

A métrica de distância da sequência principal imagina uma relação ideal entre abstração e instabilidade; os componentes que se aproximam dessa linha idealizada exibem uma mistura saudável dessas duas preocupações conflitantes. Por exemplo, representar graficamente um componente específico permite que os desenvolvedores calculem a métrica de distância da sequência principal, ilustrada na Figura 4-3.

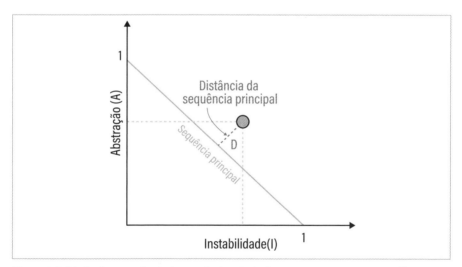

Figura 4-3. Distância normalizada da sequência principal para um componente específico.

Os desenvolvedores representam graficamente o componente candidato e, em seguida, medem a distância da linha idealizada. Quanto mais próximo da linha, mais equilibrado é o componente. Os componentes que ficam muito no canto superior direito entram no que os arquitetos chamam de *zona de inutilidade*: o código muito abstrato torna-se difícil de usar. Por outro lado, o código que cai no canto inferior esquerdo entra na *zona de dor*: o código com muita implementação e abstração insuficiente torna-se frágil e difícil de manter, ilustrado na Figura 4-4.

Existem ferramentas em muitas plataformas para fornecer essas medidas, que auxiliam os arquitetos na análise de bases de código por falta de familiaridade, migração ou avaliação de dívida técnica.

O que a métrica de distância da sequência principal informa aos arquitetos que procuram reestruturar os aplicativos? Assim como em projetos de construção, mover uma grande estrutura com uma fundação ruim apresenta riscos. Da mesma forma, se um arquiteto deseja reestruturar um aplicativo, melhorar a estrutura interna facilitará a movimentação da entidade.

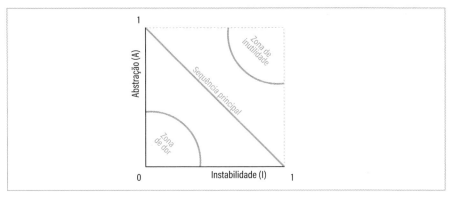

Figura 4-4. Zonas de inutilidade e de dor.

Essa métrica também fornece uma boa pista sobre o equilíbrio da estrutura interna. Se um arquiteto avalia uma base de código em que muitos dos componentes caem nas zonas de inutilidade ou dor, talvez não seja um bom uso do tempo tentar reforçar a estrutura interna a ponto de poder ser reparada.

Seguindo o fluxograma na Figura 4-1, uma vez que um arquiteto decide que a base de código é decomponível, a próxima etapa é determinar qual abordagem adotar para decompor o aplicativo. As seções a seguir descrevem as duas abordagens para decompor um aplicativo: *decomposição baseada em componentes* e *bifurcação tática*.

Decomposição Baseada em Componentes

Em nossa experiência, a maior parte da dificuldade e complexidade envolvida na migração de aplicativos monolíticos para arquitetura altamente distribuída, como microsserviços vem de componentes de arquitetura mal definidos. Aqui definimos um *componente* como um bloco de construção do aplicativo que tem uma função e uma responsabilidade bem definidas no sistema e um conjunto bem definido de operações. Os componentes na maioria dos aplicativos são manifestados por meio de namespaces ou estruturas de diretório e são implementados por meio de arquivos de componentes (ou arquivos de origem). Por exemplo, na Figura 4-5, a estrutura de diretório *penultimate/ss/ticket/assign* representaria um componente chamado Ticket Assign com o namespace **penultimate.ss.ticket.assign**.

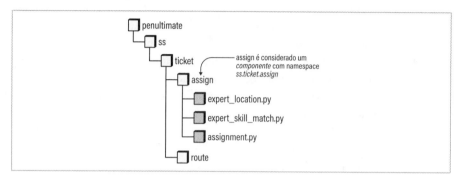

Figura 4-5. A estrutura de diretório de uma base de código torna-se o namespace do componente.

Ao dividir aplicativos monolíticos em arquiteturas distribuídas, crie serviços a partir de *componentes*, não de classes individuais.

Ao longo de muitos anos coletivos de migração de aplicativos monolíticos para arquiteturas distribuídas (como microsserviços), desenvolvemos um conjunto de padrões de decomposição baseados em componentes descritos no Capítulo 5 que ajudam a preparar um aplicativo monolítico para migração. Esses padrões envolvem a refatoração do código-fonte para chegar a um conjunto de componentes bem definidos que podem eventualmente se tornar serviços, facilitando o esforço necessário para migrar aplicativos para arquiteturas distribuídas.

Esses padrões de decomposição baseados em componentes permitem essencialmente a migração de uma arquitetura monolítica para uma arquitetura baseada em serviços, definida no Capítulo 2 e descrita com mais detalhes no livro *Fundamentos da Arquitetura de Software*. A arquitetura baseada em serviços é um híbrido do estilo de arquitetura de microsserviços, em que um aplicativo é dividido em *serviços de domínio*, que são serviços de granularidade grossa implantados separadamente, contendo toda a lógica de negócios para um domínio específico.

Mudar para uma arquitetura baseada em serviços é conveniente como um objetivo final ou como um trampolim para microsserviços:

- Como um trampolim, ela permite que um arquiteto determine quais domínios requerem níveis adicionais de granularidade em microsserviços e quais podem permanecer como serviços de

- domínio de granularidade grossa (essa decisão é discutida em detalhes no Capítulo 7).
- A arquitetura baseada em serviços não exige que o banco de dados seja dividido, permitindo, portanto, que os arquitetos se concentrem no domínio e no particionamento funcional antes de lidar com a decomposição do banco de dados (discutido em detalhes no Capítulo 6).
- A arquitetura baseada em serviços não requer nenhuma automação operacional ou conteinerização. Cada serviço de domínio pode ser implementado usando-se o mesmo artefato de implementação do aplicativo original (como um arquivo EAR, arquivo WAR, Assembly, e assim por diante).
- A mudança para a arquitetura baseada em serviços é *técnica*, o que significa que geralmente não envolve as partes interessadas do negócio e não requer nenhuma alteração na estrutura organizacional do departamento de TI nem nos ambientes de teste e implantação.

 Ao migrar aplicativos monolíticos para microsserviços, considere a mudança para uma arquitetura baseada em serviços primeiro como um trampolim para microsserviços.

Mas e se a base de código for uma grande bola de lama não estruturada e não contiver muitos componentes observáveis? É aí que entra a bifurcação tática.

Bifurcação Tática

O padrão de *bifurcação tática* foi nomeado por Fausto De La Torre (*https://faustodelatog.wordpress.com*) como uma abordagem pragmática para reestruturar arquiteturas que são basicamente grandes bolas de lama.

Geralmente, quando os arquitetos pensam em reestruturar uma base de código, eles pensam em extrair pedaços, conforme ilustrado na Figura 4-6.

Figura 4-6. Extraindo uma parte de um sistema.

No entanto, outra maneira de pensar em isolar uma parte de um sistema envolve excluir as partes que não são mais necessárias, conforme ilustrado na Figura 4-7.

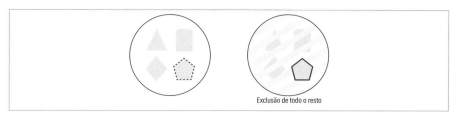

Figura 4-7. Excluir o que não é desejado é outra maneira de isolar partes de um sistema.

Na Figura 4-6, os desenvolvedores precisam lidar constantemente com os exuberantes fios de acoplamento que definem essa arquitetura; conforme extraem pedaços, eles descobrem que mais e mais do monólito vem junto por causa das dependências. Na Figura 4-7, os desenvolvedores excluem o código que não é necessário, mas as dependências permanecem, evitando o constante efeito de desemaranhamento da extração.

A diferença entre *extração* e *exclusão* inspira o padrão de bifurcação tático. Para essa abordagem de decomposição, o sistema começa como um aplicativo monolítico único, conforme mostrado na Figura 4-8.

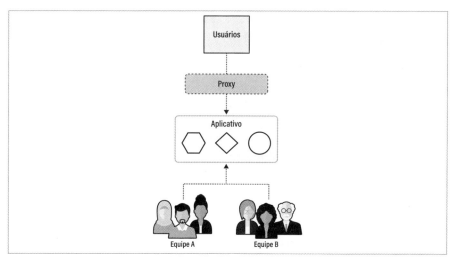

Figura 4-8. Antes da reestruturação, um monólito inclui várias partes.

Esse sistema consiste em vários comportamentos de domínio (identificados na figura como formas geométricas simples) sem muita organização interna. Além disso, nesse cenário, o objetivo pretendido consiste em duas equipes criarem dois serviços, um com domínio *hexagonal* e *quadrado*, e outro com domínio *circular*, a partir do monólito existente.

A primeira etapa da bifurcação tática envolve clonar todo o monólito e fornecer a cada equipe uma cópia de toda a base de código, conforme ilustrado na Figura 4-9.

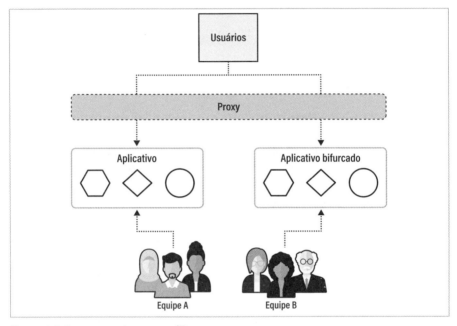

Figura 4-9. O passo um clona o monólito.

Cada equipe recebe uma cópia de toda a base de código e começa a *excluir* (conforme ilustrado anteriormente na Figura 4-7) o código de que não precisa, em vez de extrair o código desejável. Os desenvolvedores geralmente acham isso mais fácil em uma base de código fortemente acoplada porque não precisam se preocupar em extrair o grande número de dependências que o alto acoplamento cria. Em vez disso, na estratégia de *exclusão*, uma vez que a funcionalidade foi isolada, exclui-se qualquer código que não quebre nada.

À medida que o padrão continua a progredir, as equipes começam a isolar as partes-alvo, conforme mostrado na Figura 4-10. Em seguida, cada equipe continua a eliminação gradual do código indesejado.

4. DECOMPOSIÇÃO ARQUITETÔNICA

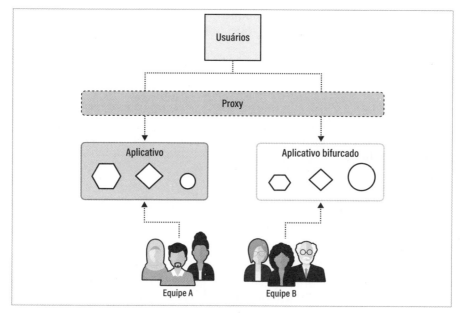

Figura 4-10. As equipes refatoram constantemente para remover códigos indesejados.

Na conclusão do padrão de bifurcação tática, as equipes dividiram o aplicativo monolítico original em duas partes, preservando a estrutura granular do comportamento em cada parte, conforme ilustrado na Figura 4-11.

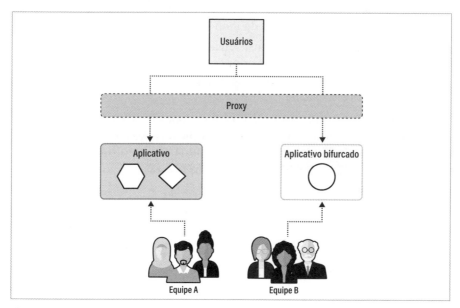

Figura 4-11. O estado final da bifurcação tática apresenta dois serviços.

Agora a reestruturação está completa, deixando como resultado dois serviços de granularidade grossa.

Trade-Offs

A bifurcação tática é uma alternativa viável para uma abordagem de decomposição mais formal, mais adequada para bases de código que têm pouca ou nenhuma estrutura interna. Como todas as práticas em arquitetura, tem sua parcela de trade-offs:

Benefícios

- As equipes podem começar a trabalhar imediatamente sem praticamente nenhuma análise inicial.
- Os desenvolvedores acham mais fácil excluir códigos do que extraí-los. A extração de códigos de uma base de código caótica apresenta dificuldades devido ao alto acoplamento, enquanto os códigos não necessários podem ser verificados por compilação ou teste simples.

Limitações

- Os serviços resultantes provavelmente ainda conterão uma grande quantidade de código latente remanescente do monólito.
- A menos que os desenvolvedores empreendam esforços adicionais, o código dentro dos serviços recém-derivados não será melhor do que o código caótico do monólito — apenas será menos.
- Podem ocorrer inconsistências entre a nomenclatura do código compartilhado e dos arquivos de componentes compartilhados, resultando na dificuldade de identificar o código comum e mantê-lo consistente.

O nome desse padrão é adequado (como todos os bons nomes de padrão devem ser) — ele fornece uma abordagem *tática*, em vez de *estratégica*, para reestruturar arquiteturas, permitindo que as equipes migrem rapidamente sistemas importantes ou críticos para a próxima geração (embora de maneira não estruturada).

4. DECOMPOSIÇÃO ARQUITETÔNICA

Saga Sysops Squad: Escolhendo uma Abordagem de Decomposição

Sexta-feira, 29 de outubro, 10h01

Agora que Addison e Austen entendiam ambas as abordagens, eles se reuniram na sala de conferências principal para analisar o aplicativo Sysops Squad usando as métricas de abstração e instabilidade para determinar qual abordagem seria a mais apropriada para a situação.

"Olhe isso", disse Addison. "A maior parte do código está na sequência principal. É claro que existem alguns valores discrepantes, mas acho que podemos concluir que é viável separar esse aplicativo. Portanto, o próximo passo é determinar qual abordagem usar."

"Gosto muito da abordagem de bifurcação tática", disse Austen. "Ela me lembra de escultores famosos, quando perguntados como eles conseguiram esculpir obras tão bonitas em mármore sólido, que responderam que estavam apenas removendo o mármore que não deveria estar lá. Sinto que o aplicativo Sysops Squad poderia ser minha escultura!"

"Espere aí, Michelangelo", disse Addison. "Primeiro esportes e agora escultura? Você precisa decidir com o que gosta de gastar seu tempo de folga. O que não gosto na abordagem tática de bifurcação é de todo o código duplicado e a funcionalidade compartilhada em cada serviço. A maioria dos nossos problemas tem a ver com manutenibilidade, testabilidade e confiabilidade geral. Já imaginou ter que aplicar a mesma alteração em vários serviços diferentes ao mesmo tempo? Isso seria um pesadelo!"

"Mas quanta funcionalidade compartilhada existe realmente?", perguntou Austen.

"Não tenho certeza", disse Addison, "mas sei que há bastante código compartilhado para as coisas de infraestrutura, como registro e segurança, e sei que muitas das chamadas de banco de dados são compartilhadas da camada de persistência do aplicativo".

Austen fez uma pausa e pensou um pouco sobre o argumento de Addison. "Talvez você esteja certa. Uma vez que temos bons limites de componentes já definidos, concordo em fazer a abordagem de decomposição baseada em componentes mais lenta e desistir de minha carreira de escultura. Mas não vou desistir dos esportes!"

Addison e Austen chegaram ao acordo de que a abordagem de decomposição de componentes seria apropriada para o aplicativo Sysops Squad. Addison escreveu um ADR para essa decisão, descrevendo os trade-offs e a justificativa para a abordagem de decomposição baseada em componentes.

ADR: Migração Usando a Abordagem de Decomposição Baseada em Componentes

Contexto

Dividiremos o aplicativo monolítico Sysops Squad em serviços implantados separadamente. As duas abordagens que consideramos para a migração para uma arquitetura distribuída foram a bifurcação tática e a decomposição baseada em componentes.

Decisão

Usaremos a abordagem de decomposição baseada em componentes para migrar o aplicativo monolítico Sysops Squad existente para uma arquitetura distribuída.

O aplicativo tem limites de componentes bem definidos, prestando-se à abordagem de decomposição baseada em componentes.

Essa abordagem reduz a chance de ter que manter códigos duplicados em cada serviço.

Com a abordagem de bifurcação tática, teríamos que definir os limites do serviço antecipadamente para saber quantos aplicativos bifurcados criar. Com a abordagem de decomposição baseada em componentes, as definições de serviço surgirão naturalmente por meio do agrupamento de componentes.

Dada a natureza dos problemas que enfrentamos com o aplicativo atual em relação à confiabilidade, disponibilidade, escalabilidade e fluxo de trabalho, o uso da abordagem de decomposição baseada em componentes fornece uma migração incremental mais segura e controlada do que a abordagem de bifurcação tática.

Consequências

O esforço de migração provavelmente levará mais tempo com a abordagem de decomposição baseada em componentes do que com a bifurcação tática. No entanto, sentimos que as justificativas da seção anterior superam esse trade-off.

Essa abordagem permite que os desenvolvedores da equipe trabalhem de forma colaborativa para identificar funcionalidades compartilhadas, limites de componentes e limites de domínio. A bifurcação tática exigiria que separássemos a equipe em equipes menores e separadas para cada aplicação bifurcada e aumentássemos a quantidade de coordenação necessária entre essas equipes menores.

5.
Padrões de Decomposição Baseados em Componentes

S egunda-feira, 1º de novembro, 11h53

 Addison e Austen optaram por usar a abordagem de decomposição baseada em componentes, mas não tinham certeza sobre os detalhes de cada padrão de decomposição. Eles tentaram pesquisar essa abordagem, mas não encontraram muito na internet sobre isso. Mais uma vez, eles se encontraram com Logan na sala de conferência para obter conselhos sobre o que são esses padrões e como usá-los.

"Ouça, Logan", disse Addison, "quero começar dizendo que nós apreciamos muito o tempo que você passou conosco para iniciar esse processo de migração. Eu sei que está superocupado com seus próprios incêndios".

"Sem problemas", disse Logan. "Nós, bombeiros, temos que nos unir. Já estive no lugar de vocês antes, então sei como é voar às cegas com esse tipo de coisa. Além disso, esse é um esforço de migração altamente visível, e é importante que ambos façam isso certo na primeira vez. Porque não haverá uma segunda vez."

"Obrigado, Logan", disse Austen. "Tenho um jogo em cerca de duas horas, então vamos tentar encurtar isso. Você falou anteriormente sobre decomposição baseada em componentes, e escolhemos essa abordagem, mas não conseguimos encontrar muito sobre isso na internet."

"Não estou surpreso", disse Logan. "Ainda não se escreveu muito sobre ela, mas sei que um livro será lançado descrevendo esses padrões em detalhes ainda este ano. Aprendi pela primeira vez sobre esses padrões de decomposição em uma conferência há cerca de quatro anos, em uma sessão com um arquiteto de software experiente. Fiquei realmente impressionado com a abordagem iterativa e metódica para passar com segurança de uma arquitetura monolítica para uma distribuída como arquitetura baseada em serviços e microsserviços. Desde então, tenho usado esses padrões com bastante sucesso."

"Pode nos mostrar como esses padrões funcionam?", perguntou Addison.

"Claro", disse Logan. "Vamos pegar um padrão de cada vez."

A decomposição baseada em componentes (apresentada no Capítulo 4) é uma técnica altamente eficaz para separar um aplicativo monolítico quando a base de código é estruturada e agrupada por namespaces (ou diretórios). Este capítulo apresenta um conjunto de padrões, conhecidos como *padrões de decomposição baseados em componentes*, que descrevem a refatoração do código-fonte monolítico para chegar a um conjunto de componentes bem definidos que podem eventualmente se tornar serviços. Esses padrões de decomposição facilitam significativamente o esforço de migração de aplicativos monolíticos para arquiteturas distribuídas.

A Figura 5-1 mostra o roteiro para os padrões de decomposição baseados em componentes descritos neste capítulo e como eles são usados juntos para separar um aplicativo monolítico. Inicialmente, esses padrões são usados juntos em sequência ao mover um aplicativo monolítico para um distribuído, e, em seguida, individualmente à medida que a manutenção é aplicada ao aplicativo monolítico durante a migração. Esses padrões de decomposição são resumidos da seguinte forma:

"Padrão Identificar e Dimensionar Componentes"
Normalmente, o primeiro padrão aplicado ao desmembrar um aplicativo monolítico. Esse padrão é usado para identificar, gerenciar e dimensionar corretamente os componentes.

"Padrão Reunir Componentes de Domínio Comum"
Usado para consolidar a lógica de domínio de negócios comum que pode ser duplicada no aplicativo, reduzindo o número de serviços potencialmente duplicados na arquitetura distribuída resultante.

"Padrão de Componentes Achatados"
Usado para recolher ou expandir domínios, subdomínios e componentes, garantindo, assim, que os arquivos de código-fonte residam apenas em componentes bem definidos.

"Padrão Determinar as Dependências de Componentes"
Usado para identificar dependências de componentes, refinar essas dependências e determinar a viabilidade e o nível geral de esforço para uma migração de uma arquitetura monolítica para uma distribuída.

5. PADRÕES DE DECOMPOSIÇÃO BASEADOS EM COMPONENTES

"Padrão Criar Domínios de Componentes"
Usado para agrupar componentes em domínios lógicos dentro do aplicativo e refatorar namespaces e/ou diretórios de componentes para alinhar com um domínio específico.

"Padrão Criar Serviços de Domínio"
Usado para separar fisicamente uma arquitetura monolítica movendo domínios lógicos dentro do aplicativo monolítico para serviços de domínio implantados separadamente.

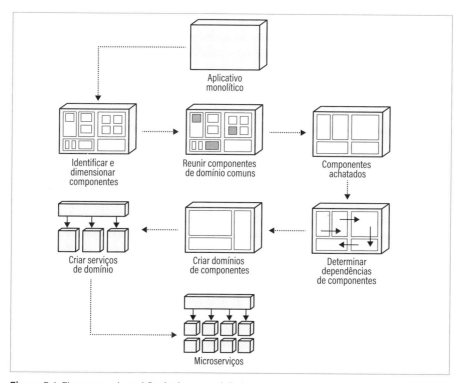

Figura 5-1. Fluxo e uso do padrão de decomposição baseado em componentes.

Cada padrão descrito neste capítulo é dividido em três seções. A primeira seção, "Descrição do Padrão", descreve como o padrão funciona, por que ele é importante e qual é o resultado de sua aplicação. Sabendo que a maioria dos sistemas é alvos móveis durante uma migração, a segunda seção, "Funções de Adequação para Governança", descreve a governança automatizada que pode ser usada após a aplicação do padrão para analisar e verificar continuamente a correção da base de código durante a manutenção contínua. A terceira seção usa o aplicativo Sysops Squad do mundo real (consulte a seção "Apresentando a Saga Sysops Squad", no Capítulo 1) para ilustrar o uso do padrão e as transformações do aplicativo após a aplicação do padrão.

> **Histórias de Arquitetura**
>
> Ao longo deste capítulo, usaremos histórias de arquitetura como forma de registrar e descrever a refatoração de código que afeta o aspecto estrutural do aplicativo para cada uma das sagas Sysops Squad. Ao contrário das histórias de usuários, que descrevem um recurso que precisa ser implementado ou alterado, uma história de arquitetura descreve uma refatoração de código específica que afeta a estrutura geral de um aplicativo e satisfaz algum tipo de driver de negócios (como maior escalabilidade, melhor tempo de lançamento no mercado etc.). Por exemplo, se um arquiteto vê a necessidade de separar um serviço de pagamento para dar suporte a uma melhor extensibilidade geral para adicionar tipos de pagamento adicionais, uma nova história de arquitetura seria criada e lida da seguinte forma:
>
> *Como arquiteto, preciso desacoplar o serviço de pagamento para dar suporte a uma melhor extensibilidade e agilidade ao adicionar tipos de pagamento adicionais.*
>
> Vemos as histórias de arquitetura como separadas das histórias de dívidas técnicas. As histórias de dívida técnica geralmente capturam coisas que um desenvolvedor precisa fazer em uma iteração posterior para "limpar o código", enquanto uma história de arquitetura captura algo que precisa mudar rapidamente para oferecer suporte a uma característica arquitetônica ou necessidade de negócios específica.

Padrão Identificar e Dimensionar Componentes

A primeira etapa em qualquer migração monolítica é aplicar o padrão *Identificar e Dimensionar Componentes*. O objetivo desse padrão é identificar e catalogar os componentes de arquitetura (blocos de construção lógicos) do aplicativo e dimensionar adequadamente os componentes.

Descrição do Padrão

Como os serviços são criados a partir de componentes, é fundamental não apenas identificar os componentes em um aplicativo, mas também dimensioná-los

5. PADRÕES DE DECOMPOSIÇÃO BASEADOS EM COMPONENTES

adequadamente. Esse padrão é usado para identificar componentes que são muito grandes (fazendo muito) ou muito pequenos (não fazendo o suficiente). Componentes muito grandes em relação a outros componentes geralmente são mais acoplados a outros componentes, são mais difíceis de dividir em serviços separados e levam a uma arquitetura menos modular.

Infelizmente, é difícil determinar o tamanho de um componente. O número de arquivos de origem, classes e linhas totais de código não é uma boa métrica porque cada programador projeta classes, métodos e funções de maneira diferente. Uma métrica que consideramos útil para o dimensionamento de componentes é calcular o número total de instruções em um determinado componente (a soma das instruções em todos os arquivos de origem contidos em um namespace ou diretório). Uma *instrução* é uma única ação completa executada no código-fonte, geralmente terminada por um caractere especial (como um ponto e vírgula em linguagens como Java, C, C++, C#, Go e JavaScript; ou uma nova linha em linguagens como F#, Python e Ruby). Embora não seja uma métrica perfeita, pelo menos é um bom indicador de quanto o componente está fazendo e quão complexo é.

É importante ter um tamanho de componente relativamente consistente em um aplicativo. De modo geral, o tamanho dos componentes em um aplicativo deve estar entre um ou dois desvios-padrões do tamanho médio (ou do meio) do componente. Além disso, a porcentagem de código representada por cada componente deve ser distribuída uniformemente entre os componentes do aplicativo e não variar significativamente.

Embora muitas ferramentas de análise de código estático possam mostrar o número de instruções em um arquivo de origem, muitas delas não acumulam a instrução total por componente. Por causa disso, o arquiteto geralmente deve executar o pós-processamento manual ou automatizado para acumular as declarações totais por componente e, em seguida, calcular a porcentagem de código que esse componente representa.

Independentemente das ferramentas ou algoritmos usados, as informações e métricas importantes a serem coletadas e calculadas para esse padrão são mostradas na Tabela 5-1 e definidas na lista a seguir.

Tabela 5-1. Inventário de componentes e exemplo de análise de tamanho de componentes

Nome do componente	Namespace do componente	Percentual	Instruções	Arquivos
Pagamento de Cobrança	ss.billing.payment	5	4.312	23
Histórico de Cobrança	ss.billing.history	4	3.209	17
Notificação do Cliente	ss.customer.notification	2	1.433	7

Nome do componente
> Um nome descritivo e identificador do componente que é consistente em todos os diagramas e documentação do aplicativo. O nome do componente deve ser claro o suficiente para ser o mais autodescritivo possível. Por exemplo, o componente Histórico de Cobrança mostrado na Tabela 5-1 é claramente um componente que contém arquivos de código-fonte usados para gerenciar o histórico de cobrança de um cliente. Se a função e a responsabilidade distintas do componente não forem imediatamente identificáveis, considere alterar o componente (e possivelmente o namespace correspondente) para um mais descritivo. Por exemplo, um componente chamado Gerente de Tickets [em inglês, *Ticket Manager*] deixa muitas perguntas sem resposta sobre sua função e responsabilidade no sistema e deve ser renomeado para melhor descrever sua função.

Namespace do componente
> A identificação física (ou lógica) do componente que representa onde os arquivos de código-fonte que implementam esse componente são agrupados e armazenados. Esse identificador geralmente é indicado por meio de um namespace, estrutura de pacote (Java) ou estrutura de diretório. Quando uma estrutura de diretório é usada para denotar o componente, geralmente convertemos o separador de arquivo em um ponto (.) e criamos um namespace lógico correspondente. Por exemplo, o namespace do componente para arquivos de código-fonte na estrutura do diretório *ss/customer/notification* teria o namespace ss.customer.notification. Algumas linguagens exigem que o namespace corresponda à estrutura do diretório (como Java com um *pacote*), enquanto outras linguagens (como C# com um *namespace*) não impõem essa restrição. Seja qual for o identificador de namespace usado, verifique se o tipo de identificador é consistente em todos os componentes do aplicativo.

Percentual
> O tamanho relativo do componente com base em seu percentual do código-fonte geral que contém esse componente. A métrica de porcentagem é útil para identificar componentes que parecem muito grandes ou muito pequenos no aplicativo geral. Essa métrica é calculada tomando-se o número total de instruções nos arquivos de código-fonte que representam esse componente e dividindo-se esse número pelo número total de instruções em toda a base de código do aplicativo. Por exemplo, o valor percentual de 5 para o componente ss.billing.payment na Tabela 5-1 significa que esse componente constitui 5% da base de código geral.

Instruções
> A soma do número total de instruções de código-fonte em todos os arquivos-fonte contidos nesse componente. Essa métrica é útil para determinar não

apenas o tamanho relativo dos componentes em um aplicativo, mas também para a complexidade geral do componente. Por exemplo, um componente de propósito único aparentemente simples chamado Lista de Desejos do Cliente pode ter um total de 12 mil instruções, indicando que o processamento de itens da lista de desejos talvez seja mais complexo do que parece. Essa métrica também é necessária para calcular a métrica percentual descrita anteriormente.

Arquivos
O número total de arquivos de código-fonte (como classes, interfaces, tipos, e assim por diante) contidos no componente. Embora essa métrica tenha pouco a ver com o tamanho de um componente, ela fornece informações adicionais sobre o componente do ponto de vista da estrutura de classe. Por exemplo, um componente com 18.409 instruções e apenas 2 arquivos é um bom candidato para refatoração em classes menores e mais contextuais.

Ao redimensionar um componente grande, recomendamos usar uma abordagem de decomposição funcional ou uma abordagem orientada por domínio para identificar subdomínios que possam existir dentro do componente grande. Por exemplo, suponha que o aplicativo Sysops Squad tenha um componente Ticket de Problema contendo 22% da base de código responsável pela criação, atribuição, encaminhamento e conclusão do ticket. Nesse caso, pode fazer sentido dividir o único componente Ticket de Problema em quatro componentes separados (Criação de Ticket, Atribuição de Ticket, Encaminhamento de Ticket e Conclusão de Ticket), reduzindo a porcentagem de código que cada componente representa, criando, assim, um aplicativo mais modular. Se não houver subdomínios claros em um componente grande, deixe-o como está.

Fitness Functions para Governança

Depois que esse padrão de decomposição for aplicado e os componentes forem identificados e dimensionados corretamente, é importante aplicar algum tipo de governança automatizada para identificar novos componentes e garantir que estes não fiquem muito grandes durante a manutenção normal do aplicativo e criem dependências indesejadas ou não intencionais. As fitness functions holísticas automatizadas podem ser acionadas durante a implantação para alertar o arquiteto se as restrições especificadas forem excedidas (como a métrica percentual discutida anteriormente ou o uso de desvios-padrões para identificar valores discrepantes).

As fitness functions podem ser implementadas por meio de código escrito personalizado ou por meio do uso de software livre ou ferramentas COTS[1] como parte

---

1. Commercial-off-the-shield: software de prateleira que pode ser adaptado conforme necessidade sem alteração do código-fonte. (N. da RT.)

de um pipeline de CI/CD. Algumas das fitness functions automatizadas que podem ser usadas para ajudar a controlar esse padrão de decomposição são as seguintes.

Fitness functions: Mantenha o estoque de componentes

Essa fitness function holística automatizada, geralmente acionada na implantação por meio de um pipeline de CI/CD[2], ajuda a manter o inventário de componentes atualizado. É usada para alertar um arquiteto sobre componentes que podem ter sido adicionados ou removidos pela equipe de desenvolvimento. A identificação de componentes novos ou removidos não é crítica apenas para esse padrão, mas também para os outros padrões de decomposição. O Exemplo 5-1 mostra o pseudocódigo e o algoritmo para uma possível implementação dessa fitness function.

Exemplo 5-1. Pseudocódigo para manter o inventário de componentes

```
# Obter namespaces de componentes anteriores que são armazenados em um armazenamento
de dados
LIST prior_list = read_from_datastore()

# Percorrer a estrutura de diretórios, criando namespaces para cada caminho completo
LIST current_list = identify_components(root_directory)

# Enviar um alerta se componentes novos ou removidos forem identificados
LIST added_list = find_added(current_list, prior_list)
LIST removed_list = find_removed(current_list, prior_list)
IF added_list NOT EMPTY {
    add_to_datastore(added_list)
    send_alert(added_list)
}
IF removed_list NOT EMPTY {
    remove_from_datastore(removed_list)
    send_alert(removed_list)
}
```

Fitness function: Nenhum componente deve exceder <algum percentual> da base de código geral

Essa fitness function holística automatizada, geralmente acionada na implantação por meio de um pipeline de CI/CD, identifica componentes que excedem um determinado limite em termos de porcentagem do código-fonte geral representado por esse componente e alerta o arquiteto se algum componente exceder esse limite. Conforme mencionado anteriormente neste capítulo, o valor da porcentagem

---

2. Continuous Integration (integração contínua)/Continuous Delivery (entrega contínua): processo que permite a entrega do software por meio da codificação, teste e implantação. (N. da RT.)

limite variará dependendo do tamanho do aplicativo, mas deve ser definido de forma a identificar discrepâncias significativas. Por exemplo, para um aplicativo relativamente pequeno com apenas dez componentes, definir o limite de porcentagem para algo como 30% identificaria suficientemente um componente muito grande, enquanto para um aplicativo grande com cinquenta componentes, um limite de 10% seria mais apropriado. O Exemplo 5-2 mostra o pseudocódigo e o algoritmo para uma possível implementação dessa fitness function.

Exemplo 5-2. Pseudocódigo para manter o tamanho do componente com base na porcentagem do código

```
# Percorrer a estrutura de diretórios, criando namespaces para cada caminho completo
LIST component_list = identify_components(root_directory)

# Percorrer todo o código-fonte para acumular declarações totais
total_statements = accumulate_statements(root_directory)

# Percorrer o código-fonte de cada componente, acumulando instruções
# e calcular a porcentagem de código que cada componente representa. Enviar
# um alerta se for superior a 10%
FOREACH component IN component_list {
    component_statements = accumulate_statements(component)
    percent = component_statements / total_statements
    IF percent > .10 {
        send_alert(component, percent)
    }
}
```

Fitness function: Nenhum componente deve exceder <algum número de desvios-padrões> do tamanho médio do componente

Essa fitness function holística automatizada, geralmente acionada na implantação por meio de um pipeline de CI/CD, identifica componentes que excedem um determinado limite em termos do número de desvios-padrões da média de todos os tamanhos de componentes (com base no número total de instruções no componente) e alerta o arquiteto se algum componente exceder esse limite.

O desvio-padrão é um meio útil de determinar discrepâncias em termos de tamanho do componente, e ele é calculado da seguinte forma:

$$S = \sqrt{\frac{1}{N-1}\sum_{i=1}^{n}\left(x_i + \overline{x}\right)^2}$$

Em que N é o número de valores observados, x_i são os valores observados, e $\overline{x}$ é a média dos valores observados. A média dos valores observados ($\overline{x}$) é calculada da seguinte forma:

$$\overline{x} = \frac{1}{N}\sum_{i=1}^{N} x_i$$

O desvio-padrão pode, então, ser usado junto com a diferença da média para determinar o número de desvios-padrões do tamanho do componente da média. O Exemplo 5-3 mostra o pseudocódigo para essa fitness function, usando três desvios-padrões da média como limite.

Exemplo 5-3. Pseudocódigo para manter o tamanho do componente com base no número de desvios-padrões

```
# Percorrer a estrutura de diretórios, criando namespaces para cada caminho completo
LIST component_list = identify_components(root_directory)

# Percorrer todo o código-fonte para acumular o total de instruções e o número
# de instruções por componente
SET total_statements TO 0
MAP component_size_map
FOREACH component IN component_list {
    num_statements = accumulate_statements(component)
    ADD num_statements TO total_statements
    ADD component,num_statements TO component_size_map
}

# Calcular o desvio-padrão
SET square_diff_sum TO 0
num_components = get_num_entries(component_list)
mean = total_statements / num_components
FOREACH component,size IN component_size_map {
    diff = size - mean
    ADD square(diff) TO square_diff_sum
}
std_dev = square_root(square_diff_sum / (num_components - 1))

# Para cada componente, calcular o número de desvios-padrões da média. Enviar
# um alerta se for maior que 3
FOREACH component,size IN component_size_map {
    diff_from_mean = absolute_value(size - mean);
    num_std_devs = diff_from_mean / std_dev
    IF num_std_devs > 3 {
        send_alert(component, num_std_devs)
    }
}
```

Saga Sysops Squad: Dimensionando Componentes
Terça-feira, 2 de novembro, 9h12

Após a discussão com Logan (o arquiteto líder) sobre os padrões de decomposição baseados em componentes, Addison decidiu aplicar o padrão Identificar e Dimensionar Componentes para identificar todos os componentes no aplicativo de tickets Sysops Squad e calcular o tamanho de cada componente com base no número total de instruções em cada componente.

Addison reuniu todas as informações de componentes necessárias e as colocou na Tabela 5-2, calculando a porcentagem de código para cada componente com base no número total de instruções em todo o aplicativo (nesse caso, 82.931 instruções).

Tabela 5-2. Análise de tamanho de componentes para o aplicativo Sysops Squad

Nome do componente	Namespace do componente	Percentual	Instruções	Arquivos
Login	ss.login	2	1.865	3
Pagamento de Cobrança	ss.billing.payment	5	4.312	23
Histórico de Cobrança	ss.billing.history	4	3.209	17
Notificação do Cliente	ss.customer.notification	2	1.433	7
Perfil do Cliente	ss.customer.profile	5	4.012	16
Perfil do Especialista	ss.expert.profile	6	5.099	32
Man. BC	ss.kb.maintenance	2	1.701	14
Pesquisa BC	ss.kb.search	3	2.871	4
Relatório	**ss.reporting**	**33**	**27.765**	**162**
Ticket	ss.ticket	8	7.009	45
Atribuição de Ticket	ss.ticket.assign	9	7.845	14
Notificação de Ticket	ss.ticket.notify	2	1.765	3
Rota do Ticket	ss.ticket.route	2	1.468	4
Contrato de Suporte	ss.supportcontract	5	4.104	24
Pesquisa	ss.survey	3	2.204	5
Notificação de Pesquisa	ss.survey.notify	2	1.299	3
Modelos de Pesquisa	ss.survey.templates	2	1.672	7
Manutenção do Usuário	ss.users	4	3.298	12

Addison notou que a maioria dos componentes listados na Tabela 5-2 tem aproximadamente o mesmo tamanho, com exceção do componente Relatório (ss.reporting), que consistia em 33% da base de código. Como o componente Relatório era significativamente maior do que os outros componentes (ilustrado na Figura 5-2), Addison optou por separar esse componente para reduzir seu tamanho geral.

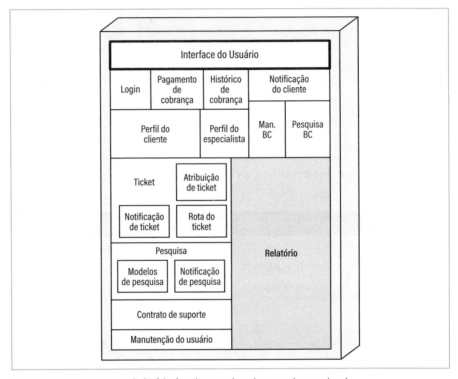

Figura 5-2. O componente Relatório é muito grande e deve ser desmembrado.

Depois de fazer algumas análises, Addison descobriu que o componente de relatórios continha um código-fonte que implementava três categorias de relatórios:

- Relatórios de tickets (relatórios demográficos de tickets, relatórios de tickets por dia/semana/mês, relatórios de tempo de resolução de tickets, e assim por diante).
- Relatórios de especialistas (relatórios de utilização de especialistas, relatórios de distribuição de especialistas, e assim por diante).
- Relatórios financeiros (relatórios de custo de reparo, relatórios de custo de especialistas, relatórios de lucro, e assim por diante).

5. PADRÕES DE DECOMPOSIÇÃO BASEADOS EM COMPONENTES

Addison também identificou código comum (compartilhado) usado por todas as categorias de relatórios, como utilitários comuns, calculadoras, consultas de dados compartilhados, distribuição de relatórios e formatadores de dados compartilhados. Addison criou uma história de arquitetura (consulte "Histórias de Arquitetura") para essa refatoração e a explicou à equipe de desenvolvimento. Sydney, uma das desenvolvedoras do Sysops Squad designada para a história da arquitetura, refatorou o código para dividir o único componente Reporting em quatro componentes separados — um componente de Relatório Compartilhado contendo o código comum e três outros componentes (Relatórios de Tickets, Relatórios de Especialistas e Relatórios Financeiros), cada um representando uma área de relatório funcional, conforme ilustrado na Figura 5-3.

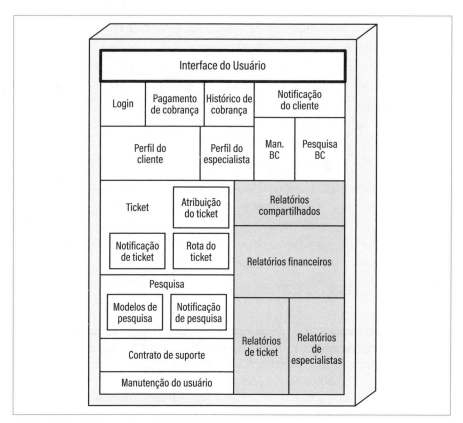

Figura 5-3. O grande componente Relatório dividido em componentes de relatórios menores.

Depois que Sydney fez as alterações, Addison reanalisou o código e verificou que todos os componentes agora estavam distribuídos de maneira bastante igual em tamanho. Addison registrou os resultados da aplicação desse padrão de decomposição na Tabela 5-3.

93

Tabela 5-3. Tamanho do componente após a aplicação do padrão Identificar e Dimensionar Componentes

Nome do componente	Namespace do componente	Percentual	Instruções	Arquivos
Login	ss.login	2	1.865	3
Pagamento de Cobrança	ss.billing.payment	5	4.312	23
Histórico de Cobrança	ss.billing.history	4	3.209	17
Notificação do Cliente	ss.customer.notification	2	1.433	7
Perfil do Cliente	ss.customer.profile	5	4.012	16
Perfil do Especialista	ss.expert.profile	6	5.099	32
Man. BC	ss.kb.maintenance	2	1.701	14
Pesquisa BC	ss.kb.search	3	2.871	4
Relatórios Compartilhados	ss.reporting.shared	**7**	**5.309**	**20**
Relatórios de Ticket	ss.reporting.tickets	**8**	**6.955**	**58**
Relatórios de espacialistas	ss.reporting.experts	**9**	**7.734**	**48**
Relatórios Financeiros	ss.reporting.financial	**9**	**7.767**	**36**
Ticket	ss.ticket	8	7.009	45
Atribuição de Ticket	ss.ticket.assign	9	7.845	14
Notificação de Ticket	ss.ticket.notify	2	1.765	3
Rota do Ticket	ss.ticket.route	2	1.468	4
Contrato de Suporte	ss.supportcontract	5	4.104	24
Pesquisa	ss.survey	3	2.204	5
Notificação de Pesquisa	ss.survey.notify	2	1.299	3
Modelos de Pesquisa	ss.survey.templates	2	1.672	7
Manutenção do Usuário	ss.users	4	3.298	12

Observe na Saga Sysops Squad anterior que o Reporting não existe mais como um componente na Tabela 5-3 ou na Figura 5-3. Embora o *namespace* ainda exista (ss.reporting), ele não é mais considerado um componente, mas sim um subdomínio. Os componentes refatorados listados na Tabela 5-3 serão usados ao aplicar o próximo padrão de decomposição, o padrão Reunir Componentes de Domínio Comum.

Padrão Reunir Componentes de Domínio Comum

Ao mudar de uma arquitetura monolítica para uma distribuída, muitas vezes é benéfico identificar e consolidar a funcionalidade de domínio comum para tornar os serviços comuns mais fáceis de identificar e criar. O padrão *Reunir Componentes de Domínio Comum* é usado para identificar e coletar lógica de domínio comum e centralizá-la em um único componente.

Descrição do Padrão

A funcionalidade de domínio compartilhado se distingue da funcionalidade de *infraestrutura* compartilhada em que a funcionalidade de *domínio* faz parte da lógica de processamento de negócios de um aplicativo (como notificação, formatação de dados e validação de dados) e é comum apenas a alguns processos, enquanto a funcionalidade de infraestrutura é operacional por natureza (como registro, coleta de métricas e segurança) e é comum a todos os processos.

A consolidação da funcionalidade de domínio comum ajuda a eliminar serviços duplicados ao desmembrar um sistema monolítico. Frequentemente, existem apenas diferenças muito sutis entre a funcionalidade de domínio comum que é duplicada em todo o aplicativo, e essas diferenças podem ser facilmente resolvidas em um único serviço comum (ou biblioteca compartilhada).

Encontrar a funcionalidade de domínio comum é principalmente um processo manual, mas alguma automação pode ser usada para auxiliar nesse esforço (consulte a seção "Fitness Functions para Governança"). Uma dica de que o processamento de domínio comum existe no aplicativo é o uso de classes compartilhadas entre componentes ou uma estrutura de herança comum usada por vários componentes. Tome, por exemplo, um arquivo de classe chamado *SMTPConnection* em uma grande base de código que é usada por cinco classes, todas contidas em diferentes namespaces (componentes). Esse cenário é uma boa indicação de que a funcionalidade comum de notificação por e-mail está espalhada por todo o aplicativo e pode ser uma boa candidata para consolidação.

Outra maneira de identificar a funcionalidade de domínio comum é por meio do nome de um componente lógico ou de seu namespace correspondente. Considere os seguintes componentes (representados como namespaces) em uma grande base de código:

- Auditoria de Ticket (penultimate.ss.ticket.audit)
- Auditoria de Cobrança (penultimate.ss.billing.audit)
- Auditoria de Pesquisa (penultimate.ss.survey.audit)

Observe como cada um desses componentes (Auditoria de Ticket, Auditoria de Cobrança e Auditoria de Pesquisa) tem a mesma coisa em comum — escrever a ação executada e o usuário solicitando a ação em uma tabela de auditoria. Embora o contexto possa ser diferente, o resultado final é o mesmo — inserir uma linha em uma tabela de auditoria. Essa funcionalidade de domínio comum pode ser consolidada em um novo componente chamado `penultimate.ss.shared.audit`, resultando em menos duplicação de código e também menos serviços na arquitetura distribuída resultante.

Nem toda funcionalidade de domínio comum necessariamente se torna um serviço compartilhado. Como alternativa, o código comum pode ser reunido em uma *biblioteca compartilhada* vinculada ao código durante o tempo de compilação. Os prós e contras de usar um serviço compartilhado, em vez de uma biblioteca compartilhada, são discutidos em detalhes no Capítulo 8.

Fitness Functions para Governança

Automatizar a governança da funcionalidade de domínio compartilhado é bastante difícil devido à subjetividade de identificar a funcionalidade compartilhada e classificá-la como funcionalidade de domínio *versus* funcionalidade de infraestrutura. Na maioria das vezes, as fitness functions usadas para governar esse padrão são, portanto, um tanto manuais. Dito isso, existem algumas maneiras de automatizar a governança para auxiliar na interpretação manual da funcionalidade de domínio comum. As fitness functions a seguir podem ajudar a encontrar funcionalidades de domínio comuns.

Fitness function: Encontre nomes comuns em nós-folha do namespace de componente.

Essa fitness function holística automatizada pode ser acionada na implantação por meio de um pipeline de CI/CD para localizar nomes comuns no namespace de um componente. Quando um nome de nó de namespace final comum é encontrado entre dois ou mais componentes, o arquiteto é alertado e pode analisar a funcionalidade para determinar se é uma lógica de domínio comum. Para que o mesmo alerta não seja enviado continuamente como um "falso positivo", um arquivo de exclusão pode ser usado para armazenar os namespaces que têm nomes de nós finais comuns, mas não são considerados lógica de domínio comum (como vários namespaces terminando em `.calculate` or `.validate`). O Exemplo 5-4 mostra o pseudocódigo para essa fitness function.

Exemplo 5-4. Pseudocódigo para encontrar nomes comuns de nós-folha de namespace

```
# Percorrer a estrutura de diretórios, criando namespaces para cada caminho completo
```

```
LIST component_list = identify_components(root_directory)

# Localizar possíveis nomes de nó de componentes duplicados que não estão na
# lista de exclusão armazenada em um armazenamento de dados
LIST excluded_leaf_node_list = read_datastore()
LIST leaf_node_list
LIST common_component_list
FOREACH component IN component_list {
   leaf_name = get_last_node(component)
   IF leaf_name IN leaf_node_list AND
       leaf_name NOT IN excluded_leaf_node_list {
       ADD component TO common_component_list
} ELSE {
  ADD leaf_name TO leaf_node_list
}
   }

# Enviar um alerta se algum possível componente comum for encontrado
IF common_component_list NOT EMPTY {
   send_alert(common_component_list)
}
```

Fitness function: Encontrar código comum entre os componentes

Essa fitness function holística automatizada pode ser acionada na implantação por meio de um pipeline de CI/CD para localizar classes comuns usadas entre namespaces. Embora nem sempre seja precisa, ela ajuda a alertar um arquiteto sobre uma possível funcionalidade de domínio duplicada. Como a fitness function anterior, um arquivo de exclusão é usado para reduzir o número de "falsos positivos" para código comum conhecido que não é considerado lógica de domínio duplicada. O Exemplo 5-5 mostra o pseudocódigo para essa fitness function.

Exemplo 5-5. Pseudocódigo para encontrar arquivos de origem comum entre componentes

```
# Percorrer a estrutura de diretórios, criando namespaces para cada
# caminho completo e uma lista de nomes de arquivos de origem para cada  componente
LIST component_list = identify_components(root_directory)
LIST source_file_list = get_source_files(root_directory)
MAP component_source_file_map
FOREACH component IN component_list {
    LIST component_source_file_list = get_source_files(component)
     ADD component, component_source_file_list TO component_source_file_map
}
```

ARQUITETURA DE SOFTWARE: AS PARTES DIFÍCEIS

```
# Localizar o possível uso comum do arquivo de origem em componentes que não
# estão na lista de exclusão armazenada em um armazenamento de dados
LIST excluded_source_file_list = read_datastore()
LIST common_source_file_list
FOREACH source_file IN source_file_list {
    SET count TO 0
    FOREACH component,component_source_file_list IN component_source_file_map {
        IF source_file IN component_source_file_list {
            ADD 1 TO count
        }
    }
}
IF count > 1 AND source_file NOT IN excluded_source_file_list {
    ADD source_file TO common_source_file_list
}
}

# Envie um alerta se algum arquivo de origem for usado em vários componentes
IF common_source_file_list NOT EMPTY {
    send_alert(common_source_file_list)
}
```

Saga Sysops Squad: Reunindo Componentes Comuns

Sexta-feira, 5 de novembro, 10h34

Tendo identificado e dimensionado os componentes no aplicativo Sysops Squad, Addison aplicou o padrão Reunir Componentes Comuns para ver se existia alguma funcionalidade comum entre os componentes. Da lista de componentes na Tabela 5-3, Addison notou que havia três componentes, todos relacionados à notificação de um cliente do Sysops Squad, e os listou na Tabela 5-4.

Tabela 5-4. Componentes Sysops Squad com funcionalidade de domínio comum

Componente	Namespace	Responsabilidade
Notificação do Cliente	ss.customer.notification	Notificação geral
Notificação de Ticket	ss.ticket.notify	Notifica que o especialista está a caminho
Notificação de Pesquisa	ss.survey.notify	Envia e-mail de pesquisa

5. PADRÕES DE DECOMPOSIÇÃO BASEADOS EM COMPONENTES

Embora cada um desses componentes de notificação tivesse um contexto diferente para notificar um cliente, Addison percebeu que todos eles tinham uma coisa em comum: todos enviavam informações para um cliente. A Figura 5-4 ilustra esses componentes de notificação comuns no aplicativo Sysops Squad.

Percebendo que o código-fonte contido nesses componentes também era muito semelhante, Addison consultou Austen (o outro arquiteto do Sysops Squad). Austen gostou da ideia de um único componente de notificação, mas estava preocupado sobre impactar o nível geral de acoplamento entre os componentes. Addison concordou que isso poderia ser um problema e investigou esse trade-off mais a fundo.

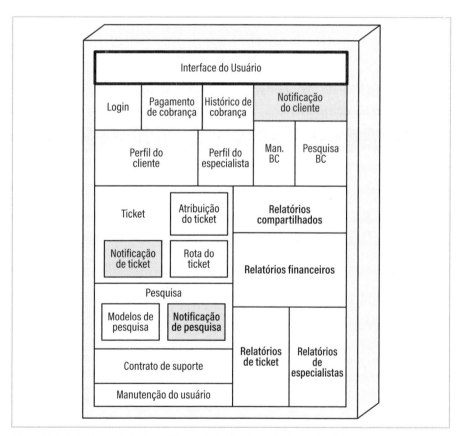

Figura 5-4. A funcionalidade de notificação é duplicada em todo o aplicativo.

Addison analisou o nível de acoplamento de entrada (aferente) para os componentes de notificação existentes do Sysops Squad e apresentou as métricas de acoplamento resultantes listadas na Tabela 5-5, com "CA" representando o número de outros componentes que exigem esse componente (acoplamento aferente).

Tabela 5-5. Análise de acoplamento do Sysops Squad antes da consolidação do componente

Componente	CA	Usado por
Notificação de Cliente	2	Pagamento de Cobrança, Contrato de Suporte
Notificação de Ticket	2	Ticket, Rota do Ticket
Notificação de Pesquisa	1	Pesquisa

Addison então descobriu que, se a funcionalidade de notificação do cliente fosse consolidada em um único componente, o nível de acoplamento para o único componente resultante aumentaria para um nível de acoplamento de entrada de 5, conforme mostrado na Tabela 5-6.

Tabela 5-6. Análise de acoplamento do Sysops Squad após a consolidação do componente

Componente	CA	Usado por
Notificação	5	Pagamento de Cobrança, Contrato de Suporte, Ticket, Rota do Ticket, Pesquisa

Addison levou essas descobertas para Austen, e eles discutiram os resultados. O que eles descobriram foi que, embora o novo componente consolidado tivesse um nível razoavelmente alto de acoplamento de entrada, ele não afetou o nível de acoplamento aferente (entrada) geral para notificar um cliente. Em outras palavras, os três componentes separados tiveram um nível de acoplamento de entrada total de 5, mas o mesmo aconteceu com o único componente consolidado.

Addison e Austen perceberam como era importante analisar o nível de acoplamento após consolidar a funcionalidade de domínio comum. Em alguns casos, combinar funcionalidade de domínio comum em um único componente consolidado aumentou o nível de acoplamento de entrada desse componente, resultando em dependências demais em um único componente compartilhado dentro do aplicativo. No entanto, nesse caso, Addison e Austen estavam confortáveis com a análise de acoplamento e concordaram em consolidar a funcionalidade de notificação para reduzir tanto a duplicação de código quanto a funcionalidade.

Addison escreveu uma história de arquitetura para combinar toda a funcionalidade de notificação em um único namespace representando um componente de notificação comum. Sydney, designada para a história da arquitetura, refatorou o código-fonte, criando um único componente para notificação do cliente, conforme ilustrado na Figura 5-5.

5. PADRÕES DE DECOMPOSIÇÃO BASEADOS EM COMPONENTES

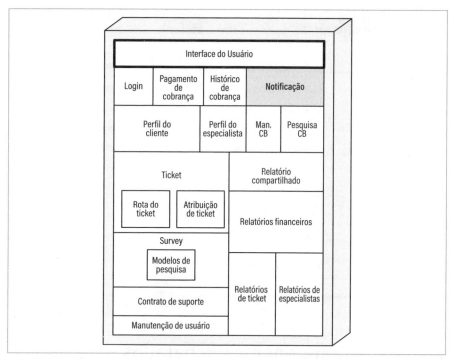

Figura 5-5. A funcionalidade de notificação é consolidada em um novo componente único chamado Notificação.

A Tabela 5-7 mostra os componentes resultantes depois que Sydney implementou a história de arquitetura criada por Addison. Observe que os componentes Notificação de Cliente (`ss.customer.notification`), Notificação de Ticket (`ss.ticket.notify`) e Notificação de Pesquisa (`ss.survey.notify`) foram removidos, e o código-fonte, movido para o novo componente consolidado Notificação (`ss.notification`).

Tabela 5-7. Componentes Sysops Squad após aplicar o padrão Reunir Componentes de Domínio Comuns

Componente	Namespace	Responsabilidade
Login	ss.login	Usuário e login do cliente
Pagamento de Cobrança	ss.billing.payment	Cobrança mensal do cliente
Histórico de Cobrança	ss.billing.history	Histórico de pagamento
Perfil do Cliente	ss.customer.profile	Manter o perfil do cliente
Perfil do Especialista	ss.expert.profile	Manter o perfil do especialista
Man. BC	ss.kb.maintenance	Manter e visualizar a base de conhecimento

Componente	Namespace	Responsabilidade
Pesquisa BC	ss.kb.search	Pesquisar base de conhecimento
Notificação	**ss.notification**	**Todas as notificações do cliente**
Relatório compartilhado	ss.reporting.shared	Funcionalidade compartilhada
Relatórios de Ticket	ss.reporting.tickets	Criar relatórios de abertura de tickets
Relatórios de Especilaistas	ss.reporting.experts	Criar relatórios de especialistas
Relatórios Financeiros	ss.reporting.financial	Criar relatórios financeiros
Ticket	ss.ticket	Criação e manutenção de tickets
Atribuição de Ticket	ss.ticket.assign	Atribuir especialista ao ticket
Rota do Ticket	ss.ticket.route	Enviar ticket para o especialista
Contrato de Suporte	ss.supportcontract	Manutenção do contrato de suporte
Pesquisa	ss.survey	Enviar e receber pesquisas
Modelos de Pesquisa	ss.survey.templates	Manter modelos de pesquisa
Manutenção do Usuário	ss.users	Manter usuários internos

Padrão de Componentes Achatados

Como mencionado anteriormente, os componentes — os blocos de construção de um aplicativo — geralmente são identificados por meio de namespaces, estruturas de pacote ou estruturas de diretório e são implementados por meio de arquivos de classe (ou arquivos de código-fonte) contidos nessas estruturas. No entanto, quando os componentes são construídos sobre outros componentes, que, por sua vez, são construídos sobre outros componentes, eles começam a perder sua identidade e param de se tornar componentes conforme nossa definição. O padrão de *Componentes Achatados* é usado para garantir que os componentes não sejam construídos uns sobre os outros, mas sim nivelados e representados como nós-folha em uma estrutura de diretório ou namespace.

Descrição do Padrão

Quando o namespace que representa um determinado componente é estendido (em outras palavras, outro nó é adicionado ao namespace ou à estrutura de diretório), o namespace ou diretório anterior não representa mais um componente, mas sim um subdomínio. Para ilustrar esse ponto, considere a funcionalidade de pesquisa do cliente no aplicativo Sysops Squad representada por dois componentes: Pesquisa (ss.survey) e Modelos de Pesquisa (ss.survey.templates). Observe na Tabela 5-8 como o namespace ss.survey, que contém cinco arquivos de classe usados para gerenciar e coletar as pesquisas, é estendido com o namespace ss.survey.templates para incluir sete classes que representam cada tipo de pesquisa enviada aos clientes.

Tabela 5-8. O componente Pesquisa contém classes órfãs e deveria ser achatado

Nome do componente	Namespace do Componente	Arquivos
→ Pesquisa	ss.survey	5
Modelos de Pesquisa	ss.survey.templates	7

Embora essa estrutura pareça fazer sentido do ponto de vista de um desenvolvedor para manter o código do modelo separado do processamento da pesquisa, ela cria alguns problemas, porque os Modelos de Pesquisa, como um componente, seriam considerados parte do componente da Pesquisa. Pode-se tentar considerar os Modelos de Pesquisa como um *subcomponente* da Pesquisa, mas surgem problemas ao tentar formar serviços a partir desses componentes — os dois componentes deveriam residir em um único serviço chamado Pesquisa ou os modelos de pesquisa deveriam ser um serviço separado do serviço Pesquisa?

Resolvemos esse dilema definindo um componente como o último nó (ou nó-folha) do espaço para nome ou estrutura de diretório. Com essa definição, o ss.survey.templates é um componente, enquanto o ss.survey seria considerado um *subdomínio*, não um componente. Além disso, definimos namespaces, como ss.survey, como *namespaces raiz*, porque eles são estendidos com outros nós de namespace (nesse caso, .templates).

Observe como o namespace raiz ss.survey, na Tabela 5-8, contém cinco arquivos de classe. Chamamos esses arquivos de classe de *classes órfãs*, porque não pertencem a nenhum componente definível. Lembre-se de que um componente é identificado por um namespace de nó-folha contendo o código-fonte. Como o namespace ss.survey foi estendido para incluir .templates, ss.survey não é mais considerado um componente e, portanto, não deve conter nenhum arquivo de classe.

Os termos a seguir e as definições correspondentes são importantes para entender e aplicar o padrão de decomposição dos Componentes Achatados:

Componente
Uma coleção de classes agrupadas em um *namespace de nó-folha* que executa algum tipo de funcionalidade específica no aplicativo (como processamento de pagamento ou funcionalidade de pesquisa de cliente).

Namespace raiz

Um nó de namespace que foi estendido por outro nó de namespace. Por exemplo, dados os namespaces ss.survey e ss.survey.templates, ss.survey seria considerado um namespace raiz porque é estendido por .templates. Às vezes, os namespaces raiz também são chamados de *subdomínios*.

Classes órfãs

Classes contidas em um namespace raiz e que, portanto, não têm nenhum componente definível associado a elas.

Essas definições são ilustradas na Figura 5-6, onde a caixa com um C representa o código-fonte contido nesse namespace. Esse diagrama (e todos os outros como ele) é desenhado propositadamente de baixo para cima para enfatizar a noção de *colinas* no aplicativo, bem como enfatizar a noção de namespaces *construídos uns sobre os outros*.

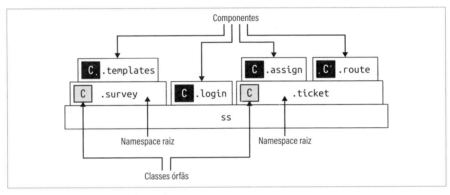

Figura 5-6. Componentes, namespaces raiz e classes órfãs (a caixa C indica o código-fonte).

Observe que, como ss.survey e ss.ticket são estendidos por meio de outros nós de namespace, esses namespaces são considerados namespaces raiz, e as classes contidas nesses namespaces raiz são, portanto, classes órfãs (pertencentes a nenhum componente definido). Portanto, os únicos componentes indicados na Figura 5-6 são ss.survey.templates, ss.login, ss.ticket.assign e ss.ticket.route.

O padrão de decomposição de Componentes Achatados é usado para mover classes órfãs para criar componentes bem definidos que existem apenas como nós-folha de um diretório ou namespace, criando subdomínios bem definidos (namespaces raiz) no processo. Referimo-nos ao *achatamento* de componentes como o desmembramento (ou construção) de namespaces dentro de um aplicativo para remover classes órfãs. Por exemplo, uma forma de simplificar o namespace raiz ss.survey na Figura 5-6 e remover as classes órfãs é mover o código-fonte contido no namespace ss.survey.templates para o namespace ss.survey, tornando assim ss.survey um único componente (.survey agora é o nó-folha desse namespace). Essa opção de achatamento é ilustrada na Figura 5-7.

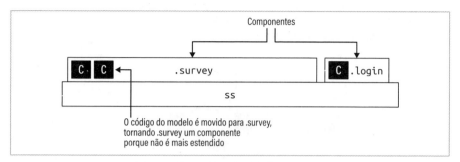

Figura 5-7. Pesquisa é achatada movendo-se o código do modelo de pesquisa para o namespace .survey.

Como alternativa, o achatamento também pode ser aplicado pegando-se o código-fonte em ss.survey e aplicando a decomposição funcional ou o projeto orientado a domínio para identificar áreas funcionais separadas dentro do namespace raiz, formando, assim, componentes dessas áreas funcionais. Por exemplo, suponha que a funcionalidade no namespace ss.survey crie e envie uma pesquisa para um cliente e, em seguida, processe uma pesquisa concluída recebida do cliente. Dois componentes podem ser criados a partir do namespace ss.survey: ss.survey, que cria e envia a pesquisa, e ss.survey, que processa uma pesquisa recebida de um cliente. Essa forma de achatamento é ilustrada na Figura 5-8.

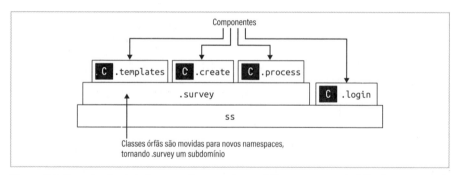

Figura 5-8. Pesquisa é achatada movendo-se as classes órfãs para novos nós-folha (componentes).

 Independentemente da direção do achatamento, certifique-se de que os arquivos de código-fonte residam apenas em namespaces ou diretórios de nó-folha para que o código-fonte sempre possa ser identificado em um componente específico.

Outro cenário comum em que o código-fonte órfão pode residir em um namespace raiz é quando o código é compartilhado por outros componentes nesse namespace. Considere o exemplo na Figura 5-9, em que a funcionalidade de pesquisa do cliente reside em três componentes (ss.survey.templates, ss.survey.create

105

e ss.survey.process), mas o código comum (como interfaces, classes abstratas, utilitários comuns) reside no namespace raiz ss.survey.

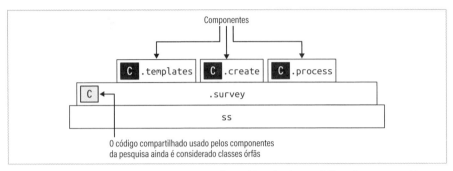

Figura 5-9. O código compartilhado em .survey é considerado classes órfãs e deve ser movido.

As classes compartilhadas em ss.survey ainda seriam consideradas classes órfãs, embora representem código compartilhado. A aplicação do padrão de Componentes Achatados moveria essas classes órfãs compartilhadas para um novo componente chamado ss.survey.shared, removendo, portanto, todas as classes órfãs do subdomínio ss.survey, conforme ilustrado na Figura 5-10.

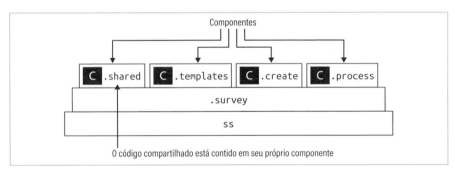

Figura 5-10. O código de pesquisa compartilhado é movido para seu próprio componente.

Nosso conselho ao mover o código compartilhado para um componente separado (namespace do nó-folha) é escolher uma palavra que não seja usada em nenhuma base de código existente no domínio, como .sharedcode, .commoncode, ou algum nome exclusivo. Isso permite que o arquiteto gere métricas com base no número de componentes compartilhados na base de código, bem como o *percentual* de código-fonte que é compartilhado no aplicativo. Esse é um bom indicador quanto à viabilidade de desmembrar o aplicativo monolítico. Por exemplo, se a soma de todas as instruções em todos os namespaces que terminam com .sharedcode constituir 45% do código-fonte geral, é provável que a mudança para uma arquitetura distribuída resulte em muitas bibliotecas compartilhadas e acabe se tornando um pesadelo para manter por causa de dependências de bibliotecas compartilhadas.

Outra boa métrica envolvendo a análise de código compartilhado é o *número de componentes que terminam em* .sharedcode (ou qualquer nó de namespace compartilhado comum usado). Essa métrica fornece ao arquiteto uma visão de quantas bibliotecas compartilhadas (JAR, DLL, e assim por diante) ou serviços compartilhados resultarão do desmembramento do aplicativo monolítico.

Fitness Functions para Governança

A aplicação do padrão de decomposição de Componentes Achatados envolve bastante subjetividade. Por exemplo, o código dos nós-folha deve ser consolidado no namespace raiz, ou o código em um namespace raiz deve ser movido para os nós-folha? Dito isso, a fitness function a seguir pode ajudar a automatizar a governança de manter os componentes achatados (somente em nós-folha).

Fitness function: Nenhum código-fonte deve residir em um namespace raiz

Essa fitness function holística automatizada pode ser acionada na implantação por meio de um pipeline de CI/CD para localizar classes órfãs — classes que residem em um namespace raiz. O uso dessa fitness function ajuda a manter os componentes planos durante uma migração monolítica, especialmente ao realizar manutenção contínua no aplicativo monolítico durante o esforço de migração. O Exemplo 5-6 mostra o pseudocódigo que alerta um arquiteto quando classes órfãs aparecem em qualquer lugar na base de código.

Exemplo 5-6. Pseudocódigo para localizar código em namespaces raiz

```
# Percorra a estrutura de diretórios, criando namespaces para cada caminho completo LIST
component_list = identify_components(root_directory)

# Envie um alerta se um nó-não folha em qualquer componente contiver arquivos de origem
FOREACH component IN component_list {
    LIST component_node_list = get_nodes(component)
    FOREACH node IN component_node_list {
        IF contains_code(node) AND NOT last_node(component_node_list) {
            send_alert(component)
        }
    }
}
```

Saga Sysops Squad: Achatando Componentes

Quarta-feira, 10 de novembro, 11h10

Depois de aplicar o "Padrão de Reunir Componentes de Domínio Comum" na seção anterior, Addison analisou os resultados na Tabela 5-7 e observou que os componentes Pesquisa e Ticket continham classes órfãs. Addison destacou esses componentes na Tabela 5-9 e na Figura 5-11.

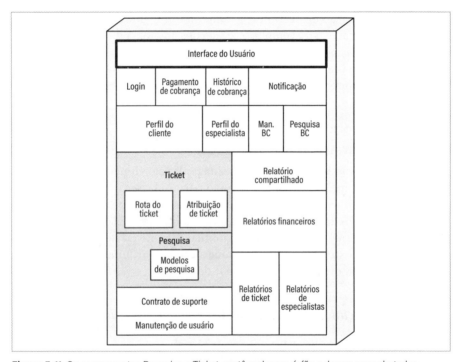

Figura 5-11. Os componentes Pesquisa e Ticket contêm classes órfãs e devem ser achatados.

Tabela 5-9. Os componentes Ticket e Pesquisa do Sysops Squad devem ser achatados

Nome do componente	Namespace do componente	Instruções	Arquivos
Ticket	ss.ticket	**7.009**	**45**
Atribuição de Ticket	ss.ticket.assign	7.845	14
Rota do Ticket	ss.ticket.route	1.468	4

5. PADRÕES DE DECOMPOSIÇÃO BASEADOS EM COMPONENTES

Nome do componente	Namespace do componente	Instruções	Arquivos
Pesquisa	ss.survey	2.204	5
Modelos de Pesquisa	ss.survey.templates	1.672	7

Addison decidiu abordar primeiro os componentes de abertura de tickets. Sabendo que simplificar os componentes significava eliminar o código-fonte em nós-não folha, Addison tinha duas opções: consolidar o código contido na atribuição do ticket e nos componentes de encaminhamento do ticket no componente ss.ticket, ou dividir as 45 classes no componente ss.ticket em componentes separados, tornando ss.ticket um subdomínio. Addison discutiu essas opções com Sydney (uma das desenvolvedoras do Sysops Squad) e, com base na complexidade e nas mudanças frequentes na funcionalidade de atribuição de tickets, decidiu manter esses componentes separados e mover o código órfão do namespace raiz ss.ticket para outros namespaces, formando, assim, novos componentes.

Com a ajuda de Sydney, Addison descobriu que as 45 classes órfãs contidas no namespace ss.ticket implementavam a seguinte funcionalidade de ticket:

- Criação e manutenção de ticket (criação de ticket, atualização de ticket, cancelamento de ticket etc.).
- Lógica de conclusão de ticket.
- Código compartilhado comum à maioria das funcionalidades de abertura de tickets.

Como a atribuição de tickets e a funcionalidade de encaminhamento de tickets já estavam em seus próprios componentes (ss.ticket.assign e ss.ticket.route, respectivamente), Addison criou uma história de arquitetura para mover o código-fonte contido no namespace ss.ticket para três novos componentes, conforme mostrado na Tabela 5-10.

Tabela 5-10. O componente anterior Ticket do Sysops Squad desmembrado em três novos componentes

Componente	Namespace	Responsabilidade
Ticket Compartilhado	ss.ticket.shared	Código e utilitários comuns
Manutenção de Ticket	ss.ticket.maintenance	Adicionar e manter tickets
Conclusão do Ticket	ss.ticket.completion	Completar o ticket e iniciar a pesquisa
Atribuição de Ticket	ss.ticket.assign	Atribuir especialista ao ticket
Rota do Ticket	ss.ticket.route	Enviar ticket para especialista

Addison então considerou a funcionalidade de pesquisa. Trabalhando com Sydney, Addison descobriu que a funcionalidade de pesquisa raramente mudava e não era excessivamente complicada. Sydney conversou com Skyler, a desenvolvedora do Sysops Squad que originalmente criou o namespace `ss.survey.templates`, e descobriu que não havia motivo convincente para separar os modelos de pesquisa em seu próprio namespace ("Pareceu uma boa ideia na época", disse Skyler). Com essas informações, Addison criou uma história de arquitetura para mover os sete arquivos de classe de `ss.survey.templates` para o namespace `ss.survey` e removeu o componente `ss.survey`, conforme mostrado na Tabela 5-11.

Tabela 5-11. Os componentes anteriores do Sysops Squad Survey achatados em um único componente

Componente	Namespace	Responsabilidade
Pesquisa	ss.survey	Enviar e receber pesquisas

Depois de aplicar o padrão de Componentes Achatados (ilustrado na Figura 5-12), Addison observou que não havia "colinas" (componente sobre componente) ou classes órfãs e que todos os componentes estavam contidos apenas nos nós-folha do namespace correspondente.

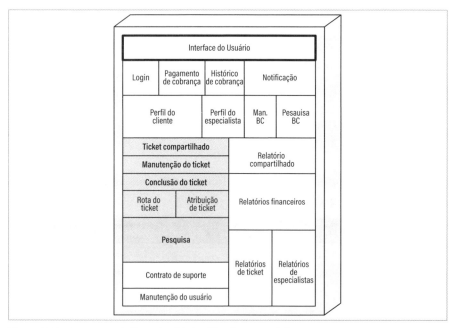

Figura 5-12. O componente Pesquisa foi simplificado em um único componente, enquanto o componente Ticket foi elevado e achatado, criando um subdomínio Ticket.

Addison registrou os resultados dos esforços de refatoração até agora na aplicação desses padrões de decomposição e os listou na Tabela 5-12.

Tabela 5-12. Componentes Sysops Squad após aplicar o padrão de Componentes Achatados

Componente	Namespace
Login	ss.login
Pagamento de Cobrança	ss.billing.payment
Histórico de Cobrança	ss.billing.history
Perfil do Cliente	ss.customer.profile
Perfil do Especialista	ss.expert.profile
Man. BC	ss.kb.maintenance
Pesquisa BC	ss.kb.search
Notificação	ss.notification
Relatório Compartilhado	ss.reporting.shared
Relatórios de Ticket	ss.reporting.tickets
Relatórios de Especialistas	ss.reporting.experts
Relatórios Financeiros	ss.reporting.financial
Ticket Compartilhado	ss.ticket.shared
Manutenção do Ticket	ss.ticket.maintenance
Conclusão do Ticket	ss.ticket.completion
Atribuição do Ticket	ss.ticket.assign
Rota do Ticket	ss.ticket.route
Contrato de Suporte	ss.supportcontract
Pesquisa	ss.survey
Manutenção do Usuário	ss.users

Padrão Determinar as Dependências do Componente

Três das perguntas mais comuns feitas ao se considerar a migração de um aplicativo monolítico para uma arquitetura distribuída são as seguintes:

1. É viável desmembrar o aplicativo monolítico existente?
2. Qual é o nível geral aproximado de esforço para essa migração?
3. Isso exigirá uma reescrita do código ou uma refatoração do código?

Um de seus autores esteve envolvido há vários anos em um grande esforço de migração para mover um aplicativo monolítico complexo para microsserviços. No primeiro dia do projeto, o CIO queria saber apenas uma coisa: esse esforço de migração era uma bola de golfe, uma bola de basquete, ou um avião? Seu autor estava curioso sobre as comparações de tamanho, mas o CIO insistiu que a resposta a essa pergunta simples não deveria ser tão difícil devido a esse tipo de tamanho de granularidade grossa. Como se viu, aplicar o padrão *Determinar as Dependências de Componentes* de forma rápida e fácil respondeu a essa pergunta do CIO — o esforço foi, infelizmente, um avião, mas apenas uma pequena migração de um Embraer 190, em vez de uma grande migração de um Boeing 787 Dreamliner.

Descrição do Padrão

O propósito do padrão *Determinar as Dependências de Componentes* é analisar as dependências de entrada e saída (acoplamento) entre *componentes* para determinar como o gráfico de dependência de serviço resultante pode parecer depois de desmembrar o aplicativo monolítico. Embora existam muitos fatores para determinar o nível certo de granularidade para um serviço (consulte o Capítulo 7), cada componente no aplicativo monolítico é potencialmente um candidato a serviço (dependendo do estilo de arquitetura distribuída alvo). Por esse motivo, é fundamental entender as interações e dependências entre os componentes.

É importante observar que esse padrão é sobre dependências de componentes, não dependências de classes individuais dentro de um componente. Uma *dependência de componente* é formada quando uma classe de um componente (namespace) interage com uma classe de outro componente (namespace). Por exemplo, suponha que a classe CustomerSurvey no componente ss.survey invoque um método na classe CustomerNotification no componente ss.notification para enviar a pesquisa do cliente, conforme ilustrado no pseudocódigo do Exemplo 5-7.

Exemplo 5-7. Pseudocódigo mostrando uma dependência entre os componentes Pesquisa e Notificação

```
namespace ss.survey class CustomerSurvey {
    function createSurvey {
        ...
    }
```

5. PADRÕES DE DECOMPOSIÇÃO BASEADOS EM COMPONENTES

```
function sendSurvey {
    ...
    ss.notification.CustomerNotification.send(customer_id, survey)
}
}
```

Observe a dependência entre os componentes Pesquisa e Notificação, porque a classe `CustomerNotification` usada pela classe `CustomerSurvey` reside fora do namespace `ss.survey`. Especificamente, o componente Pesquisa teria uma dependência eferente (ou de saída) do componente Notificação, e o componente Notificação teria uma dependência aferente (ou de entrada) do componente Pesquisa.

Observe que as classes *dentro* de um determinado componente podem ser uma confusão altamente acoplada de várias dependências, mas isso não importa ao aplicar esse padrão — o que importa são apenas as dependências *entre* os componentes.

Diversas ferramentas estão disponíveis para auxiliar na aplicação desse padrão e na visualização das dependências dos componentes. Além disso, muitos IDEs modernos têm plug-ins que produzirão diagramas de dependência dos componentes, ou namespaces, dentro de uma base de código específica. Essas visualizações podem ser úteis para responder às três perguntas-chave feitas no início desta seção.

Por exemplo, considere o diagrama de dependência mostrado na Figura 5-13, onde as caixas representam componentes (não classes) e as linhas representam pontos de acoplamento entre os componentes. Observe que há apenas uma única dependência entre os componentes nesse diagrama, tornando esse aplicativo um bom candidato para ser desmembrado, pois os componentes são funcionalmente independentes uns dos outros.

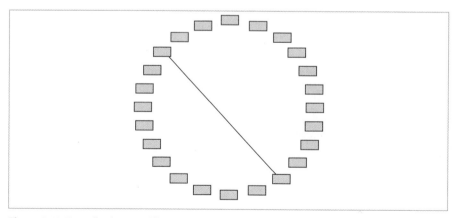

Figura 5-13. Um aplicativo monolítico com dependências mínimas de componentes leva menos esforço para desmembrar (tamanho de uma bola de golfe).

113

Com um diagrama de dependência como a Figura 5-13, as respostas para as três perguntas-chave são as seguintes:

1. É viável separar o aplicativo monolítico existente? *Sim.*
2. Qual é o nível geral aproximado de esforço para essa migração? *Uma bola de golfe (relativamente simples).*
3. Isso será uma reescrita do código, ou uma refatoração do código? *Refatoração (mover o código existente para serviços implantados separadamente).*

Agora observe o diagrama de dependência mostrado na Figura 5-14. Infelizmente, esse diagrama é típico das dependências entre componentes na maioria dos aplicativos de negócios. Observe, em particular, como o lado esquerdo desse diagrama tem o nível mais alto de acoplamento, enquanto o lado direito parece muito mais viável de se desmembrar.

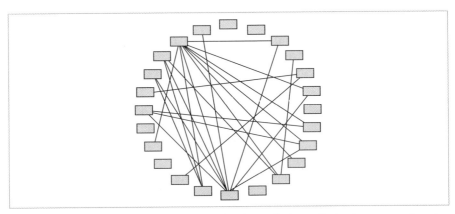

Figura 5-14. Um aplicativo monolítico com um alto número de dependências de componentes exige mais esforço para se desmembrar (tamanho de uma bola de basquete).

Com esse nível de acoplamento rígido entre os componentes, as respostas para as três perguntas principais não são muito animadoras:

1. É viável separar o aplicativo monolítico existente? *Talvez...*
2. Qual é o nível geral aproximado de esforço para essa migração? *Uma bola de basquete (muito mais difícil).*
3. Isso será uma reescrita do código ou uma refatoração do código? *Provavelmente uma combinação de alguma refatoração e alguma reescrita do código existente.*

Por fim, considere o diagrama de dependências ilustrado na Figura 5-15. Nesse caso, o arquiteto deve se virar e correr na direção oposta o mais rápido que puder!

5. PADRÕES DE DECOMPOSIÇÃO BASEADOS EM COMPONENTES

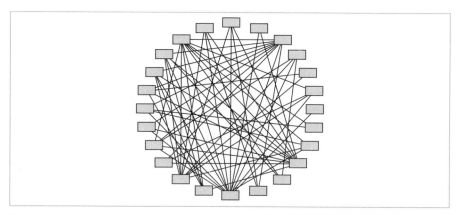

Figura 5-15. Um aplicativo monolítico com muitas dependências de componentes não é viável para desmembrar (tamanho de um avião).

As respostas para as três perguntas principais para aplicativos com esse tipo de matriz de dependência de componentes não são surpreendentes:

1. É viável desmembrar o aplicativo monolítico existente? *Não.*
2. Qual é o nível geral aproximado de esforço para essa migração? *Um avião.*
3. Isso será uma reescrita do código ou uma refatoração do código? *Reescrita total do aplicativo.*

Não podemos enfatizar o suficiente a importância desses tipos de diagramas visuais ao desmembrar um aplicativo monolítico. Em essência, esses diagramas formam um *radar* para determinar onde o inimigo (alto acoplamento de componentes) está localizado e também pintam uma imagem de como seria a matriz de dependência de serviço resultante se o aplicativo monolítico fosse desmembrado em uma arquitetura altamente distribuída.

Em nossa experiência, o acoplamento de componentes é um dos fatores mais significativos na determinação do sucesso geral (e viabilidade) de um esforço de migração monolítica. Identificar e entender o nível de acoplamento de componentes não apenas permite que o arquiteto determine a viabilidade do esforço de migração, mas também o que esperar em termos do nível geral de esforço. Infelizmente, muitas vezes vemos as equipes pularem direto para desmembrar um aplicativo monolítico em microsserviços sem ter nenhuma análise ou visualização da aparência do aplicativo monolítico. E, não surpreendentemente, essas equipes lutam para desmembrar seus aplicativos monolíticos.

Esse padrão é útil não apenas para identificar o nível geral de acoplamento de componente em um aplicativo, mas também para determinar oportunidades de refatoração de dependência antes de desmembrar o aplicativo. Ao analisar o nível de acoplamento entre os componentes, é importante analisar o acoplamento aferente (entrada) (denominado na maioria das ferramentas como CA) e o acoplamento eferente (saída) (denominado na maioria das ferramentas como CE). CT, ou acoplamento total, é a soma dos acoplamentos aferente e eferente.

Muitas vezes, desmembrar um componente pode reduzir o nível de acoplamento desse componente. Por exemplo, suponha que o componente A tenha um nível de acoplamento aferente de 20 (o que significa que outros 20 componentes dependem da funcionalidade do componente). Isso não significa necessariamente que *todos* os 20 outros componentes requerem toda a funcionalidade do componente A. Talvez 14 dos outros componentes exijam apenas uma pequena parte da funcionalidade contida no componente A. Desmembrar o componente A em dois componentes diferentes (o componente A1 contendo a menor funcionalidade acoplada, e o componente A2 contendo a maior parte da funcionalidade) reduz o acoplamento aferente no componente A2 para 6, com o componente A1 tendo um nível de acoplamento aferente de 14.

Fitness Functions para Governança

Duas maneiras de automatizar a governança para dependências de componentes são garantir que nenhum componente tenha dependências "demais" e restringir que certos componentes sejam acoplados a outros componentes. As fitness functions descritas a seguir são algumas formas de governar esse tipo de dependência.

Fitness function: Nenhum componente deve ter mais do que <algum número> de dependências totais

Essa fitness function holística automatizada pode ser acionada na implantação por meio de um pipeline de CI/CD para garantir que o nível de acoplamento de qualquer componente específico não exceda um determinado limite. Cabe ao arquiteto determinar que esse limite máximo deve ser baseado no nível geral de acoplamento no aplicativo e no número de componentes. Um alerta gerado a partir dessa fitness function permite que o arquiteto discuta qualquer tipo de aumento no acoplamento com a equipe de desenvolvimento, possivelmente promovendo ações para separar os componentes para reduzir o acoplamento. Essa fitness function também pode ser modificada para gerar um alerta para um limite de apenas entrada, apenas saída ou ambos (como fitness functions separadas). O Exemplo 5-8 mostra o pseudocódigo para enviar um alerta se o acoplamento total (entrada e saída) exceder um nível combinado de 15, que para a maioria dos aplicativos seria considerado relativamente alto.

5. PADRÕES DE DECOMPOSIÇÃO BASEADOS EM COMPONENTES

Exemplo 5-8. Pseudocódigo para limitar o número total de dependências de qualquer componente

```
# Percorrer a estrutura de diretórios, reunindo componentes e os arquivos de
# código-fonte contidos nesses componentes
LIST component_list = identify_components(root_directory)
MAP component_source_file_map
FOREACH component IN component_list {
    LIST component_source_file_list = get_source_files(component)
    ADD component, component_source_file_list TO component_source_file_map
}

# Determinar quantas referências existem para cada arquivo de origem e enviar
um alerta se
# a contagem total de dependências for maior que 15
FOREACH component,component_source_file_list IN component_source_file_map {
    FOREACH source_file IN component_source_file_list {
        incomingcount=used_by_other_components(source_file,omponent_source_file_map){
        outgoing_count = uses_other_components(source_file) {
        total_count = incoming count + outgoing count
}
    IF total_count > 15 {
        send_alert(component, total_count)
    }
}
```

Fitness function: <algum componente> não deve ter uma dependência de <outro componente>

Essa fitness function holística automatizada pode ser acionada na implantação por meio de um pipeline de CI/CD para impedir que determinados componentes dependam de outros. Na maioria dos casos, haverá uma fitness function para cada restrição de dependência, de modo que, se houvesse dez restrições de componentes diferentes, haveria dez fitness functions diferentes, uma para cada componente em questão. O Exemplo 5-9 mostra um exemplo usando o ArchUnit (*https://www.archunit.org*) para garantir que o componente Manutenção de Ticket (ss.ticket.maintenance) não tenha uma dependência do componente Perfil de Especialista (ss.expert.profile).

Exemplo 5-9. Código ArchUnit para controlar as restrições de dependência entre os componentes

```
public void ticket_maintenance_cannot_access_expert_profile() {
    noClasses().that()
    .resideInAPackage("..ss.ticket.maintenance..")
```

117

```
        .should().accessClassesThat()
        .resideInAPackage("..ss.expert.profile..")
        .check(myClasses);
}
```

Saga Sysops Squad: Identificando as Dependências de Componentes

Segunda-feira, 15 de novembro, 9h45

Depois de ler sobre o padrão Determinar as Dependências de Componentes, Addison imaginou como seria a matriz de dependências do aplicativo Sysops Squad e se era viável até mesmo desmembrar o aplicativo. Addison usou um plug-in IDE para gerar um diagrama de dependência de componentes do aplicativo Sysops Squad atual. Inicialmente, Addison se sentiu um pouco desencorajada, porque a Figura 5-16 mostrava muitas dependências entre os componentes do aplicativo Sysops Squad.

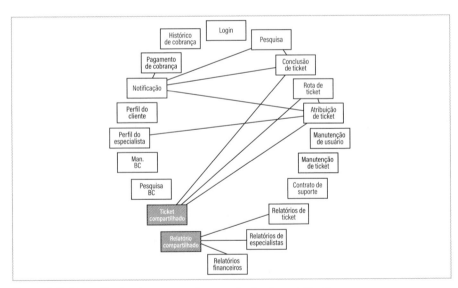

Figura 5-16. Dependências de componentes no aplicativo Sysops Squad.

No entanto, após uma análise mais aprofundada, Addison viu que o componente Notificação tinha mais dependências, o que não era surpreendente, visto que é um componente compartilhado. No entanto, Addison também viu muitas dependências nos componentes Abertura de Tickets e Relatórios. Ambas as áreas de domínio têm um componente específico para código compartilhado (interfaces, classes auxiliares, classes de entidade, e assim por diante). Percebendo que o código compartilhado de tickets e relatórios contém principalmente referências de classe baseadas em compilação e provavelmente seriam implementadas como bibliotecas compartilhadas em vez de serviços, Addison filtrou esses componentes para obter uma visão melhor das dependências entre a funcionalidade principal do aplicativo, que é ilustrado na Figura 5-17.

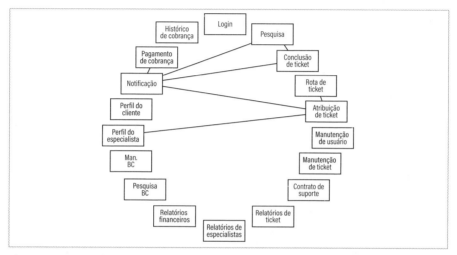

Figura 5-17. Dependências de componentes no aplicativo Sysops Squad sem dependências de biblioteca compartilhada.

Com os componentes compartilhados filtrados, Addison viu que as dependências eram mínimas. Addison mostrou esses resultados para Austen, e ambos concordaram que a maioria dos componentes era relativamente independente e parecia que o aplicativo Sysops Squad era um bom candidato para se desmembrar em uma arquitetura distribuída.

Padrão Criar Domínios de Componentes

Embora cada componente identificado em um aplicativo monolítico possa ser considerado um possível candidato a um serviço separado, na maioria dos casos, o relacionamento entre um serviço e os componentes é um relacionamento um-para-muitos — ou seja, um único serviço pode conter um ou mais componentes. A finalidade do padrão *Criar Domínios de Componentes* é agrupar componentes logicamente para que mais serviços de domínio de granularidade grossa possam ser criados ao se desmembrar um aplicativo.

* * *

Descrição do Padrão

A identificação de domínios de componentes — o agrupamento de componentes que executam algum tipo de funcionalidade relacionada — é uma parte crítica do desmembramento de qualquer aplicativo monolítico. Lembre-se do conselho do Capítulo 4:

> Ao desmembrar os aplicativos monolíticos, considere primeiro mudar para a arquitetura baseada em serviço como um trampolim para outras arquiteturas distribuídas.

Criar domínios de componentes é uma maneira eficaz de determinar o que eventualmente se tornará serviços de domínio em uma arquitetura baseada em serviço.

Os domínios de componentes são fisicamente manifestados em um aplicativo por meio de namespaces de componentes (ou diretórios). Como os nós de namespace são hierárquicos por natureza, eles se tornam uma excelente maneira de representar os domínios e subdomínios de funcionalidade. Essa técnica é ilustrada na Figura 5-18, onde o segundo nó no namespace (.customer) refere-se ao *domínio*, o terceiro nó representa um *subdomínio* sob o domínio do cliente(.billing), e o nó-folha (.payment) refere-se ao *componente*. O .MonthlyBilling no final desse namespace refere-se a um arquivo de classe contido no componente Payment.

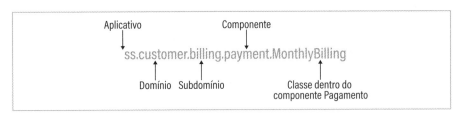

Figura 5-18. Os domínios de componentes são identificados por meio dos nós de namespace.

Como muitos aplicativos monolíticos mais antigos foram implementados antes do uso generalizado do projeto orientado a domínio, em muitos casos, a refatoração dos namespaces é necessária para identificar estruturalmente os domínios no aplicativo. Por exemplo, considere os componentes listados na Tabela 5-13 que compõem o domínio Cliente dentro do aplicativo Sysops Squad.

Tabela 5-13. Componentes relacionados ao domínio Cliente antes da refatoração

Componente	Namespace
Pagamento de Cobrança	ss.billing.payment
Histórico de Cobrança	ss.billing.history
Perfil do Cliente	ss.customer.profile
Contrato de Suporte	ss.supportcontract

Observe como cada componente está relacionado à funcionalidade do cliente, mas os namespaces correspondentes não refletem essa associação. Para identificar corretamente o domínio do cliente (manifestado por meio do namespace ss.customer), os namespaces dos componentes Pagamento de Cobrança, Históricos de Cobrança e Contrato de Suporte teriam de ser modificados para adicionar o nó .customer no início do namespace, conforme mostrado na Tabela 5-14.

Tabela 5-14. Componentes relacionados ao domínio Cliente após refatoração

Componente	Namespace
Pagamento de Cobrança	ss.customer.billing.payment
Histórico de Cobrança	ss.customer.billing.history
Perfil do Cliente	ss.customer.profile
Contrato de Suporte	ss.customer.supportcontract

Observe na tabela anterior que todas as funcionalidades relacionadas ao cliente (cobrança, manutenção de perfil e manutenção de contrato de suporte) agora estão agrupadas em .customer, alinhando cada componente com esse domínio específico.

Fitness Functions para Governança

Depois de refatorado, é importante controlar os domínios de componentes para garantir que as regras de namespace sejam aplicadas e que nenhum código exista fora do contexto de um domínio ou subdomínio de componente. A seguinte fitness function automatizada pode ser usada para ajudar a governar domínios de componentes depois que eles são estabelecidos no aplicativo monolítico.

Fitness function: Todos os namespaces em <nó de namespace raiz> devem ser restritos à <lista de domínios>

Essa fitness function holística automatizada pode ser acionada na implantação por meio de um pipeline de CI/CD para restringir os domínios contidos em um aplicativo. Essa fitness function ajuda a evitar que domínios adicionais sejam criados inadvertidamente pelas equipes de desenvolvimento e alerta o arquiteto se algum novo namespace (ou diretório) for criado fora da lista aprovada de domínios. O Exemplo 5-10 mostra um exemplo usando o ArchUnit (*https://www.archunit.org*) para garantir que apenas os domínios ticket, cliente e admin existam em um aplicativo.

Exemplo 5-10. Código ArchUnit para governar domínios dentro de um aplicativo

```
public void restrict_domains() {
    classes()
        .should().resideInAPackage("..ss.ticket..")
        .orShould().resideInAPackage("..ss.customer..")
        .orShould().resideInAPackage("..ss.admin..")
        .check(myClasses);
}
```

Saga Sysops Squad: Criando Domínios de Componentes

Quinta-feira, 18 de novembro, 13h15

Addison e Austen consultaram Parker, o proprietário do produto Sysops Squad, e juntos identificaram cinco domínios principais dentro do aplicativo: um domínio de Abertura de Ticket (**ss.ticket**) contendo todas as funcionalidades relacionadas a tickets, incluindo processamento de tickets, pesquisas com clientes e a funcionalidade base de conhecimento [em inglês, *knowledge base* — KB]; um domínio de Relatórios (**ss.reporting**) contendo todas as funcionalidades de relatórios; um domínio do Cliente (**ss.customer**) contendo o perfil do cliente, cobrança e contratos de suporte; um domínio Admin (**ss.admin**) contendo manutenção de usuários e especialistas do Sysops Squad; e, finalmente, um domínio Compartilhado (**ss.shared**) contendo a funcionalidade de login e notificação usada pelos outros domínios.

5. PADRÕES DE DECOMPOSIÇÃO BASEADOS EM COMPONENTES

Addison criou um diagrama de domínio (consulte a Figura 5-19) mostrando os vários domínios e os grupos correspondentes de componentes dentro de cada domínio e ficou satisfeita com esse agrupamento, pois nenhum componente foi deixado de fora e houve boa coesão entre os componentes de cada domínio.

O exercício que Addison fez ao diagramar e agrupar os componentes foi importante, pois validou os candidatos de domínio identificados e também demonstrou a necessidade de colaboração com as partes interessadas nos negócios (como o proprietário do produto ou o patrocinador do aplicativo de negócios). Se os componentes não estivessem alinhados corretamente ou Addison tivesse ficado com componentes que não pertenciam a lugar nenhum, mais colaboração com Parker (o proprietário do produto) teria sido necessária.

Satisfeita com o fato de todos os componentes se encaixarem perfeitamente nesses domínios, Addison examinou os vários namespaces de componentes na Tabela 5-12 após aplicar o "Padrão de Componentes Achatados", explicado anteriormente, e identificou a refatoração do domínio de componente que precisava acontecer.

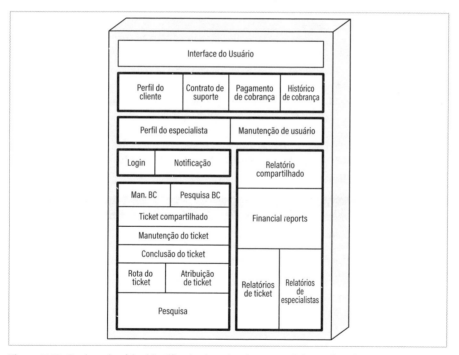

Figura 5-19. Os cinco domínios identificados (com bordas escuras) dentro do aplicativo Sysops Squad.

Addison começou com o domínio Ticket e viu que, embora a funcionalidade principal do ticket começasse com o namespace **ss.ticket**, os componentes de pesquisa e base de conhecimento não. Portanto, Addison escreveu uma história de arquitetura para refatorar os componentes listados na Tabela 5-15 para alinhar com o domínio de abertura de tickets.

Tabela 5-15. Refatoração do componente Sysops Squad para o domínio Ticket

Componente	Domínio	Namespace atual	Namespace alvo
Man. BC	Ticket	ss.kb.maintenance	ss.ticket.kb.maintenance
Pesquisa BC	Ticket	ss.kb.search	ss.ticket.kb.search
Ticket Compartilhado	Ticket	ss.ticket.shared	Mesmo (não muda)
Manutenção do Ticket	Ticket	ss.ticket.maintenance	Mesmo (não muda)
Ticket Conclusão	Ticket	ss.ticket.completion	Mesmo (não muda)
Atribuição de Ticket	Ticket	ss.ticket.assign	Mesmo (não muda)
Rota do Ticket	Ticket	ss.ticket.route	Mesmo (não muda)
Pesquisa	Ticket	ss.survey	ss.ticket.survey

Em seguida, Addison considerou os componentes relacionados ao cliente e descobriu que os componentes de cobrança e pesquisa precisavam ser refatorados para incluí-los no domínio Cliente, criando um subdomínio de cobrança no processo. Addison escreveu uma história de arquitetura para a refatoração da funcionalidade do domínio Cliente, mostrada na Tabela 5-16.

Tabela 5-16. Refatoração do componente Sysops Squad para o domínio Cliente

Componente	Domínio	Namespace atual	Namespace alvo
Pagamento de Cobrança	Cliente	ss.billing.payment	ss.customer.billing.payment
Histórico de Cobrança	Cliente	ss.billing.history	ss.customer.billing.history
Perfil do Cliente	Cliente	ss.customer.profile	Mesmo (não muda)
Contrato de Suporte	Cliente	ss.supportcontract	ss.customer.supportcontract

Aplicando o "Padrão de Identificar e Dimensionar Componentes", Addison descobriu que o domínio do relatório já estava alinhado e nenhuma outra ação era necessária com os componentes do relatório listados na Tabela 5-17.

Tabela 5-17. Os componentes de Relatório do Sysops Squad já estão alinhados com o domínio Relatório

Componente	Domínio	Namespace atual	Namespace alvo
Relatório Compartilhado	Relatório	ss.reporting.shared	Mesmo (não muda)
Relatórios de Ticket	Relatório	ss.reporting.tickets	Mesmo (não muda)
Relatórios de Especialistas	Relatório	ss.reporting.experts	Mesmo (não muda)
Relatórios Financeiros	Relatório	ss.reporting.financial	Mesmo (não muda)

Addison percebeu que os domínios Admin e Shared também precisavam de alinhamento e decidiu criar uma única história de arquitetura para esse esforço de refatoração e listou esses componentes na Tabela 5-18. Addison também decidiu renomear o namespace ss.expert.profile para ss.experts para evitar um subdomínio Especialista desnecessário sob o domínio Admin.

Tabela 5-18. Refatoração do componente Sysops Squad para os domínios Admin e Shared

Componente	Domínio	Namespace atual	Namespace alvo
Login	Compartilhado	ss.login	aa.shared.login
Notificação	Compartilhado	ss.notification	ss.shared.notification
Perfil do Especialista	Admin	ss.expert.profile	ss.admin.experts
Manutenção do Usuário	Admin	ss.users	ss.admin.users

Com esse padrão completo, Addison percebeu que agora estava preparada para desmembrar estruturalmente o aplicativo monolítico e passar para o primeiro estágio de uma arquitetura distribuída aplicando o padrão Criar Serviços de Domínio (descrito na próxima seção).

Padrão Criar Serviços de Domínio

Depois que os componentes tiverem sido dimensionados, achatados e agrupados adequadamente em domínios, esses domínios poderão ser movidos para *serviços de domínio* implantados separadamente, criando o que é conhecido como arquitetura baseada em serviço (consulte o Apêndice A). Os serviços de domínio são unidades de software de granularidade grossa, implantadas separadamente, que contêm toda a funcionalidade de um domínio específico (como Abertura de Tickets, Cliente, Relatório, e assim por diante).

Descrição do Padrão

O "Padrão Criar Domínios de Componentes", explicado anteriormente, forma domínios de componentes bem definidos dentro de um aplicativo monolítico e manifesta esses domínios por meio dos namespaces de componentes (ou estruturas de diretório). Esse padrão pega esses domínios de componentes bem definidos e extrai esses grupos de componentes em serviços implantados separadamente, conhecidos como *serviços de domínio*, criando, assim, uma arquitetura baseada em serviços.

Em sua forma mais simples, a arquitetura baseada em serviços consiste em uma interface de usuário que acessa remotamente serviços de domínio de granularidade grossa, todos compartilhando um único banco de dados monolítico. Embora existam muitas topologias na arquitetura baseada em serviço (como desmembrar a interface do usuário, desmembrar o banco de dados, adicionar um gateway de API, e assim por diante), a topologia básica mostrada na Figura 5-20 é um bom ponto de partida para migrar para uma aplicação monolítica.

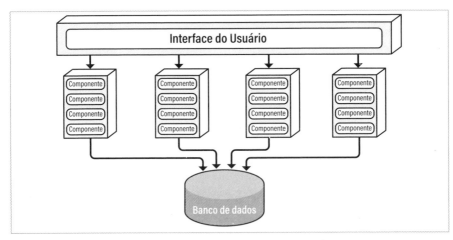

Figura 5-20. A topologia básica para uma arquitetura baseada em serviço.

Além dos benefícios mencionados em "Decomposição Baseada em Componentes" anteriormente, mudar primeiro para a arquitetura baseada em serviço permite que o arquiteto e a equipe de desenvolvimento aprendam mais sobre

5. PADRÕES DE DECOMPOSIÇÃO BASEADOS EM COMPONENTES

cada serviço de domínio para determinar se ele deve ser desmembrado em serviços menores dentro de uma arquitetura de microsserviço ou deixado como um serviço de domínio maior. Muitas equipes cometem o erro de começar com uma granularidade muito fina e, como resultado, devem abraçar todas as armadilhas dos microsserviços (como decomposição de dados, fluxos de trabalho distribuídos, transações distribuídas, automação operacional, conteinerização, e assim por diante) sem a necessidade de todos esses microsserviços granulares.

A Figura 5-21 ilustra como funciona o padrão *Criar Domínios de Componentes*. Observe no diagrama como o domínio do componente Relatório definido anteriormente no "Padrão Criar Domínios de Componentes" é extraído do aplicativo monolítico, formando seu próprio serviço Relatório implantado separadamente.

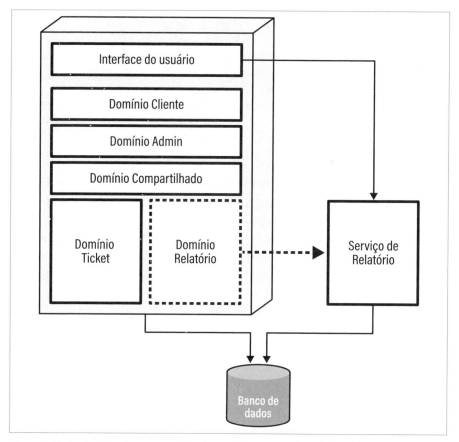

Figura 5-21. Os domínios de componentes são movidos para serviços de domínio externo.

Um conselho, no entanto: não aplique esse padrão até que *todos* os domínios do componente tenham sido identificados e refatorados. Isso ajuda a reduzir a quantidade de modificação necessária para cada serviço de domínio ao mover os componentes (e, portanto, o código-fonte). Por exemplo, suponha que todas as funcionalidades de abertura de tickets e base de conhecimento no aplicativo Sysops Squad tenham sido agrupadas e refatoradas em um domínio Ticket e um novo serviço Ticket criado a partir desse domínio. Agora suponha que o componente de pesquisa do cliente (identificado por meio do namespace ss.customer. survey) tenha sido considerado parte do domínio Ticket. Como o domínio Ticket já havia sido migrado, o serviço Ticket agora teria de ser modificado para incluir o componente Pesquisa. Melhor alinhar e refatorar todos os componentes em domínios de componentes primeiro e, *então*, começar a migrar esses domínios de componentes para serviços de domínio.

Fitness Functions para Governança

É importante manter os componentes dentro de cada serviço de domínio alinhados com o domínio, principalmente se o serviço de domínio for dividido em microsserviços menores. Esse tipo de governança ajuda a impedir que os serviços de domínio se tornem seus próprios serviços monolíticos não estruturados. A fitness function a seguir garante que o namespace (e, portanto, os componentes) seja mantido consistente em um serviço de domínio.

Fitness function: Todos os componentes em <algum serviço de domínio> devem começar com o mesmo namespace

Essa fitness function holística automatizada pode ser acionada na implantação por meio de um pipeline de CI/CD para garantir que os namespaces dos componentes em um serviço de domínio permaneçam consistentes. Por exemplo, todos os componentes do serviço de domínio Ticket devem começar com ss.ticket. O Exemplo 5-11 usa o ArchUnit para garantir essa restrição. Cada serviço de domínio teria sua própria fitness function correspondente com base em seu domínio específico.

Exemplo 5-11. Código ArchUnit para controlar os componentes dentro do serviço de domínio Ticket

```
public void restrict_domain_within_ticket_service() {
    classes().should().resideInAPackage("..ss.ticket..")
    .check(myClasses);
}
```

Saga Sysops Squad: Criando Serviços de Domínio

Terça-feira, 23 de novembro, 9h04

Addison e Austen trabalharam de perto com a equipe de desenvolvimento do Sysops Squad para desenvolver um plano de migração para preparar a migração de domínios de componentes para serviços de domínio. Eles perceberam que esse esforço não exigia apenas que o código dentro de cada domínio de componente fosse extraído do monólito e movido para um novo espaço de trabalho do projeto, mas também que a interface do usuário agora acessasse remotamente a funcionalidade dentro desse domínio.

Trabalhando a partir dos domínios de componentes identificados anteriormente na Figura 5-19, a equipe migrou cada componente, um por vez, chegando finalmente a uma arquitetura baseada em serviço, conforme mostrado na Figura 5-22. Observe como cada área de domínio identificada no padrão anterior agora se torna um serviço implantado separadamente.

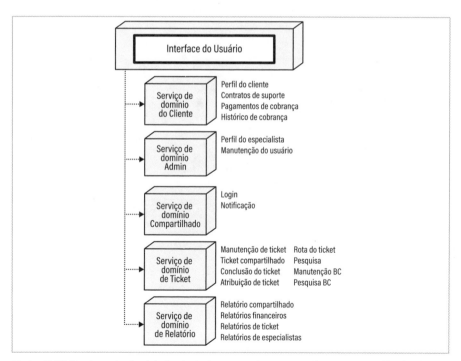

Figura 5-22. Serviços de domínio implantados separadamente resultam em um aplicativo Sysops Squad distribuído.

129

Resumo

De acordo com nossa experiência, os esforços de migração "na cara e na coragem" raramente produzem resultados positivos. A aplicação desses padrões de decomposição baseados em componentes fornece uma abordagem estruturada, controlada e incremental para separar arquiteturas monolíticas. Depois que esses padrões são aplicados, as equipes podem trabalhar para decompor dados monolíticos (consulte o Capítulo 6) e começar a desmembrar os serviços de domínio em microsserviços mais refinados (consulte o Capítulo 7).

6.
Separando os Dados Operacionais

Q uinta-feira, 7 de outubro, 8h55

Agora que o aplicativo Sysops Squad foi desmembrado com sucesso em serviços de domínio implantados separadamente, Addison e Austen perceberam que era hora de começar a pensar em desmembrar o banco de dados monolítico do Sysops Squad. Addison concordou em iniciar esse esforço, enquanto Austen começou a trabalhar no aprimoramento do pipeline de implantação de CI/CD. Addison se reuniu com Dana, o arquiteto de dados do Sysops Squad, e também com Devon, um dos DBAs que suportam os bancos de dados da Penultimate Electronics.

"Gostaria de sua opinião sobre como podemos desmembrar o banco de dados do Sysops Squad", disse Addison.

"Espere um minuto", disse Dana. "Quem disse alguma coisa sobre desmembrar o banco de dados?"

"Addison e eu concordamos na semana passada que precisávamos desmembrar o banco de dados do Sysops Squad", disse Devon. "Como você sabe, o aplicativo Sysops Squad está passando por uma grande reformulação, e desmembrar os dados faz parte dessa reformulação."

"Acho que o banco de dados monolítico é bom", disse Dana. "Não vejo razão para que seja desmembrado. A menos que você possa me convencer do contrário, não vou ceder nesse assunto. Além disso, você sabe o quão difícil seria desmembrar esse banco de dados?"

"É claro que será difícil", disse Devon, "mas conheço um processo de cinco etapas que utiliza o que é conhecido como domínio de dados e que funcionaria muito bem neste banco de dados. Dessa forma, podemos até começar a investigar usando diferentes tipos de bancos de dados para determinadas partes do aplicativo, como a base de conhecimento e até mesmo a funcionalidade de pesquisa de clientes".

"Não vamos nos precipitar", disse Dana. "E também não vamos esquecer que sou o único responsável por todos esses bancos de dados."

Addison rapidamente percebeu que as coisas estavam saindo do controle e logo colocou em prática algumas habilidades importantes de negociação e facilitação. "Ok", disse Addison, "deveríamos tê-lo incluído em nossas discussões iniciais, e por isso, peço desculpas. Eu deveria saber. O que podemos fazer para trazê-lo a bordo e nos ajudar a desmembrar o banco de dados do Sysops Squad?"

"Isso é fácil", disse Dana. "Me convença de que o banco de dados do Sysops Squad realmente precisa ser desmembrado. Forneça-me uma justificativa sólida. Se puder fazer isso, falaremos sobre o processo de cinco etapas de Devon. Caso contrário, fica como está."

✶✶✶

Desmembrar um banco de dados é difícil — muito mais difícil, na verdade, do que desmembrar uma funcionalidade do aplicativo. Como os dados geralmente são o ativo mais importante da empresa, há um risco maior de interrupção dos negócios e dos aplicativos ao desmembrar ou reestruturar os dados. Além disso, os dados tendem a ser altamente acoplados à funcionalidade do aplicativo, dificultando a identificação de costuras bem definidas em um grande modelo de dados.

Da mesma forma que um aplicativo monolítico é desmembrado em unidades de implantação separadas, há momentos em que é desejável (ou mesmo necessário) desmembrar um banco de dados monolítico também. Alguns estilos de arquitetura, como microsserviços, *exigem* que os dados sejam desmembrados para formar contextos limitados bem definidos (onde cada serviço tem seus próprios dados), enquanto outras arquiteturas distribuídas, como arquitetura baseada em serviços, permitem que os serviços compartilhem um único banco de dados.

Curiosamente, algumas das mesmas técnicas usadas para desmembrar funcionalidades do aplicativo também podem ser aplicadas para separar os dados. Por exemplo, os componentes são convertidos em domínios de dados, os arquivos de classe são convertidos em tabelas de banco de dados e os pontos de acoplamento entre as classes são convertidos em artefatos de banco de dados, como chaves estrangeiras, visualizações, gatilhos ou até mesmo procedimentos armazenados.

Neste capítulo, exploramos alguns dos drivers para decompor dados e mostrar técnicas para como efetivamente desmembrar dados monolíticos em domínios de dados separados, esquemas e até mesmo bancos de dados separados de forma iterativa e controlada. Sabendo que o mundo dos bancos de dados não é totalmente relacional, também discutimos vários tipos de bancos de dados (relacional, de grafos, documento, chave-valor, colunar, NewSQL e nativo da nuvem) e descrevemos os vários trade-offs associados a cada um desses tipos de banco de dados.

Drivers de Decomposição de Dados

Desmembrar um banco de dados monolítico pode ser uma tarefa assustador, portanto, é importante entender se (e quando) um banco de dados deve ser decomposto, conforme ilustrado na Figura 6-1. Os arquitetos podem justificar um esforço de decomposição de dados compreendendo e analisando *desintegradores de dados* (drivers que justificam o desmembramento dos dados) e *integradores de dados* (drivers que justificam manter os dados juntos). Buscar um equilíbrio entre essas duas forças motrizes e analisar os trade-offs de cada uma é a chave para obter a granularidade de dados correta.

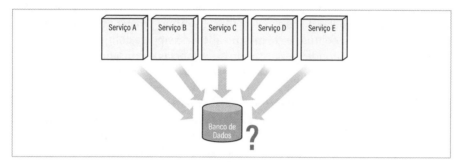

Figura 6-1. Em que circunstâncias um banco de dados monolítico deve ser decomposto?

Nesta seção, exploraremos os desintegradores e integradores de dados usados para ajudar a fazer a escolha certa ao considerar o desmembramento de dados monolíticos.

Desintegradores de Dados

Os drivers de desintegração de dados fornecem respostas e justificativas para a pergunta "quando devo considerar o desmembramento de meus dados?" Os seis principais drivers de desintegração para separar os dados incluem o seguinte:

Controle de alterações
    Quantos serviços são afetados por uma alteração na tabela do banco de dados?

Gerenciamento de conexão
    Meu banco de dados pode lidar com as conexões necessárias de vários serviços distribuídos?

Escalabilidade
    O banco de dados pode ser dimensionado para atender às demandas dos serviços que o acessam?

Tolerância a falhas
    Quantos serviços são afetados por uma falha no banco de dados ou tempo de inatividade para manutenção?

Quanta arquitetônicos
   Um único banco de dados compartilhado está me forçando a um quantum indesejável de arquitetura única?

Otimização do tipo de banco de dados
   Posso otimizar meus dados usando vários tipos de banco de dados?

Cada um desses drivers de desintegração é discutido em detalhes nas seções a seguir.

Controle de alterações

Um dos principais drivers de desintegração de dados é o controle de alterações nos esquemas de tabelas do banco de dados. Eliminar tabelas ou colunas, alterar nomes de tabelas ou colunas e até mesmo alterar o tipo de coluna em uma tabela quebra o SQL correspondente acessando essas tabelas e, consequentemente, quebra os serviços correspondentes usando essas tabelas. Chamamos esses tipos de alterações de *alterações de interrupção*, em oposição à adição de tabelas ou colunas em um banco de dados, o que geralmente não afeta as consultas ou gravações existentes. Não surpreendentemente, o controle de alterações é mais afetado ao se usar bancos de dados relacionais, mas outros tipos de banco de dados também podem criar problemas de controle de alterações (consulte a seção "Selecionando um Tipo de Banco de Dados", mais adiante neste capítulo).

Conforme ilustrado na Figura 6-2, quando ocorrem alterações significativas em um banco de dados, vários serviços devem ser atualizados, testados e implantados junto com as alterações no banco de dados. Essa coordenação pode rapidamente se tornar difícil e propensa a erros conforme aumenta o número de serviços implantados separadamente que compartilham o mesmo banco de dados. Imagine tentar coordenar 42 serviços implantados separadamente para uma única alteração de última hora de banco de dados!

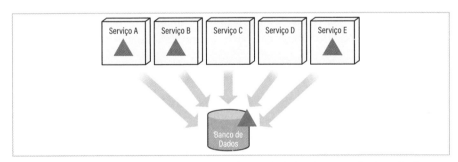

Figura 6-2. Os serviços afetados pela alteração do banco de dados devem ser implantados junto ao banco de dados.

Coordenar mudanças em vários serviços distribuídos para uma mudança de banco de dados compartilhado é apenas metade da história. O perigo real de alterar um banco de dados compartilhado em qualquer arquitetura distribuída é esquecer os serviços que acessam a tabela recém-alterada. Conforme ilustrado na Figura 6-3, esses serviços se tornam inoperantes *na produção* até que possam ser alterados, testados e reimplantados.

Figura 6-3. Os serviços afetados por uma alteração no banco de dados, mas esquecidos, continuarão a falhar até serem reimplantados.

Na maioria das aplicações, o perigo de serviços esquecidos é mitigado pela análise de impacto diligente e testes de regressão agressivos. No entanto, considere um ecossistema de microsserviços com quatrocentos serviços, todos compartilhando o mesmo banco de dados relacional em cluster monolítico altamente disponível. Imagine percorrer todas as equipes de desenvolvimento em muitas áreas de domínio, tentando descobrir quais serviços usam a tabela que está sendo alterada. Imagine também ter de coordenar, testar e implantar todos esses serviços *juntos* como uma única unidade, juntamente com o banco de dados. Pensar nesse cenário começa a se tornar um exercício fastidioso, geralmente levando a algum grau de insanidade.

Desmembrar um banco de dados em contextos limitados bem definidos ajuda de maneira significativa a controlar as mudanças de quebra do banco de dados. O conceito de contexto delimitado vem do livro seminal *Domain-Driven Design: Atacando as Complexidades no Coração do Software*, de Eric Evans (Alta Books), e descreve o código-fonte, a lógica de negócios, as estruturas de dados e todos os dados vinculados — encapsulados — em um contexto específico. Conforme ilustrado na Figura 6-4, contextos limitados bem formados em torno de serviços e seus dados correspondentes ajudam a controlar a mudança, porque a mudança é isolada apenas para os serviços dentro desse contexto delimitado.

Normalmente, os contextos limitados são formados em torno dos serviços e dos dados que os serviços possuem. Por "próprio" queremos dizer um serviço que grava no banco de dados (em vez de ter acesso somente leitura aos dados). Discutimos a propriedade de dados distribuídos com mais detalhes no Capítulo 9.

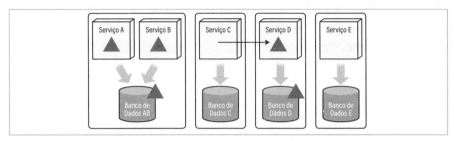

Figura 6-4. As alterações do banco de dados são isoladas apenas para os serviços dentro do contexto delimitado associado.

Observe na Figura 6-4 que o Serviço C precisa acessar alguns dos dados no Banco de Dados D que estão contidos em um contexto delimitado com o Serviço D. Como o Banco de Dados D está em um contexto delimitado diferente, o Serviço C não pode acessar os dados diretamente. Isso não apenas violaria a regra de contexto delimitado, mas também criaria uma confusão com relação ao controle de alterações. Portanto, o Serviço C deve solicitar os dados ao Serviço D. Há muitas maneiras de acessar dados que não pertencem a um serviço, mantendo um contexto delimitado. Essas técnicas são discutidas em detalhes no Capítulo 10.

Um aspecto importante de um contexto delimitado relacionado ao cenário entre o Serviço C que precisa de dados e o Serviço D que tem esses dados dentro de seu contexto delimitado é o da *abstração do banco de dados*. Observe na Figura 6-5 que o Serviço D está enviando dados solicitados pelo Serviço C por meio de algum tipo de *contrato* (como JSON, XML ou talvez até mesmo um objeto).

A vantagem do contexto delimitado é que os dados enviados para o Serviço C podem ser um contrato diferente do esquema para o Banco de Dados D. Isso significa que uma alteração significativa em alguma tabela no Banco de Dados D afeta apenas o Serviço D e não necessariamente o contrato dos dados enviados ao Serviço C. Em outras palavras, o Serviço C é abstraído da estrutura do esquema corrente do Banco de Dados D.

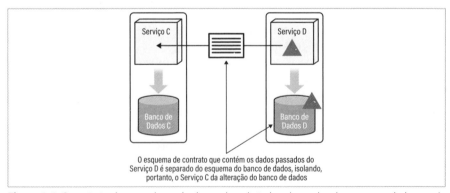

Figura 6-5. O contrato de uma chamada de serviço abstrai o chamador do esquema de banco de dados subjacente.

6. SEPARANDO OS DADOS OPERACIONAIS

Para ilustrar o poder dessa abstração de contexto delimitado em uma arquitetura distribuída, suponha que o banco de dados D tenha uma tabela de Lista de Desejos com a seguinte estrutura:

```
CREATE TABLE Wishlist
(
CUSTOMER_ID VARCHAR(10),
ITEM_ID VARCHAR(20),
QUANTITY INT,
EXPIRATION_DT DATE
);
```

O contrato JSON correspondente que o Serviço D envia ao Serviço C solicitando itens da lista de desejos é o seguinte:

```
{
    "$schema": "http://json-schema.org/draft-04/schema#",
    "properties": {
      "cust_id": {"type": "string"},
      "item_id": {"type": "string"},
      "qty": {"type": "number"},
      "exp_dt": {"type": "number"}
    },
}
```

Observe como o campo de dados de expiração (exp_dt) no esquema JSON é nomeado de forma diferente do nome da coluna do banco de dados e é especificado como um número (um valor longo que representa o tempo do período — o número de milissegundos desde a meia-noite de 1º de janeiro de 1970), enquanto no banco de dados ele é representado como um campo DATE. Qualquer mudança de nome de coluna ou mudança de tipo de coluna feita no banco de dados não afeta mais o Serviço C devido ao contrato JSON separado.

Para ilustrar esse ponto, suponha que a empresa decida não expirar mais os itens da lista de desejos. Isso exigiria uma alteração na estrutura da tabela do banco de dados:

```
ALTER TABLE Wishlist
DROP COLUMN EXPIRATION_DT;
```

O serviço D teria de ser modificado para acomodar essa mudança porque está dentro do mesmo contexto delimitado que o banco de dados, mas o contrato correspondente não teria de mudar ao mesmo tempo. Até que o contrato seja finalmente alterado, o Serviço D pode especificar uma data distante no futuro ou definir o valor como zero, indicando que o item não expira. O ponto principal é que o Serviço C é abstraído de interromper as alterações feitas no Banco de Dados D devido ao contexto delimitado.

Gerenciamento de conexão

Estabelecer uma conexão com um banco de dados é uma operação cara. Um pool de conexões de banco de dados geralmente é usado não apenas para aumentar o desempenho, mas também para limitar o número de conexões simultâneas que um aplicativo pode usar. Em aplicativos monolíticos, o conjunto de conexões do banco de dados geralmente pertence ao aplicativo (ou servidor de aplicativos). No entanto, em arquiteturas distribuídas, cada serviço — ou, mais especificamente, cada instância de serviço — geralmente tem seu próprio pool de conexões. Conforme ilustrado na Figura 6-6, quando vários serviços compartilham o mesmo banco de dados, o número de conexões pode rapidamente se tornar saturado, especialmente quando o número de serviços ou instâncias de serviço aumenta.

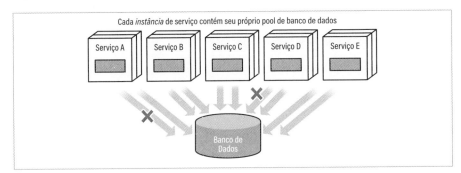

Figura 6-6. As conexões de banco de dados podem ficar saturadas rapidamente com várias instâncias de serviço.

Atingir (ou exceder) o número máximo de conexões de banco de dados disponíveis é outro fator a ser considerado ao decidir se devemos separar um banco de dados. As esperas frequentes de conexão (o tempo que se leva esperando uma conexão ficar disponível) geralmente são o primeiro sinal de que o número máximo de conexões de banco de dados foi atingido. Como as esperas de conexão também podem se manifestar como tempos limite de solicitação ou disjuntores desarmados, procurar por esperas de conexão geralmente é a primeira coisa que recomendamos se essas condições ocorrerem com frequência ao usar um banco de dados compartilhado.

Para ilustrar os problemas associados a conexões de banco de dados e arquitetura distribuída, considere o seguinte exemplo: um aplicativo monolítico com duzentas conexões de banco de dados é dividido em uma arquitetura distribuída que consiste em cinquenta serviços, cada um com dez conexões de banco de dados em seu pool de conexões.

Aplicativo monolítico original	200 conexões
Serviços distribuídos	50
Conexões por serviço	10
Instâncias mínimas de serviço	2
Total de conexões de serviço	1.000

Observe como o número de conexões de banco de dados no mesmo contexto de aplicativo aumentou de 200 para 1.000, e os serviços ainda nem começaram a escalar! Supondo que metade dos serviços sejam dimensionados para uma média de 5 instâncias cada, o número de conexões de banco de dados cresce rapidamente para 1.700.

Sem algum tipo de estratégia de conexão ou plano de governança, os serviços tentarão usar o maior número possível de conexões, muitas vezes privando outros serviços de conexões tão necessárias. Por esse motivo, é importante controlar como as conexões de banco de dados são usadas em uma arquitetura distribuída. Uma abordagem eficaz é atribuir a cada serviço uma *cota de conexão* para controlar a distribuição de conexões de banco de dados disponíveis entre os serviços. Uma cota de conexão especifica o número máximo de conexões de banco de dados que um serviço pode usar ou disponibilizar em seu pool de conexões.

Ao especificar uma cota de conexão, os serviços não podem criar mais conexões de banco de dados do que as alocadas. Se um serviço atingir o número máximo de conexões de banco de dados em sua cota, ele deverá aguardar a disponibilidade de uma das conexões que está usando. Esse método pode ser implementado usando duas abordagens: distribuir uniformemente a mesma cota de conexão para cada serviço ou atribuir uma cota de conexão diferente para cada serviço com base em suas necessidades.

A abordagem de distribuição uniforme é normalmente usada na primeira implantação de serviços, e ainda não se sabe de quantas conexões cada serviço precisará durante as operações normais e de pico. Embora simples, essa abordagem não é excessivamente eficiente, porque alguns serviços podem precisar de mais conexões do que outros, enquanto algumas conexões mantidas por outros serviços podem não ser utilizadas.

Embora mais complexa, a abordagem de distribuição variável é muito mais eficiente para gerenciar conexões de banco de dados para um banco de dados compartilhado. Com essa abordagem, cada serviço recebe uma cota de conexão diferente com base em seus requisitos de funcionalidade e escalabilidade. A vantagem dessa abordagem é que ela otimiza o uso de conexões de banco de dados disponíveis em serviços distribuídos, garantindo que os serviços que exigem mais conexões de banco de dados as tenham disponíveis para uso. No entanto, a desvantagem é que requer conhecimento sobre a natureza da funcionalidade e os requisitos de escalabilidade de cada serviço.

Geralmente, recomendamos começar com a abordagem de distribuição uniforme e criar fitness functions para medir o uso de conexão simultânea para cada serviço. Também recomendamos manter os valores de cota de conexão em um servidor de configuração externo (ou serviço) para que os valores possam ser facilmente ajustados manual ou programaticamente por meio de algoritmos simples de aprendizado de máquina. Essa técnica não apenas ajuda a reduzir o risco de saturação de conexão, mas também equilibra adequadamente as conexões de banco de dados disponíveis entre os serviços distribuídos para garantir que nenhuma conexão ociosa seja desperdiçada.

A Tabela 6-1 mostra um exemplo de como começar a usar a abordagem de distribuição uniforme para um banco de dados que pode suportar no máximo cem conexões simultâneas. Observe que o Serviço A só precisou de no máximo cinco conexões; o Serviço C, de apenas quinze conexões; e o Serviço E, de apenas quatorze conexões, enquanto o Serviço B e o Serviço D atingiram sua cota máxima de conexão e experimentaram esperas de conexão.

Tabela 6-1. Alocações de cota de conexão distribuídas uniformemente

Serviço	Cota	Max. utilizado	Esperas
A	20	5	Não
→ B	20	20	Sim
C	20	15	Não
→ D	20	20	Sim
E	20	14	Não

Como o Serviço A está bem abaixo de sua cota de conexão, este é um bom lugar para começar a realocar conexões para outros serviços. Mover cinco conexões de banco de dados para o Serviço B e cinco conexões de banco de dados para o Serviço D produz os resultados mostrados na Tabela 6-2.

Tabela 6-2. Alocações de cota de conexão com distribuições variadas

Serviço	Cota	Max. utilizado	Esperas
A	10	5	Não
→ B	25	25	Sim
C	20	15	Não
D	25	25	Não
E	20	14	Não

Isso é melhor, mas o Serviço B ainda está tendo esperas de conexão, indicando que ele requer mais conexões do que tem em sua cota de conexão. Reajustar ainda mais as cotas, obtendo duas conexões do Serviço A e do Serviço E, produz resultados muito melhores, conforme mostrado na Tabela 6-3.

Tabela 6-3. O ajuste adicional da cota de conexão resulta em nenhuma espera de conexão

Serviço	Cota	Max. utilizado	Esperas
A	8	5	Não
B	29	27	Não
C	20	15	Não
D	25	25	Não
E	18	14	Não

Essa análise, que pode ser derivada de fitness functions contínuas que reúnem dados de métricas de fluxo de cada serviço, também pode ser usada para determinar o quão próximo o número máximo de conexões usadas está do número máximo de conexões disponíveis e também quanto buffer existe para cada serviço em termos de sua cota e máximo de conexões utilizadas.

Escalabilidade

Uma das muitas vantagens de uma arquitetura distribuída é a escalabilidade — a capacidade dos serviços de lidar com aumentos no volume de solicitações, mantendo um tempo de resposta consistente. A maioria dos produtos baseados em nuvem e relacionados à infraestrutura local faz um bom trabalho ao garantir que serviços, contêineres, servidores HTTP e máquinas virtuais sejam dimensionados para atender a aumentos na demanda. Mas e o banco de dados?

Conforme ilustrado na Figura 6-7, a escalabilidade do serviço pode sobrecarregar muito o banco de dados, não apenas em termos de conexões com o banco de dados (conforme discutido na seção anterior), mas também na taxa de transferência [em inglês, *throughput*] e na capacidade do banco de dados. Para que um sistema distribuído seja dimensionado, todas as partes do sistema precisam ser escaladas — incluindo o banco de dados.

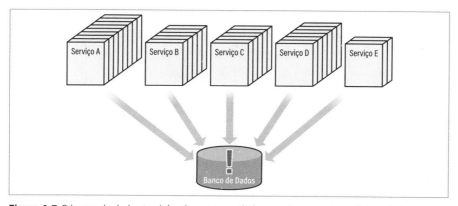

Figura 6-7. O banco de dados também deve ser escalado quando os serviços são escalados.

A escalabilidade é outro driver de desintegração de dados a ser considerado ao se pensar em desmembrar um banco de dados. Conexões de banco de dados, capacidade, taxa de transferência e desempenho são fatores para determinar se um banco de dados compartilhado pode atender às demandas de vários serviços em uma arquitetura distribuída.

Considere as cotas de conexão de banco de dados variáveis refinadas na Tabela 6-3 na seção anterior. Quando os serviços escalam adicionando várias instâncias, a imagem muda drasticamente, conforme mostrado na Tabela 6-4, em que o número total de conexões de banco de dados é de cem.

Tabela 6-4. Quando os serviços escalam, mais conexões são usadas do que as disponíveis

Serviço	Cota	Max utilizado	Esperas
A	8	5	2	10
B	29	27	3	81
C	20	15	3	45
D	25	25	2	50
E	18	14	4	56
TOTAL	100	86	14	242

Observe que, embora a cota de conexão seja distribuída para corresponder às 100 conexões de banco de dados disponíveis, uma vez que os serviços começam a escalar, a cota não é mais válida, porque o número total de conexões usadas aumenta para 242, ou seja, 142 conexões a mais do que as disponíveis na base de dados. Isso provavelmente resultará em esperas de conexão, o que, por sua vez, resultará em degradação geral do desempenho e do tempo limite de solicitação.

Desmembrar os dados em domínios de dados separados ou até mesmo em um banco de dados por serviço, conforme ilustrado na Figura 6-8, requer menos conexões para cada banco de dados, proporcionando, assim, melhor escalabilidade e desempenho do banco de dados à medida que os serviços escalam.

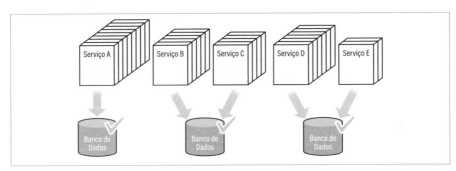

Figura 6-8. Desmembrar o banco de dados fornece melhor escalabilidade do banco de dados.

Além das conexões de banco de dados, outro fator a ser considerado em relação à escalabilidade é a carga colocada no banco de dados. Ao desmembrar um banco de dados, menos carga é colocada em cada banco de dados, melhorando também o desempenho geral e a escalabilidade.

Tolerância a falhas

Quando vários serviços compartilham o mesmo banco de dados, o sistema geral se torna menos tolerante a falhas porque o banco de dados se torna um ponto único de falha [em inglês, *single point of failure* — SPOF]. Aqui, estamos definindo tolerância a falhas como a capacidade de algumas partes do sistema continuarem ininterruptas quando um serviço ou banco de dados falha. Observe na Figura

6-9 que, ao compartilhar um único banco de dados, a tolerância geral a falhas é baixa, porque, se o banco de dados cair, *todos* os serviços se tornarão inoperantes.

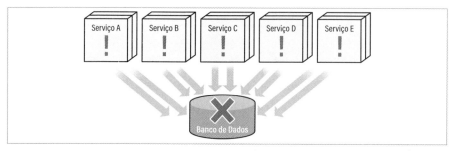

Figura 6-9. Se o banco de dados cair, todos os serviços se tornarão inoperantes.

A tolerância a falhas é outro fator para considerar o desmembramento de dados. Se a tolerância a falhas for necessária para certas partes do sistema, desmembrar os dados pode remover o único ponto de falha no sistema, conforme mostrado na Figura 6-10. Isso garante que algumas partes do sistema ainda estejam operacionais no caso de uma falha no banco de dados.

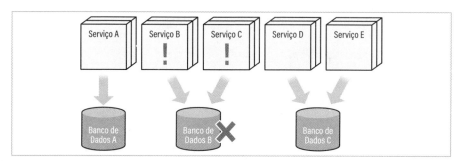

Figura 6-10. Desmembrar o banco de dados leva a uma melhor tolerância a falhas.

Observe que, como os dados agora estão desmembrados, se o banco de dados B ficar inativo, apenas o serviço B e o serviço C serão afetados e ficarão inoperantes, enquanto os outros serviços continuarão a operar ininterruptamente.

Quantum de arquitetura

Lembre-se de que, como visto no Capítulo 2, um quantum de arquitetura é definido como um artefato que pode ser implementado independentemente com alta coesão funcional, alto acoplamento estático e acoplamento dinâmico síncrono. O quantum de arquitetura ajuda a fornecer orientação em termos de quando separar um banco de dados, tornando-o outro driver de desintegração de dados.

Considere os serviços da Figura 6-11, onde o Serviço A e o Serviço B requerem características arquitetônicas diferentes dos outros serviços. Observe no diagrama que, embora o Serviço A e o Serviço B estejam agrupados, eles não formam um quantum separado dos outros serviços devido a um único banco de dados compartilhado. Assim, todos os cinco serviços, juntamente com o banco de dados, formam um único quantum de arquitetura.

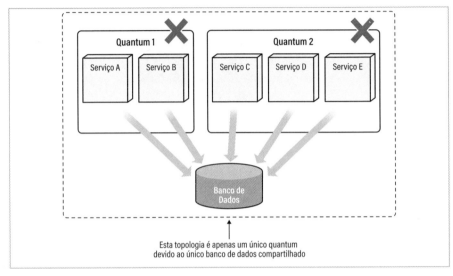

Figura 6-11. O banco de dados faz parte do quantum de arquitetura.

Como o banco de dados está incluído na parte de *coesão funcional* da definição do quantum de arquitetura, é necessário desmembrar os dados para que cada parte resultante possa estar em seu próprio quantum. Observe na Figura 6-12 que, como o banco de dados foi desmembrado, o Serviço A e o Serviço B, junto aos dados correspondentes, são agora um quantum separado daquele formado pelos serviços C, D e E.

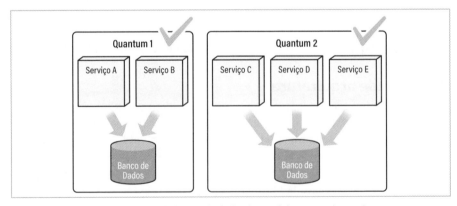

Figura 6-12. O desmembramento do banco de dados forma dois quanta de arquitetura.

Otimização do tipo de banco de dados

Muitas vezes, nem todos os dados são tratados da mesma forma. Ao usar um banco de dados monolítico, *todos* os dados devem aderir a esse tipo de banco de dados, produzindo, portanto, soluções potencialmente abaixo do ideal para certos tipos de dados.

Desmembrar os dados monolíticos permite que o arquiteto mova determinados dados para um tipo de banco de dados mais ideal. Por exemplo, suponha que um banco de dados relacional monolítico armazene dados transacionais relacionados ao aplicativo, incluindo dados de referência na forma de pares de valores-chave (como códigos de país, códigos de produto, códigos de armazém, e assim por diante). Esse tipo de dados é difícil de ser gerenciado em um banco de dados relacional, porque os dados não são de natureza relacional, mas sim de chave-valor. Portanto, um banco de dados de *chave-valor* (consulte a seção "Bancos de Dados de Chave-valor", mais adiante neste capítulo) produziria uma solução mais otimizada do que um banco de dados relacional.

Integradores de Dados

Os integradores de dados fazem exatamente o oposto dos desintegradores de dados discutidos na seção anterior. Esses direcionadores fornecem respostas e justificativas para a pergunta "quando devo considerar reunir os dados novamente?" Juntamente com os desintegradores de dados, os integradores de dados fornecem o equilíbrio e os trade-offs para analisar quando desmembrar os dados e quando não.

Os dois principais drivers de integração para reunir os dados são os seguintes:

Relacionamentos de dados
Existem chaves estrangeiras, gatilhos ou exibições que formam relacionamentos próximos entre as tabelas?

Transações de banco de dados
É necessária uma única unidade de trabalho transacional para garantir a integridade e a consistência dos dados?

Cada um desses drivers de integração é discutido em detalhes nas seções a seguir.

Relacionamentos de dados
Assim como os componentes em uma arquitetura, as tabelas de banco de dados também podem ser acopladas, principalmente no que diz respeito aos bancos de dados relacionais. Artefatos como chaves estrangeiras, gatilhos, visualizações e procedimentos armazenados unem as tabelas, dificultando a separação dos dados; consulte a Figura 6-13.

Imagine ir até seu DBA ou arquiteto de dados e dizer a ele que, como o banco de dados deve ser desmembrado para suportar contextos limitados fortemente formados em um ecossistema de microsserviços, todas as chaves estrangeiras e visualizações no banco de dados precisam ser removidas! Esse não é um cenário provável (ou mesmo viável), mas é exatamente o que precisaria acontecer para oferecer suporte a um padrão de banco de dados por serviço em microsserviços.

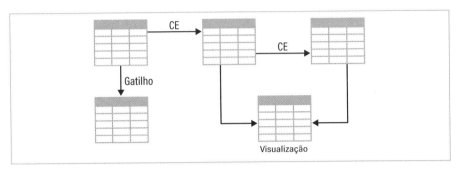

Figura 6-13. Chaves estrangeiras (CE), gatilhos e visualizações criam relacionamentos fortemente acoplados entre dados.

Esses artefatos são necessários na maioria dos bancos de dados relacionais para oferecer suporte à consistência e integridade dos dados. Além desses artefatos físicos, os dados também podem estar logicamente relacionados, como uma tabela de registro de problema e sua tabela de status de registro de problema correspondente. No entanto, conforme ilustrado na Figura 6-14, esses artefatos devem ser removidos ao mover dados para outro esquema ou banco de dados para formar contextos limitados.

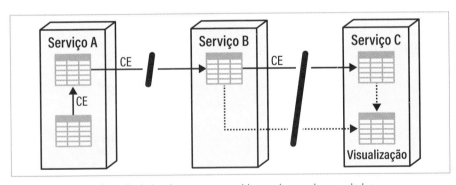

Figura 6-14. Os artefatos de dados devem ser removidos ao desmembrar os dados.

Observe que o relacionamento de chave estrangeira (CE) entre as tabelas no Serviço A pode ser preservado porque os dados estão no mesmo contexto, esquema ou banco de dados delimitado. No entanto, as chaves estrangeiras (CE) entre as tabelas no Serviço B e no Serviço C devem ser removidas (bem como a visualização que é usada no Serviço C) porque essas tabelas estão associadas a bancos de dados ou esquemas diferentes.

O relacionamento entre os dados, lógicos ou físicos, é um driver de integração de dados, criando assim um trade-off entre desintegradores de dados e integradores de dados. Por exemplo, o controle de alterações (um desintegrador de dados) é mais importante do que preservar os relacionamentos de chave estrangeira entre as tabelas (um integrador de dados)? A tolerância a falhas (um desintegrador de dados) é mais importante do que a preservação de visualizações materializadas entre tabelas (um integrador de dados)? Identificar o que é mais importante ajuda a decidir se os dados devem ser separados e qual deve ser a granularidade do esquema resultante.

Transações de banco de dados

Outro integrador de dados é o de transações de banco de dados, algo que discutiremos em detalhes na seção "Transações Distribuídas", no Capítulo 9. Conforme mostrado na Figura 6-15, quando um único serviço executa várias ações de gravação de banco de dados para separar tabelas no mesmo banco de dados ou esquema, essas atualizações podem ser feitas em uma transação de Atomicidade, Consistência, Isolamento, Durabilidade (ACID) e confirmadas ou revertidas como uma única unidade de trabalho.

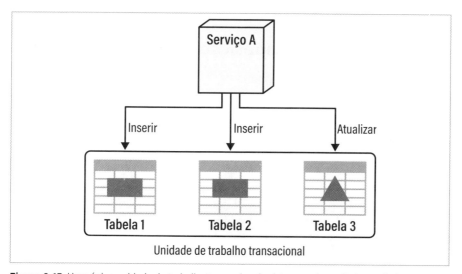

Figura 6-15. Uma única unidade de trabalho transacional existe quando os dados estão juntos.

No entanto, quando os dados são desmembrados em esquemas ou bancos de dados separados, conforme ilustrado na Figura 6-16, uma única unidade transacional de trabalho não existe mais, por causa das chamadas remotas entre os serviços. Isso significa que uma inserção ou atualização pode ser confirmada em uma tabela, mas não em outras tabelas, devido a condições de erro, resultando em problemas de consistência e integridade de dados.

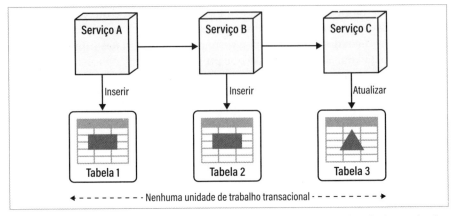

Figura 6-16. Unidade única de transações de trabalho não existe quando os dados são desmembrados.

Embora no Capítulo 12 nos aprofundemos nos detalhes do gerenciamento de transações distribuídas e sagas transacionais, o ponto aqui é enfatizar que as transações de banco de dados são outro fator de integração de dados e devem ser levadas em conta ao se considerar o desmembramento de um banco de dados.

Saga Sysops Squad: Justificando a Decomposição do Banco de Dados

Segunda-feira, 15 de novembro, 15h55

Armados com suas justificativas, Addison e Devon se reuniram para convencer Dana de que era necessário desmembrar o banco de dados monolítico do Sysops Squad.

"Oi, Dana", disse Addison. "Achamos que temos evidências suficientes para convencê-lo de que é necessário desmembrar o banco de dados do Sysops Squad."

"Sou todo ouvidos", disse Dana, de braços cruzados e pronto para argumentar que o banco de dados deveria permanecer como está.

"Eu vou começar", disse Addison. "Observe como esses logs mostram continuamente que sempre que os relatórios operacionais são executados, a funcionalidade de abertura de tickets no aplicativo congela?"

"Sim", disse Dana, "admito que até eu suspeitava disso. É claramente algo errado com a forma como a funcionalidade de abertura de tickets está acessando o banco de dados, não gerando relatórios".

"Na verdade", disse Addison, "é uma combinação de abertura de tickets e relatórios. Olhe aqui".

6. SEPARANDO OS DADOS OPERACIONAIS

Addison mostrou a Dana métricas e logs que demonstraram que algumas das consultas foram necessariamente agrupadas em threads e que as consultas da funcionalidade de tickets estavam expirando devido a um estado de espera quando as consultas de relatórios foram executadas. Addison também mostrou como a parte de relatórios do sistema usava encadeamentos paralelos para consultar partes dos relatórios mais complexos simultaneamente, ocupando essencialmente todas as conexões de banco de dados.

"OK, posso ver como ter um banco de dados de relatório separado ajudaria a situação de uma perspectiva de conexão de banco de dados. Mas isso ainda não me convence de que os dados não relatados devam ser desmembrados", disse Dana.

"Falando em conexões de banco de dados", disse Devon, "veja essa estimativa do conjunto de conexões quando começarmos a desmembrar os serviços de domínio".

Devon mostrou a Dana o número de serviços estimados no aplicativo distribuído planejado final do Sysops Squad, incluindo o número projetado de instâncias para cada um dos serviços à medida que o aplicativo é escalado. Dana explicou a Devon que o pool de conexões estava contido em cada instância de serviço separada, diferente da fase atual da migração em que o servidor de aplicativos tinha o pool de conexões.

"Então veja, Dana", disse Devon, "com essas estimativas projetadas, precisaremos de 2 mil conexões adicionais ao banco de dados para fornecer a escalabilidade de que precisamos para lidar com a carga de tickets, e simplesmente não as temos com um único banco de dados".

Dana levou um momento para examinar os números. "Você concorda com esses números, Addison?"

"Sim", disse Addison. "Devon e eu os criamos depois de muita análise com base na quantidade de tráfego HTTP, bem como nas taxas de crescimento projetadas fornecidas pelo Parker."

"Devo admitir", disse Dana, "o que vocês prepararam está muito bom. Particularmente, gosto de que já tenham pensado em não ter serviços conectados a vários bancos de dados ou esquemas. Como sabem, no meu manual, isso é proibido".

"Nós também. No entanto, temos mais uma justificativa para apresentar para você", disse Addison. "Como você pode ou não saber, temos tido muitos problemas em relação ao sistema não estar disponível para nossos clientes. Embora o desmembramento dos serviços nos forneça algum nível de tolerância a falhas, se um banco de dados monolítico for desativado para manutenção ou falha do servidor, todos os serviços se tornarão inoperantes."

"O que Addison está dizendo", acrescentou Devon, "é que, ao desmembrar o banco de dados, podemos fornecer uma melhor tolerância a falhas criando silos de domínio para os dados. Em outras palavras, se o banco de dados da pesquisa caísse, a funcionalidade de abertura de tickets ainda estaria disponível."

"Chamamos isso de quantum de arquitetura", disse Addison. "Em outras palavras, uma vez que o banco de dados faz parte do acoplamento estático de um sistema, desmembrá-lo tornaria a funcionalidade central de abertura de tickets autônoma e não dependente de forma síncrona de outras partes do sistema."

"Escutem", disse Dana, "vocês me convenceram de que há boas razões para desmembrar o banco de dados do Sysops Squad, mas expliquem-me como podem sequer pensar em fazer isso. Percebem quantas chaves estrangeiras e visualizações existem nesse banco de dados? Não há como remover todas essas coisas."

"Não precisamos necessariamente remover todos esses artefatos. É aí que entram os domínios de dados e o processo de cinco etapas", disse Devon. "Aqui, deixe-me explicar..."

Decompondo Dados Monolíticos

A decomposição de um banco de dados monolítico é difícil e exige que um arquiteto colabore estreitamente com a equipe do banco de dados para desmembrar os dados com segurança e eficácia. Uma técnica particularmente eficaz para desmembrar os dados é aproveitar o que é conhecido como *processo de cinco etapas*. Conforme ilustrado na Figura 6-17, esse processo evolutivo e iterativo aproveita o conceito de um domínio de dados como um veículo para migrar dados metodicamente para esquemas separados e, consequentemente, para diferentes bancos de dados físicos.

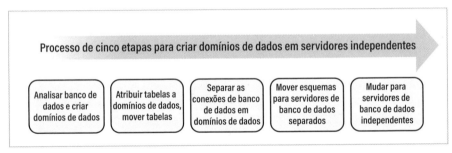

Figura 6-17. Processo de cinco etapas para decompor um banco de dados monolítico.

Um *domínio de dados* é uma coleção de artefatos de banco de dados acoplados — tabelas, exibições, chaves estrangeiras e gatilhos —, todos relacionados a um domínio específico e frequentemente usados juntos em um escopo funcional limitado. Para ilustrar o conceito de um domínio de dados, considere as tabelas Sysops Squad apresentadas na Tabela 1-2 e as atribuições de domínio de dados propostas correspondentes mostradas na Tabela 6-5.

Tabela 6-5. Tabelas existentes do banco de dados Sysops Squad atribuídas a domínios de dados

Tabela	Domínios de dados propostos
cliente	Cliente
customer_notification	Cliente
pesquisa	Pesquisa
pergunta	Pesquisa
survey_administered	Pesquisa
survey_question	Pesquisa
survey_response	Pesquisa
cobrança	Pagamento
contrato	Pagamento
payment_method	Pagamento
pagamento	Pagamento
sysops_user	Perfil
perfil	Perfil
expert_profile	Perfil
expertise	Perfil
localização	Perfil
artigo	Base de Conhecimento
tag	Base de Conhecimento
palavra-chave	Base de Conhecimento
article_tag	Base de Conhecimento
article_keyword	Base de Conhecimento
ticket	Abertura de Ticket
ticket_type	Abertura de Ticket
ticket_history	Abertura de Ticket

A Tabela 6-5 lista seis domínios de dados no aplicativo Sysops Squad: Cliente, Pesquisa, Pagamento, Perfil, Base de Conhecimento e Abertura de Ticket. A tabela billing pertence ao domínio de Pagamento, as tabelas ticket e ticket_type pertencem ao domínio de dados de Abertura de Ticket, e assim por diante.

Uma maneira de pensar conceitualmente sobre domínios de dados é pensar no banco de dados como uma bola de futebol, onde cada hexágono branco representa um domínio de dados separado. Conforme ilustrado na Figura 6-18, cada hexágono branco da bola de futebol contém uma coleção de tabelas relacionadas ao domínio junto com todos os artefatos de acoplamento (como chaves estrangeiras, visualizações, procedimentos armazenados, e assim por diante).

ARQUITETURA DE SOFTWARE: AS PARTES DIFÍCEIS

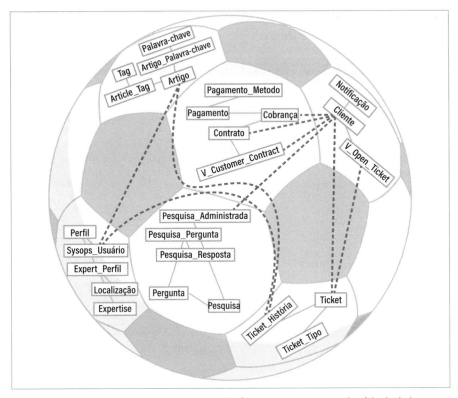

Figura 6-18. Objetos de banco de dados em um hexágono pertencem a um domínio de dados.

Visualizar o banco de dados dessa maneira permite que o arquiteto e a equipe do banco de dados vejam claramente os limites do domínio de dados e também as dependências entre domínios (como chaves estrangeiras, visualizações, procedimentos armazenados, e assim por diante) que precisam ser desmembradas. Observe na Figura 6-18 que *dentro* de cada hexágono branco, todas as dependências e todos os relacionamentos da tabela de dados podem ser preservados, mas não *entre* cada hexágono branco. Por exemplo, no diagrama, observe que as linhas sólidas representam dependências autocontidas no domínio de dados, enquanto as linhas pontilhadas cruzam domínios de dados e devem ser removidas quando os domínios de dados são extraídos em esquemas separados.

Ao extrair um domínio de dados, essas dependências entre domínios devem ser removidas. Isso significa remover restrições de chave estrangeira, visualizações, gatilhos, funções e procedimentos armazenados entre domínios de dados. As equipes de banco de dados podem aproveitar os padrões de refatoração encontrados no livro *Refactoring Databases: Evolutionary Database Design* [*Refatoração de Bancos de Dados: Design de Banco de Dados Evolucionário*, em tradução livre], de Scott Ambler e Pramod Sadalage, para remover de forma segura e iterativa essas dependências de dados.

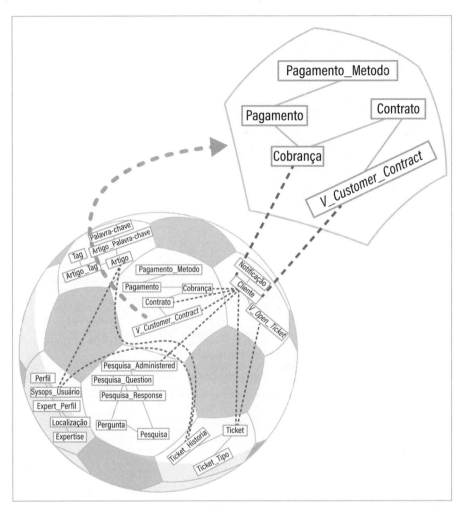

Figura 6-19. Tabelas pertencentes a domínios de dados, extraídas, e conexões que precisam ser quebradas.

Para ilustrar o processo de definição de um domínio de dados e remoção de referências entre domínios, considere o diagrama da Figura 6-19, em que um domínio de dados representando Pagamento é criado. Como a tabela do cliente pertence a um domínio de dados diferente do v_customer_contract, a tabela do cliente deve ser removida da exibição no domínio de pagamento. A visualização original v_customer_contract anterior à definição do domínio de dados é definida no Exemplo 6-1.

Exemplo 6-1. Visualização do banco de dados para obter tickets abertos para clientes com associações entre domínios

```
CREATE VIEW [payment].[v_customer_contract]
    AS
SELECT
        customer.customer_id, customer.customer_name,
        contract.contract_start_date, contract.contract_duration,
        billing.billing_date, billing.billing_amount
    FROM payment.contract AS contract
    INNER JOIN customer.customer AS customer
        ON ( contract.customer_id = customer.customer_id )
    INNER JOIN payment.billing AS billing
        ON ( contract.contract_id = billing.contract_id )
    WHERE contract.auto_renewal = 0
```

Observe na visualização atualizada mostrada no Exemplo 6-2 que a junção entre as tabelas customer e payment foi removida, assim como a coluna para o nome do cliente (customer.customer_name).

Exemplo 6-2. Visualização do banco de dados para obter tickets abertos no domínio do ticket para um determinado cliente

```
CREATE VIEW [payment].[v_customer_contract]
    AS
SELECT
        billing.customer_id, contract.contract_start_date,
        contract.contract_duration, billing.billing_date,
        billing.billing_amount
    FROM payment.contract AS contract
    INNER JOIN payment.billing AS billing
        ON ( contract.contract_id = billing.contract_id )
    WHERE contract.auto_renewal = 0
```

As regras de contexto delimitado para domínios de dados se aplicam da mesma forma que tabelas individuais — um serviço não pode se comunicar com vários domínios de dados. Portanto, ao remover essa tabela da visualização, o serviço de Pagamento agora deve chamar o serviço de Atendimento ao Cliente para obter o nome do cliente que originalmente havia na visualização.

Depois que os arquitetos e as equipes de banco de dados entenderem o conceito de domínio de dados, eles poderão aplicar o processo de cinco etapas para desmembrar um banco de dados monolítico. Essas cinco etapas são descritas nas seções a seguir.

Etapa 1: Analisar o Banco de Dados e Criar Domínios de Dados

Conforme ilustrado na Figura 6-20, todos os serviços têm acesso a todos os dados do banco de dados. Essa prática, conhecida como o estilo de integração de banco de dados compartilhado descrito por Gregor Hohpe e Bobby Woolf em seu livro *Enterprise Integration Patterns: Designing, Building, and Deploying Messaging Solutions* [Padrões de Integração Corporativa: Projetando, Construindo e Implantando Soluções de Mensagens, em tradução livre], cria um forte acoplamento entre os dados e os serviços que acessam esses dados. Conforme discutido na seção "Drivers de Decomposição de Dados", neste capítulo, esse acoplamento rígido no banco de dados dificulta muito o gerenciamento de alterações.

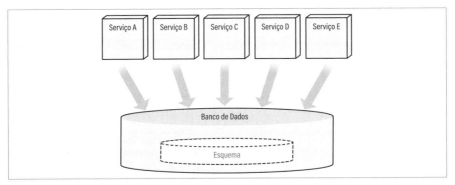

Figura 6-20. Vários serviços usam o mesmo banco de dados, acessando todas as tabelas necessárias para fins de leitura ou gravação.

A primeira etapa para desmembrar um banco de dados é identificar agrupamentos de domínios específicos dentro do banco de dados. Por exemplo, conforme mostrado na Tabela 6-5, as tabelas relacionadas são agrupadas para ajudar a identificar possíveis domínios de dados

Etapa 2: Atribuir Tabelas a Domínios de Dados

A próxima etapa é agrupar tabelas em um contexto delimitado específico, atribuindo tabelas que pertencem a um domínio de dados específico em seu próprio esquema. Um *esquema* é uma construção lógica em servidores de banco de dados. Um esquema contém objetos como tabelas, exibições, funções, e assim por diante. Em alguns servidores de banco de dados, como o Oracle, o esquema é o mesmo do usuário, enquanto em outros bancos de dados, como o SQL Server, um esquema é um espaço lógico para objetos de banco de dados onde os usuários têm acesso a esses esquemas.

Conforme ilustrado na Figura 6-21, criamos esquemas para cada domínio de dados e movemos as tabelas para os esquemas aos quais pertencem.

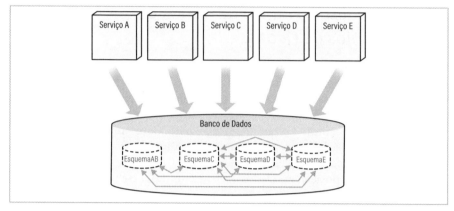

Figura 6-21. Os serviços usam o esquema primário de acordo com suas necessidades de domínio de dados.

Quando tabelas pertencentes a diferentes domínios de dados são fortemente acopladas e relacionadas entre si, os domínios de dados devem necessariamente ser combinados, criando um contexto delimitado mais amplo, onde vários serviços têm um domínio de dados específico. A combinação de domínios de dados é discutida com mais detalhes no Capítulo 9.

Domínio de Dados *versus* Esquema de Banco de Dados

Um *domínio de dados* é um conceito de arquitetura, enquanto um *esquema* é uma construção de banco de dados que contém os objetos de banco de dados pertencentes a um domínio de dados específico. Embora o relacionamento entre um domínio de dados e um esquema seja geralmente um para um, os domínios de dados podem ser mapeados para um ou mais esquemas, principalmente ao combinar domínios de dados devido a relacionamentos de dados fortemente acoplados. Estaremos nos referindo a um domínio de dados e esquema para denotar a mesma coisa e usaremos os termos de forma intercambiável.

Para ilustrar a atribuição de tabelas a esquemas, considere o exemplo do Sysops Squad em que a tabela billing deve ser movida de seu esquema original para outro esquema de domínio de dados chamado payment:

```
ALTER SCHEMA payment TRANSFER sysops.billing;
```

Como alternativa, uma equipe de banco de dados pode criar sinônimos para tabelas que não pertencem a seu esquema. *Sinônimos* são construções de banco de dados, semelhantes ao *link simbólico* [em inglês, *symlink*], que fornecem um nome alternativo para outro objeto de banco de dados que pode existir no mesmo ou em outro esquema ou servidor. Embora a ideia dos sinônimos seja eliminar as consultas entre esquemas, são necessários privilégios de leitura ou gravação para acessá-los.

Para ilustrar essa prática, considere a seguinte consulta entre domínios:
```
SELECT
    history.ticket_id, history.notes, agent.name
FROM ticket.ticket_history AS history
INNER JOIN profile.sysops_user AS agent
    ON ( history.assigned_to_sysops_user_id = agent.sysops_user_id )
```
Em seguida, crie um sinônimo para a tabela profile.sysops_user no esquema de abertura de tickets:
```
CREATE SYNONYM ticketing.sysops_user
FOR profile.sysops_user;
GO
```
Como resultado, a consulta pode aproveitar o sinônimo sysops_user, em vez da tabela entre domínios:
```
SELECT
    history.ticket_id, history.notes, agent.name
FROM ticket.ticket_history AS history
INNER JOIN ticketing.sysops_user AS agent
    ON ( history.assigned_to_sysops_user_id = agent.sysops_user_id )
```

Infelizmente, criar sinônimos dessa maneira para tabelas que são acessadas em esquemas fornece aos desenvolvedores de aplicativos pontos de acoplamento. Para formar domínios de dados adequados, esses pontos de acoplamento precisam ser desmembrados em algum momento posterior, movendo os pontos de integração da camada de banco de dados para a camada de aplicativo.

Embora os sinônimos não eliminem de verdade as consultas de esquema cruzado, eles permitem uma verificação de dependência e análise de código mais fácil, tornando mais fácil dividi-los posteriormente.

Etapa 3: Separar Conexões de Banco de Dados em Domínios de Dados

Nesta etapa, a lógica de conexão do banco de dados em cada serviço é refatorada para garantir que os serviços se conectem a um esquema específico e tenham acesso de leitura e gravação às tabelas pertencentes apenas ao seu domínio de dados. Essa transição, ilustrada na Figura 6-22, é a mais difícil, pois todo acesso entre esquemas deve ser resolvido no nível de serviço.

Observe que a configuração do banco de dados foi alterada para que todo acesso aos dados seja feito estritamente via serviços e seus esquemas conectados. Neste exemplo, o Serviço C se comunica com o Serviço D, e não com o EsquemaD. Não há acesso entre esquemas; todos os sinônimos criados na "Etapa 2: Atribuir Tabelas a Domínios de Dados" são removidos.

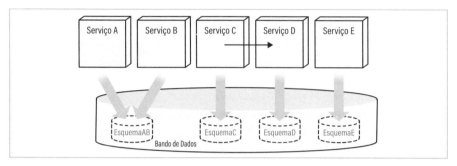

Figura 6-22. Mova o acesso de objeto de esquema cruzado para os serviços, longe do acesso direto de esquema cruzado.

 Quando forem necessários dados de outros domínios, não entre em seus bancos de dados. Em vez disso, acesse-os usando o serviço que tem o domínio de dados.

Após a conclusão desta etapa, o banco de dados está em um *estado de soberania de dados por serviço*, o que ocorre quando cada serviço tem seus próprios dados. A soberania de dados por serviço é o estado nirvana de uma arquitetura distribuída. Como todas as práticas em arquitetura, inclui benefícios e deficiências:

Benefícios
- As equipes podem alterar o esquema do banco de dados sem se preocupar em afetar as alterações em outros domínios.
- Cada serviço pode usar a tecnologia de banco de dados e o tipo de banco de dados mais adequado para seu caso de uso.

Deficiências
- Problemas de desempenho ocorrem quando os serviços precisam acessar grandes volumes de dados.
- A integridade referencial não pode ser mantida no banco de dados, resultando na possibilidade de má qualidade dos dados.
- Todos os códigos de banco de dados (procedimentos armazenados, funções) que acessam tabelas pertencentes a outros domínios devem ser movidos para a camada de serviço.

Etapa 4: Mover Esquemas para Servidores de Banco de Dados Separados

Uma vez que as equipes de banco de dados criaram e separaram domínios de dados e isolaram serviços para acessar seus próprios dados, agora podem mover os domínios de dados para bancos de dados físicos separados. Geralmente, essa é uma etapa necessária porque, embora os serviços acessem seus próprios esquemas, o acesso a um único banco de dados cria um único *quantum de arquitetura*, conforme discutido no Capítulo 2, que pode ter efeitos adversos nas características operacionais, como escalabilidade, tolerância a falhas e desempenho.

Ao mover esquemas para bancos de dados físicos separados, as equipes de banco de dados têm duas opções: backup e restauração ou replicação. Essas opções são descritas a seguir:

Backup e restauração
Com essa opção, as equipes primeiro fazem backup de cada esquema com domínios de dados e, em seguida, configuram servidores de banco de dados para cada domínio de dados. Elas, então, restauram os esquemas, conectam serviços a esquemas nos novos servidores de banco de dados e, finalmente, removem esquemas do servidor de banco de dados original. Essa abordagem geralmente requer tempo de inatividade para a migração.

Replicação
Usando a opção de replicação, as equipes primeiro configuram os servidores de banco de dados para cada domínio de dados. Em seguida, elas replicam os esquemas, alternam as conexões para os novos servidores de banco de dados e removem os esquemas do servidor de banco de dados original. Embora essa abordagem evite o tempo de inatividade, ela exige mais trabalho para configurar a replicação e gerenciar o aumento da coordenação.

A Figura 6-23 mostra um exemplo da opção de replicação, em que a equipe de banco de dados configura vários servidores de banco de dados para que haja um servidor de banco de dados para cada domínio de dados.

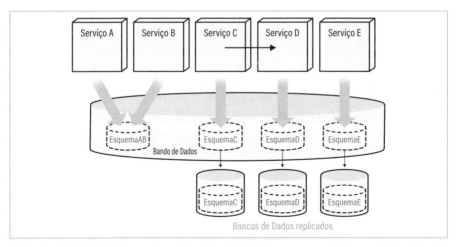

Figura 6-23. Replicação de esquemas (domínios de dados) para seus próprios servidores de banco de dados.

Etapa 5: Mudar para Servidores de Banco de Dados Independentes

Depois que os esquemas forem totalmente replicados, as conexões de serviço poderão ser trocadas. A última etapa para fazer com que os domínios e serviços de dados atuem como suas próprias unidades implementáveis independentes é remover a conexão com os servidores de banco de dados antigos e também remover os esquemas dos servidores de banco de dados antigos. O estado final é visto na Figura 6-24.

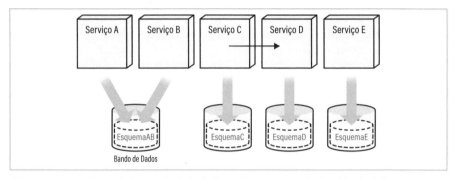

Figura 6-24. Servidores de banco de dados independentes para cada domínio de dados.

Uma vez que a equipe de banco de dados tenha separado os domínios de dados, isolado as conexões de banco de dados e finalmente movido os domínios de dados para seus próprios servidores de banco de dados, ela pode otimizar os servidores de banco de dados individuais para disponibilidade e escalabilidade. As equipes também podem analisar os dados para determinar o tipo de banco de dados mais apropriado a ser usado, introduzindo o uso de banco de dados poliglota no ecossistema.

Selecionando um Tipo de Banco de Dados

Começando por volta de 2005, ocorreu uma revolução nas tecnologias de banco de dados. Infelizmente, o número de produtos que surgiram durante esse período criou um problema conhecido como O Paradoxo da Escolha. Ter um número tão grande de produtos e escolhas significa ter mais decisões de trade-off a tomar. Dado que cada produto é otimizado para certos trade-offs, cabe aos arquitetos de software e dados escolher o produto apropriado com esses trade-offs em mente no que se refere ao seu espaço de problema.

Nesta seção, apresentamos classificações por estrelas para os vários tipos de banco de dados, usando as seguintes características em nossa análise:

Curva de facilidade de aprendizado
   Essa característica refere-se à facilidade com que novos desenvolvedores, arquitetos de dados, modeladores de dados, DBAs operacionais e outros usuários dos bancos de dados podem aprender e adotar. Por exemplo, supõe-se que a maioria dos desenvolvedores de software entenda SQL, enquanto algo como Gremlin (uma linguagem de consulta gráfica) pode ser uma habilidade de nicho. Quanto maior a classificação por estrelas, mais fácil a curva de aprendizado. Quanto menor a classificação por estrelas, mais difícil será a curva de aprendizado.

Facilidade de modelagem de dados
   Essa característica se refere à facilidade com que os modeladores de dados podem representar o domínio em termos de um modelo de dados. Uma classificação de estrelas mais alta significa que a modelagem de dados corresponde a muitos casos de uso e, uma vez modelada, é fácil de mudar e adotar.

Escalabilidade/taxa de transferência
   Essa característica refere-se ao grau e à facilidade com que um banco de dados pode ser escalado para lidar com o aumento da taxa de transferência. É fácil escalar o banco de dados? O banco de dados pode ser escalado horizontalmente, verticalmente ou ambos? Uma classificação por estrelas mais alta significa que é mais fácil escalar e obter maior rendimento.

Disponibilidade/tolerância de partição
   Essa característica refere-se a se o banco de dados oferece suporte a configurações de alta disponibilidade (como conjuntos de réplicas no MongoDB ou consistência ajustável no Apache Cassandra (*https://cassandra.apache.org* — conteúdo em inglês). Ele fornece recursos para lidar com partições de rede? Quanto maior a classificação por estrelas, mais o banco de dados suporta maior disponibilidade e/ou melhor tolerância de partição.

Consistência
   Essa característica refere-se a se o banco de dados suporta um paradigma "sempre consistente". O banco de dados oferece suporte a transações ACID ou se inclina para transações BASE com um modelo de consistência eventual? Ele fornece recursos para ter modelos de consistência ajustáveis para diferentes tipos de gravações? Quanto maior a classificação por estrelas, mais consistência o banco de dados suporta.

Suporte à linguagem de programação, maturidade do produto, suporte a SQL e comunidade
   Essa característica refere-se a quais (e quantas) linguagens de programação o banco de dados suporta, o grau de maturidade do banco de dados e o tamanho da comunidade do banco de dados. Uma organização pode facilmente contratar pessoas que saibam trabalhar com o banco de dados?

Classificações mais altas significam que há melhor suporte, o produto está maduro e é fácil contratar talentos.

Prioridade de leitura/gravação
Essa característica refere-se a se o banco de dados prioriza leituras sobre gravações, ou gravações sobre leituras, ou se é equilibrado em sua abordagem. Esta não é uma escolha binária — em vez disso, é mais uma escala para qual direção o banco de dados otimiza.

Bancos de Dados Relacionais

Bancos de dados relacionais (também conhecidos como RDBMS) têm sido o banco de dados escolhido por mais de três décadas. Há um valor significativo em seu uso e na estabilidade que fornecem, principalmente na maioria dos aplicativos relacionados a negócios. Esses bancos de dados são conhecidos pela onipresente Linguagem de Consulta Estruturada [em inglês, *Structured Query Language* — SQL] e pelas propriedades ACID que fornecem. A interface SQL que eles fornecem os torna a escolha preferida para implementar diferentes modelos de leitura sobre o mesmo modelo de gravação. As classificações por estrelas para bancos de dados relacionais aparecem na Figura 6-25.

Tópico de classificação	Bancos de dados RDBMS (Oracle, SQL Server, Postgres etc.)
Facilidade de aprendizado	☆☆☆☆
Facilidade de modelagem de dados	☆☆☆
Escalabilidade/taxa de transferência	☆☆
Disponibilidade/tolerância de partição	☆
Consistência	☆☆☆☆☆
Suporte a linguagem de programação, maturidade do produto, suporte a SQL, comunidade	☆☆☆☆
Prioridade de leitura/gravação	Leitura ▲ Gravação

Figura 6-25. Bancos de dados relacionais classificados para várias características de adoção.

Curva de facilidade de aprendizado
Os bancos de dados relacionais existem há muitos anos. Eles são comumente ensinados nas escolas, e existem documentação e tutoriais maduros. Portanto, eles são muito mais fáceis de aprender do que outros tipos de banco de dados.

Facilidade de modelagem de dados

Bancos de dados relacionais permitem modelagem de dados flexível. Eles permitem a modelagem de valores-chave, documentos, estruturas semelhantes a grafos e alterações nos padrões de leitura com a adição de novos índices. Alguns modelos são realmente difíceis de conseguir, como estruturas de grafos com profundidade arbitrária. Bancos de dados relacionais organizam dados em tabelas e linhas (semelhante a planilhas), algo natural para a maioria dos modeladores de banco de dados.

Escalabilidade/taxa de transferência

Os bancos de dados relacionais geralmente são dimensionados verticalmente usando-se máquinas grandes. No entanto, a configuração com replicações e alternância automatizada é complexa, exigindo maior coordenação e configuração.

Disponibilidade/tolerância de partição

Os bancos de dados relacionais favorecem a consistência em detrimento da disponibilidade e tolerância de partição, discutida na seção "Técnica de Divisão de Tabela", no Capítulo 9.

Consistência

Os bancos de dados relacionais têm sido dominantes por anos por causa de seu suporte para propriedades ACID. Os recursos ACID lidam com muitas preocupações em sistemas simultâneos e permitem o desenvolvimento de aplicativos sem se preocupar com detalhes de nível inferior de simultaneidade e como os bancos de dados os manipulam.

Suporte à linguagem de programação, maturidade do produto, suporte a SQL e comunidade

Como os bancos de dados relacionais existem há muitos anos, padrões conhecidos de design, implementação e operação podem ser aplicados a eles, tornando-os fáceis de adotar, desenvolver e integrar em uma arquitetura. Muitos dos bancos de dados relacionais carecem de suporte para APIs de fluxo reativo e novos conceitos semelhantes; conceitos de arquitetura mais recentes levam mais tempo para serem implementados em bancos de dados relacionais bem estabelecidos. Várias interfaces de linguagem de programação funcionam com bancos de dados relacionais, e a comunidade de usuários é grande (embora fragmentada entre todos os fornecedores).

Prioridade de leitura/gravação

Em bancos de dados relacionais, o modelo de dados pode ser projetado de forma que as leituras se tornem mais eficientes ou as gravações se tornem mais eficientes. O mesmo banco de dados pode lidar com diferentes tipos de cargas de trabalho, permitindo uma prioridade de leitura/gravação balanceada. Por exemplo, nem todos os casos de uso precisam de propriedades ACID, especialmente em grandes volumes de dados e cenários de tráfego, ou quando um esquema realmente flexível é desejado, como na administração de pesquisas. Nesses casos, outros tipos de banco de dados podem ser uma opção melhor.

MySQL (*https://www.mysql.com*), Oracle (*https://www.oracle.com*), Microsoft SQL Server, e PostgreSQL (*https://www.postgresql.org* — todos com conteúdo em inglês) são os bancos de dados relacionais mais populares e podem ser executados como instalações independentes ou estão disponíveis como *Banco de Dados como Serviço* nas principais plataformas de provedores de nuvem.

Orientação a Agregados

Orientação a Agregados é a preferência para operar em dados relacionados e com uma estrutura de dados complexa. Agregado é um termo originado em *Domain-Driven Design: Atacando as Complexidades no Coração do Software*, de Erik Evans (Alta Books). Pense no ticket ou no cliente com todas as suas tabelas dependentes no Sysops Squad — eles são agregados. Como todas as práticas em arquitetura, a orientação a agregados inclui benefícios e deficiências:

Benefícios

- Permite uma fácil distribuição de dados em clusters de servidores, pois todo o agregado pode ser copiado para diferentes servidores.
- Melhora o desempenho de leitura e gravação, pois reduz junções no banco de dados.
- Reduz a incompatibilidade de impedância entre o modelo de aplicativo e o modelo de armazenamento.

Deficiências

- É difícil chegar a agregados adequados e alterar os limites agregados.
- A análise de dados entre agregados é difícil.

Bancos de Dados de Chave-valor

Os bancos de dados de chave-valor são semelhantes a uma estrutura de dados de tabela hash,[1] algo como tabelas em um RDBMS com uma coluna ID como chave e uma coluna blob como valor, que pode, consequentemente, armazenar

---

1. Também chamadas de tabelas de dispersão ou tabelas de espalhamento. (N. do T.)

qualquer tipo de dados. Os bancos de dados de chave-valor fazem parte de uma família conhecida como bancos de dados NoSQL. No livro *NoSQL Essencial: um Guia Conciso para o Mundo Emergente da Persistência Poliglota*, Pramod Sadalage (um de seus autores) e Martin Fowler descrevem o surgimento dos bancos de dados NoSQL e as motivações, usos e trade-offs de usar esses tipos de bancos de dados, e é uma boa referência para obter mais informações sobre esse tipo de banco de dados.

Os bancos de dados de chave-valor são mais fáceis de entender entre os bancos de dados NoSQL. Um aplicativo cliente pode inserir uma chave e um valor, obter um valor para uma chave conhecida ou excluir uma chave conhecida e seu valor. Um banco de dados chave-valor não sabe o que está dentro da parte do valor, nem se importa com o que está dentro, o que significa que o banco de dados pode consultar usando a chave e nada mais.

Ao contrário dos bancos de dados relacionais, os bancos de dados de chave-valor devem ser escolhidos com base nas necessidades. Existem bancos de dados de chave-valor persistentes, como Amazon DynamoDB ou Riak KV, bancos de dados não persistentes, como MemcacheDB, e outros bancos de dados, como Redis, que podem ser configurados para ser persistentes ou não. Outras construções de bancos de dados relacionais, como joins, where e order by, não são suportadas, mas sim as operações get, put e delete. As classificações para bancos de dados de chave-valor aparecem na Figura 6-26.

Tópico de classificação	Bancos de dados de chave-valor (Redis, DynamoDB, Riak etc.)
Facilidade de aprendizado	☆☆☆
Facilidade de modelagem de dados	☆
Escalabilidade/taxa de transferência	☆☆☆☆
Disponibilidade/tolerância de partição	☆☆☆☆
Consistência	☆☆
Suporte a linguagem de programação, maturidade do produto, suporte a SQL, comunidade	☆☆☆
Prioridade de leitura/gravação	Leitura ▲ Gravação

Figura 6-26. Bancos de dados de chave-valor classificados para várias características de adoção.

Curva de facilidade de aprendizado
    Os bancos de dados de chave-valor são fáceis de entender. Como eles usam "Orientação a Agregados", da seção anterior, é importante projetar

os agregados adequadamente, porque qualquer alteração nos agregados significa reescrever todos os dados. Mudar de bancos de dados relacionais para qualquer um dos bancos de dados NoSQL requer prática e que se desaprenda práticas familiares. Por exemplo, um desenvolvedor não pode simplesmente consultar "Me dê todas as chaves".

Facilidade de modelagem de dados
Como os bancos de dados de chave-valor são orientados a agregados, eles podem usar estruturas de memória como arrays, mapas ou qualquer outro tipo de dados, incluindo big blob.[2] Os dados podem ser consultados apenas por chave ou ID, o que significa que o cliente deve ter acesso à chave fora do banco de dados. Bons exemplos de uma chave incluem session_id, user_id e order_id.

Escalabilidade/taxa de transferência
Como os bancos de dados de chave-valor são indexados por chave ou ID, as pesquisas de chave são muito rápidas, pois não há junções ou ordem por operações. O valor é buscado e retornado ao cliente, o que permite escalabilidade mais fácil e maior rendimento.

Disponibilidade/tolerância de partição
Como existem muitos tipos de bancos de dados de chave-valor e cada um tem propriedades diferentes, até mesmo o mesmo banco de dados pode ser configurado para agir de maneiras diferentes, seja para uma instalação ou para cada leitura. Por exemplo, no Riak, os usuários podem usar propriedades de *quorum* como all, one, quorum e default. Quando usamos quorum *one*, a consulta pode retornar com sucesso quando qualquer nó one responder. Quando o quorum all é usado, todos os nós precisam responder para que a consulta retorne com sucesso. Cada consulta pode ajustar a tolerância e a disponibilidade da partição. Portanto, assumir que todos os armazenamentos de chave-valor são os mesmos é um erro.

Consistência
Durante cada operação de gravação, podemos aplicar configurações semelhantes à aplicação de quorum durante operações de leitura; essas configurações fornecem o que é conhecido como *consistência ajustável*. Uma consistência mais alta pode ser alcançada trocando-se a latência. Para que uma gravação seja altamente consistente, todos os nós precisam responder,

---

2. BLOB é a sigla em inglês que denota um objeto binário grande, um tipo de dado que funciona somente com informações binárias. Portanto, os BLOBs precisam de um espaço de armazenamento considerável. Diferentes tipos de bancos de dados armazenam diferentes tamanhos de BLOBs, sendo que alguns BLOBs podem equivaler a vários gigabytes. Como processam apenas dados binários, os BLOBs são ideais para armazenar dados de imagem e áudio. Além disso, é possível combiná-los com outros tipos de dados, como strings. (N. do T.)

o que reduz a tolerância à partição. Usar um quorum de maioria é considerado um bom trade-off.

Suporte à linguagem de programação, maturidade do produto, suporte a SQL e comunidade
   Os bancos de dados de chave-valor têm um bom suporte à linguagem de programação, e muitos bancos de dados de software livre têm uma comunidade ativa para ajudar a aprender e entendê-los. Como a maioria dos bancos de dados tem uma *HTTP REST API*, eles são muito mais fáceis de interagir.

Prioridade de leitura/gravação
   Como os bancos de dados de chave-valor são orientados para agregação, o acesso aos dados por meio de uma chave ou ID é direcionado para a prioridade de leitura. Os bancos de dados de chave-valor podem ser usados para armazenamento de sessão e também para armazenar em cache as propriedades e preferências do usuário.

Fragmentação em Bancos de Dados

O conceito de particionamento é bem conhecido em bancos de dados relacionais: os dados da tabela são particionados em conjuntos com base em um esquema no mesmo servidor de banco de dados. A *fragmentação* é semelhante ao particionamento, mas os dados residem em diferentes servidores ou nós. Os nós colaboram para descobrir onde os dados existem ou onde devem ser armazenados com base em uma chave de fragmentação. A palavra *fragmento* [em inglês, *shard*] significa partição horizontal de dados em um banco de dados.

Bancos de Dados de Documentos

Documentos como JSON ou XML são a base dos bancos de dados de documentos. Os documentos são estruturas de árvore hierárquicas legíveis por humanos, autodescritivas. Os bancos de dados de documentos são outro tipo de banco de dados NoSQL, cujas classificações aparecem na Figura 6-27. Esses bancos de dados entendem a estrutura dos dados e podem indexar vários atributos dos documentos, permitindo maior flexibilidade de consulta.

Tópico de classificação	Banco de dados de documentos (MongoDB, CouchDB, Marklogic etc.)
Facilidade de aprendizado	★★★
Facilidade de modelagem de dados	★★★
Escalabilidade/taxa de transferência	★★
Disponibilidade/tolerância de partição	★★★
Consistência	★★
Suporte a linguagem de programação, maturidade do produto, suporte a SQL, comunidade	★★★
Prioridade de leitura/gravação	Leitura ▲ Gravação

Figura 6-27. Bancos de dados de documentos classificados para várias características de adoção.

Curva de facilidade de aprendizado
    Bancos de dados de documentos são como bancos de dados de chave-valor em que o valor é legível por humanos. Isso torna o aprendizado do banco de dados muito mais fácil. As empresas estão acostumadas a lidar com documentos, como XML e JSON em diferentes contextos, como cargas úteis de API e front-ends de JavaScript.

Facilidade de modelagem de dados
    Assim como os bancos de dados de chave-valor, a modelagem de dados envolve agregados de modelagem, como pedidos, tickets e outros objetos de domínio. Os bancos de dados de documentos perdoam quando se trata de design de agregado, pois as partes do agregado podem ser consultadas e indexadas.

Escalabilidade/taxa de transferência
    Os bancos de dados de documentos são orientados a agregados e fáceis de escalar. A indexação complexa reduz a escalabilidade, e o aumento do tamanho dos dados leva à necessidade de particionamento ou fragmentação. Depois que a fragmentação é introduzida, ela aumenta a complexidade e também força a seleção de uma chave de fragmentação.

Disponibilidade/tolerância de partição
    Assim como os bancos de dados de chave-valor, os bancos de dados de documentos podem ser configurados para maior disponibilidade. A configuração fica complicada quando há clusters replicados para coleções fragmentadas. Os provedores de nuvem estão tentando tornar essas configurações mais utilizáveis.

Consistência
   Alguns bancos de dados de documentos começaram a oferecer suporte a transações ACID em uma coleção, mas isso pode não funcionar em alguns casos extremos. Assim como os bancos de dados de chave-valor, os bancos de dados de documentos fornecem a capacidade de ajustar as operações de leitura e gravação usando o mecanismo de quorum.

Suporte à linguagem de programação, maturidade do produto, suporte a SQL e comunidade
   Os bancos de dados de documentos são os mais populares dos bancos de dados NoSQL, com uma comunidade de usuários ativa, vários tutoriais de aprendizado online e muitos drivers de linguagem de programação que permitem uma adoção mais fácil.

Prioridade de leitura/gravação
   Os bancos de dados de documentos são orientados para agregação e têm índices secundários para consulta, assim esses bancos de dados favorecem a prioridade de leitura.

Bancos de Dados Sem Esquema

Um tema comum em bancos de dados NoSQL é a duplicação de dados e nomes de atributos de esquema. Duas entradas não precisam ser iguais em termos de esquema ou nomes de atributos. Isso introduz dinâmicas interessantes de controle de alterações e fornece flexibilidade. A natureza sem esquema do banco de dados é poderosa, mas é importante entender que os dados sempre têm um esquema, mesmo que esteja implícito ou definido em outro lugar. O aplicativo precisa manipular várias versões do esquema retornado por um banco de dados. A alegação de que os bancos de dados NoSQL são totalmente sem esquema é enganosa.

Bancos de Dados de Família de Colunas

Bancos de dados de família de colunas, também conhecidos *bancos de dados de colunas largas* ou *bancos de dados de tabelas grandes*, têm linhas com números variados de colunas, onde cada coluna é um par *nome-valor*. Com bancos de dados de coluna, o nome é conhecido como *chave-coluna*, o valor é conhecido como *valor-coluna*, e a chave primária de uma linha é conhecida como *chave-linha*. Os bancos de dados de família de colunas são outro tipo de banco de dados NoSQL que agrupa dados relacionados que são acessados ao mesmo tempo e cujas classificações aparecem na Figura 6-28.

Tópico de classificação	Banco de Dados de família de colunas (Cassandra, Scylla, Druid, etc.)
Facilidade de aprendizado	★★
Facilidade de modelagem de dados	★
Escalabilidade/taxa de transferência	★★★★
Disponibilidade/tolerância de partição	★★★★
Consistência	★
Suporte à linguagem de programação, maturidade do produto, Suporte SQL, comunidade	★★
Prioridade de leitura/gravação	Read ▲ Write

Figura 6-28. Bancos de dados de família de colunas classificados para várias características de adoção.

Curva de facilidade de aprendizado
Bancos de dados de famílias de colunas são difíceis de entender. Como uma coleção de pares nome-valor pertence a uma linha, cada linha pode ter diferentes pares nome-valor. Alguns pares nome-valor podem ter um mapa de colunas e são conhecidos como *supercolunas*. Entender como usá-los requer prática e tempo.

Facilidade de modelagem de dados
Leva algum tempo para se acostumar à modelagem de dados com bancos de dados de família de colunas. Os dados precisam ser organizados em grupos de pares nome-valor que têm um único identificador de linha, e projetar essa chave de linha requer várias iterações. Alguns bancos de dados de famílias de colunas, como o Apache Cassandra, introduziram uma linguagem de consulta semelhante a SQL, conhecida como Linguagem de Consulta Cassandra [em inglês, *Cassandra Query Language* — CQL], que torna a modelagem de dados acessível.

Escalabilidade/taxa de transferência
Todos os bancos de dados de família de colunas são altamente escaláveis e adequados a casos de uso em que é necessária alta taxa de transferência de gravação ou leitura. Os bancos de dados de família de colunas são escalados horizontalmente para operações de leitura e gravação.

Disponibilidade/tolerância de partição
Os bancos de dados de família de colunas operam naturalmente em clusters, e quando alguns nós do cluster estão inativos, isso fica transparente para o cliente. O fator de replicação padrão é três, o que significa que pelo menos

três cópias dos dados são feitas, melhorando a disponibilidade e a tolerância à partição. Semelhante aos bancos de dados de chave-valor e documentos, os bancos de dados de família de colunas podem ajustar gravações e leituras com base nas necessidades de quorum.

Consistência

Os bancos de dados de família de colunas, como outros bancos de dados NoSQL, seguem o conceito de consistência ajustável. Isso significa que, com base nas necessidades, cada operação pode decidir quanta consistência deseja. Por exemplo, em cenários de alta gravação onde alguma perda de dados pode ser tolerada, o nível de consistência de gravação ANY pode ser usado, o que significa que pelo menos um nó aceitou a gravação, enquanto um nível de consistência ALL significa que todos os nós devem aceitar a gravação e responder com sucesso. Níveis de consistência semelhantes podem ser aplicados a operações de leitura. É um trade-off — níveis de consistência mais altos reduzem a disponibilidade e a tolerância à partição.

Suporte à linguagem de programação, maturidade do produto, suporte a SQL e comunidade

Bancos de dados de família de colunas como Cassandra e Scylla têm comunidades ativas, e o desenvolvimento de interfaces semelhantes a SQL facilitou a adoção desses bancos de dados.

Prioridade de leitura/gravação

Os bancos de dados de família de colunas usam os conceitos de *SSTables*, *commit logs* e *memtables*, e como os pares nome-valor são preenchidos quando os dados estão presentes, eles podem lidar com dados esparsos muito melhor do que os bancos de dados relacionais. Eles são ideais para cenários de alto volume de gravação.

Todos os bancos de dados NoSQL são projetados para entender a orientação a agregados. Ter agregados melhora o desempenho de leitura e gravação e também permite maior disponibilidade e tolerância de partição quando os bancos de dados são executados como um cluster. A noção do teorema CAP é abordada na seção "Técnica de Divisão de Tabela", no Capítulo 9, com mais detalhes.

Bancos de Dados de Grafos

Ao contrário dos bancos de dados relacionais, onde as relações são implícitas com base em referências, os bancos de dados de grafos usam nós para armazenar entidades e suas propriedades. Esses nós estão conectados com *arestas*, também conhecidas como *relacionamentos*, que são objetos explícitos. Os nós são organizados por relacionamentos e permitem a análise dos dados conectados percorrendo arestas específicas.

Figura 6-29. Em bancos de dados de grafos, a direção da aresta tem significado ao ser consultada.

As arestas em bancos de dados de grafos têm significado direcional. Na Figura 6-29, uma aresta do tipo TICKET_CREATED conectando um nó *ticket* com ID 4235143 a um nó *cliente* com ID Neal. Podemos percorrer a partir do nó ticket através da aresta de *saída* TICKET_CREATED ou do nó cliente através da aresta de *entrada* TICKET_CREATED. Quando as direções se misturam, consultar o gráfico torna-se realmente difícil. As classificações para bancos de dados de grafos são ilustradas na Figura 6-30.

Tópico de classificação	Bancos de Dados de Grafos (Neo4J, Infinite Graph, Tigergraph etc.)
Facilidade de aprendizado	☆
Facilidade de modelagem de dados	☆☆
Escalabilidade/taxa de transferência	☆☆☆
Disponibilidade/tolerância de partição	☆☆☆
Consistência	☆☆☆
Suporte a linguagem de programação, maturidade do produto, suporte a SQL, comunidade	☆☆
Prioridade de leitura/gravação	Leitura ▲ Gravação

Figura 6-30. Bancos de dados de grafos classificados para várias características de adoção.

Curva de facilidade de aprendizado
    Os bancos de dados de grafos têm uma curva de aprendizado acentuada. Entender como usar os nós, as relações, o tipo de relação e as propriedades leva tempo.

Facilidade de modelagem de dados
    Entender como modelar os domínios e convertê-los em nós e relações é difícil. No início, a tendência é adicionar propriedades às relações. À medida que o conhecimento de modelagem melhora, aumenta o uso de nós e relações, e ocorre a conversão de algumas propriedades de relação em nós com tipo de relação adicional, o que melhora a travessia do grafo.

Escalabilidade/taxa de transferência
    Os nós replicados melhoram o escalonamento de leitura, e a taxa de transferência pode ser ajustada para cargas de leitura. Como é difícil dividir ou

fragmentar gráficos, a taxa de transferência de gravação é limitada pelo tipo de banco de dados de grafos escolhido. Percorrer os relacionamentos é algo muito rápido, pois a indexação e o armazenamento são persistidos e não calculados no momento da consulta.

Disponibilidade/tolerância de partição
Alguns dos bancos de dados de grafos que têm alta tolerância e disponibilidade de partição são distribuídos. Os clusters de banco de dados de grafos podem usar nós que podem ser promovidos como líderes quando os líderes atuais não estiverem disponíveis.

Consistência
Muitos bancos de dados de grafos suportam transações ACID. Alguns bancos de dados de grafos, como o Neo4j (*https://neo4j.com* — conteúdo em inglês), suportam transações, para que os dados sejam sempre consistentes.

Suporte à linguagem de programação, maturidade do produto, suporte a SQL e comunidade
Os bancos de dados de grafos têm muito suporte na comunidade. Muitos algoritmos, como o algoritmo de Dijkstra ou similaridade de nó, são implementados no banco de dados, reduzindo a necessidade de escrevê-los do zero. A estrutura de linguagem conhecida como Gremlin funciona em vários bancos de dados diferentes, ajudando na facilidade de uso. O Neo4J (*https://neo4j.com* — conteúdo em inglês) oferece suporte a uma linguagem de consulta conhecida como Cypher, permitindo que os desenvolvedores consultem facilmente o banco de dados.

Prioridade de leitura/gravação
Em bancos de dados de grafos, o armazenamento de dados é otimizado para a passagem de relacionamento em oposição aos bancos de dados relacionais, onde temos de consultar os relacionamentos e derivá-los no momento da consulta. Bancos de dados de grafos são melhores para cenários de gravação intensa.

Os bancos de dados de grafos permitem que o mesmo nó tenha vários tipos de relacionamentos. No exemplo do Sysops Squad, um gráfico de amostra pode ter a seguinte aparência: uma base de conhecimento foi criada pelo usuário sysops_user e uma base de conhecimento usada pelo usuário sysops. Assim, os relacionamentos created_by e used_by unem os mesmos nós para diferentes tipos de relacionamento.

Alterando Tipos de Relacionamento

Alterar os tipos de relacionamento é uma operação cara, pois cada tipo de relacionamento precisa ser recriado. Quando isso acontece, ambos os

> nós conectados pela aresta devem ser visitados, e a nova aresta criada e a aresta antiga devem ser removidas. Portanto, o tipo de aresta ou os tipos de relacionamento devem ser pensados com cuidado.

Bancos de Dados NewSQL

Matthew Aslett usou pela primeira vez o termo *NewSQL* para definir novos bancos de dados que visavam fornecer a escalabilidade de bancos de dados NoSQL, ao mesmo tempo em que suportavam os recursos de bancos de dados relacionais como ACID. Os bancos de dados NewSQL usam diferentes tipos de mecanismos de armazenamento, e todos eles suportam o SQL.

Os bancos de dados NewSQL, cujas classificações aparecem na Figura 6-31, melhoram os bancos de dados relacionais, fornecendo particionamento ou fragmentação automatizada de dados, permitindo escalabilidade horizontal e disponibilidade aprimorada, ao mesmo tempo em que permite uma transição fácil para os desenvolvedores usarem o paradigma conhecido do SQL e ACID.

Tópico de classificação	Bancos de Dados New SQL (VoltDB, NuoDB, ClustrixDB etc.)
Facilidade de aprendizado	★★★
Facilidade de modelagem de dados	★★★
Escalabilidade/taxa de transferência	★★★
Disponibilidade/tolerância de partição	★★★
Consistência	★★
Suporte a linguagem de programação, maturidade do produto, suporte a SQL, comunidade	★★
Prioridade de leitura/gravação	Leitura ▲ Gravação

Figura 6-31. Novos bancos de dados SQL classificados para várias características de adoção.

Curva de facilidade de aprendizado
    Visto que os bancos de dados NewSQL são como bancos de dados relacionais (com interface SQL, recursos adicionais de dimensionamento horizontal, compatível com ACID), a curva de aprendizado é muito mais fácil. Alguns deles estão disponíveis apenas como Database as a Service (DBaaS), o que pode dificultar seu aprendizado.

Facilidade de modelagem de dados
    Visto que os bancos de dados NewSQL são como bancos de dados relacionais, a modelagem de dados é familiar para muitos e mais fácil de aprender.

A inovação é o design de fragmentação, permitindo a colocação de dados fragmentados em locais geograficamente diferentes.

Escalabilidade/taxa de transferência
Os bancos de dados NewSQL são projetados para suportar escalabilidade horizontal para sistemas distribuídos, permitindo vários nós ativos, ao contrário dos bancos de dados relacionais que têm apenas um líder ativo e o restante dos nós são seguidores. Os vários nós ativos permitem que os bancos de dados NewSQL sejam altamente escaláveis e tenham melhor rendimento.

Disponibilidade/tolerância de partição
Devido ao design de vários nós ativos, os benefícios de disponibilidade podem ser realmente altos, com maior tolerância à partição. CockroachDB é um banco de dados NewSQL popular que sobrevive a falhas de disco, máquina e data center.

Consistência
Os bancos de dados NewSQL suportam transações ACID fortemente consistentes. Os dados são sempre consistentes, e isso permite que os usuários de bancos de dados relacionais façam a transição facilmente para bancos de dados NewSQL.

Suporte à linguagem de programação, maturidade do produto, suporte a SQL e comunidade
Existem muitos bancos de dados NewSQL de código aberto, portanto, aprendê-los é algo acessível. Alguns dos bancos de dados também suportam protocolos de ligações compatíveis com bancos de dados relacionais existentes, o que lhes permite substituir bancos de dados relacionais sem nenhum problema de compatibilidade.

Prioridade de leitura/gravação
Os bancos de dados NewSQL são usados da mesma forma que os bancos de dados relacionais, com benefícios adicionais de indexação e distribuição geográfica para melhorar o desempenho de leitura ou gravação.

Bancos de Dados Nativos da Nuvem

Com o aumento do uso da nuvem, bancos de dados em nuvem, como Snowflake (*https://snowflake.com*), Amazon Redshift (*https://aws.amazon.com/redshift*), Datomic (*https:// datomic.com* — todos com conteúdo em inglês) e Azure CosmosDB, ganharam popularidade. Esses bancos de dados reduzem a carga operacional, fornecem transparência de custos e são uma maneira fácil de experimentar, pois não são necessários investimentos iniciais. As classificações para bancos de dados nativos da nuvem aparecem na Figura 6-32.

Tópico de classificação	Bancos de Dados Nativos da Nuvem (Snowflake, Amazon Redshift etc.)
Facilidade de aprendizado	★★
Facilidade de modelagem de dados	★★
Escalabilidade/taxa de transferência	★★★★
Disponibilidade/tolerância de partição	★★★
Consistência	★★★
Suporte a linguagem de programação, maturidade do produto, suporte a SQL, comunidade	★★
Prioridade de leitura/gravação	Leitura ▲ Gravação

Figura 6-32. Bancos de dados nativos da nuvem classificados para várias características de adoção.

Curva de facilidade de aprendizado
Alguns bancos de dados em nuvem, como o AWS Redshift, são como bancos de dados relacionais e, portanto, são mais fáceis de entender. Bancos de dados como o Snowflake, que têm uma interface SQL, mas possuem diferentes mecanismos de armazenamento e computação, requerem alguma prática. O Datomic é totalmente diferente em termos de modelos e usa fatos atômicos imutáveis. Assim, a curva de aprendizado varia de acordo com cada oferta de banco de dados.

Facilidade de modelagem de dados
O Datomic não tem o conceito de tabelas ou a necessidade de definir atributos antecipadamente. É necessário definir propriedades de atributos individuais, e as entidades podem ter qualquer atributo. Snowflake e Redshift são mais usados para cargas de trabalho do tipo data warehouse. Compreender o tipo de modelagem fornecido pelo banco de dados é fundamental na seleção do banco de dados a ser usado.

Escalabilidade/taxa de transferência
Como todos esses bancos de dados estão apenas na nuvem, escalá-los é relativamente simples, pois os recursos podem ser alocados automaticamente por um preço. Nessas decisões, o trade-off normalmente se refere ao preço.

Disponibilidade/tolerância de partição
Bancos de dados nesta categoria (como Datomic) são altamente disponíveis quando implantados usando a *Topologia de Produção*. Eles não têm um único ponto de falha e são suportados por cache extensivo. A Snowflake,

por exemplo, replica seus bancos de dados entre regiões e contas. Outros bancos de dados nesta categoria suportam maior disponibilidade com várias opções para configurar. Por exemplo, o Redshift é executado em uma única zona de disponibilidade e precisaria ser executado em vários clusters para suportar maior disponibilidade.

Consistência

O Datomic oferece suporte a transações ACID usando mecanismos de armazenamento para armazenar blocos no armazenamento de blocos. Outros bancos de dados, como Snowflake e Redshift, suportam transações ACID.

Suporte à linguagem de programação, maturidade do produto, suporte a SQL e comunidade

Muitos desses bancos de dados são novos, e pode ser difícil encontrar ajuda de pessoal experiente. Experimentar esses bancos de dados requer uma conta na nuvem, o que pode criar outra barreira. Embora os bancos de dados nativos da nuvem reduzam a carga de trabalho operacional nos DBAs operacionais, eles têm uma curva de aprendizado maior para os desenvolvedores. Datomic usa Clojure (*https://clojure.org* — conteúdo em inglês) em todos seus exemplos, e os procedimentos armazenados são escritos com Clojure, portanto, não conhecer Clojure pode ser uma barreira para o uso.

Prioridade de leitura/gravação

Esses bancos de dados podem ser usados para cargas pesadas de leitura ou de gravação. Snowflake e Redshift são mais voltados para cargas de trabalho do tipo data warehouse, emprestando-os para prioridade de leitura, enquanto Datomic pode suportar ambos os tipos de cargas com diferentes índices, como EAVT (Entidade, Atributo, Valor e, depois, Transação) primeiro.

Bancos de Dados de Série Temporal

Dadas as tendências, vemos um aumento no uso de IoT, microsserviços, carros autônomos e observabilidade, que impulsionaram um aumento fenomenal na análise de séries temporais. Essa tendência deu origem a bancos de dados otimizados para armazenar sequências de pontos de dados coletados durante uma janela de tempo, permitindo que os usuários rastreiem as alterações em qualquer período de tempo. As classificações para esse tipo de banco de dados aparecem na Figura 6-33.

Tópico de classificação	Bancos de dados de séries temporais (InfluxDB, TimescaleDB etc.)
Facilidade de aprendizado	☆
Facilidade de modelagem de dados	☆☆
Escalabilidade/taxa de transferência	☆☆☆☆
Disponibilidade/tolerância de partição	☆☆
Consistência	☆☆☆
Suporte a linguagem de programação, maturidade do produto, suporte a SQL, comunidade	☆☆
Prioridade de leitura/gravação	Leitura ▲ Gravação

Figura 6-33. Bancos de dados de séries temporais classificados para várias características de adoção.

Curva de facilidade de aprendizado
    Compreender dados de séries temporais geralmente é fácil — cada ponto de dados é anexado a um timestamp, e os dados quase sempre são inseridos e nunca atualizados ou excluídos. Compreender as operações somente de anexação requer algum desaprender do uso de outro banco de dados, onde os erros nos dados podem ser corrigidos com uma atualização. InfluxDB, Kx e TimeScale são alguns dos bancos de dados populares de séries temporais.

Facilidade de modelagem de dados
    O conceito subjacente aos bancos de dados de séries temporais é analisar as mudanças nos dados ao longo do tempo. Por exemplo, com o exemplo Sysops Squad, as alterações feitas em um objeto ticket podem ser armazenadas em um banco de dados de séries temporais, onde o timestamp da alteração e `ticket_id` são marcados. É considerado uma prática ruim adicionar mais de uma informação em uma tag. Por exemplo, `ticket_status=Open, ticket_id=374737` é melhor que `ticket_info=Open.374737`.

Escalabilidade/taxa de transferência
    A *escala de tempo* é baseada no PostgreSQL e permite escala padrão e padrões de melhoria de taxa de transferência. A execução do InfluxDB no modo de cluster usando metanós que gerenciam metadados e nós de *dados* que armazenam dados reais fornece melhorias de escala e taxa de transferência.

Disponibilidade/tolerância de partição
    Alguns bancos de dados, como o InfluxDB, têm melhores opções de disponibilidade e tolerância de partição com configurações para nós meta e de dados, juntamente com fatores de *replicação*.

6. SEPARANDO OS DADOS OPERACIONAIS

Consistência
Bancos de dados de série temporal que usam bancos de dados relacionais como seu mecanismo de armazenamento obtêm propriedades ACID para consistência, enquanto outros bancos de dados podem ajustar a consistência usando o nível de consistência de `any`, `one` ou `quorum`. A configuração de nível de consistência mais alto geralmente resulta em maior *consistência* e menor *disponibilidade*, portanto, é um trade-off que precisa ser considerado.

Suporte à linguagem de programação, maturidade do produto, suporte a SQL e comunidade
Os bancos de dados de séries temporais tornaram-se populares nos últimos tempos e há muitos recursos para aprender. Alguns desses bancos de dados, como o InfluxDB, fornecem uma linguagem de consulta semelhante a SQL conhecida como InfluxQL.

Prioridade de leitura/gravação
Os bancos de dados de séries temporais são apenas anexos e tendem a ser mais adequados para cargas de trabalho de leitura intensa.

Ao usar bancos de dados de séries temporais, o banco de dados anexa automaticamente um timestamp a cada criação de datum, e os dados contêm tags ou atributos de informações. Os dados são consultados com base em algum fato entre janelas de tempo específicas. Portanto, os bancos de dados de séries temporais não são bancos de dados de uso geral.

Em resumo, de todos os tipos de banco de dados discutidos nesta seção, a Tabela 6-6 mostra alguns produtos de banco de dados populares para o tipo de banco de dados.

Tabela 6-6. Resumo dos tipos de banco de dados e produtos no tipo de banco de dados

Tipo de Banco de Dados	Produtos
Relacional	PostgreSQL, Oracle, Microsoft SQL
Chave-valor	Riak KV, Amazon DynamoDB, Redis
Documento	MongoDB, Couchbase, AWS DocumentDB
Família de colunas	Cassandra, Scylla, Amazon SimpleDB
Grafo	Neo4j, Infinite Graph, Tiger Graph
NewSQL	VoltDB, ClustrixDB, SimpleStore (aka MemSQL)
Nativo da nuvem	Snowflake, Datomic, Redshift
Série temporal	InfluxDB, kdb+, Amazon Timestream

Saga Sysops Squad: Bancos de Dados Poliglotas

Quinta-feira, 16 de dezembro, 16h05

Agora que a equipe formou domínios de dados do banco de dados monolítico Sysops Squad, Devon percebeu que o domínio de dados Survey seria um ótimo candidato para migrar de um banco de dados relacional tradicional para um banco de dados de documentos usando JSON. No entanto, Dana, chefe de arquitetura de dados, não concordou e queria manter as tabelas como relacionais.

"Simplesmente não concordo", disse Dana. "As tabelas de pesquisa sempre funcionaram no passado como tabelas relacionais, então não vejo razão para mudar as coisas."

"Na verdade", disse Skyler, "se você tivesse conversado conosco sobre isso quando o sistema foi desenvolvido pela primeira vez, entenderia que, do ponto de vista da interface do usuário, é realmente difícil lidar com dados relacionais para algo como uma pesquisa com o cliente. Então eu discordo. Pode funcionar bem para você, mas do ponto de vista do desenvolvimento da interface do usuário, lidar com dados relacionais para o material da pesquisa tem sido um grande problema".

"Veja, então aí está", disse Devon. "É por isso que precisamos mudá-lo para um banco de dados de documentos."

"Você parece se esquecer de que, como arquiteto de dados desta empresa, sou o responsável final por todos esses diferentes bancos de dados. Você não pode simplesmente começar a adicionar diferentes tipos de banco de dados ao sistema", disse Dana.

"Mas seria uma solução muito melhor", disse Devon.

"Desculpe, mas não vou atrapalhar as equipes de banco de dados apenas para que Skyler possa ter um trabalho mais fácil de manter a interface do usuário. As coisas não funcionam assim."

"Espere", disse Skyler, "não concordamos todos que parte do problema do atual aplicativo monolítico Sysops Squad era que as equipes de desenvolvimento não trabalhavam próximas o suficiente das equipes de banco de dados?"

"Sim", disse Dana.

"Bem, então," disse Skyler, "vamos fazer isso. Vamos trabalhar juntos para resolver isso".

"Ok", disse Dana, "mas o que vou precisar de você e de Devon, é uma boa e sólida justificativa para introduzir outro tipo de banco de dados no leque".

"Beleza", disse Devon. "Vamos começar a trabalhar nisso imediatamente."

Devon e Skyler sabiam que um banco de dados de documentos seria uma solução muito melhor para os dados da pesquisa do cliente, mas não tinham certeza de como criar as justificativas certas para que a Dana concordasse em migrar os dados. Skyler sugeriu que eles se encontrassem com Addison para obter alguma ajuda, já que ambos concordaram que isso era uma preocupação de arquitetura. Addison concordou em ajudar e marcou uma reunião com Parker (o proprietário do produto Sysops Squad) para validar se havia alguma justificativa comercial para migrar as tabelas de pesquisa do cliente para um banco de dados de documentos.

"Obrigado por se encontrar conosco, Parker", disse Addison. "Como mencionei antes, estamos pensando em mudar a forma como os dados da pesquisa do cliente são armazenados e temos algumas perguntas para você."

"Bem", disse Parker, "essa foi uma das razões pelas quais concordei com esta reunião. Veja bem, a parte do sistema de pesquisa com clientes tem sido um grande problema para o departamento de marketing, assim como para mim".

"Hã?", perguntou Skyler. "O que você quer dizer?"

"Quanto tempo você leva para aplicar até mesmo a menor das solicitações de mudança às pesquisas de clientes?", perguntou Parker.

"Bem", disse Devon, "não é tão ruim do ponto de vista do banco de dados. Quer dizer, é uma questão de adicionar uma nova coluna para uma nova pergunta ou mudar o tipo de resposta".

"Espere", disse Skyler. "Desculpe, mas, para mim, é uma grande mudança, mesmo quando se acrescenta uma pergunta adicional. Você não tem ideia de como é difícil consultar todos esses dados relacionais e renderizar uma pesquisa de cliente na interface do usuário. Então, minha resposta é, *muito tempo*."

"Escute", disse Parker. "Nós, do lado comercial, ficamos muito frustrados quando até mesmo as mudanças mais simples levam literalmente dias para serem feitas. Simplesmente não é aceitável."

"Acho que posso ajudar aqui", disse Addison. "Então, Parker, o que você está dizendo é que a pesquisa do cliente muda com frequência e está demorando muito para fazer as alterações?"

"Correto", disse Parker. "O departamento de marketing não apenas deseja maior flexibilidade nas pesquisas com clientes, mas também uma melhor resposta do departamento de TI. Muitas vezes, eles não fazem solicitações de alteração porque sabem que isso resultará em frustração e custos adicionais que não planejaram."

"E se eu dissesse a você que a falta de flexibilidade e capacidade de resposta às solicitações de alteração tem tudo a ver com a tecnologia usada para armazenar pesquisas de clientes e que, alterando a maneira como armazenamos os dados, poderíamos melhorar significativamente a flexibilidade e o tempo de resposta para pedidos de mudança?", perguntou Addison.

"Então eu seria a pessoa mais feliz do mundo, assim como o departamento de marketing", disse Parker.

"Devon e Skyler, acho que temos nossa justificativa comercial", disse Addison.

Com a justificativa comercial estabelecida, Devon, Skyler e Addison convenceram Dana a usar um banco de dados de documentos. Agora a equipe precisava descobrir a estrutura ideal para os dados da pesquisa do cliente. As tabelas de banco de dados relacional existentes são ilustradas na Figura 6-34. Cada pesquisa de cliente consistia em duas tabelas principais — uma tabela de pesquisa e uma tabela de perguntas, com uma relação um-para-muitos entre as duas tabelas.

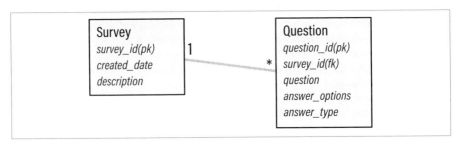

Figura 6-34. Tabelas e relacionamentos no domínio de dados de pesquisa sysops.

Um exemplo dos dados contidos em cada tabela é mostrado na Figura 6-35, onde a tabela Question contém a pergunta, as opções de resposta e o tipo de dados para a resposta.

Survey

survey_id	created_date	description
19998	May 20 2022	Expert performance survey.
19999	May 20 2022	Service satisfaction survey.

Question

question_id	survey_id	question	answer_options	answer_type
50000	19999	Did the..	{Yes,No}	Boolean
50001	19999	Rate..	{1,2,3,4,5}	Option

Figura 6-35. Dados relacionais em tabelas para pesquisa e pergunta no domínio de dados da pesquisa.

"Portanto, basicamente, temos duas opções para modelar as perguntas da pesquisa em um banco de dados de documentos", disse Devon. "Um único documento agregado ou um que é dividido."

"Como saber qual usar?", perguntou Skyler, feliz porque as equipes de desenvolvimento estavam finalmente trabalhando com as equipes de banco de dados para chegar a uma solução unificada.

"Eu sei", disse Addison, "vamos modelar os dois para que possamos checar visualmente as compensações de cada abordagem".

Devon mostrou à equipe que, com a opção de agregado único, conforme mostrado na Figura 6-36, com a listagem de código-fonte correspondente no Exemplo 6-3, os dados da pesquisa e todos os dados de perguntas relacionados foram armazenados como um documento. Portanto, toda a pesquisa com o cliente pode ser recuperada do banco de dados usando-se uma única operação `get`, tornando mais fácil para Skyler e outros da equipe de desenvolvimento trabalhar com os dados.

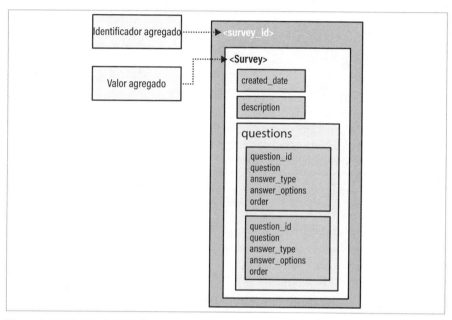

Figura 6-36. Modelo de pesquisa com agregado único.

Exemplo 6-3. Documento JSON para design de agregado único com filhos incorporados

```
# Pesquisa agregada com perguntas incorporadas
{
   "survey_id": "19999",
   "created_date": "Dec 28 2021",
   "description": "Survey to gauge customer...",
   "questions": [
      {
         "question_id": "50001",
         "question": "Rate the expert",
         "answer_type": "Option",
         "answer_options": "1,2,3,4,5",
         "order": "2"
      },
```

```
    {
      "question_id": "50000",
      "question": "Did the expert fix the problem?",
      "answer_type": "Boolean",
      "answer_options": "Yes,No",
      "order": "1"
    }
  ]
}
```

"Eu realmente gosto dessa abordagem", disse Skyler. "Essencialmente, eu não teria que me preocupar tanto em agregar coisas sozinho na interface do usuário, o que significa que poderia simplesmente renderizar o documento que recuperei na página da web."

"Sim", disse Devon, "mas exigiria trabalho adicional no lado do banco de dados, pois as perguntas seriam replicadas em cada documento da pesquisa. Você sabe, todo o argumento da reutilização. Aqui, deixe-me mostrar-lhe a outra abordagem".

Skyler explicou que outra maneira de pensar em agregados era dividir o modelo de *pesquisa* e *pergunta* para que as perguntas pudessem ser operadas de maneira independente, conforme mostrado na Figura 6-37, com a listagem de código-fonte correspondente no Exemplo 6-4. Isso permitiria que a mesma pergunta fosse usada em várias pesquisas, mas seria mais difícil de renderizar e recuperar do que um agregado único.

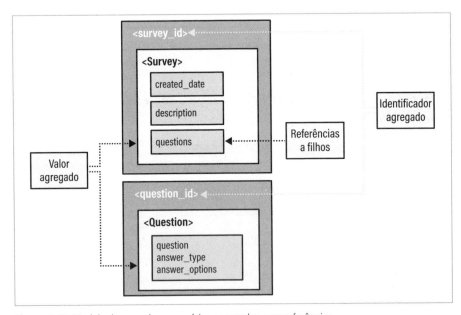

Figura 6-37. Modelo de pesquisa com vários agregados com referências.

6. SEPARANDO OS DADOS OPERACIONAIS

Exemplo 6-4. Documento JSON com divisão de agregados e documento pai mostrando referências a filhos

```
# Pesquisa agregada com referências a perguntas
{
    "survey_id": "19999",
    "created_date": "Dec 28",
    "description": "Survey to gauge customer...",
    "questions": [
        {"question_id": "50001", "order": "2"},
        {"question_id": "50000", "order": "1"}
    ]
}
# Pergunta agregada
{
    "question_id": "50001",
    "question": "Rate the expert",
    "answer_type": "Option",
    "answer_options": "1,2,3,4,5"
}
{
    "question_id": "50000",
    "question": "Did the expert fix the problem?",
    "answer_type": "Boolean",
    "answer_options": "Yes,No"
}
```

Como a maioria dos problemas de complexidade e alteração estava na interface do usuário, Skyler gostou mais do modelo de agregado único. Devon gostou do agregado múltiplo para evitar a duplicação de dados de perguntas em cada pesquisa. No entanto, Addison apontou que havia apenas cinco tipos de pesquisa (uma para cada categoria de produto) e que a maioria das mudanças envolvia adicionar ou remover perguntas. A equipe discutiu os trade-offs, e todos concordaram que estavam dispostos a negociar alguma duplicação de dados de perguntas para facilitar as alterações e a renderização no lado da interface do usuário. Pela dificuldade dessa decisão e pelo caráter estrutural da alteração dos dados, Addison criou um ADR para registrar as justificativas dessa decisão:

> *ADR: Uso de Banco de Dados de Documentos para Pesquisa de Clientes*
>
> Os clientes recebem uma pesquisa após a conclusão do trabalho pelo cliente, que é renderizada em uma página da web para o cliente preencher e enviar. O cliente recebe um dos cinco tipos de pesquisa com base no tipo de produto eletrônico consertado ou instalado. A pesquisa está atualmente armazenada em um banco de dados relacional, mas a equipe deseja migrar a pesquisa para um banco de dados de documentos usando JSON.

Decisão

Usaremos um banco de dados de documentos para a pesquisa do cliente.

O Departamento de Marketing requer mais flexibilidade e pontualidade para mudanças nas pesquisas de clientes. Mudar para um banco de dados de documentos não forneceria apenas melhor flexibilidade, mas também melhor pontualidade para as mudanças necessárias nas pesquisas de clientes.

O uso de um banco de dados de documentos simplificaria a interface do usuário da pesquisa com o cliente e facilitaria as alterações nas pesquisas.

Consequências

Como usaremos um agregado único, vários documentos precisariam ser alterados quando uma pergunta de pesquisa comum fosse atualizada, adicionada ou removida.

A funcionalidade de pesquisa precisará ser encerrada durante a migração de dados do banco de dados relacional para o banco de dados de documentos.

7.
Granularidade de Serviço

Quinta-feira, 14 de outubro, 13h33

À medida que o esforço de migração começou, Addison e Austen começaram a ficar sobrecarregados com todas as decisões envolvidas na separação dos serviços de domínio identificados anteriormente. A equipe de desenvolvimento também tinha suas próprias opiniões, o que tornava ainda mais difícil a tomada de decisão para a granularidade de serviço.

"Ainda não tenho certeza do que fazer com a funcionalidade básica de abertura de tickets", disse Addison. "Não consigo decidir se a criação, a conclusão, a atribuição de especialistas e o encaminhamento de especialistas devem ser um, dois, três ou até quatro serviços. Taylen está insistindo em fazer tudo bem refinado, mas não tenho certeza se essa é a abordagem correta."

"Nem eu", disse Austen. "E eu tenho meus próprios problemas tentando descobrir se o registro do cliente, o gerenciamento de perfil e a funcionalidade de cobrança devem ser separados. E, além de tudo isso, tenho outro jogo esta noite."

"Você sempre tem um jogo para ir", disse Addison. "Falando em funcionalidade do cliente, você já imaginou se a funcionalidade de login do cliente será um serviço separado?"

"Não", disse Austen, "ainda estou trabalhando nisso também. Skyler diz que deveria ser separado, mas não me dá outro motivo além de dizer que é uma funcionalidade separada".

"Isso é difícil", disse Addison. "Você acha que Logan pode nos elucidar isso?"

"Boa ideia", disse Austen, "essa análise prática está realmente atrasando as coisas".

Addison e Austen convidaram Taylen, o líder técnico do Sysops Squad, para a reunião com Logan, para que todos pudessem estar em sintonia com relação aos problemas de granularidade de serviço que estavam enfrentando.

"Estou lhe dizendo", disse Taylen, "precisamos dividir os serviços de domínio em serviços menores. Eles simplesmente têm uma granularidade muito grossa para microsserviços. Pelo que me lembro, *micro* significa pequeno. Afinal, estamos migrando para microsserviços. O que Addison e Austen estão sugerindo simplesmente não se encaixa no modelo de microsserviços."

"Nem todas as partes de um aplicativo precisam ser microsserviços", disse Logan. "Essa é uma das maiores armadilhas do estilo de arquitetura de microsserviços."

"Se for esse o caso, como determinar quais serviços devem ou não ser desmembrados?", perguntou Taylen.

"Deixe-me perguntar uma coisa, Taylen," disse Logan. "Qual é a sua razão para querer fazer todos os serviços tão pequenos?"

"Princípio da responsabilidade única", respondeu Taylen. "Procure. É nisso que os microsserviços se baseiam."

"Sei o que é o princípio da responsabilidade única", disse Logan. "E também sei o quão subjetivo pode ser. Vamos pegar nosso serviço de notificação ao cliente como exemplo. Podemos notificar nossos clientes através de SMS, e-mail e até mesmo enviar cartas postais. Então digam-me: todos, um serviço ou três serviços?"

"Três", imediatamente respondeu Taylen. "Cada método de notificação é algo próprio. É disso que se tratam os microsserviços."

"Um", respondeu Addison. "A notificação em si é claramente uma responsabilidade única."

"Não tenho certeza", respondeu Austen. "Posso ver as duas coisas. Devemos simplesmente jogar uma moeda para decidir?"

"É exatamente por isso que precisamos de ajuda", suspirou Addison.

"A chave para acertar a granularidade do serviço", disse Logan, "é remover opiniões e pressentimentos e usar desintegradores e integradores de granularidade para analisar objetivamente os trade-offs e formar justificativas sólidas para desmembrar ou não um serviço."

"O que são desintegradores e integradores de granularidade?", perguntou Austen.

* * *

Arquitetos e desenvolvedores frequentemente confundem os termos *modularidade* e *granularidade* e, em alguns casos, até os tratam como se fossem a mesma coisa. Considere as seguintes definições de dicionário de cada um desses termos:

Modularidade
Construir com unidades ou dimensões padronizadas para flexibilidade e variedade de uso.

Granularidade
Consistir ou parecer consistir em uma das numerosas partículas que formam uma unidade maior.

Não é de admirar que exista tanta confusão entre esses termos! Embora os termos tenham definições semelhantes nos dicionários, queremos diferenciá-los, porque significam coisas diferentes dentro do contexto da arquitetura de software. Em nosso uso, a *modularidade* diz respeito ao desmembramento de sistemas em partes separadas (consulte o Capítulo 3), enquanto a *granularidade* lida com o tamanho dessas partes separadas. Curiosamente, a maioria dos problemas e desafios em sistemas distribuídos geralmente não estão relacionados à modularidade, mas à granularidade.

Determinar o nível certo de granularidade — o tamanho de um serviço — é uma das muitas partes difíceis da arquitetura de software com as quais arquitetos e equipes de desenvolvimento lutam continuamente. A granularidade não é definida pelo número de classes ou linhas de código em um serviço, mas pelo que o serviço faz — por isso é tão difícil acertar a granularidade do serviço.

Os arquitetos podem aproveitar as métricas para monitorar e medir vários aspectos de um serviço para determinar o nível apropriado de granularidade do serviço. Uma dessas métricas usadas para medir objetivamente o tamanho de um serviço é calcular o número de instruções em um serviço. Cada desenvolvedor tem um estilo e uma técnica de codificação diferentes, e é por isso que o número de classes e o número de linhas de código são métricas ruins para medir a granularidade. O número de instruções, por outro lado, pelo menos permite que um arquiteto ou equipe de desenvolvimento meça objetivamente *o que* o serviço está fazendo. Lembre-se de que vimos no Capítulo 4 que uma *instrução* é uma única ação completa executada no código-fonte, geralmente terminada por um caractere especial (como um ponto e vírgula em linguagens como Java, C, C++, C#, Go, JavaScript; ou uma nova linha em linguagens como F#, Python e Ruby).

Outra métrica para determinar a granularidade do serviço é medir e rastrear o número de interfaces *públicas* ou operações expostas por um serviço. Reconhecidamente, embora ainda haja um pouco de subjetividade e variabilidade com essas duas métricas, é a coisa mais próxima que criamos até agora para medir e avaliar objetivamente a granularidade do serviço.

Duas forças opostas para granularidade de serviço são desintegradores de granularidade e integradores de granularidade. Essas forças opostas são ilustradas na Figura 7-1. Os *desintegradores de granularidade* abordam a questão

"Quando devo considerar o desmembramento de um serviço em partes menores?", enquanto os *integradores de granularidade* abordam a questão "Quando devo considerar a possibilidade de reunir os serviços novamente?" Um erro comum que muitas equipes de desenvolvimento cometem é focar demais os desintegradores de granularidade e ignorar os integradores de granularidade. O segredo para chegar ao nível adequado de granularidade para um serviço é alcançar um equilíbrio entre essas duas forças opostas.

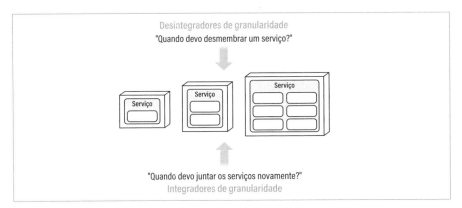

Figura 7-1. A granularidade do serviço depende de um equilíbrio entre desintegradores e integradores.

Desintegradores de Granularidade

Os desintegradores de granularidade fornecem orientação e justificativa para quando desmembrar um serviço em partes menores. Embora a justificativa para interromper um serviço possa envolver apenas um único driver, na maioria dos casos, a justificativa será baseada em vários drivers. Os seis principais drivers para a desintegração da granularidade são os seguintes:

Escopo e função do serviço
    O serviço está fazendo muitas coisas não relacionadas?

Volatilidade do código
    As alterações são isoladas em apenas uma parte do serviço?

Escalabilidade e taxa de transferência
    As partes do serviço precisam escalar de forma diferente?

Tolerância a falhas
    Existem erros que causam falhas em funções críticas no serviço?

Segurança
    Algumas partes do serviço precisam de níveis de segurança mais altos do que outras?

Extensibilidade
O serviço está sempre se expandindo para adicionar novos contextos?

As seções a seguir detalham cada um desses drivers de desintegração de granularidade.

Escopo e Função do Serviço

O escopo e a função do serviço são o primeiro e mais comum driver para dividir um único serviço em outros menores, principalmente no que diz respeito aos microsserviços. Há duas dimensões a serem consideradas ao analisar o escopo e a função do serviço. A primeira dimensão é a *coesão*: o grau e a maneira como as operações de um determinado serviço se inter-relacionam. A segunda dimensão é o *tamanho* geral de um componente, medido geralmente em termos do número total de instruções somadas das classes que compõem esse serviço, o número de pontos de entrada públicos no serviço, ou ambos.

Considere um serviço de notificação típico que faz três coisas: notifica um cliente por meio de SMS [em inglês, *Short Message Service*], e-mail ou carta postal impressa enviada ao cliente. Embora seja muito tentador dividir esse serviço em três serviços separados de finalidade única (um para SMS, um para e-mail e um para cartas postais), conforme ilustrado na Figura 7-2, isso por si só não é suficiente para justificar o desmembramento do serviço, porque ele já tem uma coesão relativamente forte — todas essas funções se relacionam com apenas uma coisa: notificar o cliente. Como o "propósito único" é deixado para opinião e interpretação individual, é difícil saber se devemos desmembrar este serviço ou não.

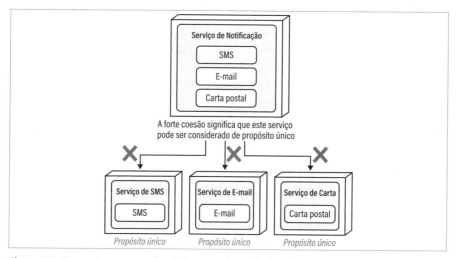

Figura 7-2. Um serviço com coesão relativamente forte não é um bom candidato à desintegração com base apenas na funcionalidade.

Agora considere um único serviço que gerencia as informações do perfil do cliente, as preferências do cliente e também os comentários do cliente feitos no site. Ao contrário do exemplo anterior do Serviço de Notificação, este serviço tem uma coesão relativamente fraca, porque essas três funções se relacionam a um escopo mais amplo: o cliente. Esse serviço possivelmente está fazendo muito e, portanto, provavelmente deve ser dividido em três serviços separados, conforme ilustrado na Figura 7-3.

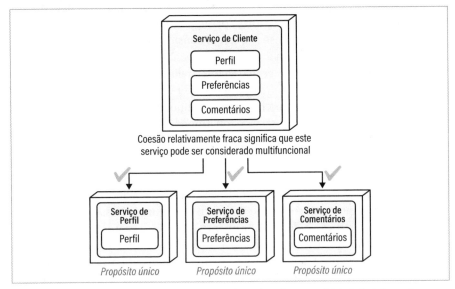

Figura 7-3. Um serviço com coesão relativamente fraca é um bom candidato à desintegração.

Esse desintegrador de granularidade está relacionado ao princípio de responsabilidade única, cunhado por Robert C. Martin como parte de seus princípios SOLID, que afirma: "Toda classe deve ter responsabilidade sobre uma única parte dessa funcionalidade do programa, que ela deve encapsular. Todos os serviços desse módulo, classe ou função devem estar estreitamente alinhados com essa responsabilidade." Embora o princípio da responsabilidade única tenha sido originalmente definido no contexto das classes, nos últimos anos, ele se expandiu para incluir componentes e serviços.

No estilo de arquitetura de microsserviços, um *microsserviço* é definido como uma unidade de software de finalidade única, implantada separadamente, que faz *uma coisa* muito bem. Não é de admirar que os desenvolvedores sejam tão tentados a tornar os serviços os menores possíveis, sem considerar por que estão fazendo isso! A subjetividade relacionada ao que é e o que não é uma responsabilidade única é onde a maioria dos desenvolvedores se mete em problemas com relação à granularidade do serviço. Embora existam algumas métricas (como LCOM) para medir a coesão, isso é algo altamente subjetivo quando se trata de serviços — notificar o cliente é uma única coisa ou notificar por e-mail é uma única coisa? Por esse motivo, é vital entender outros desintegradores de granularidade para determinar o nível apropriado de granularidade.

Volatilidade do Código

A *volatilidade do código* — a taxa na qual o código-fonte muda — é outro bom driver para dividir um serviço em serviços menores. Isso também é conhecido como *decomposição baseada em volatilidade*. Medir objetivamente a frequência das alterações de código em um serviço (algo facilmente feito por meio de recursos padrão em qualquer sistema de controle de versão de código-fonte) às vezes pode levar a uma boa justificativa para separar um serviço. Considere novamente o exemplo do serviço de notificação da seção anterior. O escopo do serviço (coesão) por si só não foi suficiente para justificar a separação do serviço. No entanto, ao aplicar métricas de mudança, informações relevantes são reveladas sobre o serviço:

- Taxa de alteração da funcionalidade de notificação por SMS: a cada seis meses (média).
- Taxa de alteração da funcionalidade de notificação por e-mail: a cada seis meses (média).
- Taxa de alteração da funcionalidade de notificação por carta postal: semanal (média).

Observe que a funcionalidade de carta postal muda semanalmente (em média), enquanto a funcionalidade de SMS e a de e-mail raramente mudam. Como um único serviço, qualquer alteração no código postal exigiria que o desenvolvedor testasse e reimplementasse todo o serviço, incluindo a funcionalidade de SMS e a de e-mail. Dependendo do ambiente de implementação, isso também pode significar que a funcionalidade de SMS e e-mail não estará disponível quando as alterações da carta postal forem implementadas. Assim, como um único serviço, o escopo do teste é aumentado, e o risco de implantação é alto. No entanto, ao dividir esse serviço em dois serviços separados (Notificação Eletrônica e Notificação por Carta Postal), conforme ilustrado na Figura 7-4, as alterações frequentes agora são isoladas em um único serviço menor. Isso, por sua vez, significa que o escopo do teste é significativamente reduzido, o risco de implantação é menor e a funcionalidade de SMS e a de e-mail não são interrompidas durante uma implantação de alterações de cartas postais.

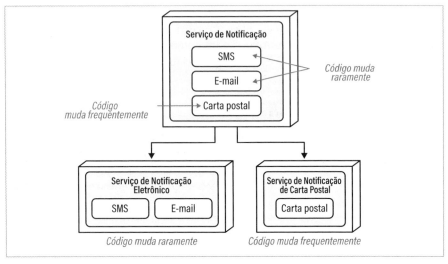

Figura 7-4. Uma área de alta alteração de código em um serviço é uma boa candidata à desintegração.

Escalabilidade e Taxa de Transferência

Outros fatores para dividir um serviço em serviços menores separados são a *escalabilidade* e a *taxa de transferência*. As demandas de escalabilidade de diferentes funções de um serviço podem ser medidas objetivamente para qualificar se um serviço deve ser desmembrado. Considere mais uma vez o exemplo do serviço de notificação, em que um único serviço notifica os clientes por meio de SMS, e-mail e carta postal impressa. Medir as demandas de escalabilidade desse único serviço revela as seguintes informações:

- Notificação por SMS: 220 mil/minuto.
- Notificação por e-mail: 500/minuto.
- Notificação por carta postal: 1/minuto.

Observe a variação extrema entre enviar notificações por SMS e notificações por carta postal. Como um único serviço, a funcionalidade de e-mail e carta postal deve ser escalada desnecessariamente para atender às demandas de notificações por SMS, impactando o custo e também a elasticidade em termos de tempo médio de inicialização. Desmembrar o serviço de notificação em três serviços separados (SMS, e-mail e carta), conforme ilustrado na Figura 7-5, permite que cada um desses serviços seja escalado de forma independente para atender às suas demandas variadas de taxa de transferência.

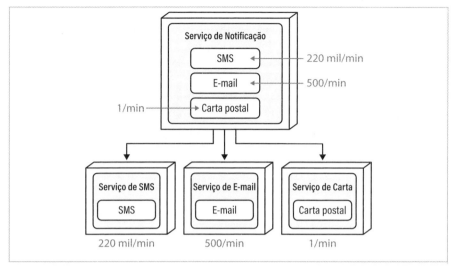

Figura 7-5. Diferentes necessidades de escalabilidade e taxa de transferência são um bom driver de desintegração.

Tolerância a Falhas

A *tolerância a falhas* descreve a capacidade de um aplicativo ou funcionalidade dentro de um domínio específico continuar a operar, mesmo que ocorra uma falha fatal (como uma condição de falta de memória). A tolerância a falhas é outro bom driver para a desintegração da granularidade.

Considere o mesmo exemplo de serviço de notificação consolidado que notifica os clientes por meio de SMS, e-mail e carta postal (Figura 7-6). Se a funcionalidade de e-mail continuar a ter problemas com condições de falta de memória e travar fatalmente, todo o serviço será desativado, incluindo SMS e processamento de cartas postais.

A separação desse único serviço de notificação consolidado em três serviços separados fornece um nível de tolerância a falhas para o domínio de notificação do cliente. Agora, um erro fatal na funcionalidade do serviço de e-mail não afeta SMS ou cartas postais.

Observe nesse exemplo que o Serviço de Notificação é dividido em três serviços separados (SMS, E-mail e Carta Postal), embora a funcionalidade de e-mail seja o único problema em relação a travamentos frequentes (os outros dois são muito estáveis). Como a funcionalidade de e-mail é o único problema, por que não combinar a funcionalidade de SMS e carta postal em um único serviço?

Considere o exemplo da volatilidade do código da seção anterior. Nesse caso, a Carta Postal muda constantemente, enquanto as outras duas (SMS e E-mail) não. Dividir esse serviço em apenas dois serviços fazia sentido porque a Carta Postal era a funcionalidade ofensiva, mas o E-mail e o SMS são *relacionados* — ambos têm a ver com a notificação *eletrônica* do cliente. Agora considere o exemplo de tolerância a falhas. O que a notificação por SMS e a notificação por Carta Postal têm em comum além de um meio de notificação ao cliente? Qual seria um nome autodescritivo apropriado para esse serviço combinado?

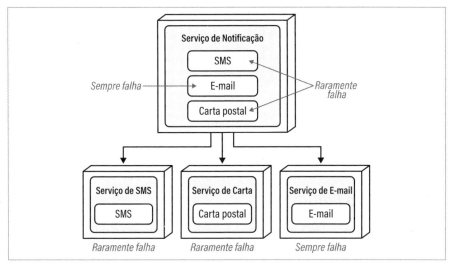

Figura 7-6. Tolerância a falhas e disponibilidade de serviço são bons drivers de desintegração.

Mover a funcionalidade de e-mail para um serviço separado interrompe a *coesão do domínio* geral porque a coesão resultante entre SMS e funcionalidade de carta postal é fraca. Considere quais seriam os nomes de serviço prováveis: Serviço de E-mail e... Outro Serviço de Notificação? Serviço de E-mail e... Serviço de Notificação por Carta e SMS? Serviço de E-mail e... Serviço Sem E-mail? Esse problema de nomenclatura está relacionado ao escopo do serviço e ao desintegrador da granularidade da função — se um serviço for muito difícil de nomear porque está fazendo várias coisas, considere desmembrá-lo. As seguintes desintegrações ajudam a visualizar este ponto importante:

- Serviço de Notificação → Serviço de E-mail, Outro Serviço de Notificação (nome ruim)
- Serviço de Notificação → Serviço de E-mail, Serviço Sem E-mail (nome ruim)
- Serviço de Notificação → Serviço de E-mail, Serviço de Carta e SMS (nome ruim)

- Serviço de Notificação → Serviço de E-mail, Serviço de SMS, Serviço de Carta (bons nomes)

Neste exemplo, apenas a última desintegração faz sentido, principalmente considerando a adição de outra notificação de mídia social — para onde isso iria? Quando desmembrar um serviço, independentemente do driver de desintegração, sempre verifique se uma forte coesão pode ser formada com a funcionalidade "sobra".

Segurança

Uma armadilha comum ao proteger dados confidenciais é pensar apenas em termos de armazenamento desses dados. Por exemplo, a proteção de dados da indústria de cartões [em inglês, *Payment Card Industry* — PCI] de dados não PCI pode ser abordada por meio de esquemas separados ou bancos de dados residentes em diferentes regiões seguras. O que às vezes falta nessa prática, no entanto, também é garantir *como* esses dados são acessados.

Considere o exemplo ilustrado na Figura 7-7, que descreve um serviço de perfil de cliente contendo duas funções principais: manutenção de perfil de cliente para adicionar, alterar ou excluir informações básicas de perfil (nome, endereço, e assim por diante); e manutenção do cartão de crédito do cliente para adicionar, remover e atualizar as informações do cartão de crédito.

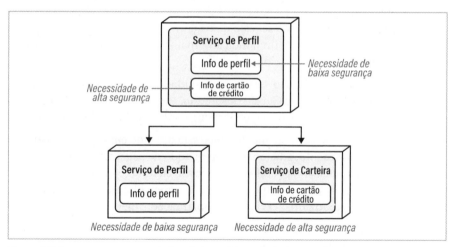

Figura 7-7. Segurança e acesso a dados são bons drivers de desintegração.

Embora os *dados* do cartão de crédito possam estar protegidos, o acesso a esses dados está em risco, porque a funcionalidade do cartão de crédito é combinada com a funcionalidade básica do perfil do cliente. Embora os pontos de entrada da API no serviço de perfil de cliente consolidado possam diferir, existe o risco de que alguém que entre no serviço para recuperar o nome do cliente também possa ter acesso à funcionalidade de cartão de crédito. Ao desmembrar esse serviço em dois serviços separados, o acesso à *funcionalidade* usada para manter as informações do cartão de crédito pode ser mais seguro, porque o conjunto de operações do cartão de crédito está indo para um serviço de propósito único.

Extensibilidade

Outro fator principal para a desintegração da granularidade é a _extensibilidade_ — a capacidade de acrescentar funcionalidades adicionais à medida que o contexto do serviço cresce. Considere um serviço de pagamento que gerencie pagamentos e reembolsos por meio de vários métodos de pagamento, incluindo cartões de crédito, cartões-presente e transações do PayPal. Suponha que a empresa queira começar a oferecer suporte a outros métodos de pagamento gerenciados, como pontos de recompensa, crédito na loja de devoluções; e outros serviços de pagamento de terceiros, como ApplePay, SamsungPay, e assim por diante. Quão fácil é estender o serviço de pagamento para adicionar esses métodos de pagamento adicionais?

Esses métodos de pagamento adicionais certamente poderiam ser acrescentados a um único serviço de pagamento consolidado. No entanto, toda vez que um novo método de pagamento é adicionado, todo o serviço de pagamento precisa ser testado (incluindo outros tipos de pagamento) e a funcionalidade de todos os outros métodos de pagamento é desnecessariamente reimplantada na produção. Assim, com o único serviço de pagamento consolidado, o escopo do teste é aumentado, e o risco de implantação é maior, tornando mais difícil acrescentar tipos de pagamento adicionais.

Agora considere dividir o serviço consolidado existente em três serviços separados (Processamento de Cartão de Crédito, Processamento de Cartão-Presente e Processamento de Transação do PayPal), conforme ilustrado na Figura 7-8.

Agora que o serviço de pagamento único está dividido em serviços separados por métodos de pagamento, adicionar outro método de pagamento (como pontos de recompensa) é apenas uma questão de desenvolver, testar e implantar um único serviço separado dos outros. Como resultado, o desenvolvimento é mais rápido, o escopo do teste é reduzido, e o risco de implantação é menor.

Nosso conselho é aplicar esse driver somente se for conhecido antecipadamente que a funcionalidade contextual consolidada adicional é planejada, desejada ou parte do domínio normal. Por exemplo, com a notificação, é duvidoso que os meios de notificação se expandam continuamente além dos meios básicos de notificação (SMS, e-mail ou carta). No entanto, com o processamento de pagamentos, é altamente provável que tipos de pagamento adicionais sejam adicionados no futuro e, portanto, serviços separados para cada tipo de pagamento seriam garantidos. Como às vezes é difícil "adivinhar" se (e quando) a funcionalidade contextual pode se expandir (como métodos de pagamento adicionais), nosso conselho é esperar por esse driver como o principal meio de justificar uma desintegração granular até que um padrão possa ser estabelecido ou a confirmação da extensibilidade contínua possa ser confirmada.

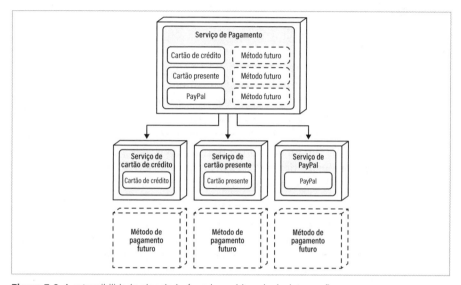

Figura 7-8. A extensibilidade planejada é um bom driver de desintegração.

Integradores de Granularidade

Enquanto os desintegradores de granularidade fornecem orientação e justificativa para quando desmembrar um serviço em partes menores, os integradores de granularidade funcionam da maneira oposta — eles fornecem orientação e justificativa para reunir serviços novamente (ou não desmembrar um serviço em primeiro lugar). Analisar os trade-offs entre os drivers de desintegração e os drivers de integração é o segredo para acertar a granularidade do serviço. Os quatro principais drivers para a integração de granularidade são os seguintes:

Transações de banco de dados
 É necessária uma transação ACID entre serviços separados?

Fluxo de trabalho e coreografia
 Os serviços precisam conversar entre si? Código compartilhado: os serviços precisam compartilhar código entre si? Relacionamentos de banco de

dados: embora um serviço possa ser desmembrado, os dados que ele usa também podem ser desmembrados?

As seções a seguir detalham cada um desses drivers de integração de granularidade.

Transações em Banco de Dados

A maioria dos sistemas monolíticos e serviços de domínio granular usando bancos de dados relacionais depende de transações de banco de dados de unidade única de trabalho para manter a integridade e a consistência dos dados; consulte a seção "Transações Distribuídas", do Capítulo 9, para obter os detalhes das transações ACID (banco de dados) e de como elas diferem das transações BASE (distribuídas). Para entender como as transações do banco de dados afetam a granularidade do serviço, considere a situação ilustrada na Figura 7-9, onde a funcionalidade do cliente foi dividida em um serviço de perfil do cliente que mantém as informações do perfil do cliente e um serviço de senha que mantém a senha e outras informações e funcionalidades relacionadas à segurança.

Observe que ter dois serviços separados fornece um bom nível de controle de acesso de segurança às informações de senha, pois o acesso é feito em um nível de serviço, e não em um nível de solicitação. O acesso a operações como alterar uma senha, redefinir uma senha e acessar a senha de um cliente para entrar pode ser restrito a um único serviço (e, portanto, o acesso pode ser restrito a esse único serviço). No entanto, embora isso possa ser um bom driver de desintegração, considere a operação de registro de um novo cliente, conforme ilustrado na Figura 7-10.

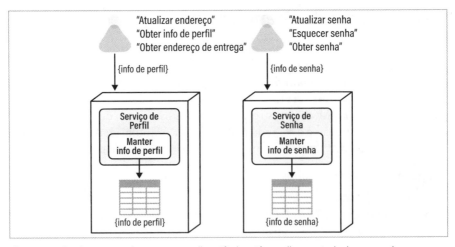

Figura 7-9. Serviços separados com operações atômicas têm melhor controle de acesso de segurança.

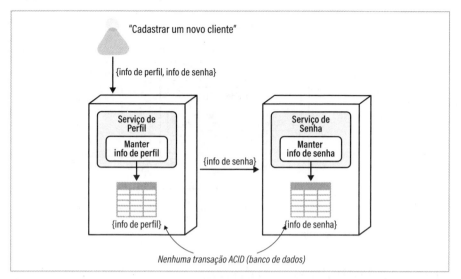

Figura 7-10. Serviços separados com operações combinadas não suportam transações de banco de dados (ACID).

Ao registrar um novo cliente, as informações de perfil e senha criptografadas são passadas para o Serviço de Perfil a partir de uma tela de interface do usuário. O Serviço de Perfil insere as informações de perfil em sua tabela de banco de dados correspondente, confirma esse trabalho e, em seguida, passa as informações de senha criptografadas para o Serviço de Senha, que, por sua vez, insere as informações de senha em sua tabela de banco de dados correspondente e confirma seu próprio trabalho.

Embora a separação dos serviços forneça um melhor controle de acesso de segurança às informações de senha, o trade-off é que não há transação ACID para ações como registrar um novo cliente ou cancelar (excluir) um cliente do sistema. Se o serviço de senha falhar durante qualquer uma dessas operações, os dados serão deixados em um estado inconsistente, resultando em um tratamento complexo de erros (que também é propenso a erros) para reverter a inserção do perfil original ou tomar outra ação corretiva (consulte a seção "Padrões Saga Transacionais", do Capítulo 10, para obter os detalhes de eventual consistência e tratamento de erros em transações distribuídas). Portanto, se uma transação ACID de uma única unidade de trabalho for necessária do ponto de vista do negócio, esses serviços devem ser consolidados em um único serviço, conforme ilustrado na Figura 7-11.

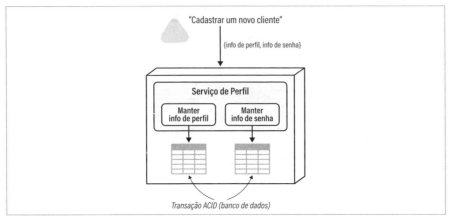

Figura 7-11. Um único serviço suporta transações de banco de dados (ACID).

Fluxo de Trabalho e Coreografia

Outro integrador de granularidade comum é o *fluxo de trabalho* e a *coreografia* — serviços que conversam entre si (às vezes também chamados de comunicação entre serviços ou comunicações *leste-oeste*). A comunicação entre serviços é bastante comum e, em muitos casos, necessária em arquiteturas altamente distribuídas, como microsserviços. No entanto, à medida que os serviços se movem em direção a um nível mais refinado de granularidade com base nos fatores de desintegração descritos na seção anterior, a comunicação do serviço pode aumentar a um ponto em que impactos negativos começam a ocorrer.

Problemas com tolerância geral a falhas são o primeiro impacto de muita comunicação síncrona entre serviços. Considere o diagrama na Figura 7-12: o serviço A se comunica com os serviços B e C, o serviço B se comunica com o serviço C, o serviço D se comunica com o serviço E e, finalmente, o serviço E se comunica com o serviço C. Nesse caso, se o serviço C cair, todos os outros serviços tornam-se inoperantes devido a uma dependência transitiva com o Serviço C, criando um problema geral de tolerância a falhas, disponibilidade e confiabilidade.

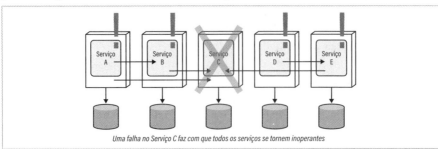

Figura 7-12. Muito fluxo de trabalho afeta a tolerância a falhas.

Curiosamente, a tolerância a falhas é um dos drivers de desintegração de granularidade da seção anterior — ainda assim, quando esses serviços precisam se comunicar, nada é realmente ganho de uma perspectiva de tolerância a falhas. Ao desmembrar os serviços, verifique sempre se as funcionalidades estão fortemente acopladas e dependentes umas das outras. Se estiverem, a tolerância geral a falhas do ponto de vista da solicitação de negócios não será alcançada e talvez seja melhor considerar manter os serviços junto.

O desempenho geral e a capacidade de resposta são outros drivers da integração de granularidade (juntando os serviços novamente). Considere o cenário da Figura 7-13: um grande serviço ao cliente é dividido em cinco serviços separados (serviços de A a E). Embora cada um desses serviços tenha sua própria coleção de solicitações atômicas coesas, recuperar todas as informações do cliente coletivamente de uma única solicitação de API em uma única tela de interface do usuário envolve cinco saltos separados ao usar a coreografia (consulte o Capítulo 11 para obter uma solução alternativa para esse problema usando orquestração). Assumindo 300 ms de latência de rede e segurança por solicitação, essa única solicitação incorreria em 1.500 ms adicionais apenas na latência! A consolidação de todos esses serviços em um único serviço removeria a latência, aumentando, assim, o desempenho geral e a responsividade.

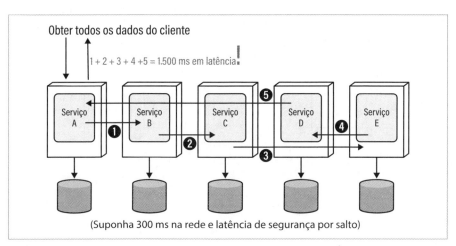

Figura 7-13. Muito fluxo de trabalho afeta o desempenho geral e a responsividade.

Em termos de desempenho geral, o trade-off para esse driver de integração é equilibrar a necessidade de desmembrar um serviço com a perda de desempenho correspondente se esses serviços precisarem se comunicar entre si. Uma boa regra é levar em consideração o número de solicitações que requerem a comunicação entre vários serviços, levando em consideração também a criticidade dessas solicitações que exigem comunicação entre serviços. Por exemplo, se 30%

das solicitações exigirem um fluxo de trabalho entre os serviços para concluir a solicitação e 70% forem puramente atômicas (dedicadas a apenas um serviço sem a necessidade de qualquer comunicação adicional), pode ser bom manter os serviços separados. No entanto, se as porcentagens forem invertidas, considere colocá-las novamente juntas. Isso pressupõe, é claro, que o desempenho geral é importante. Há mais margem de manobra no caso da funcionalidade de backend em que um usuário final não espera a conclusão da solicitação.

A outra consideração de desempenho diz respeito à criticidade da solicitação que exige fluxo de trabalho. Considere o exemplo anterior, em que 30% das solicitações exigem um fluxo de trabalho entre serviços para concluir a solicitação e 70% são puramente atômicas. Se uma solicitação crítica que requer um tempo de resposta extremamente rápido fizer parte desses 30%, pode ser sensato reunir os serviços novamente, mesmo que 70% das solicitações sejam puramente atômicas.

A confiabilidade geral e a integridade dos dados também são afetadas com o aumento da comunicação do serviço. Considere o exemplo da Figura 7-14: as informações do cliente são separadas em cinco serviços de atendimento ao cliente separados. Nesse caso, adicionar um novo cliente ao sistema envolve a coordenação de todos os cinco serviços ao cliente. No entanto, conforme explicado em uma seção anterior, cada um desses serviços tem sua própria transação de banco de dados. Observe na Figura 7-14 que os serviços A, B e C confirmaram parte dos dados do cliente, mas o serviço D falhou.

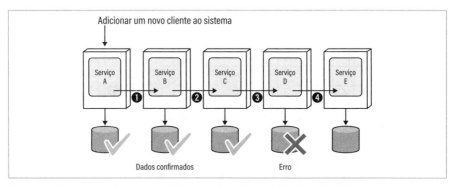

Figura 7-14. Muito fluxo de trabalho afeta a confiabilidade e a integridade dos dados.

Isso cria um problema de consistência e integridade de dados porque parte dos dados do cliente já foi confirmada e pode já ter sido executada por meio de uma recuperação dessas informações de outro processo ou mesmo de uma mensagem enviada por um desses serviços transmitindo uma ação com base nesses dados. Em ambos os casos, esses dados teriam de ser revertidos por meio de transações de compensação ou marcados com um estado específico para saber onde a transação parou para reiniciá-la. Essa é uma situação muito confusa, que descrevemos em detalhes na seção "Padrões da Saga Transacional", do Capítulo 10. Se a integridade e a consistência dos dados forem importantes ou críticas para uma operação, pode ser sensato considerar reunir esses serviços novamente.

Código Compartilhado

O código-fonte compartilhado é uma prática comum (e necessária) no desenvolvimento de software. Funções como registro, segurança, utilitários, formatadores, conversores, extratores, e assim por diante são bons exemplos de código compartilhado. No entanto, as coisas podem ficar complicadas ao lidar com código compartilhado em uma arquitetura distribuída e às vezes podem influenciar a granularidade do serviço.

O código compartilhado geralmente está contido em uma biblioteca compartilhada, como um arquivo JAR no ecossistema Java, um GEM no ambiente Ruby ou um DLL no ambiente .NET e geralmente é vinculado a um serviço no tempo de compilação. Embora nos aprofundemos nos padrões de reutilização de código em detalhes no Capítulo 8, aqui ilustramos apenas como o código compartilhado às vezes pode influenciar a granularidade do serviço e pode se tornar um integrador de granularidade (juntando os serviços novamente).

Considere o conjunto de cinco serviços mostrado na Figura 7-15. Embora possa ter havido um bom driver desintegrador para desmembrar esses serviços, todos eles compartilham uma base de código comum de funcionalidade de domínio (em oposição a utilitários comuns ou funcionalidade de infraestrutura). Se ocorrer uma alteração na biblioteca compartilhada, isso eventualmente exigirá uma alteração nos serviços correspondentes que usam essa biblioteca compartilhada. Dizemos *eventualmente* porque o controle de versão às vezes pode ser usado com bibliotecas compartilhadas para fornecer agilidade e compatibilidade com versões anteriores (consulte o Capítulo 8). Como tal, todos esses serviços implantados separadamente teriam de ser alterados, testados e implantados juntos. Nesses casos, pode ser sensato consolidar esses cinco serviços em um único serviço para evitar várias implantações, além de ter a funcionalidade do serviço fora de sincronia com base no uso de diferentes versões de uma biblioteca.

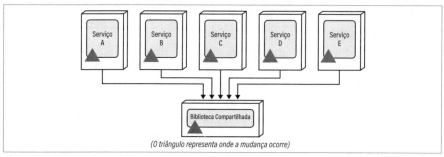

Figura 7-15. Uma alteração no código compartilhado requer uma alteração coordenada em todos os serviços.

Nem todos os usos de código compartilhado conduzem à integração de granularidade. Por exemplo, a funcionalidade transversal relacionada à infraestrutura, como registro, auditoria, autenticação, autorização e monitoramento que todos os serviços usam, *não* é um bom driver para reunir os serviços ou mesmo voltar a uma arquitetura monolítica. Algumas das diretrizes para considerar o código compartilhado como um integrador de granularidade são as seguintes:

Funcionalidade específica de domínio compartilhado

A funcionalidade de domínio compartilhado é um código compartilhado que contém lógica de negócios (em oposição à funcionalidade transversal relacionada à infraestrutura). Nossa recomendação é considerar este fator como um possível integrador de granularidade se a porcentagem de código de domínio compartilhado for relativamente alta. Por exemplo, suponha que o código comum (compartilhado) para um grupo de funcionalidade relacionada ao cliente (manutenção de perfil, manutenção de preferência e adição ou remoção de comentários) represente mais de 40% da base de código coletiva. Quebrar a funcionalidade coletiva em serviços separados significaria que quase metade do código-fonte está em uma biblioteca compartilhada usada apenas por esses três serviços. Nesse exemplo, pode ser sensato considerar manter a funcionalidade coletiva relacionada ao cliente em um único serviço consolidado junto com o código compartilhado (principalmente se o código compartilhado mudar com frequência, conforme discutido a seguir).

Mudanças frequentes de código compartilhado

Independentemente do tamanho da biblioteca compartilhada, alterações frequentes na funcionalidade compartilhada exigem alterações coordenadas frequentes nos serviços que usam essa funcionalidade de domínio compartilhado. Embora o controle de versão às vezes possa ser usado para ajudar a mitigar mudanças coordenadas, eventualmente os serviços que usam essa funcionalidade compartilhada precisarão adotar a versão mais recente. Se o código compartilhado mudar com frequência, pode ser sensato considerar a consolidação dos serviços usando esse código compartilhado para ajudar a mitigar a complexa coordenação de mudanças de várias unidades de implantação.

Defeitos não passíveis de controle de versão

Embora o controle de versão possa ajudar a mitigar mudanças coordenadas e permitir compatibilidade com versões anteriores e agilidade (a capacidade de responder rapidamente a mudanças), às vezes certas funcionalidades de negócios devem ser aplicadas a todos os serviços ao mesmo tempo (como um defeito ou uma mudança nas regras de negócios). Se isso acontecer com frequência, talvez seja hora de considerar a reintegração dos serviços para simplificar as mudanças.

Relacionamentos de Dados

Outro trade-off no equilíbrio entre desintegradores e integradores de granularidade é o relacionamento entre os dados que um único serviço consolidado usa em oposição aos dados que os serviços separados usariam. Esse driver integrador assume que os dados resultantes do desmembramento de um serviço não são compartilhados, mas sim formados em contextos restritos dentro de cada serviço para facilitar o controle de alterações e oferecer suporte à disponibilidade e confiabilidade gerais.

Considere o exemplo da Figura 7-16: um único serviço consolidado tem três funções (A, B e C) e os relacionamentos de tabelas de dados correspondentes. As linhas sólidas apontando para as tabelas representam gravações nas tabelas (daí a propriedade dos dados), e as linhas pontilhadas apontando para fora das tabelas representam o acesso somente leitura à tabela. A execução de uma operação de mapeamento entre as funções e as tabelas revela os resultados mostrados na Tabela 7-1, em que o *proprietário* implica gravações (e leituras correspondentes) e o *acesso* implica acesso somente leitura a uma tabela que não pertence a essa função.

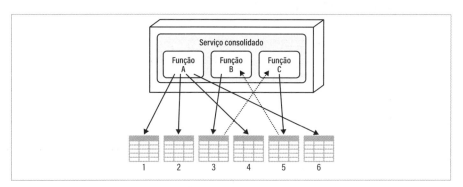

Figura 7-16. Os relacionamentos da tabela de banco de dados de um serviço consolidado.

Tabela 7-1. Mapeamento de função para tabela

Função	Tabela 1	Tabela 2	Tabela 3	Tabela 4	Tabela 5	Tabela 6
A	proprietário	proprietário		proprietário		proprietário
B			proprietário		acesso	
C			acesso		proprietário	

Suponha que, com base em alguns dos drivers de desintegração descritos na seção anterior, esse serviço foi desmembrado em três serviços separados (um para cada uma das funções no serviço consolidado); consulte a Figura 7-17. No entanto, desmembrar o único serviço consolidado em três serviços separados agora requer que as tabelas de dados correspondentes sejam associadas a cada serviço em um contexto delimitado.

Observe na parte superior da Figura 7-17 que o Serviço A tem as tabelas 1, 2, 4 e 6 como parte de seu contexto delimitado; o Serviço B tem a tabela 3; e o Serviço C tem a tabela 5. No entanto, observe no diagrama que toda operação no Serviço B requer acesso aos dados na tabela 5 (propriedade do Serviço C) e toda operação no Serviço C requer acesso aos dados na tabela 3 (propriedade do Serviço B). Devido ao contexto delimitado, o Serviço B não pode simplesmente alcançar e consultar diretamente a tabela 5, e nem o Serviço C pode consultar diretamente a tabela 3.

Para entender melhor o contexto delimitado e por que o Serviço C não pode simplesmente acessar a tabela 3, digamos que o Serviço B (proprietário da tabela 3) decida fazer uma alteração em suas regras de negócios que exija que uma coluna seja removida da tabela 3. Isso interromperia o Serviço C e quaisquer outros serviços usando a tabela 3. É por isso que o conceito de contexto delimitado é tão importante em arquiteturas altamente distribuídas como microsserviços. Para resolver esse problema, o Serviço B teria de solicitar seus dados ao Serviço C, e o Serviço C teria de solicitar seus dados ao Serviço B, resultando em comunicação entre serviços de ida e volta entre esses serviços, conforme ilustrado na parte inferior da Figura 7-17.

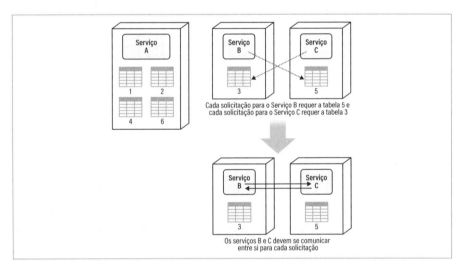

Figura 7-17. Os relacionamentos da tabela de banco de dados afetam a granularidade do serviço.

Com base na dependência dos dados entre os serviços B e C, seria sensato consolidar esses serviços em um único serviço para evitar os problemas de latência, tolerância a falhas e escalabilidade associados à comunicação interserviços entre esses serviços, demonstrando que os relacionamentos entre as tabelas podem influenciar a granularidade do serviço. Deixamos esse driver de integração de granularidade para o final porque é o driver de integração de granularidade com o menor número de trade-offs. Embora ocasionalmente uma migração de um sistema monolítico exija uma refatoração da forma como os dados são organizados, na maioria dos casos, não é viável reorganizar os relacionamentos entre as entidades da tabela do banco de dados para desmembrar um serviço. Aprofundamos nos detalhes sobre o desmembramento de dados no Capítulo 6.

Encontrando o Equilíbrio Certo

Encontrar o nível certo de granularidade de serviço é difícil. O segredo para obter a granularidade correta é entender os desintegradores de granularidade (quando desmembrar um serviço) e os integradores de granularidade (quando juntá-los novamente) e analisar os trade-offs correspondentes entre os dois. Conforme ilustrado nos cenários anteriores, isso exige que um arquiteto não apenas identifique os trade-offs, mas também colabore estreitamente com as partes interessadas do negócio para analisar esses trade-offs e chegar à solução apropriada para a granularidade do serviço.

As Tabelas 7-2 e 7-3 resumem os drivers para desintegradores e integradores.

Tabela 7-2. Drivers desintegradores (desmembrando um serviço)

Driver desintegrador	Razão para aplicar o driver
Escopo do serviço	Serviços de propósito único com forte coesão
Volatilidade do código	Agilidade (escopo de teste reduzido e risco de implantação)
Escalabilidade	Custos mais baixos e capacidade de resposta mais rápida
Tolerância a falhas	Melhor tempo de atividade geral
Acesso de segurança	Melhor controle de acesso de segurança a determinadas funções
Extensibilidade	Agilidade (facilidade de adicionar novas funcionalidades)

Tabela 7-3. Drivers integradores (juntando os serviços novamente)

Driver integrador	Razão para aplicar o driver
Transações de bancos de dados	Integridade e consistência dos dados
Fluxo de trabalho	Tolerância a falhas, desempenho e confiabilidade
Código compartilhado	Manutenibilidade
Relacionamento de dados	Integridade e correção dos dados

Os arquitetos podem usar os drivers nessas tabelas para formar declarações de trade-off que podem ser discutidas e resolvidas em colaboração com o proprietário do produto ou patrocinador do negócio.

Exemplo 1:

Arquiteto: "Queremos desmembrar nosso serviço para isolar alterações frequentes de código, mas, ao fazer isso, não conseguiremos manter uma transação de banco de dados. O que é mais importante com base em nossas necessidades de negócios — manutenibilidade, testabilidade e implantabilidade), que se traduz em tempo de colocação no mercado mais rápido ou *consistência e integridade de dados mais fortes*?"

Patrocinador do Projeto: "Com base em nossas necessidades de negócios, prefiro sacrificar um tempo de lançamento no mercado um pouco mais lento para ter melhor integridade e consistência de dados, então vamos deixá-lo como um único serviço por enquanto."

Exemplo 2:

Arquiteto: "Precisamos manter o serviço junto para oferecer suporte a uma transação de banco de dados entre duas operações para garantir a consistência dos dados, mas isso significa que a funcionalidade sensível no serviço único combinado será menos segura. O que é mais importante com base em nossas necessidades de negócios — melhor *consistência de dado*s ou melhor *segurança*?"

Patrocinador do Projeto: "Nosso CIO passou por algumas situações difíceis com relação à segurança e proteção de dados confidenciais, e isso está muito presente em sua mente e faz parte de quase todas as discussões. Nesse caso, é mais importante proteger os dados confidenciais, então vamos manter os serviços separados e descobrir como podemos mitigar alguns dos problemas com a consistência dos dados."

Exemplo 3:

Arquiteto: "Precisamos desmembrar nosso serviço de pagamento para fornecer melhor extensibilidade para adicionar novos métodos de pagamento, mas isso significa que teremos um fluxo de trabalho maior que afetará a capacidade de resposta quando vários tipos de pagamento forem usados para um pedido (o que acontece com frequência). O que é mais importante com base em nossas necessidades de negócios — melhor extensibilidade no processamento de pagamentos, portanto, melhor *agilidade e tempo de colocação no mercado geral*, ou melhor *responsividade* para efetuar um pagamento?"

Patrocinador do Projeto: "Dado que vejo que adicionaremos apenas dois, talvez três tipos de pagamento nos próximos anos, prefiro que nos concentremos na capacidade de resposta geral, pois o cliente deve esperar que o processamento do pagamento seja concluído e que o ID do pedido seja emitido."

7. GRANULARIDADE DE SERVIÇO

Saga Sysops Squad: Granularidade de Atribuição de Tickets

Segunda-feira, 25 de outubro 11h08

Depois que um ticket de problema é criado por um cliente e aceito pelo sistema, ele deve ser atribuído a um especialista do Sysops Squad com base em seu conjunto de habilidades, localização e disponibilidade. A Atribuição de Ticket envolve dois componentes principais — um componente de Atribuição de Ticket que determina qual consultor deve receber o trabalho e o componente de Encaminhamento de Ticket que localiza o especialista do Sysops Squad, encaminha o ticket para o dispositivo móvel do especialista (por meio de um aplicativo móvel personalizado do Sysops Squad) e notifica o especialista por meio de uma mensagem de texto SMS de que um novo ticket foi atribuído.

A equipe de desenvolvimento do Sysops Squad estava tendo problemas para decidir se esses dois componentes (atribuição e encaminhamento) deveriam ser implementados como um único serviço consolidado ou dois serviços separados, conforme ilustrado na Figura 7-18. A equipe de desenvolvimento consultou Addison (uma das arquitetas do Sysops Squad) para ajudar a decidir qual opção deveria seguir.

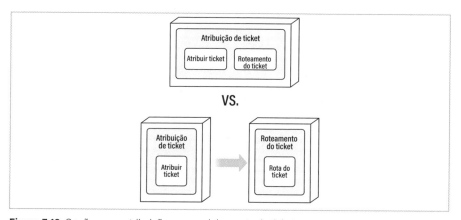

Figura 7-18. Opções para atribuição e encaminhamento de tickets.

"Então, veja", disse Taylen, "os algoritmos de atribuição de tickets são muito complexos e, portanto, devem ser isolados da funcionalidade de encaminhamento de tickets. Dessa forma, quando esses algoritmos mudarem, não preciso me preocupar com toda a funcionalidade de encaminhamento."

"Sim, mas quanta mudança há nesses algoritmos de atribuição?", perguntou Addison. "E quanta mudança podemos prever para o futuro?"

"Eu aplico alterações nesses algoritmos pelo menos duas a três vezes por mês. Li sobre decomposição baseada em volatilidade, e esta situação se encaixa perfeitamente", disse Taylen.

"Mas se separássemos a funcionalidade de atribuição e encaminhamento em dois serviços, seria necessário haver comunicação constante entre eles", disse Skyler. "Além disso, atribuição e encaminhamento são, na verdade, uma função, não duas."

"Não", disse Taylen, "são duas funções separadas."

"Espere aí", disse Addison. "Entendo o que Skyler quer dizer. Pense nisso um minuto. Uma vez encontrado um especialista disponível dentro de um determinado período de tempo, o ticket é imediatamente encaminhado para esse especialista. Se nenhum especialista estiver disponível, o ticket volta para a fila e aguarda até que um especialista seja encontrado."

"Sim, isso mesmo", disse Taylen.

"Veja", disse Skyler, "não é possível fazer uma atribuição de ticket sem encaminhá-lo para o especialista. Então as duas funções são uma."

"Não, não, não", disse Taylen. "Você não entende. Se um especialista estiver disponível dentro de um determinado período de tempo, esse especialista será designado. Ponto-final. O encaminhamento é apenas uma coisa de transporte."

"O que acontece na funcionalidade atual se um ticket não puder ser encaminhado ao especialista?", perguntou Addison.

"Então outro especialista é selecionado", disse Taylen.

"Ok, então pense nisso um minuto, Taylen", disse Addison. "Se a atribuição e o encaminhamento forem dois serviços separados, o serviço de encaminhamento teria que se comunicar de volta com o serviço de atribuição, informando que o especialista não pode ser localizado e escolher outro. Isso é muita coordenação entre os dois serviços."

"Sim, mas ainda são *duas* funções separadas, não uma, como Skyler está sugerindo", disse Taylen.

"Tenho uma ideia", disse Addison. "Podemos todos concordar que a atribuição e o encaminhamento são duas atividades separadas, mas estão estreitamente ligadas de forma síncrona uma à outra? Ou seja, uma função não pode existir sem a outra?"

"Sim", tanto Taylen quanto Skyler responderam.

"Nesse caso", disse Addison, "vamos analisar os trade-offs. O que é mais importante — isolar a funcionalidade de atribuição para fins de controle de alterações ou combinar atribuição e encaminhamento em um único serviço para melhor desempenho, tratamento de erros e controle do fluxo de trabalho?"

"Bem", disse Taylen, "quando você coloca dessa forma, obviamente, um único serviço. Mas ainda quero isolar o código de atribuição."

"Ok", disse Addison, "nesse caso, que tal criarmos três componentes arquitetônicos distintos em um único serviço. Podemos delinear atribuição, encaminhamento e código compartilhado com namespaces separados no código. Isso ajudaria?"

"Sim", disse Taylen, "isso funcionaria. Ok, vocês ganharam. Vamos com um único serviço, então."

"Taylen", disse Addison, "não se trata de vencer, trata-se de analisar os trade-offs para chegar à solução mais adequada; isso é tudo".

Com todos concordando com um único serviço para atribuição e encaminhamento, Addison escreveu o seguinte registro de decisão de arquitetura (ADR):

ADR: Serviço Consolidado de Atribuição e Encaminhamento de Tickets

Depois que um ticket é criado e aceito pelo sistema, ele deve ser atribuído a um especialista e, em seguida, encaminhado para o dispositivo móvel desse especialista. Isso pode ser feito por meio de um único serviço consolidado de atribuição de tickets ou serviços separados para atribuição e encaminhamento de tickets.

Decisão

Criaremos um único serviço consolidado de atribuição de tickets para as funções de atribuição e encaminhamento do ticket.

Os tickets são imediatamente encaminhados para o especialista do Sysops Squad assim que são atribuídos, portanto, essas duas operações são fortemente vinculadas e dependentes uma da outra.

Ambas as funções devem ser dimensionadas da mesma forma, portanto, não há diferenças de taxa de transferência entre esses serviços nem é necessária contrapressão entre essas funções.

Como ambas as funções são totalmente dependentes uma da outra, a tolerância a falhas não é um driver para desmembrar essas funções.

Tornar essas funções serviços separados exigiria fluxo de trabalho entre eles, resultando em desempenho, tolerância a falhas e possíveis problemas de confiabilidade.

Consequências

Alterações no algoritmo de atribuição (que ocorrem regularmente) e alterações no mecanismo de encaminhamento (alteração pouco frequente) exigiriam testes e implantação de ambas as funções, resultando em maior escopo de teste e risco de implantação.

Saga Sysops Squad: Granularidade do Registro do Cliente

Sexta-feira, 14 de janeiro, 13h15

Os clientes devem se registrar no sistema para obter acesso ao plano de suporte Sysops Squad. Durante o registro, os clientes devem fornecer informações de perfil (nome, endereço, razão social, se aplicável, e assim por diante), informações de cartão de crédito (que é cobrado mensalmente), informações de senha e pergunta de segurança e uma lista de produtos adquiridos que eles gostariam de ter coberto pelo plano de suporte Sysops Squad.

Alguns membros da equipe de desenvolvimento insistiram que este deveria ser um único Atendimento ao Cliente consolidado contendo todas as informações do cliente, mas outros membros da equipe discordaram e pensaram que deveria haver um serviço separado para cada uma dessas funções (um serviço de Perfil, serviço de Cartão de Crédito, serviço de Senha e um serviço de Produto Suportado). Skyler, tendo experiência anterior em dados PCI e PII, pensou que as informações de cartão de crédito e senha deveriam ser um serviço separado do restante e, portanto, apenas dois serviços (um serviço de Perfil contendo informações de perfil e produto e um serviço de Cliente Seguro separado contendo informações de crédito informações de cartão e senha). Essas três opções são ilustradas na Figura 7-19.

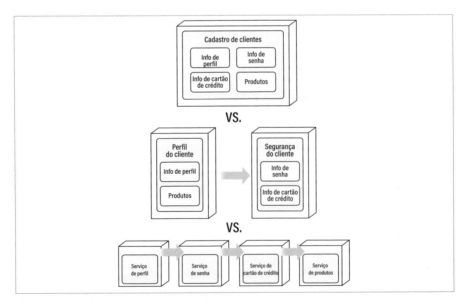

Figura 7-19. Opções para cadastro de clientes.

Como Addison estava ocupada com a funcionalidade básica de abertura de tickets, a equipe de desenvolvimento pediu a ajuda de Austen para resolver esse problema de granularidade. Prevendo que essa não seria uma decisão fácil, principalmente porque envolvia segurança, Austen agendou uma reunião com Parker (o proprietário do produto) e Sam, o especialista em segurança da Penultimate Electronics, para discutir essas opções.

"Ok, então, o que podemos fazer por você?", perguntou Parker.

"Bem", disse Austen, "estamos com dificuldade em relação a quantos serviços criar para registrar clientes e manter informações relacionadas ao cliente. Veja, há quatro dados principais com os quais estamos lidando aqui: informações de perfil, informações de cartão de crédito, informações de senha e informações do produto comprado."

"Opa, agora espere aí", interrompeu Sam. "Vocês sabem que as informações de cartão de crédito e senha *devem* ser seguras, certo?"

"Claro que sabemos que tem que ser seguro", disse Austen. "O que estamos enfrentando é o fato de que há uma única API de registro de cliente para o backend; portanto, se tivermos serviços separados, todos eles devem ser coordenados juntos ao registrar um cliente, o que exigiria uma transação distribuída."

"O que você quer dizer com isso?", perguntou Parker.

"Bem", disse Austen, "não poderíamos sincronizar todos os dados juntos como uma unidade atômica de trabalho."

"Isso não é uma opção", disse Parker. "Todas as informações do cliente ou são salvas no banco de dados ou não. Deixe-me explicar de outra forma. Absolutamente *não podemos* ter uma situação em que temos um registro de cliente sem um cartão de crédito correspondente ou registro de senha. *Nunca*."

"Ok, mas e quanto a proteger as informações do cartão de crédito e da senha?", perguntou Sam. "Parece-me que ter serviços separados permitiria um acesso de controle de segurança muito melhor a esse tipo de informação sensível."

"Acho que posso ter uma ideia", disse Austen. "As informações do cartão de crédito são tokenizadas no banco de dados, certo?"

"Tokenizadas *e* criptografadas", disse Sam.

"Excelente. E as informações de senha?", perguntou Austen.

"Igual", disse Sam.

"Ok", disse Austen, "então me parece que o que realmente precisamos focar aqui é controlar o acesso à senha e às informações do cartão de crédito separadamente das outras solicitações relacionadas ao cliente — você sabe, como obter e atualizar informações de perfil, e assim por diante".

"Acho que entendo aonde você quer chegar com seu problema", disse Parker. "Você está me dizendo que, se separar toda essa funcionalidade em serviços separados, poderá proteger melhor o acesso a dados confidenciais, mas não pode garantir meu requisito de tudo ou nada. Estou certo?"

"Exatamente. Esse é o trade-off", disse Austen.

"Espere um momento", disse Sam. "Você está usando as bibliotecas de segurança do Tortoise para proteger as chamadas de API?"

"Sim. Usamos essas bibliotecas não apenas na camada da API, mas também dentro de cada serviço para controlar o acesso por meio da malha de serviço. Então, essencialmente, é uma checagem dupla", disse Austen.

"Hum", disse Sam. "Ok, estou bem com um único serviço, desde que você use a estrutura de segurança do Tortoise."

"Eu também, contanto que ainda possamos ter o processo de registro do cliente tudo ou nada", disse Parker.

"Então acho que todos concordamos que o registro do cliente tudo ou nada é um requisito absoluto e manteremos o acesso de segurança multinível usando o Tortoise", disse Austen.

"De acordo", disse Parker.

Parker percebeu como Austen conduziu a reunião facilitando a conversa, em vez de controlá-la. Essa foi uma lição importante como arquiteto na identificação, compreensão e negociação de trade-offs. Parker também entendeu melhor a diferença entre design *versus* arquitetura, pois a segurança pode ser controlada por meio do *design* (uso de uma biblioteca personalizada com criptografia especial), em vez da *arquitetura* (divisão da funcionalidade em unidades de implantação separadas).

Com base na conversa com Parker e Sam, Austen tomou a decisão de que a funcionalidade relacionada ao cliente seria gerenciada por meio de um único serviço de domínio consolidado (em vez de serviços implantados separadamente) e escreveu o seguinte ADR para essa decisão:

ADR: Serviço Consolidado para Funcionalidade Relacionada ao Cliente

Contexto

Os clientes devem se registrar no sistema para obter acesso ao plano de suporte Sysops Squad. Durante o registro, os clientes devem fornecer informações de perfil, informações de cartão de crédito, informações de senha e produtos adquiridos. Isso pode ser feito por meio de um único atendimento consolidado, um serviço separado para cada uma dessas funções ou um serviço separado para dados confidenciais e não confidenciais.

Decisão

Criaremos um único atendimento consolidado para perfil, cartão de crédito, senha e produtos suportados.

A funcionalidade de registro e cancelamento de assinatura do cliente requer uma única unidade atômica de trabalho.

Um único serviço suportaria transações ACID para atender a esse requisito, enquanto serviços separados não.

O uso das bibliotecas de segurança do Tortoise na camada de API e na malha de serviço reduzirá o risco de acesso de segurança a informações confidenciais.

Consequências

Exigiremos a biblioteca de segurança do Tortoise para garantir o acesso de segurança no gateway da API e na malha de serviço.

Por ser um serviço único, alterações no código-fonte para informações de perfil, cartão de crédito, senha ou produtos adquiridos aumentarão o escopo do teste e o risco de implantação.

A funcionalidade combinada (perfil, cartão de crédito, senha e produtos adquiridos) terá de ser dimensionada como uma unidade.

O trade-off discutido em uma reunião com o proprietário do produto e o especialista em segurança é *transacionalidade* versus *segurança*. Dividir a funcionalidade do cliente em serviços separados fornece melhor acesso de segurança, mas não oferece suporte à transação de banco de dados "tudo ou nada" necessária para o registro ou cancelamento da assinatura do cliente. No entanto, as preocupações de segurança são mitigadas com o uso da biblioteca de segurança personalizada do Tortoise.

PARTE II
JUNTANDO AS COISAS

> Tentar dividir um módulo coeso resultaria apenas em maior acoplamento e menor legibilidade.
>
> —Larry Constantine

Uma vez que um sistema é desmembrado, os arquitetos geralmente acham necessário costurá-lo novamente para fazê-lo funcionar como uma unidade coesa. Como Larry Constantine infere de forma tão eloquente na citação anterior, não é tão fácil quanto parece, com muitos trade-offs envolvidos ao desmembrar as coisas.

Nesta segunda parte do livro, discutimos várias técnicas para superar alguns dos difíceis desafios associados a arquiteturas distribuídas, incluindo gerenciamento de comunicação de serviço, contratos, fluxos de trabalho distribuídos, transações distribuídas, propriedade de dados, acesso a dados e dados analíticos.

A Parte I trata da estrutura; a Parte II é sobre *comunicação*. Depois que um arquiteto entende a estrutura e as decisões que levam a ela, é hora de pensar em como as partes estruturais interagem umas com as outras.

8.
Reutilizar Padrões

Quarta-feira, 2 de fevereiro, 15h15

À medida que os membros da equipe de desenvolvimento trabalhavam para desmembrar os serviços de domínio, eles começaram a ter divergências sobre o que fazer com todo o código compartilhado e a funcionalidade compartilhada. Taylen, chateado com o que Skyler estava fazendo em relação ao código compartilhado, caminhou até a mesa de Skyler.

"O que diabos você está fazendo?", perguntou Taylen.

"Estou movendo todo o código compartilhado para um novo espaço de trabalho para que possamos criar uma DLL compartilhada a partir dele", respondeu Skyler.

"Uma *única* DLL compartilhada?"

"Isso é o que eu estava planejando", disse Skyler. "A maioria dos serviços vai precisar disso, de qualquer maneira, então vou criar uma única DLL que todos os serviços possam usar."

"Essa é a pior ideia que já ouvi", disse Taylen. "Todo mundo sabe que você deve ter várias bibliotecas compartilhadas em uma arquitetura distribuída!"

"Não na minha opinião", disse Sydney. "Parece-me muito mais fácil gerenciar uma única DLL de biblioteca compartilhada, em vez de dezenas delas."

"Como sou o líder técnico desse aplicativo, quero que você divida essa funcionalidade em bibliotecas compartilhadas separadas."

"Ok, Ok, suponho que posso mover toda a autorização para sua própria DLL separada, se isso o deixar feliz", disse Skyler.

"O quê?", disse Taylen. "O código de autorização tem que ser um serviço compartilhado, você sabe — *não* em uma biblioteca compartilhada."

"Não", disse Skyler. "Esse código deve estar em uma DLL compartilhada."

"O que é toda essa gritaria por aí?", perguntou Addison.

"Taylen quer que a funcionalidade de autorização esteja em um serviço compartilhado. Isso é uma loucura. Acho que deveria ir com a DLL compartilhada comum", disse Skyler.

"De jeito nenhum", disse Taylen. "Tem que estar em seu próprio serviço compartilhado separado."

"E", disse Skyler, "Taylen está insistindo em ter várias bibliotecas compartilhadas para a funcionalidade compartilhada, em vez de uma única biblioteca compartilhada."

"Vou dizer uma coisa", disse Addison. "Vamos examinar os trade-offs da granularidade da biblioteca compartilhada e também os trade-offs entre uma biblioteca compartilhada e um serviço compartilhado para ver se podemos resolver esses problemas de maneira mais razoável e ponderada."

A reutilização de código é uma parte normal do desenvolvimento de software. Funcionalidades comuns de domínio de negócios, como formatadores, calculadoras, validadores e auditoria, geralmente são compartilhadas entre vários componentes, assim como funcionalidades comuns de infraestrutura, como segurança, registro e coleta de métricas. Na maioria das arquiteturas monolíticas, a reutilização de código raramente é pensada duas vezes — é uma questão de simplesmente importar ou injetar automaticamente arquivos de classe compartilhada. No entanto, em arquiteturas distribuídas, conforme mostrado na Figura 8-1, as coisas ficam um pouco mais complicadas, pois surgem dúvidas sobre como lidar com a funcionalidade compartilhada.

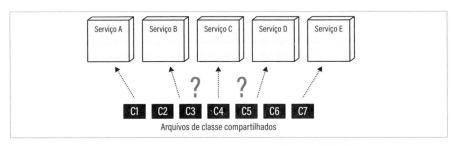

Figura 8-1. A reutilização de código é uma parte difícil da arquitetura distribuída.

Frequentemente em arquiteturas altamente distribuídas, como microsserviços e ambientes sem servidor, frases como "reutilização é abuso!" e "não compartilhe nada!" são elogiadas por arquitetos na tentativa de reduzir a quantidade de código compartilhado dentro desses tipos de arquiteturas. Descobriu-se que os arquitetos nesses ambientes oferecem conselhos contrários ao famoso princípio DRY — não se repita [em inglês, *don't repeat yourself*] usando um acrônimo oposto chamado WET — escreva sempre ou escreva tudo duas vezes [em inglês, *Write Every Time* ou *Write Everything Twice*].

Embora os desenvolvedores devam tentar limitar a quantidade de reutilização de código em arquiteturas distribuídas, isso é um fato da vida no desenvolvimento de software e deve ser abordado, principalmente em arquiteturas distribuídas. Neste capítulo, apresentamos várias técnicas para gerenciar a reutilização de código em uma arquitetura distribuída, incluindo replicação de código, bibliotecas compartilhadas, serviços compartilhados e sidecars em uma malha de serviço. Para cada uma dessas opções, também discutimos os prós, os contras e os trade-offs de cada abordagem.

Replicação de Código

Na *replicação de código*, o código compartilhado é copiado para cada serviço (ou, mais especificamente, para cada repositório de código-fonte do serviço), conforme mostrado na Figura 8-2, evitando, assim, o compartilhamento de código. Embora possa parecer loucura, essa técnica se tornou popular nos primeiros dias dos microsserviços, quando surgiram muitas confusões e mal-entendidos sobre o conceito de *contexto delimitado*, daí a necessidade de criar uma "arquitetura sem compartilhar nada". Em teoria, a replicação de código parecia uma boa abordagem na época para reduzir o compartilhamento de código, mas, na prática, ela rapidamente caiu em desuso.

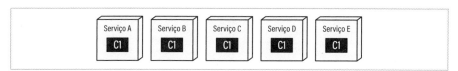

Figura 8-2. Com a replicação, a funcionalidade compartilhada é copiada para cada serviço.

Embora a replicação de código não seja muito usada atualmente, ainda é uma técnica válida para abordar a reutilização de código em vários serviços distribuídos. Essa técnica deve ser abordada com extremo cuidado pelo motivo óbvio de que, se um bug for encontrado no código ou se for necessária uma alteração importante no código, seria muito difícil e demorado atualizar todos os serviços que contêm o código replicado.

Às vezes, no entanto, essa técnica pode ser útil, especialmente para código único altamente estático de que a maioria (ou todos) dos serviços precisa. Por exemplo, considere o código Java no Exemplo 8-1 e o código C# correspondente no Exemplo 8-2, que identifica a classe no serviço que representa o ponto de entrada do serviço (geralmente, a classe API restful em um serviço).

Exemplo 8-1. Código-fonte que define uma anotação de ponto de entrada de serviço (Java)

```
@Retention(RetentionPolicy.RUNTIME)
@Target(ElementType.TYPE)
public @interface ServiceEntrypoint {}

/* Usage:
@ServiceEntrypoint
public class PaymentServiceAPI {
    ...
}
*/
```

Exemplo 8-2. Código-fonte definindo um atributo de ponto de entrada de serviço (C#)

```
[AttributeUsage(AttributeTargets.Class)]
class ServiceEntrypoint : Attribute {}

/* Usage:
[ServiceEntrypoint]
class PaymentServiceAPI {
    ...
}
*/
```

    Observe que o código-fonte no Exemplo 8-1, na verdade, não contém nenhuma funcionalidade. A anotação é simplesmente um marcador (ou tag) usado para identificar uma classe específica como representante do ponto de entrada do serviço. No entanto, essa anotação simples é muito útil para colocar outras anotações de metadados sobre um determinado serviço, incluindo o tipo de serviço, domínio, contexto delimitado, e assim por diante; consulte o Capítulo 89 em *97 Things Every Java Programmer Should Know* [*97 Coisas que Todo Programador Java Deveria Saber*, em tradução livre], de Kevlin Henney e Trisha Gee (O'Reilly), para obter uma descrição dessas anotações personalizadas de metadados.

    Esse tipo de código-fonte é um bom candidato para replicação porque é estático e não contém nenhum bug (e provavelmente não conterá no futuro). Se essa fosse uma classe exclusiva, talvez valesse a pena copiá-la para cada repositório de código de serviço, em vez de criar uma biblioteca compartilhada para ela. Dito isso, geralmente encorajamos a investigação de outras técnicas de compartilhamento de código apresentadas neste capítulo antes de optar pela técnica de replicação de código.

Embora a técnica de replicação preserve o contexto delimitado, ela dificulta a aplicação de alterações se o código precisar ser modificado. A Tabela 8-1 lista os vários trade-offs associados a essa técnica.

Trade-Offs

Tabela 8-1. Trade-offs para a técnica de replicação de código

Vantagens	Desvantagens
Preserva o contexto delimitado	Difícil de aplicar alterações de código
Sem compartilhamento de código	Inconsistência de código entre serviços
	Sem recursos de controle de versão nos serviços

Quando Usar

A técnica de replicação é uma boa abordagem quando os desenvolvedores têm código estático simples (como anotações, atributos, utilitários comuns simples, e assim por diante), que é uma classe única ou código que provavelmente nunca mudará devido a defeitos ou alterações funcionais. No entanto, conforme mencionado anteriormente, encorajamos a exploração de outras opções de reutilização de código antes de adotar a técnica de replicação de código.

Ao migrar de uma arquitetura monolítica para uma distribuída, também descobrimos que a técnica de replicação às vezes pode funcionar para classes utilitárias estáticas comuns. Por exemplo, ao replicar uma classe C# Utility.cs para todos os serviços, cada serviço agora pode remover (ou aprimorar) a classe Utility.cs para atender às suas necessidades específicas, eliminando, assim, códigos desnecessários e permitindo que a classe utilitária evolua para cada contexto específico (semelhante à técnica de bifurcação tática descrita no Capítulo 3). Novamente, o risco dessa técnica é que um defeito ou alteração é muito difícil de ser propagado para todos os serviços, porque o código é duplicado para cada serviço.

Biblioteca Compartilhada

Uma das técnicas mais comuns para compartilhar código é usar uma biblioteca compartilhada. Uma biblioteca compartilhada é um artefato externo (como um arquivo JAR, DLL, e assim por diante) que contém o código-fonte usado por vários serviços que normalmente é vinculado ao serviço em tempo de compilação (consulte a Figura 8-3). Embora a técnica da biblioteca compartilhada pareça simples e direta, ela tem sua parcela de complexidades e compensações, entre as quais a granularidade e o controle de versão da biblioteca compartilhada.

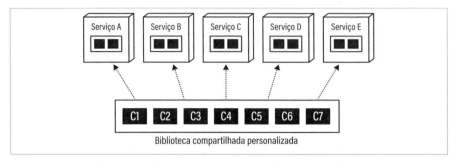

Figura 8-3. Com a técnica de biblioteca compartilhada, o código comum é consolidado e compartilhado em tempo de compilação.

Gerenciamento de Dependências e Controle de Mudanças

Semelhante à granularidade do serviço (discutida no Capítulo 7), há vantagens e desvantagens associadas à granularidade de uma biblioteca compartilhada. As duas forças opostas que formam trade-offs com bibliotecas compartilhadas são o gerenciamento de dependência e o controle de alterações.

Considere a biblioteca compartilhada de granularidade grossa ilustrada na Figura 8-4. Observe que, embora o gerenciamento de dependências seja relativamente direto (cada serviço usa a única biblioteca compartilhada), o controle de alterações não é. Se ocorrer uma alteração em qualquer um dos arquivos de classe na biblioteca compartilhada de granularidade grossa, *todos* os serviços, quer se preocupem com a alteração ou não, devem eventualmente adotar a alteração devido a uma versão obsoleta da biblioteca compartilhada. Isso força novos testes desnecessários e a reimplantação de todos os serviços que usam essa biblioteca, aumentando significativamente o escopo geral do teste de uma mudança de biblioteca compartilhada.

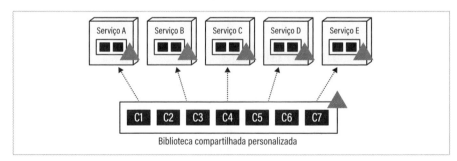

Figura 8-4. Alterações em bibliotecas compartilhadas de granularidade grossa impactam vários serviços, mas mantêm as dependências baixas.

Desmembrar o código compartilhado em bibliotecas compartilhadas menores baseadas em funcionalidade (como segurança, formatadores, anotações, calculadoras, e assim por diante) é melhor para o controle de alterações e manutenção geral, mas, infelizmente, cria uma confusão em termos de gerenciamento de dependências. Conforme mostrado na Figura 8-5, uma mudança na classe compartilhada C7 afeta apenas o Serviço D e o Serviço E, mas o gerenciamento da matriz de dependência entre bibliotecas e serviços compartilhados rapidamente começa a parecer uma grande bola de lama distribuída (ou o que algumas pessoas chamam de um *monólito distribuído*).

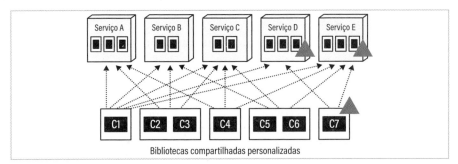

Figura 8-5. Alterações em bibliotecas compartilhadas de granularidade fina afetam menos serviços, mas aumentam as dependências.

A escolha da granularidade da biblioteca compartilhada pode não importar muito com apenas alguns serviços, mas à medida que o número de serviços aumenta, também aumentam os problemas associados ao controle de alterações e ao gerenciamento de dependências. Imagine um sistema com duzentos serviços e quarenta bibliotecas compartilhadas — ele rapidamente se tornaria excessivamente complexo e impossível de manter.

Dados esses trade-offs de controle de alterações e gerenciamento de dependências, nosso conselho geralmente é evitar bibliotecas compartilhadas grandes e de granularidade grossa e buscar bibliotecas menores e funcionalmente particionadas sempre que possível, favorecendo, assim, o controle de alterações sobre o gerenciamento de dependências. Por exemplo, separar funcionalidades relativamente estáticas, como formatadores e segurança (autenticação e autorização) em suas próprias bibliotecas compartilhadas, isola esse código estático, reduzindo o escopo de teste e implementações desnecessárias de depreciação de versão para outras funcionalidades compartilhadas.

Estratégias de Controle de Versão

Nosso conselho geral sobre o controle de versão de biblioteca compartilhada é *sempre usar o controle de versão*! O controle de versão de suas bibliotecas compartilhadas fornece não apenas compatibilidade com versões anteriores, mas também um alto nível de agilidade — a capacidade de responder rapidamente a mudanças.

Para ilustrar esse ponto, considere uma biblioteca compartilhada contendo regras comuns de validação de campo chamada *Validation.jar*, que é usada por dez serviços. Suponha que um desses serviços precise de uma alteração imediata em uma das regras de validação. Ao criar a versão do arquivo *Validation.jar*, o serviço que precisa da alteração pode incorporar imediatamente a nova versão do *Validation.jar* e ser implantado na produção imediatamente, sem qualquer impacto nos outros nove serviços. Sem o controle de versão, todos os dez serviços teriam de ser testados e reimplantados ao fazer a alteração da biblioteca compartilhada, aumentando, assim, o tempo e a coordenação para a alteração da biblioteca compartilhada (portanto, menos agilidade).

Embora o conselho anterior possa parecer óbvio, há trade-offs e complexidade ocultos no controle de versão. Na verdade, o controle de versão pode ser tão complexo que seus autores costumam pensar nele como a nona falácia da computação distribuída: "o controle de versão é simples".

Uma das primeiras complexidades do controle de versão de biblioteca compartilhada é comunicar uma alteração de versão. Em uma arquitetura altamente distribuída com várias equipes, geralmente é difícil comunicar uma alteração de versão a uma biblioteca compartilhada. Como outras equipes sabem que *Validation.jar* acabou de mudar para a versão 1.5? Quais foram as mudanças? Quais serviços são afetados? Quais equipes são impactadas? Mesmo com a infinidade de ferramentas que gerenciam bibliotecas compartilhadas, versões e documentação de alteração — como JFrog Artifactory (*https://jfrog.com/artifactory* — conteúdo em inglês) —, as alterações de versão devem ser coordenadas e comunicadas às pessoas certas no momento certo.

Outra complexidade é a descontinuação de versões mais antigas de uma biblioteca compartilhada — removendo as versões que não são mais suportadas após uma determinada data. As estratégias de descontinuação variam de *personalizadas* (para bibliotecas compartilhadas individuais) até *globais* (para todas as bibliotecas compartilhadas). E, não surpreendentemente, trade-offs estão envolvidos em ambas as abordagens.

Atribuir uma estratégia de descontinuação personalizada para cada biblioteca compartilhada geralmente é a abordagem desejada, porque as bibliotecas mudam em taxas diferentes. Por exemplo, se uma biblioteca compartilhada *Security.jar* não muda com frequência, manter apenas duas ou três versões é uma estratégia razoável. No entanto, se a biblioteca compartilhada *Calculators.jar* for alterada semanalmente, manter apenas duas ou três versões significa que todos os serviços que usam essa biblioteca compartilhada incorporarão uma versão mais recente mensalmente (ou mesmo semanalmente) — causando muitos e frequentes novos testes desnecessários e reimplantação. Portanto, manter dez versões de *Calculators.jar* seria uma estratégia muito mais razoável devido à frequência de alteração. A desvantagem dessa abordagem, no entanto, é que alguém deve manter e rastrear a descontinuação de *cada biblioteca compartilhada*. Isso às vezes pode ser uma tarefa desafiadora e definitivamente não é para os fracos de coração.

Como a mudança é variável entre as várias bibliotecas compartilhadas, a estratégia de descontinuação global, embora mais simples, é uma abordagem menos eficaz. A estratégia de descontinuação global determina que todas as bibliotecas compartilhadas, independentemente da taxa de alteração, não suportarão mais do que um determinado número de versões anteriores (por exemplo, quatro). Embora isso seja fácil de manter e governar, pode causar *rotatividade* significativa — o reteste constante e a reimplantação de serviços — apenas para manter a compatibilidade com a versão mais recente de uma biblioteca compartilhada frequentemente alterada. Isso pode enlouquecer as equipes e reduzir significativamente a velocidade e a produtividade geral da equipe.

Independentemente da estratégia de descontinuação usada, defeitos graves ou alterações significativas no código compartilhado invalidam qualquer tipo de estratégia de descontinuação, fazendo com que *todos* os serviços adotem a versão mais recente de uma biblioteca compartilhada de uma só vez (ou em um período muito curto). Esse é outro motivo pelo qual recomendamos manter as bibliotecas compartilhadas com a granularidade tão fina quanto apropriado e evitar o tipo de biblioteca *SharedStuff.jar* de granularidade grossa que contém toda a funcionalidade compartilhada no sistema.

Um último conselho em relação ao controle de versão: evite o uso da versão LATEST ao especificar qual versão de uma biblioteca um serviço requer. De acordo com nossa experiência, os serviços que usam a versão LATEST apresentam problemas ao fazer correções rápidas ou implantações de emergência na produção, porque algo na versão LATEST pode ser incompatível com o serviço, causando esforço adicional de desenvolvimento e teste para a equipe liberar o serviço em produção.

Embora a técnica de biblioteca compartilhada permita que as alterações tenham um controle de versão (fornecendo, portanto, um bom nível de agilidade para alterações de código compartilhado), o gerenciamento de dependências pode ser difícil e confuso. A Tabela 8-2 lista vários trade-offs associados a essa técnica.

Trade-Offs

Tabela 8-2. Trade-offs para a técnica de biblioteca compartilhada

Vantagens	Desvantagens
Capacidade de alterações de versão.	Dependências podem ser difíceis de gerenciar.
O código compartilhado é baseado em compilação, reduzindo erros de tempo de execução.	Duplicação de código em bases de código heterogêneas.

Vantagens	Desvantagens
Boa agilidade para alterações de código compartilhado por código.	A descontinuação da versão pode ser difícil.
	A comunicação da versão pode ser difícil.

Quando Usar

A técnica de biblioteca compartilhada é uma boa abordagem para ambientes homogêneos em que a mudança de código compartilhado é baixa a moderada. A capacidade de controlar versões (embora às vezes complexa) permite bons níveis de agilidade ao fazer alterações de código compartilhado. Como as bibliotecas compartilhadas geralmente são vinculadas ao serviço em tempo de compilação, as características operacionais, como desempenho, escalabilidade e tolerância a falhas, não são afetadas, e o risco de interromper outros serviços com uma alteração no código comum é baixo devido ao controle de versão.

Serviço Compartilhado

A principal alternativa ao uso de uma biblioteca compartilhada para funcionalidades comuns é usar um serviço compartilhado. A técnica de *serviço compartilhado*, ilustrada na Figura 8-6, evita a reutilização, colocando as funcionalidades compartilhadas em um serviço implantado separadamente.

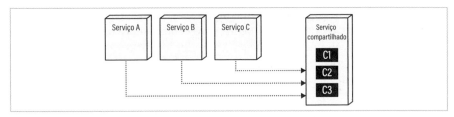

Figura 8-6. Com a técnica de serviço compartilhado, funcionalidades comuns são disponibilizadas em tempo de execução por meio de serviços separados.

Um fator diferenciador sobre a técnica de serviço compartilhado é que o código compartilhado deve estar na forma de composição, não de herança. Embora haja muito debate sobre o uso de composição, em vez de herança, do ponto de vista do design do código-fonte (consulte o artigo da Thoughtworks "Composition vs. Inheritance: How to Choose" e o artigo de Martin Fowler "Designed Inheritance"), do ponto de vista da arquitetura a composição *versus* herança importa ao se escolher uma técnica de reutilização de código, particularmente com a técnica de serviços compartilhados.

Antigamente, os serviços compartilhados eram uma abordagem comum para lidar com a funcionalidade compartilhada em uma arquitetura distribuída. As alterações na funcionalidade compartilhada não exigem mais a reimplantação de serviços; em vez disso, como as alterações são isoladas em um serviço separado, elas podem ser implantadas sem reimplantar outros serviços que precisam da funcionalidade compartilhada. No entanto, como tudo na arquitetura de software, muitos trade-offs estão associados ao uso de serviços compartilhados, incluindo risco de alteração, desempenho, escalabilidade e tolerância a falhas.

Risco de Alteração

Alterar a funcionalidade compartilhada usando a técnica de serviço compartilhado acaba sendo uma faca de dois gumes. Conforme ilustrado na Figura 8-7, alterar a funcionalidade compartilhada é simplesmente uma questão de modificar o código compartilhado contido em um serviço separado (como uma calculadora de desconto), reimplantar o serviço e pronto — as alterações agora estão disponíveis para todos os serviços, sem que se tenha de testar novamente e reimplantar qualquer outro serviço que precise dessa funcionalidade compartilhada.

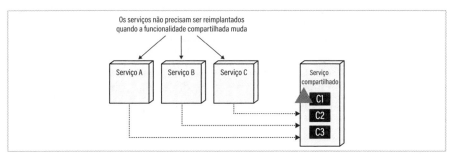

Figura 8-7. Alterações de funcionalidade compartilhada são isoladas apenas para o serviço compartilhado.

Se a vida fosse simples assim! O problema, claro, é que uma alteração em um serviço compartilhado é uma alteração de *tempo de execução*, em oposição a uma mudança *baseada em compilação* com a técnica de biblioteca compartilhada. Como resultado, uma mudança "simples" em um serviço compartilhado pode efetivamente derrubar todo um sistema, conforme ilustrado na Figura 8-8.

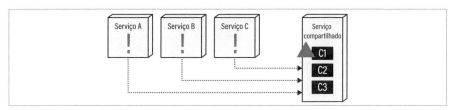

Figura 8-8. Alterações em um serviço compartilhado podem interromper outros serviços em tempo de execução.

Isso necessariamente traz à tona o tema do controle de versão. Na técnica de biblioteca compartilhada, o controle de versão é gerenciado por meio de vínculos de tempo de compilação, reduzindo significativamente o risco associado a uma alteração em uma biblioteca compartilhada. No entanto, como uma versão de um simples serviço compartilhado muda?

A resposta imediata, é claro, é usar o controle de versão do endpoint da API — em outras palavras, criar um novo endpoint contendo cada mudança de serviço compartilhado, conforme mostrado no Exemplo 8-3.

Exemplo 8-3. Calendário de descontos com controle de versão para endpoint de serviço compartilhado

```
app/1.0/discountcalc?orderid=123
app/1.1/discountcalc?orderid=123
app/1.2/discountcalc?orderid=123
app/1.3/discountcalc?orderid=123
latest change -> app/1.4/discountcalc?orderid=123
```

Usando essa abordagem, sempre que um serviço compartilhado é alterado, a equipe cria um novo terminal de API contendo uma nova versão do URI. Não é difícil ver os problemas que surgem com essa prática. Em primeiro lugar, os serviços que acessam o serviço calculadora de descontos (ou a configuração correspondente para cada serviço) devem mudar para apontar para a versão correta. Em segundo lugar, quando a equipe deve criar um novo endpoint de API? E quanto a uma simples mudança de mensagem de erro? E para um novo cálculo? O controle de versão começa a se tornar amplamente subjetivo neste ponto, e os serviços que usam o serviço compartilhado ainda devem mudar para apontar para o endpoint correto.

Outro problema com o controle de versão do endpoint da API é que ele presume que todo o acesso ao serviço compartilhado é feito por meio de uma chamada de API RESTful passando por um gateway ou por meio de comunicação ponto a ponto. No entanto, em alguns casos, o acesso a um serviço compartilhado por meio da comunicação entre serviços é comumente feito por meio de outros tipos de protocolos, como mensagens e gRPC (*https://grpc.io* — conteúdo em inglês) (além de uma chamada de API RESTful). Isso complica ainda mais a estratégia de versão para uma mudança, dificultando a coordenação de versões em vários protocolos.

O ponto principal é que, com a técnica de serviço compartilhado, as alterações em um serviço compartilhado geralmente são de natureza de tempo de execução e, portanto, carregam muito mais riscos do que com bibliotecas compartilhadas. Embora o controle de versão possa ajudar a reduzir esse risco, é muito mais complexo aplicá-lo e gerenciá-lo do que uma biblioteca compartilhada.

Desempenho

Como os serviços que exigem a funcionalidade compartilhada devem fazer uma chamada entre serviços para um serviço compartilhado, o desempenho é afetado por causa da latência da rede (e da latência de segurança, supondo que os endpoints do serviço compartilhado sejam seguros). Esse trade-off, mostrado na Figura 8-9, não existe com a técnica de biblioteca compartilhada ao acessar o código compartilhado.

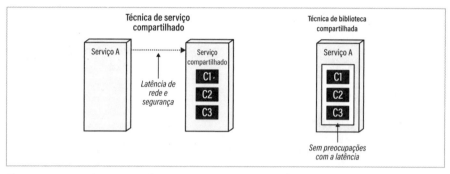

Figura 8-9. Os serviços compartilhados introduzem latência de rede e segurança.

O uso de gRPC pode ajudar a atenuar alguns dos problemas de desempenho, reduzindo significativamente a latência da rede, assim como o uso de protocolos assíncronos, como mensagens. Com mensagens, o serviço que precisa da funcionalidade compartilhada pode emitir uma solicitação por meio de uma fila de solicitações, executar outro trabalho e, uma vez necessário, pode recuperar os resultados por meio de uma fila de resposta separada usando um ID de correlação (consulte *Java Message Service* [*Serviço de Mensagens Java*, em tradução livre], de Mark Richards *et al.*, para obter mais informações sobre técnicas de mensagens).

Escalabilidade

Outra desvantagem da técnica de serviço compartilhado é que o serviço compartilhado deve ser dimensionado como serviços usando a escala de serviço compartilhado. Às vezes, isso pode ser uma bagunça para gerenciar, especialmente com vários serviços acessando simultaneamente o mesmo serviço compartilhado. No entanto, conforme ilustrado na Figura 8-10, a técnica de biblioteca compartilhada não tem esse problema, porque a funcionalidade compartilhada está contida no serviço em tempo de compilação.

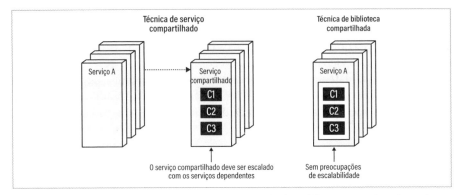

Figura 8-10. Os serviços compartilhados devem ser escalados à medida que os serviços dependentes são escalados.

Tolerância a Falhas

Embora os problemas de tolerância a falhas geralmente possam ser mitigados por meio de várias instâncias de um serviço, é um trade-off a ser considerado ao se usar a técnica de serviço compartilhado. Conforme ilustrado na Figura 8-11, se o serviço compartilhado ficar indisponível, os serviços que requerem a funcionalidade compartilhada são considerados inoperantes até que o serviço compartilhado esteja disponível. A técnica de biblioteca compartilhada não tem esse problema, pois a funcionalidade compartilhada está contida no serviço em tempo de compilação e, portanto, acessada por meio de métodos padrão ou chamadas de função.

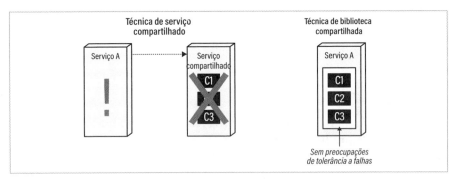

Figura 8-11. Os serviços compartilhados introduzem problemas de tolerância a falhas.

Embora a técnica de serviço compartilhado preserve o contexto delimitado e seja boa para código compartilhado que muda frequentemente, as características operacionais como desempenho, escalabilidade e disponibilidade são prejudicadas. A Tabela 8-3 lista os vários trade-offs associados a esta técnica.

Trade-Offs

Tabela 8-3. Trade-offs para a técnica de serviço compartilhado

Vantagens	Desvantagens
Bom para alta volatilidade de código.	Alterações de versão podem ser difíceis.
Nenhuma duplicação de código em bases de código heterogêneas.	O desempenho é afetado devido à latência.
Preserva o contexto delimitado.	Tolerância a falhas e problemas de disponibilidade devido à dependência do serviço.
Sem compartilhamento de código estático.	Problemas de escalabilidade e taxa de transferência devido à dependência do serviço.
	Aumento do risco devido a alterações no tempo de execução.

Quando Usar

A técnica de serviço compartilhado é boa para se usar em ambientes altamente poliglotas (aqueles com várias linguagens e plataformas heterogêneas) e também quando a funcionalidade compartilhada tende a mudar com frequência. Embora as mudanças em um serviço compartilhado tendam a ser muito mais ágeis em geral do que com a técnica de biblioteca compartilhada, tome cuidado com os efeitos colaterais e riscos do tempo de execução para os serviços que precisam da funcionalidade compartilhada.

Sidecars e Malha de Serviços

Talvez a resposta mais comum a qualquer pergunta feita por um arquiteto seja "Depende!" Nenhum problema em arquiteturas distribuídas ilustra melhor essa ambiguidade do que o acoplamento operacional.

Um dos objetivos de design das arquiteturas de microsserviços é um alto grau de desacoplamento, muitas vezes manifestado no conselho "A duplicação é preferível ao acoplamento". Por exemplo, digamos que dois serviços Sysops Squad precisem passar informações do cliente, mas o contexto delimitado de projeto orientado a domínio insiste em que os detalhes de implementação permaneçam privados para o serviço. Assim, uma solução comum permite que cada serviço tenha sua própria representação interna de entidades como Cliente, passando essas informações de maneiras fracamente acopladas, como pares nome-valor em JSON. Observe que isso permite que cada serviço altere sua representação interna à vontade, incluindo a stack de tecnologia, sem interromper a integração. Os arquitetos geralmente desaprovam a duplicação de código porque isso causa problemas de sincronização, desvio semântico e uma série de outros problemas, mas às vezes existem forças que são piores do que os problemas de duplicação, e o acoplamento em microsserviços geralmente se encaixa nessa conta. Assim, na arquitetura de microsserviços, a resposta para a pergunta "devemos duplicar ou acoplar a algum recurso?" é provavelmente *duplicar*, enquanto em outro estilo de arquitetura, como uma arquitetura baseada em serviço, a resposta correta provavelmente é *acoplar*. Depende!

Ao projetar microsserviços, os arquitetos se resignaram à realidade da duplicação de implementação para preservar o desacoplamento. Mas e quanto ao tipo de recursos que se *beneficiam* do alto acoplamento? Por exemplo, considere recursos operacionais comuns, como monitoramento, registro, autenticação e autorização, disjuntores e uma série de outras capacidades operacionais que cada serviço deve ter. Mas permitir que cada equipe gerencie essas dependências geralmente leva ao caos. Por exemplo, considere uma empresa como a Penultimate Electronics tentando padronizar uma solução de monitoramento comum para facilitar a operacionalização dos vários serviços. No entanto, se cada equipe é responsável por implementar o monitoramento de seu serviço, como a equipe de operações pode ter certeza de que o fez? Além disso, e quanto a questões como atualizações unificadas? Se a ferramenta de monitoramento precisar ser atualizada em toda a organização, como as equipes podem coordenar isso?

A solução comum que surgiu no ecossistema de microsserviços nos últimos anos resolve esse problema de maneira elegante usando o padrão Sidecar. Esse padrão é baseado em um padrão de arquitetura muito anterior definido por Alistair Cockburn, conhecido como *arquitetura hexagonal*, ilustrado na Figura 8-12.

Nesse padrão hexagonal, o que chamaríamos agora de lógica de domínio reside no centro do hexágono, que é cercado por portas e adaptadores para outras partes do ecossistema (na verdade, esse padrão também é conhecido como *Padrão de Portas e Adaptadores*). Embora seja anterior aos microsserviços em vários anos, esse padrão tem semelhanças com os microsserviços modernos, com uma diferença significativa: fidelidade de dados. A arquitetura hexagonal tratava o banco de dados apenas como outro adaptador que pode ser conectado, mas uma das percepções do DDD sugere que os esquemas de dados e a transacionalidade devem estar no interior — como nos microsserviços.

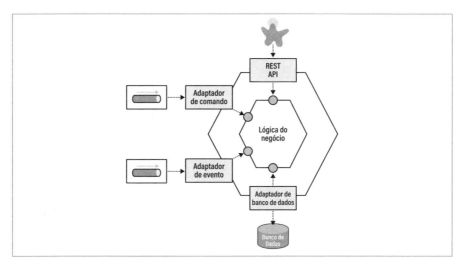

Figura 8-12. O padrão hexagonal separou a lógica de domínio do acoplamento técnico.

O *padrão Sidecar* utiliza o mesmo conceito da arquitetura hexagonal, pois dissocia a lógica de domínio da lógica técnica (infraestrutura). Por exemplo, considere dois microsserviços, conforme mostrado na Figura 8-13.

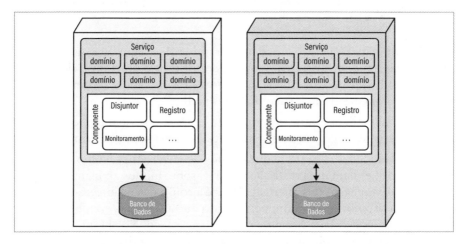

Figura 8-13. Dois microsserviços que compartilham os mesmos recursos operacionais.

Aqui, cada serviço inclui uma divisão entre preocupações operacionais (os componentes maiores na parte inferior do serviço) e preocupações de domínio, retratadas nas caixas na parte superior do serviço rotuladas como "domínio". Se os arquitetos desejam consistência nas capacidades operacionais, as partes separáveis vão para um componente sidecar, metaforicamente nomeado para o sidecar que se conecta às motocicletas, cuja implementação é uma responsabilidade compartilhada entre as equipes ou gerenciada por um grupo de infraestrutura centralizado. Se os arquitetos puderem presumir que todo serviço inclui o sidecar, ele formará uma interface operacional consistente entre os serviços, geralmente anexada por meio de um plano de serviço, mostrado na Figura 8-14.

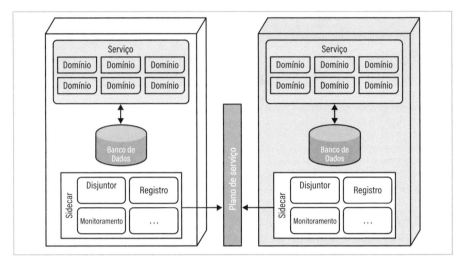

Figura 8-14. Quando cada microsserviço inclui um componente comum, os arquitetos podem estabelecer links entre eles para um controle consistente.

Se arquitetos e operações puderem assumir com segurança que cada serviço inclui o componente sidecar (governado por fitness functions), ele formará uma malha de serviço, ilustrada na Figura 8-15. As caixas à direita de cada serviço se interconectam, formando uma "malha."

Ter uma malha permite que arquitetos e DevOps criem painéis, controlem características operacionais, como escala, e uma série de outros recursos.

O padrão Sidecar permite que grupos de governança, como arquitetos corporativos, tenham uma restrição razoável sobre muitos ambientes poliglotas: uma das vantagens dos microsserviços é a confiança na integração, em vez de em uma plataforma comum, permitindo que as equipes escolham o nível correto de complexidade e recursos serviço a serviço. No entanto, à medida que o número de plataformas prolifera, a governança unificada se torna mais difícil. Portanto, as equipes costumam usar a consistência da malha de serviço como um driver para oferecer suporte à infraestrutura e outras preocupações transversais em várias plataformas heterogêneas. Por exemplo, sem uma malha de serviço, se os arquitetos corporativos quiserem se unificar em torno de uma solução de monitoramento comum, as equipes deverão criar um sidecar por plataforma que ofereça suporte a essa solução.

8. REUTILIZAR PADRÕES

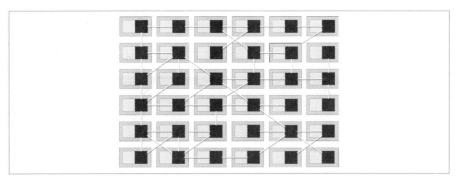

Figura 8-15. Uma malha de serviço é um link operacional entre serviços.

O padrão Sidecar representa não apenas uma maneira de desacoplar recursos operacionais de domínios — é um padrão de *reutilização ortogonal* para abordar um tipo específico de acoplamento (consulte "Acoplamento Ortogonal", a seguir). Frequentemente, as soluções de arquitetura requerem vários tipos de acoplamento, como no caso de nosso exemplo atual de acoplamento de domínio *versus* operacional. Um padrão de reutilização ortogonal apresenta uma maneira de reutilizar algum aspecto contrário a uma ou mais emendas na arquitetura. Por exemplo, as arquiteturas de microsserviços são organizadas em torno de domínios, mas o acoplamento operacional requer o corte desses domínios. Um sidecar permite que um arquiteto isole essas preocupações em uma camada transversal, mas consistente, através da arquitetura.

> **Acoplamento Ortogonal**
>
> Em matemática, duas retas são *ortogonais* se elas se cruzam em ângulos retos, o que também implica independência. Na arquitetura de software, duas partes de uma arquitetura podem ser *acopladas ortogonalmente*: dois propósitos distintos que ainda devem se cruzar para formar uma solução completa. O exemplo óbvio deste capítulo é uma preocupação operacional, como o monitoramento, que é necessário, mas independente do comportamento do domínio, como a verificação do catálogo. Reconhecer o acoplamento ortogonal permite que os arquitetos encontrem pontos de interseção que causem o mínimo de emaranhamento entre as preocupações.

Embora o padrão Sidecar ofereça uma boa abstração, ele tem trade-offs como todas as outras abordagens arquitetônicas, mostradas na Tabela 8-4.

Trade-Offs

Tabela 8-4. *Trade-offs para o padrão Sidecar/técnica de malha de serviço*

Vantagens	Desvantagens
Oferece uma maneira consistente de criar acoplamento isolado.	Deve implementar um sidecar por plataforma.
Permite uma coordenação de infraestrutura consistente.	O componente sidecar pode ficar grande/complexo.
Propriedade por equipe, centralizada ou alguma combinação.	

Quando Usar

O padrão Sidecar e a malha de serviço oferecem uma maneira limpa de espalhar algum tipo de preocupação transversal em uma arquitetura distribuída e podem ser usados por mais do que apenas acoplamento operacional (consulte o Capítulo 14). Isso oferece um equivalente arquitetônico ao Decorator Design Pattern do livro *Gang of Four Design Patterns* [*Gangue dos Quatro Padrões de Design*, em tradução livre] — permite que um arquiteto "decore" o comportamento em uma arquitetura distribuída independente da conectividade normal.

Saga Sysops Squad: Lógica de Infraestrutura Comum

Quinta-feira, 10 de fevereiro, 10h34

Sydney espreitou o escritório de Taylen em uma manhã nublada. "Ei, você está usando a biblioteca compartilhada do Message Dispatch?"

Taylen respondeu: "Sim, estamos tentando consolidar isso para obter alguma consistência na resolução de mensagens."

Sydney disse: "Ok, mas agora estamos recebendo mensagens de log duplas — parece que a biblioteca grava nos logs, mas nosso serviço também grava no log. É assim que deve ser?"

"Não", Taylen respondeu. "Definitivamente, não queremos entradas de log duplicadas. Isso apenas torna tudo confuso. Devemos perguntar a Addison sobre isso."

Consequentemente, Sydney e Taylen foram conversar com Addison. "Ei, você tem um minuto?"

Addison respondeu: "Para vocês, sempre. O que houve?"

Sydney disse: "Estamos consolidando um monte do nosso código duplicado em bibliotecas compartilhadas, e isso está funcionando bem — estamos melhorando em identificar as partes que raramente mudam. Mas agora chegamos ao problema que nos traz aqui: quem deveria estar escrevendo mensagens de log? Bibliotecas, serviços ou outra coisa? E como podemos tornar isso consistente?"

Addison disse: "Esbarramos em um comportamento operacional compartilhado. O registro é apenas um deles. E quanto ao monitoramento, descoberta de serviço, disjuntores e até mesmo algumas de nossas funções utilitárias, como a biblioteca `JSONtoXML` que algumas equipes estão compartilhando? Precisamos de uma maneira melhor de lidar com isso para evitar problemas. É por isso que estamos implementando uma malha de serviço com esse comportamento comum em um componente secundário."

Sydney disse: "Eu li sobre sidecars e malha de serviço — é uma maneira de compartilhar coisas em vários microsserviços, certo?"

Addison respondeu: "Mais ou menos, mas não todos os tipos de *coisas*. A intenção da malha de serviço e do sidecar é consolidar o acoplamento operacional, não o acoplamento de domínio. Por exemplo, assim como no nosso caso, queremos consistência para registro e monitoramento em todos os nossos serviços, mas não queremos que cada equipe tenha que se preocupar com isso. Se consolidarmos o código de log no sidecar comum que cada serviço implementa, podemos forçar a consistência."

Taylen perguntou: "Quem é o dono da biblioteca compartilhada? Responsabilidade compartilhada entre todas as equipes?"

Addison respondeu: "Pensamos nisso, mas agora temos equipes suficientes; criamos uma equipe de infraestrutura compartilhada que gerenciará e manterá o componente sidecar. Eles criaram o pipeline de implantação para testar automaticamente o sidecar assim que ele for vinculado ao serviço com um conjunto de fitness functions."

Sydney disse: "Então, se precisarmos compartilhar bibliotecas entre os serviços, basta pedir que eles as coloquem no sidecar?"

Addison disse: "Tenha cuidado — o sidecar não foi feito para ser usado para qualquer coisa, apenas para acoplamento operacional."

"Não tenho certeza de que distinção é essa", disse Taylen.

"O acoplamento operacional inclui as coisas que discutimos — registro, monitoramento, descoberta de serviço, autenticação e autorização, e assim por diante. Basicamente, abrange todas as partes hidráulicas da infraestrutura que não têm responsabilidade de domínio. Mas você nunca deve colocar componentes compartilhados de domínio, como a classe `Address` ou a `Customer`, no sidecar."

Sydney perguntou: "Mas por quê? E se eu precisar da mesma definição de classe em dois serviços? Colocá-la no sidecar não o tornará disponível para ambos?"

Addison respondeu: "Sim, mas agora você está aumentando o acoplamento exatamente da maneira que tentamos evitar nos microsserviços. Na maioria das arquiteturas, uma única implementação desse serviço seria compartilhada entre as equipes que precisam dele. No entanto, em microsserviços, isso cria um ponto de acoplamento, unindo vários serviços de maneira indesejável — se uma equipe alterar o código compartilhado, todas as equipes devem coordenar essa alteração. No entanto, os arquitetos podem decidir colocar a biblioteca compartilhada no sidecar — afinal, é uma capacidade técnica. Nenhuma das respostas é inequivocamente correta, tornando esta uma decisão arquitetônica e digna de análise de trade-off. Por exemplo, se a classe `Address` mudar e ambos os serviços dependerem dela, ambos devem mudar — a definição de acoplamento. Nós lidamos com essas questões com contratos. A outra questão diz respeito ao tamanho: não queremos que o sidecar se torne a maior parte da arquitetura. Por exemplo, considere a biblioteca `JSONtoXML` que discutimos anteriormente. Quantas equipes usam isso?"

Taylen disse: "Bem, qualquer equipe que precise se integrar ao sistema de mainframe para qualquer coisa — provavelmente cinco de, o que, dezesseis ou dezessete equipes?"

Addison disse: "Perfeito. Ok, qual é a desvantagem de colocar o `JSONtoXML` no sidecar?"

Sydney respondeu: "Bem, isso significa que toda equipe tem a biblioteca automaticamente e não precisa conectá-la por meio de dependências."

"E o lado ruim?", perguntou Addison.

"Bem, adicioná-lo ao sidecar o torna maior, mas não muito — é uma pequena biblioteca", disse Sidney.

"Esse é o principal trade-off para o código utilitário compartilhado — quantas equipes precisam dele *versus* quanta sobrecarga ele adiciona a cada serviço, especialmente aqueles que não precisam dele."

"E se menos da metade das equipes o usar, provavelmente não valerá a pena", disse Sydney.

"Certo! Então, por enquanto, vamos deixar isso de lado e talvez reavaliar no futuro", disse Addison.

ADR: Usando um Sidecar para Acoplamento Operacional

Contexto

Cada serviço em nossa arquitetura de microsserviços exige um comportamento operacional comum e consistente; deixar essa responsabilidade para cada equipe introduz inconsistências e problemas de coordenação.

Decisão

Usaremos um componente sidecar em conjunto com uma malha de serviço para consolidar o acoplamento operacional compartilhado.

A equipe de infraestrutura compartilhada será proprietária e manterá o sidecar para equipes de serviço; as equipes de serviço agem como seus clientes. Os seguintes serviços serão prestados pelo sidecar:

- Monitoramento

- Registro
- Descoberta de serviço
- Autenticação
- Autorização

Consequências

As equipes não devem adicionar classes de domínio ao sidecar, o que incentiva o acoplamento inadequado.

As equipes trabalham com a equipe de infraestrutura compartilhada para colocar bibliotecas *operacionais* compartilhadas no sidecar, se equipes suficientes o exigirem.

Reutilização de Código: Quando Isso Agrega Valor?

Muitos arquitetos falham em avaliar adequadamente os trade-offs quando se deparam com algumas situações, o que não é necessariamente uma deficiência — muitos trade-offs se tornam óbvios somente após o fato.

A *reutilização* é uma das abstrações das quais mais se abusa, porque a visão geral nas organizações é a de que a *reutilização* representa um objetivo louvável pelo qual as equipes devem se esforçar. No entanto, deixar de avaliar todos os trade-offs associados ao reuso pode levar a sérios problemas na arquitetura.

O perigo de muita reutilização foi uma das lições que muitos arquitetos aprenderam com a tendência do início do século XX de arquitetura orientada a serviços orientada a orquestração, em que um dos principais objetivos de muitas organizações era maximizar a reutilização.

Considere o cenário de uma seguradora, ilustrado na Figura 8-16.

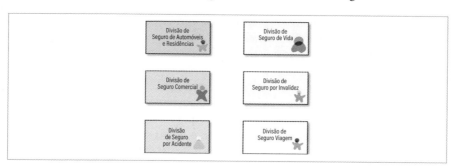

Figura 8-16. Cada domínio dentro de uma grande seguradora tem uma visão do cliente.

Cada divisão da empresa tem algum aspecto dos clientes com o qual se preocupa. Anos atrás, os arquitetos foram instruídos a ficar atentos a esse tipo de semelhança; uma vez descoberta, o objetivo era consolidar a visão organizacional do cliente em um único serviço, mostrado na Figura 8-17.

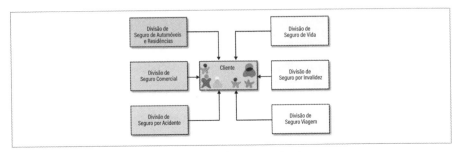

Figura 8-17. Unificação em um atendimento ao cliente centralizado.

Embora a imagem da Figura 8-17 possa parecer lógica, é um desastre arquitetônico por dois motivos. Primeiro, se todas as informações institucionais sobre uma entidade-chave como o Cliente devem residir em um único local, essa entidade deve ser complexa o suficiente para lidar com qualquer domínio e cenário, dificultando seu uso para coisas simples.

Em segundo lugar, cria *fragilidade* na arquitetura. Se todo domínio que precisa de informações do cliente deve obtê-las de um único local, quando esse local muda, tudo quebra. Por exemplo, em nosso exemplo, o que acontece quando o CustomerService precisa adicionar novos recursos em nome de um dos domínios? Essa mudança pode impactar todos os outros domínios, exigindo coordenação e testes para garantir que a mudança não tenha "ondulado" em toda a arquitetura.

O que os arquitetos não conseguiram perceber é que a reutilização tem dois aspectos importantes; eles acertaram o primeiro: abstração. A maneira como arquitetos e desenvolvedores descobrem candidatos para reutilização é por meio da abstração. No entanto, a segunda consideração é a que determina a utilidade e o valor: a *taxa de alteração*.

Observar que alguns reusos causam fragilidade levanta a questão sobre como esse tipo de reutilização difere dos tipos dos quais claramente nos beneficiamos. Considere as coisas que todos reutilizam com sucesso: sistemas operacionais, estruturas e bibliotecas de código aberto, e assim por diante. O que as distingue dos ativos que as equipes de projeto constroem? A resposta é *taxa de alteração lenta*. Nós nos beneficiamos do acoplamento técnico, como sistemas operacionais e estruturas externas, porque ele tem uma taxa de alteração e cadência de atualização bem compreendida. Recursos de domínio interno ou estruturas técnicas que mudam rapidamente são alvos de acoplamento terríveis.

 A reutilização é derivada via abstração, mas operacionalizada por uma taxa de alteração lenta.

Reutilização Via Plataformas

Há muitas notícias exaltando a virtude das plataformas dentro das organizações, quase ao ponto da *difusão semântica*. No entanto, a maioria concorda que a plataforma é o novo alvo de reutilização dentro das organizações, o que significa que para cada capacidade de domínio distinguível, a organização constrói uma plataforma com uma API bem definida para ocultar os detalhes da implementação.

A taxa de mudança lenta impulsiona esse raciocínio. Conforme discutimos no Capítulo 13, uma API pode ser projetada para ser acoplada de forma bastante flexível aos chamadores, permitindo uma taxa interna agressiva de alteração de detalhes de implementação sem interromper a API. Isso, é claro, não protege a organização de mudanças na semântica da informação que ela deve transmitir entre os domínios, mas por meio de um projeto cuidadoso de encapsulamento e contratos, os arquitetos podem limitar a quantidade de alterações e fragilidade na arquitetura de integração.

Saga Sysops Squad: Funcionalidade de Domínio Compartilhado

Terça-feira, 8 de fevereiro, 12h50

Com a aprovação de Addison, a equipe de desenvolvimento decidiu dividir a funcionalidade básica de abertura de tickets em três serviços separados: um serviço de Criação de Tickets voltado para o cliente, um serviço de Atribuição de Tickets e um serviço de Conclusão de Tickets. No entanto, todos os três serviços usaram lógica de banco de dados comum (consultas e atualizações) e compartilharam um conjunto de tabelas de banco de dados no domínio de dados de tickets.

Taylen queria criar um serviço de dados compartilhados que contivesse a lógica comum do banco de dados, formando, assim, uma camada de abstração do banco de dados, conforme mostrado na Figura 8-18.

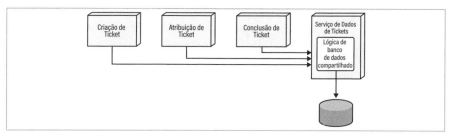

Figura 8-18. Opção usando um serviço de Dados de Ticket compartilhado para lógica de banco de dados comum para os serviços de abertura de tickets do Sysops Squad.

Skyler odiou a ideia e queria usar uma única biblioteca compartilhada (DLL) que cada serviço incluiria como parte da construção e implantação, conforme ilustrado na Figura 8-19.

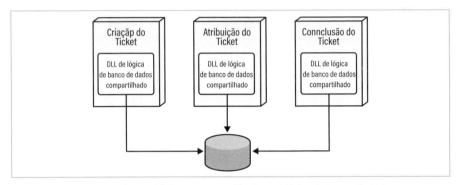

Figura 8-19. Opção usando uma biblioteca compartilhada para lógica de banco de dados comum para os serviços de ticket do Sysops Squad.

Ambos os desenvolvedores se reuniram com Addison para resolver esse entrave.

"Então, Addison, qual é a sua opinião? A lógica do banco de dados compartilhado deve estar em um serviço de dados compartilhado ou em uma biblioteca compartilhada?", perguntou Taylen.

"Não se tratam de opiniões", disse Addison. "Trata-se de analisar os trade-offs para chegar à solução mais apropriada para a funcionalidade central do banco de dados de tickets compartilhados. Vamos fazer uma abordagem baseada em hipóteses e levantar a hipótese de que a solução mais adequada é usar o serviço de dados compartilhados."

"Espere", disse Skyler. "Simplesmente não é uma boa solução arquitetônica para esse problema."

"Por quê?", perguntou Addison, levando Skyler a começar a pensar em termos de trade-offs.

"Em primeiro lugar", disse Skyler, "todos os três serviços precisariam fazer uma chamada entre serviços para o serviço de dados compartilhados para cada consulta ou atualização do banco de dados. Teremos uma séria queda no desempenho se fizermos isso. Além disso, se o serviço de dados compartilhados cair, todos os três serviços ficarão inoperantes".

"Então?", disse Taylen. "É tudo funcionalidade de backend, então, quem se importa? A funcionalidade de backend não precisa ser tão rápida, e os serviços aparecem rapidamente se falharem."

"Na verdade", disse Addison, "nem tudo é funcionalidade de backend. Não se esqueça, o serviço de Criação de Tickets é voltado para o cliente e usaria o mesmo serviço de dados compartilhados que a funcionalidade de abertura de tickets de backend".

"Sim, mas a *maior parte* da funcionalidade ainda é de backend", disse Taylen, com um pouco menos de confiança do que antes.

"Até agora", disse Addison, "parece que o trade-off pelo uso do serviço de dados compartilhados é desempenho e tolerância a falhas para os serviços de abertura de tickets".

"Também não vamos esquecer que quaisquer alterações feitas no serviço de dados compartilhados são alterações em tempo de execução. Em outras palavras", disse Skyler, "se fizermos uma alteração e implantarmos o serviço de dados compartilhados, poderemos quebrar alguma coisa".

"É por isso que testamos", disse Taylen.

"Sim, mas se você quiser reduzir o risco, terá que testar todos os serviços de abertura de tickets para cada alteração no serviço de dados compartilhados, o que aumenta significativamente o tempo de teste. Com uma DLL compartilhada, poderíamos criar uma versão da biblioteca compartilhada para fornecer compatibilidade com versões anteriores", disse Skyler.

"Ok, vamos adicionar maior risco para mudanças e maior esforço de teste para os trade-offs também", disse Addison. "Além disso, não vamos esquecer que teríamos uma coordenação extra do ponto de vista da escalabilidade. Cada vez que criamos mais instâncias do serviço de criação de tickets, também precisamos garantir a criação de mais instâncias do serviço de dados compartilhados."

"Não vamos continuar focando tanto os pontos negativos", disse Taylen. "Que tal os pontos positivos de usar um serviço de dados compartilhado?"

"Ok", disse Addison, "vamos falar sobre os benefícios de usar um serviço de dados compartilhados".

"Abstração de dados, é claro", disse Taylen. "Os serviços não precisariam se preocupar com nenhuma lógica de banco de dados. Tudo o que eles teriam que fazer seria uma chamada de serviço remoto para o serviço de dados compartilhados."

"Algum outro benefício?", perguntou Addison.

"Bem", disse Taylen, "eu ia dizer pooling de conexão centralizado, mas precisaríamos de várias instâncias, de qualquer maneira, para oferecer suporte ao serviço de criação de tickets do cliente. Isso ajudaria, mas não é um grande divisor de águas, pois existem apenas três serviços sem muitas instâncias de cada serviço. No entanto, o controle de alterações seria muito mais fácil com um serviço de dados compartilhado. Não precisaríamos reimplantar nenhum dos serviços de ticket para alterações na lógica do banco de dados."

"Vamos dar uma olhada nesses arquivos de classe compartilhados no repositório e ver historicamente quanta mudança realmente existe para esse código", disse Addison.

Addison, Taylen e Skyler examinaram o histórico do repositório para os arquivos de classe de lógica de dados compartilhados.

"Hum…", disse Taylen. "Eu pensei que havia muito mais mudanças nesse código do que o que está aparecendo no repositório. Ok, então acho que as mudanças são mínimas para a lógica do banco de dados compartilhado, afinal."

Por meio da conversa sobre trade-offs, Taylen começou a perceber que os pontos negativos de um serviço compartilhado pareciam superar os pontos positivos, e não havia nenhuma justificativa real convincente para colocar a lógica do banco de dados compartilhado em um serviço compartilhado. Taylen concordou em colocar a lógica do banco de dados compartilhado em uma DLL compartilhada e Addison escreveu um ADR para essa decisão de arquitetura:

ADR: Uso de uma Biblioteca Compartilhada para Lógica Comum de Banco de Dados de Abertura de Tickets

Contexto

A funcionalidade de abertura de tickets é dividida em três serviços: Criação de Tickets, Atribuição de Tickets e Conclusão de Tickets. Todos os três serviços usam código comum para a maior parte das consultas de banco de dados e instruções de atualização. As duas opções são usar uma biblioteca compartilhada ou criar um serviço de dados compartilhados.

Decisão

Usaremos uma biblioteca compartilhada para a lógica comum do banco de dados de abertura de tickets.

Utilizar uma biblioteca compartilhada melhorará o desempenho, a escalabilidade e a tolerância a falhas do serviço de Criação de Tickets voltado para o cliente, bem como para o serviço de Atribuição de Tickets

Descobrimos que o código lógico do banco de dados comum não muda muito e, portanto, é um código bastante estável. Além disso, a mudança é menos arriscada para a lógica de banco de dados comum porque os serviços precisariam ser testados e reimplantados. Se forem necessárias alterações, aplicaremos o controle de versão onde for apropriado para que nem todos os serviços precisem ser reimplantados quando a lógica comum do banco de dados for alterada.

O uso de uma biblioteca compartilhada reduz o acoplamento de serviço e elimina dependências de serviço adicionais, tráfego HTTP e largura de banda geral.

Consequências

Alterações na lógica de banco de dados comum na DLL compartilhada exigirão que os serviços de abertura de tickets sejam testados e implantados, reduzindo assim a agilidade geral da lógica de banco de dados comum para a funcionalidade de abertura de tickets.

As instâncias de serviço precisarão gerenciar seu próprio pool de conexões de banco de dados.

9.
Propriedade dos Dados e Transações Distribuídas

Sexta-feira, 10 de dezembro, 9h12

Enquanto a equipe do banco de dados trabalhava na decomposição do banco de dados monolítico do Sysops Squad, a equipe de desenvolvimento do Sysops Squad, junto com Addison, a arquiteta do Sysops Squad, começou a trabalhar na formação de contextos limitados entre os serviços e os dados, atribuindo a propriedade da tabela aos serviços no processo.

"Por que você adicionou a tabela de perfil de especialista ao contexto delimitado do serviço de Atribuição de Tickets?", perguntou Addison.

"Porque", disse Sydney, "a atribuição de tickets depende dessa tabela para os algoritmos de atribuição. Ele consulta constantemente essa tabela para obter as informações de localização e habilidades do especialista".

"Mas ele só faz consultas à tabela de especialistas", disse Addison. "O serviço de manutenção do usuário contém a funcionalidade de realizar atualizações de banco de dados para manter essas informações. Portanto, parece-me que a tabela de perfis de especialistas deve pertencer ao serviço de manutenção do usuário e ser colocada dentro desse contexto delimitado."

"Eu discordo", disse Sydney. "Simplesmente não podemos permitir que o serviço de atribuição faça chamadas remotas para o serviço de manutenção do usuário para todas as consultas necessárias. Simplesmente não vai funcionar."

"Nesse caso, como você vê as atualizações ocorrendo na tabela quando um especialista adquire uma nova habilidade ou muda seu local de atendimento? E quando contratamos um novo especialista?", perguntou Addison. "Como isso funcionaria?"

"Simples", disse Sydney. "O serviço de Manutenção do Usuário ainda pode acessar a tabela de especialistas. Tudo o que precisa fazer é se conectar a um banco de dados diferente. Qual é o problema nisso?"

"Você não se lembra do que Dana disse antes? Não há problema em vários serviços se conectarem ao mesmo esquema de banco de dados, mas há problema em um serviço se conectar a vários bancos de dados ou esquemas. Dana disse que isso era proibido e não permitiria que isso acontecesse", disse Addison.

"Ah, certo, esqueci dessa regra. Então, o que fazemos?", perguntou Sidney. "Temos um serviço que precisa fazer atualizações ocasionais e um serviço totalmente diferente em um domínio totalmente diferente para fazer leituras frequentes da tabela."

"Não sei qual é a resposta certa", disse Addison. "Claramente, isso exigirá mais colaboração entre a equipe do banco de dados e nós para se descobrir essas coisas. Deixe-me ver se Dana pode dar algum conselho sobre isso."

Depois que os dados são separados, eles devem ser unidos novamente para fazer o sistema funcionar. Isso significa descobrir quais serviços têm quais dados, como gerenciar transações distribuídas e como os serviços podem acessar os dados de que precisam (mas que não têm mais). Neste capítulo, exploramos a propriedade e os aspectos transacionais de reunir novamente os dados distribuídos.

Atribuição de Propriedade de Dados

Depois de desmembrar os dados em uma arquitetura distribuída, um arquiteto deve determinar quais serviços têm quais dados. Infelizmente, atribuir propriedade de dados a um serviço não é algo tão fácil quanto parece e se torna mais uma parte difícil da arquitetura de software.

A regra de ouro geral para atribuir a propriedade da tabela afirma que os serviços que executam operações de gravação em uma tabela têm essa tabela. Embora essa regra geral funcione bem para propriedade única (apenas um serviço grava em uma tabela), fica confusa quando as equipes têm propriedade conjunta (vários serviços gravam na mesma tabela) ou, pior ainda, propriedade comum (a maioria ou todos os serviços escrevem na tabela).

 A regra de ouro geral para propriedade de dados é que o serviço que executa operações de gravação em uma tabela é o proprietário dessa tabela. No entanto, a propriedade conjunta torna essa regra simples complexa!

Para ilustrar algumas das complexidades com propriedade de dados, considere o exemplo ilustrado na Figura 9-1 mostrando três serviços: um Serviço de Lista de Desejos, que gerencia todas as listas de desejos do cliente, um Serviço de Catálogo, que mantém o catálogo de produtos, e um Serviço de Estoque, que mantém a funcionalidade de estoque e reabastecimento para todos os produtos no catálogo de produtos.

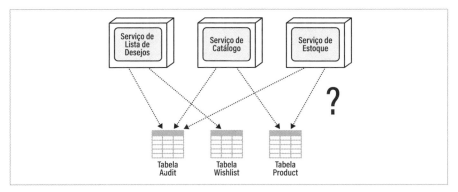

Figura 9-1. Depois que os dados são desmembrados, as tabelas devem ser atribuídas aos serviços que as têm.

Para complicar ainda mais, observe que o Serviço de Lista de Desejos grava na tabela Audit e na tabela Wishlist, o Serviço de Catálogo grava nas tabelas Audit e Product, e o Serviço de Estoque grava nas tabelas Audit e Product. De repente, esse exemplo simples do mundo real torna a atribuição de propriedade de dados uma tarefa complexa e confusa.

Neste capítulo, desvendamos essa complexidade discutindo os três cenários encontrados ao atribuir propriedade de dados a serviços (propriedade única, propriedade comum e propriedade conjunta) e explorando técnicas para resolver esses cenários, usando a Figura 9-1 como um ponto de referência comum.

Cenário de Propriedade Única

A *propriedade de tabela única* ocorre quando apenas um serviço grava em uma tabela. Esse é o mais direto dos cenários de propriedade de dados e é relativamente fácil de resolver. Voltando à Figura 9-1, observe que a tabela Wishlist tem apenas um único serviço que escreve para ela — o Serviço de Lista de Desejos.

Nesse cenário, fica claro que o Serviço de Lista de Desejos deve ser o proprietário da tabela Wishlist (independentemente de outros serviços que precisam de acesso somente leitura à tabela Wishlist), consulte a Figura 9-2. Observe que no lado direito desse diagrama, a tabela Wishlist torna-se parte do contexto delimitado do Serviço de Lista de Desejos. Essa técnica de diagramação é uma maneira eficaz de indicar a propriedade da tabela e o contexto delimitado formado entre o serviço e seus dados correspondentes.

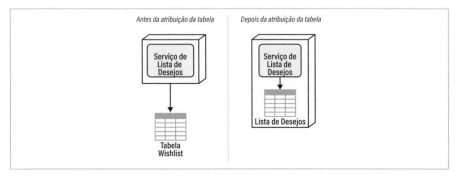

Figura 9-2. Com propriedade única, o serviço que grava na tabela torna-se o proprietário da tabela.

Devido à simplicidade desse cenário, recomendamos abordar primeiro as relações de propriedade de uma única tabela para limpar o campo de jogo, a fim de abordar melhor os cenários mais complicados que surgem: propriedade comum e propriedade conjunta.

Cenário de Propriedade Comum

A *propriedade de tabela comum* ocorre quando a maioria (ou todos) dos serviços precisa gravar na mesma tabela. Por exemplo, a Figura 9-1 mostra que todos os serviços (Wishlist, Catalog e Inventory) precisam gravar na tabela Audit para registrar a ação executada pelo usuário. Como todos os serviços precisam gravar na tabela, é difícil determinar quem deve realmente ser o proprietário da tabela Audit. Embora esse exemplo simples inclua apenas três serviços, imagine um exemplo mais realista em que potencialmente centenas (ou mesmo milhares) de serviços devem gravar na mesma tabela Audit.

A solução de simplesmente colocar a tabela Audit em um banco de dados ou esquema compartilhado que é usado por todos os serviços, infelizmente, reintroduz todos os problemas de compartilhamento de dados descritos no início do Capítulo 6, incluindo controle de alterações, privação de conexão, escalabilidade e tolerância a falhas. Portanto, outra solução é necessária para resolver a propriedade comum de dados.

Uma técnica popular para lidar com a propriedade comum da tabela é atribuir um único serviço dedicado como o principal (e único) proprietário desses dados, o que significa que apenas um serviço é responsável por gravar dados na tabela. Outros serviços que precisam executar ações de gravação enviariam informações para o serviço dedicado, que executaria a operação de gravação real na tabela.

Se nenhuma informação ou confirmação for necessária para os serviços que enviam os dados, os serviços podem usar filas persistentes para mensagens assíncronas do fire-and-forget. Como alternativa, se as informações precisarem ser retornadas ao chamador com base em uma ação de gravação (como retornar um número de confirmação ou chave de banco de dados), os serviços podem usar algo como REST, gRPC ou mensagens de solicitação-resposta (pseudossíncronas) para uma chamada síncrona.

Voltando ao exemplo da tabela Audit, observe na Figura 9-3 que o arquiteto criou um novo Serviço de Auditoria e atribuiu a ele a propriedade da tabela Audit, o que significa que é o único serviço que executa ações de leitura ou gravação na tabela. Nesse exemplo, como nenhuma informação de retorno é necessária, o arquiteto usou mensagens assíncronas fire-and-forget com uma fila persistente para que o Serviço de Lista de Desejos, o Serviço de Catálogo e o Serviço de Estoque não precisem aguardar a gravação do registro de auditoria para a tabela. Tornar a fila persistente (o que significa que a mensagem é armazenada em disco pelo intermediário) fornece entrega garantida no caso de falha de um serviço ou de um intermediário e ajuda a garantir que nenhuma mensagem seja perdida.

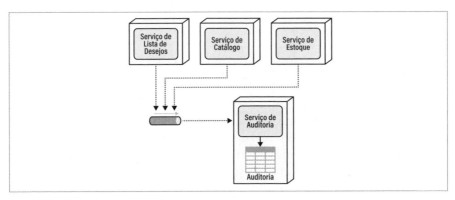

Figura 9-3. A propriedade comum usa um proprietário de serviço dedicado.

Em alguns casos, pode ser necessário que os serviços leiam dados comuns que não possuem. Essas técnicas de acesso somente leitura são descritas em detalhes no Capítulo 10.

Cenário de Propriedade Conjunta

Um dos cenários mais comuns (e complexos) envolvendo propriedade de dados é a *propriedade conjunta*, que ocorre quando vários serviços executam ações de gravação na mesma tabela. Esse cenário difere do cenário de propriedade comum anterior, pois, com propriedade conjunta, apenas alguns serviços dentro do mesmo domínio gravam na mesma tabela, enquanto com propriedade comum, a maioria ou todos os serviços executam operações de gravação na mesma tabela. Por exemplo, observe na Figura 9-1 que todos os serviços executam operações de gravação na tabela Audit (propriedade comum), enquanto apenas os serviços Catálogo e Estoque executam operações de gravação na tabela Product (propriedade conjunta).

A Figura 9-4 mostra o exemplo de propriedade conjunta isolada da Figura 9-1. O Serviço de Catálogo insere novos produtos na tabela, remove produtos que não são mais oferecidos e atualiza as informações estáticas do produto à medida que mudam, enquanto o Serviço de Estoque é responsável por ler e atualizar o estoque atual de cada produto à medida que os produtos são consultados, vendidos ou devolvidos.

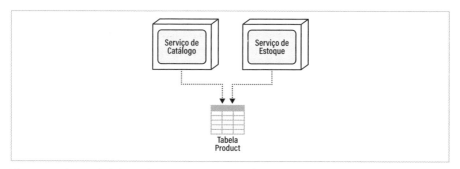

Figura 9-4. A propriedade conjunta ocorre quando vários serviços no mesmo domínio executam operações de gravação na mesma tabela.

Felizmente, existem várias técnicas para lidar com esse tipo de cenário de propriedade — a técnica de divisão de tabela, a técnica de domínio de dados, a técnica de delegação e a técnica de consolidação de serviço. Cada uma delas é discutida em detalhes nas seções a seguir.

Técnica de Divisão de Tabela

A *técnica de divisão de tabela* divide uma única tabela em várias tabelas para que cada serviço tenha uma parte dos dados pelos quais é responsável. Essa técnica é descrita em detalhes no livro *Refactoring Databases* (*Refatorando Bancos de Dados*, em tradução livre) e no site complementar.

Para ilustrar a técnica de divisão de tabela, considere o exemplo da tabela Product ilustrado na Figura 9-4. Nesse caso, o arquiteto ou desenvolvedor primeiro criaria uma tabela Inventory separada contendo a ID do produto (chave) e a contagem de inventário (número de itens disponíveis), preencheria previamente a tabela de Inventory com dados da tabela Product existente e, finalmente, removeria a coluna de contagem de estoque da tabela Product. A listagem de origem no Exemplo 9-1 mostra como essa técnica pode ser implementada usando-se linguagem de definição de dados [em inglês, *data definition language* — DDL] em um banco de dados relacional típico.

Exemplo 9-1. Código-fonte DDL para dividir a tabela Product e mover as contagens de estoque para uma nova tabela Inventory

```
CREATE TABLE Inventory
(
product_id VARCHAR(10),
inv_cnt INT
);

INSERT INTO Inventory VALUES (product_id, inv_cnt)
AS SELECT product_id, inv_cnt FROM Product;

COMMIT;

ALTER TABLE Product DROP COLUMN inv_cnt;
```

Dividir a tabela de banco de dados move a propriedade conjunta para um cenário de propriedade de tabela única: o Serviço de Catálogo tem os dados na tabela Product, e o Serviço de Estoque tem os dados na tabela Inventory. No entanto, conforme mostrado na Figura 9-5, essa técnica requer comunicação entre o Serviço de Catálogo e o Serviço de Estoque quando os produtos são criados ou removidos, para garantir que os dados permaneçam consistentes entre as duas tabelas.

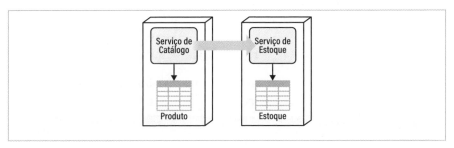

Figura 9-5. A propriedade conjunta pode ser abordada desmembrando-se a tabela compartilhada.

Por exemplo, se um novo produto for adicionado, o Serviço de Catálogo gera um ID de produto e insere o novo produto na tabela Produto. O Serviço de Catálogo deve enviar esse novo ID de produto (e possivelmente as contagens de estoque iniciais) para o Serviço de Inventário. Se um produto for removido, o Serviço de Catálogo primeiro remove o produto da tabela Product e, em seguida, deve notificar o Serviço de Estoque para remover a linha de estoque da tabela Inventory.

A sincronização de dados entre tabelas divididas não é uma questão trivial. A comunicação entre o Serviço de Catálogo e o Serviço de Estoque deve ser síncrona ou assíncrona? O que o Serviço de Catálogo deve fazer ao adicionar ou remover um produto e descobrir que o Serviço de Estoque não está disponível? Essas são perguntas difíceis de responder e geralmente são motivadas pela tradicional troca de *disponibilidade versus consistência* comumente encontrada em arquiteturas distribuídas. Escolher a disponibilidade significa que é mais importante que o Serviço de Catálogo sempre possa adicionar ou remover produtos, mesmo que um registro de estoque correspondente não seja criado na tabela Inventory. A escolha da consistência significa que é mais importante que as duas tabelas permaneçam sempre sincronizadas, o que causaria falha na criação ou remoção de um produto se o Serviço de Estoque não estiver disponível. Como o particionamento de rede é necessário em arquiteturas distribuídas, o teorema CAP afirma que apenas uma dessas opções (consistência ou disponibilidade) é possível.

O tipo de protocolo de comunicação (síncrono *versus* assíncrono) também é importante ao dividir uma tabela. O Serviço de Catálogo requer uma confirmação de que o registro de Estoque correspondente é adicionado ao criar um novo produto? Nesse caso, a comunicação síncrona é necessária, fornecendo melhor consistência de dados em detrimento do desempenho. Se nenhuma confirmação for necessária, o Serviço de Catálogo pode usar a comunicação assíncrona fire-and-forget, proporcionando melhor desempenho ao sacrificar a consistência dos dados. Tantos trade-offs a considerar!

A Tabela 9-1 resume as vantagens e desvantagens associadas à técnica de divisão de tabela para propriedade conjunta.

Trade-Offs

Tabela 9-1. Trade-offs da técnica de divisão da tabela de propriedade conjunta

Vantagens	Desvantagens
Preserva o contexto delimitado.	Tabelas devem ser alteradas e reestruturadas.
Propriedade única de dados.	Possíveis problemas de consistência de dados.
	Nenhuma transação ACID entre as atualizações da tabela.
	A sincronização de dados é difícil.
	A replicação de dados entre tabelas pode ocorrer.

Técnica de Domínio de Dados

Outra técnica para propriedade conjunta é criar um *domínio de dados* compartilhado. Isso ocorre quando a propriedade dos dados é compartilhada entre os serviços, criando, assim, vários proprietários para a tabela. Com essa técnica, as tabelas compartilhadas pelos mesmos serviços são colocadas no mesmo esquema ou banco de dados, formando um contexto mais amplo entre os serviços e os dados.

Observe que a Figura 9-6 se parece com o diagrama original da Figura 9-4, mas com uma diferença perceptível — o diagrama de domínio de dados tem a tabela Product em uma caixa separada fora do contexto de cada serviço proprietário. Essa técnica de diagramação deixa claro que a tabela não pertence ou faz parte do contexto delimitado de nenhum dos serviços, mas que é compartilhada entre eles em um contexto delimitado mais amplo.

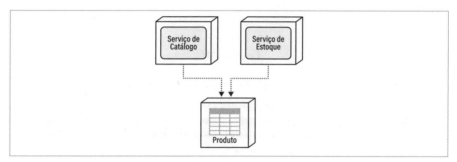

Figura 9-6. Com propriedade conjunta, os serviços podem compartilhar dados usando a técnica de domínio de dados (esquema compartilhado).

Embora o compartilhamento de dados seja geralmente desencorajado em arquiteturas distribuídas (particularmente com microsserviços), ele resolve alguns dos problemas de desempenho, disponibilidade e consistência de dados encontrados em outras técnicas de propriedade conjunta. Como os serviços não dependem uns dos outros, o Serviço de Catálogo pode criar ou remover produtos sem precisar coordenar com o Serviço de Estoque, e o Serviço de Estoque pode ajustar o estoque sem precisar do Serviço de Catálogo. Ambos os serviços se tornam completamente independentes um do outro.

 Ao escolher a técnica de domínio de dados, sempre reavalie por que são necessários serviços separados, já que os dados são comuns a cada um dos serviços. As justificativas podem incluir diferenças de escalabilidade, necessidades de tolerância a falhas, diferenças de taxa de transferência ou isolamento da volatilidade do código (consulte o Capítulo 7).

257

Infelizmente, o compartilhamento de dados em uma arquitetura distribuída apresenta vários problemas, sendo o primeiro deles o aumento do esforço para alterações feitas na estrutura dos dados (como alterar o esquema de uma tabela). Como um contexto delimitado mais amplo é formado entre os serviços e os dados, as alterações nas estruturas de tabelas compartilhadas podem exigir que essas alterações sejam coordenadas entre vários serviços. Isso aumenta o esforço de desenvolvimento, o escopo de teste e o risco de implantação.

Outro problema com a técnica de domínio de dados em relação à propriedade de dados é controlar quais serviços têm responsabilidade de gravação em quais dados. Em alguns casos, isso pode não importar, mas se for importante controlar as operações de gravação em determinados dados, será necessário um esforço adicional para aplicar regras de governança específicas para manter a propriedade específica de gravação de tabela ou coluna.

A Tabela 9-2 resume os trade-offs associados à técnica de domínio de dados para o cenário de propriedade conjunta.

Trade-Offs

Tabela 9-2. Trade-offs da técnica de domínio de dados de propriedade conjunta

Vantagens	Desvantagens
Bom desempenho de acesso a dados.	Mudanças de esquema de dados envolvem mais serviços.
Sem problemas de escalabilidade e taxa de transferência.	Maior escopo de teste para alterações de esquema de dados.
Os dados permanecem consistentes.	Governança de propriedade de dados (responsabilidade de gravação).
Sem dependência de serviço.	Maior risco de implantação para alterações de esquema de dados.

Técnica de Delegação

Um método alternativo para abordar o cenário de propriedade conjunta é a *técnica de delegação*. Com essa técnica, um serviço recebe a propriedade única da tabela e se torna o delegado, e o outro serviço (ou serviços) se comunica com o delegado para realizar atualizações em seu nome.

Um dos desafios da técnica de delegação é saber qual serviço atribuir como delegado (o único proprietário da tabela). A primeira opção, denominada *prioridade de domínio primário*, atribui a propriedade da tabela ao serviço que mais representa o domínio primário dos dados —em outras palavras, o serviço que faz a maioria das operações CRUD da entidade primária para a entidade específica dentro desse domínio. A segunda opção, denominada *prioridade de características operacionais*, atribui a propriedade da tabela ao serviço que precisa de características de arquitetura operacional mais altas, como desempenho, escalabilidade, disponibilidade e taxa de transferência.

Para ilustrar essas duas opções e os trade-offs correspondentes associados a cada uma, considere o cenário de propriedade conjunta do Serviço de Catálogo e do Serviço de Estoque mostrado na Figura 9-4. Nesse exemplo, o Serviço de Catálogo é responsável por criar, atualizar e remover produtos, bem como recuperar informações do produto; o Serviço de Estoque é responsável por recuperar e atualizar a contagem do estoque de produtos, bem como por saber quando reabastecer se o estoque ficar muito baixo.

Com a opção de prioridade de domínio primário, o serviço que executa a maioria das operações CRUD na entidade principal torna-se o proprietário da tabela. Conforme ilustrado na Figura 9-7, como o Serviço de Catálogo executa a maioria das operações CRUD nas informações do produto, o Serviço de Catálogo seria atribuído como o único proprietário da tabela. Isso significa que o Serviço de Estoque deve se comunicar com o Serviço de Catálogo para recuperar ou atualizar as contagens de estoque, pois não possui a tabela.

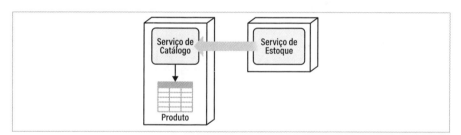

Figura 9-7. A propriedade da tabela é atribuída ao serviço Catálogo devido à prioridade do domínio.

Como o cenário de propriedade comum descrito anteriormente, a técnica de delegação sempre força a comunicação entre serviços entre os outros serviços que precisam atualizar os dados. Observe na Figura 9-7 que o Serviço de Estoque deve enviar atualizações de inventário por meio de algum tipo de protocolo de acesso remoto ao Serviço de Catálogo para que ele possa realizar as atualizações e leituras de inventário em nome do Serviço de Estoque. Essa comunicação pode ser síncrona ou assíncrona. Como sempre na arquitetura de software, mais análises de trade-off devem ser consideradas.

Com a comunicação síncrona, o Serviço de Estoque deve aguardar a atualização do estoque pelo Serviço de Catálogo, o que afeta o desempenho geral, mas garante a consistência dos dados. O uso da comunicação assíncrona para enviar atualizações de estoque faz com que o Serviço de Estoque funcione muito mais rápido, mas os dados apenas eventualmente são consistentes. Além disso, com a comunicação assíncrona, como pode ocorrer um erro no Serviço de Catálogo ao tentar atualizar o estoque, o Serviço de Estoque não tem garantia de que o estoque foi atualizado, afetando também a integridade dos dados.

Com a opção de prioridade de características operacionais, as funções de propriedade seriam invertidas, porque as atualizações de estoque ocorrem em uma taxa muito mais rápida do que os dados estáticos do produto. Nesse caso, a propriedade da tabela seria atribuída ao Serviço de Estoque, com a justificativa de que a atualização do estoque do produto faz parte do processamento transacional frequente em tempo real da compra de produtos, em oposição à tarefa administrativa menos frequente de atualizar as informações do produto ou adicionar e remover produtos (consulte a Figura 9-8).

Com essa opção, as atualizações frequentes das contagens de estoque podem usar chamadas diretas ao banco de dados, em vez de protocolos de acesso remoto, tornando as operações de estoque muito mais rápidas e confiáveis. Além disso, os dados mais voláteis (contagem de estoque) são mantidos altamente consistentes.

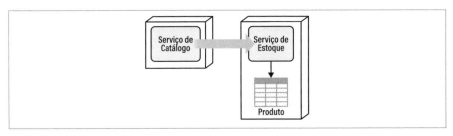

Figura 9-8. A propriedade da tabela é atribuída ao Serviço de Estoque devido à prioridade das características operacionais.

No entanto, um grande problema com o diagrama ilustrado na Figura 9-8 é a responsabilidade de gerenciamento de domínio. O Serviço de Estoque é responsável por gerenciar o estoque de produtos, não a atividade do banco de dados (e o tratamento de erros correspondente) para adicionar, remover e atualizar informações estáticas de produtos. Por esse motivo, geralmente recomendamos a opção de prioridade de domínio e o aproveitamento de coisas como um cache de memória replicado ou um cache distribuído para ajudar a resolver problemas de desempenho e tolerância a falhas.

Independentemente de qual serviço é atribuído como delegado (único proprietário da tabela), a técnica de delegação tem algumas desvantagens, sendo a maior delas o acoplamento de serviços e a necessidade de comunicação entre serviços. Isso, por sua vez, leva a outros problemas para serviços não delegados, incluindo a falta de uma transação atômica ao executar operações de gravação, baixo desempenho devido à rede e latência de processamento e baixa tolerância a falhas. Devido a esses problemas, a técnica de delegação geralmente é mais adequada para cenários de gravação de banco de dados que não requerem transações atômicas e que podem tolerar consistência eventual por meio de comunicações assíncronas.

A Tabela 9-3 resume os trade-offs gerais da técnica de delegação.

Trade-Offs

Tabela 9-3. *Trade-offs da técnica de delegação de propriedade conjunta*

Vantagens	Desvantagens
Forma a propriedade de uma tabela única.	Alto nível de acoplamento de serviço.
Bom controle de alteração de esquema de dados.	Baixo desempenho para gravações não proprietárias.
Abstrai estruturas de dados de outros serviços.	Nenhuma transação atômica para gravações não proprietárias.
	Baixa tolerância a falhas para serviços não proprietários.

Técnica de Consolidação de Serviços

A abordagem de delegação discutida na seção anterior destaca o principal problema associado à propriedade conjunta — a dependência do serviço. A *técnica de consolidação de serviço* resolve a dependência de serviço e aborda a propriedade conjunta combinando vários proprietários de tabelas (serviços) em um único serviço consolidado, movendo, assim, a propriedade conjunta para um único cenário de propriedade (consulte a Figura 9-9).

Figura 9-9. A propriedade da tabela é resolvida combinando-se serviços.

Assim como a técnica de domínio de dados, essa técnica resolve problemas associados a dependências e desempenho de serviço, ao mesmo tempo em que aborda o problema de propriedade conjunta. No entanto, como as outras técnicas, também tem sua parcela de trade-offs.

Combinar serviços cria um serviço de granulação mais grossa, aumentando o escopo geral do teste, bem como o risco geral de implantação (a chance de quebrar algo mais no serviço quando um novo recurso é adicionado ou um bug é corrigido). A consolidação de serviços também pode afetar a tolerância geral a falhas, pois todas as partes do serviço falham juntas.

A escalabilidade geral também é afetada ao se usar a técnica de consolidação de serviço porque *todas* as partes do serviço devem ser dimensionadas igualmente, mesmo que algumas funcionalidades não precisem ser escaladas no mesmo nível que outras funcionalidades. Por exemplo, na Figura 9-9, a funcionalidade de manutenção do catálogo (que costumava estar em um Serviço de Catálogo separado) deve ser desnecessariamente escalada para atender às altas demandas da funcionalidade de recuperação e atualização de estoque.

A Tabela 9-4 resume os trade-offs gerais da técnica de consolidação de serviço.

Trade-Offs

Tabela 9-4. Trade-offs da técnica de consolidação de serviços de propriedade conjunta

Vantagens	Desvantagens
Preserva as transações atômicas.	Escalabilidade de granularidade mais grossa.
Bom desempenho geral.	Menos tolerância a falhas.
	Maior risco de implantação.
	Maior escopo de teste.

Resumo da Propriedade de Dados

A Figura 9-10 mostra as atribuições de propriedade de tabela resultantes da Figura 9-1 após a aplicação das técnicas descritas nesta seção. Para o cenário de tabela única envolvendo o Serviço de Lista de Desejos, simplesmente atribuímos a propriedade ao Serviço de Lista de Desejos, formando um contexto restrito entre o serviço e a tabela. Para o cenário de propriedade comum envolvendo a tabela de auditoria, criamos um novo Serviço de Auditoria, com todos os outros serviços enviando uma mensagem assíncrona para uma fila persistente. Por fim, para o cenário de propriedade conjunta mais complexo envolvendo a tabela de produtos com o Serviço de Catálogo e o Serviço de Estoque, optamos por utilizar a técnica de delegação, atribuindo a propriedade única da tabela de produtos ao Serviço de Catálogo, com o Serviço de Estoque enviando solicitações de atualização para o Serviço de Catálogo.

Depois que a propriedade da tabela for atribuída aos serviços, um arquiteto deve validar as atribuições de propriedade da tabela analisando os fluxos de trabalho de negócios e seus requisitos de transação correspondentes.

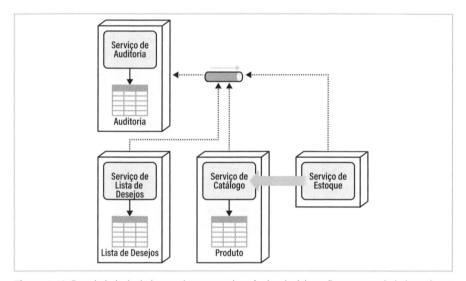

Figura 9-10. Propriedade de dados resultante usando a técnica de delegação para propriedade conjunta.

Transações Distribuídas

Quando arquitetos e desenvolvedores pensam em transações, eles geralmente pensam em uma única unidade atômica de trabalho em que várias atualizações de banco de dados são confirmadas juntas ou todas são revertidas quando ocorre um erro. Esse tipo de transação atômica é geralmente chamada de *transação ACID*. Conforme observado no Capítulo 6, ACID é um acrônimo que descreve as propriedades básicas de uma transação atômica de banco de dados de unidade única de trabalho: atomicidade, consistência, isolamento e durabilidade.

Para entender como as transações distribuídas funcionam e os trade-offs envolvidos no uso de uma transação distribuída, é necessário entender completamente as quatro propriedades de uma transação ACID. Acreditamos firmemente que sem uma compreensão das transações ACID, um arquiteto não pode realizar a análise de trade-offs necessária para saber quando usar (e quando não usar) uma transação distribuída. Portanto, nos aprofundaremos nos detalhes de uma transação ACID primeiro e, em seguida, descreveremos como eles diferem das transações distribuídas.

Atomicidade significa que uma transação deve confirmar ou reverter todas suas atualizações em uma única unidade de trabalho, independentemente do número de atualizações feitas durante essa transação. Em outras palavras, todas as atualizações são tratadas como um todo coletivo, portanto, todas as alterações são confirmadas ou revertidas como uma unidade. Por exemplo, suponha que o registro de um cliente envolva a inserção de informações de perfil do cliente em uma tabela Perfil do Cliente, a inserção de informações de cartão de crédito em uma tabela Carteira e a inserção de informações relacionadas à segurança em uma tabela Segurança. Suponha que as informações do perfil e do cartão de crédito sejam inseridas com sucesso, mas a inserção das informações de segurança falha. Com a atomicidade, as inserções de perfil e cartão de crédito seriam revertidas, mantendo as tabelas do banco de dados sincronizadas.

Consistência significa que, durante o curso de uma transação, o banco de dados nunca seria deixado em um estado inconsistente ou violaria qualquer uma das restrições de integridade especificadas no banco de dados. Por exemplo, durante uma transação ACID, o sistema não pode adicionar um registro de detalhe (como um item) sem primeiro adicionar o registro de resumo correspondente (como um pedido). Embora alguns bancos de dados adiem essa verificação até o momento da confirmação, em geral, os programadores não podem violar as restrições de consistência, como uma restrição de chave estrangeira durante o curso de uma transação.

Isolamento se refere ao grau em que as transações individuais interagem umas com as outras. O isolamento protege os dados de transação não confirmados de serem visíveis para outras transações durante o curso da solicitação de negócios. Por exemplo, durante uma transação ACID, quando as informações do perfil do cliente são inseridas na tabela Perfil do Cliente, nenhum outro serviço fora do escopo da transação ACID pode acessar as informações recém-inseridas até que toda a transação seja confirmada.

Durabilidade significa que, uma vez que ocorre uma resposta bem-sucedida de uma confirmação de transação, é garantido que todas as atualizações de dados sejam permanentes, independentemente de outras falhas do sistema.

Para ilustrar uma transação ACID, suponha que um cliente se registre no aplicativo Sysops Squad e insira todas suas informações de perfil, os produtos eletrônicos que deseja cobrir no plano de suporte e suas informações de cobrança em uma única tela de interface do usuário. Essas informações são, então, enviadas para o Serviço de Atendimento ao Cliente único, que realiza todas as atividades do banco de dados associadas à solicitação comercial de registro do cliente, conforme mostrado na Figura 9-11.

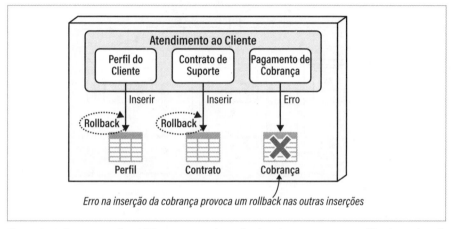

Figura 9-11. Com transações ACID, um erro na inserção de cobrança causa um rollback nas demais inserções da tabela.

Primeiro, observe que com uma transação ACID, porque ocorreu um erro ao tentar inserir as informações de cobrança, tanto as informações de perfil quanto as informações de contrato de suporte que foram inseridas anteriormente agora são revertidas (essa é a *atomicidade* e as partes de *consistência* do ACID). Embora não ilustrado no diagrama, os dados inseridos em cada tabela durante o curso da transação não são visíveis para outras solicitações (essa é a parte de *isolamento* do ACID).

Observe que as transações ACID podem existir *dentro do contexto de cada serviço* em uma arquitetura distribuída, mas somente se o banco de dados correspondente também suportar propriedades ACID. Cada serviço pode realizar seus próprios commits e rollbacks nas tabelas que tem dentro do escopo da transação comercial atômica. No entanto, se a solicitação de negócios abranger vários serviços, toda a solicitação de negócios em si não pode ser uma transação ACID — em vez disso, ela se torna uma *transação distribuída*.

As transações distribuídas ocorrem quando uma solicitação de negócios atômica contendo várias atualizações de banco de dados é executada por serviços remotos implantados separadamente. Observe na Figura 9-12 que a mesma solicitação de registro de um novo cliente (indicada pela imagem do laptop que representa o cliente que fez a solicitação) agora está espalhada por três serviços implantados separadamente — um Serviço de Perfil do Cliente, um Serviço de Contrato de Suporte e um Serviço de Pagamento de Cobrança.

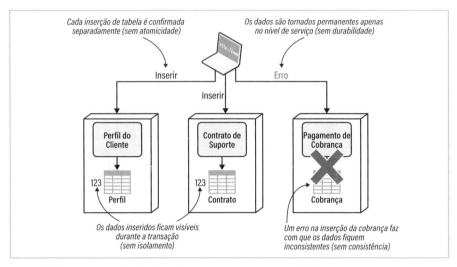

Figura 9-12. Transações distribuídas não suportam propriedades ACID.

Como você pode ver, as transações distribuídas não suportam propriedades ACID.

A *atomicidade* não é suportada porque cada serviço implantado separadamente confirma seus próprios dados e executa apenas uma parte da solicitação comercial atômica geral. Em uma transação distribuída, a atomicidade está vinculada ao *serviço*, não à *solicitação de negócio* (como o registro do cliente).

A *consistência* não é suportada porque uma falha em um serviço faz com que os dados fiquem fora de sincronia entre as tabelas responsáveis pela solicitação de negócio. Conforme mostrado na Figura 9-12, uma vez que a inserção do Serviço de Pagamento de Cobrança falhou, a tabela Perfil e a tabela Contrato agora estão fora de sincronia com a tabela Cobrança (mostraremos como resolver esses problemas mais adiante nesta seção). A consistência também é afetada porque as restrições tradicionais do banco de dados relacional (como uma chave estrangeira sempre correspondendo a uma chave primária) não podem ser aplicadas durante cada confirmação de serviço individual.

O *isolamento* não é suportado porque, uma vez que o Serviço de Perfil do Cliente insere os dados do perfil durante uma transação distribuída para registrar um cliente, essas informações de perfil ficam disponíveis para qualquer outro serviço ou solicitação, mesmo que o processo de registro do cliente (a transação atual) não tenha sido concluído.

A *durabilidade* não é suportada em toda a solicitação de negócio — ela é suportada apenas para cada serviço individual. Em outras palavras, qualquer confirmação individual de dados não garante que todos os dados dentro do escopo de toda a transação comercial sejam permanentes.

Em vez de ACID, as transações distribuídas suportam algo chamado *BASE*. Em química, uma substância *ácida* e uma substância *básica* são exatamente o oposto. O mesmo se aplica às transações atômicas e distribuídas — as transações ACID são opostas às transações BASE. BASE descreve as propriedades de uma transação distribuída: disponibilidade básica, soft state e consistência eventual.

Disponibilidade básica [em inglês, *basic availability*] (a parte "BA" de BASE) significa que todos os serviços ou sistemas na transação distribuída devem estar disponíveis para participar da transação distribuída. Embora a comunicação assíncrona possa ajudar a desacoplar serviços e resolver problemas de disponibilidade associados aos participantes da transação distribuída, ela infelizmente afeta quanto tempo levará para que os dados se tornem consistentes para a transação comercial atômica (consulte a consistência eventual mais adiante nesta seção).

Soft state (a parte S de BASE) descreve a situação em que uma transação distribuída está em andamento e o estado da solicitação comercial atômica ainda não está completo (ou, em alguns casos, nem mesmo é conhecido). No exemplo de registro do cliente mostrado na Figura 9-12, o estado temporário ocorre quando as informações do perfil do cliente são inseridas (e confirmadas) na tabela Profile, mas o contrato de suporte e as informações de cobrança não. A parte desconhecida do estado flexível pode ocorrer se, usando o mesmo exemplo, todos os três serviços trabalharem em paralelo para inserir seus dados correspondentes — o estado exato da solicitação comercial atômica não é conhecido em nenhum momento até que *todos os três* serviços relatem que os dados foram processados com sucesso. No caso de um fluxo de trabalho usando comunicação assíncrona (consulte o Capítulo 11), o estado em andamento ou final da transação distribuída geralmente é difícil de determinar.

A *consistência eventual* [em inglês, *eventual consistency*] (a parte E de BASE) significa que, com tempo suficiente, todas as partes da transação distribuída serão concluídas com sucesso e todos os dados estarão sincronizados entre si. O tipo de padrão de consistência eventual usado e a maneira como os erros são tratados determinam quanto tempo levará para que todas as fontes de dados envolvidas na transação distribuída se tornem consistentes.

A próxima seção descreve os três tipos de padrões de consistência eventual e os trade-offs correspondentes associados a cada padrão.

Padrões de Consistência Eventual

As arquiteturas distribuídas dependem muito da consistência eventual como um trade-off por melhores características de arquitetura operacional, como desempenho, escalabilidade, elasticidade, tolerância a falhas e disponibilidade. Embora existam inúmeras maneiras de obter consistência eventual entre fontes de dados e sistemas, os três principais padrões em uso hoje são o padrão de sincronização em segundo plano, o padrão orquestrado baseado em solicitação e o padrão baseado em evento.

Para descrever melhor cada padrão e ilustrar como eles funcionam, considere novamente o processo de registro do cliente do aplicativo Sysops Squad que discutimos anteriormente na Figura 9-13. Neste exemplo, três serviços separados estão envolvidos no processo de registro do cliente: um serviço de perfil do cliente que mantém as informações básicas do perfil, um serviço de contrato de suporte que mantém os produtos cobertos pelo plano de reparo Sysops Squad para cada cliente e um serviço de pagamento de cobrança que cobra o cliente para o plano de suporte. Observe na figura que o cliente 123 é assinante do serviço Sysops Squad e, portanto, possui dados em cada uma das tabelas correspondentes pertencentes a cada serviço.

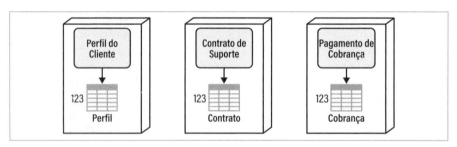

Figura 9-13. Cliente 123 é assinante do aplicativo Sysops Squad

O cliente 123 decide que não está mais interessado no plano de suporte Sysops Squad e cancela a assinatura do serviço. Conforme mostrado na Figura 9-14, o serviço de perfil do cliente recebe essa solicitação da interface do usuário, remove o cliente da tabela de perfil e retorna uma confirmação ao cliente de que sua assinatura foi cancelada com sucesso e não será mais cobrada. No entanto, os dados desse cliente ainda existem na tabela Contrato pertencente ao Serviço de Contrato de Suporte e na tabela Cobrança pertencente ao Serviço de Pagamento de Cobrança.

9. PROPRIEDADE DOS DADOS E TRANSAÇÕES DISTRIBUÍDAS

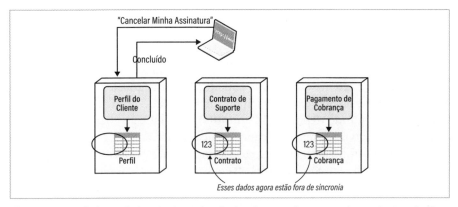

Figura 9-14. Os dados estão fora de sincronização depois que o cliente cancela a assinatura do plano de suporte.

Usaremos esse cenário para descrever cada um dos possíveis padrões de consistência para obter todos os dados em sincronização para essa solicitação de negócios atômica.

Padrão de Sincronização em Segundo Plano

O *padrão de sincronização em segundo plano* usa um serviço ou processo externo separado para verificar periodicamente as fontes de dados e mantê-las sincronizadas umas com as outras. O período de tempo para que as fontes de dados se tornem eventualmente consistentes usando esse padrão pode variar com base no fato de o processo em segundo plano ser implementado como um trabalho em lote executado em algum momento no meio da noite ou um serviço que é ativado periodicamente (digamos, a cada hora) para verificar a consistência das fontes de dados.

Independentemente de como o processo em segundo plano é implementado (lote noturno ou periódico), esse padrão geralmente tem o maior período de tempo para que as fontes de dados se tornem consistentes. No entanto, em muitos casos, as fontes de dados não precisam ser sincronizadas imediatamente. Considere o exemplo de cancelamento de assinatura do cliente na Figura 9-14. Depois que um cliente cancela a assinatura, realmente não importa se o contrato de suporte e as informações de cobrança desse cliente ainda existem. Nesse caso, eventual consistência feita durante a noite é tempo suficiente para sincronizar os dados.

Um dos desafios desse padrão é que o processo em segundo plano usado para manter todos os dados sincronizados deve saber quais dados foram alterados. Isso pode ser feito por meio de um fluxo de eventos, um acionador de banco de dados ou lendo dados de tabelas de origem e alinhando tabelas de destino com os dados de origem. Independentemente da técnica utilizada para identificar as alterações, o processo em segundo plano deve ter conhecimento de todas as tabelas e fontes de dados envolvidas na transação.

A Figura 9-15 ilustra o uso do padrão de sincronização em segundo plano para o exemplo de cancelamento de registro do Sysops Squad. Observe que às 11h23min00s, o cliente emite uma solicitação para cancelar a assinatura do plano de suporte. O Serviço de Perfil do Cliente recebe a solicitação, remove os dados e, um segundo depois (11h23min01s), responde ao cliente informando que sua inscrição no sistema foi cancelada com sucesso. Em seguida, às 23h, o processo de sincronização em lote em segundo plano é iniciado. O processo de sincronização em segundo plano detecta que o cliente 123 foi removido por meio de streaming de evento ou tabela primária *versus* deltas de tabela secundária e exclui os dados das tabelas Contrato e Cobrança.

Esse padrão é bom para a capacidade de resposta geral porque o usuário final não precisa esperar que toda a transação comercial seja concluída (nesse caso, cancelando a assinatura do plano de suporte). Mas, infelizmente, existem alguns trade-offs sérios com esse padrão de consistência eventual.

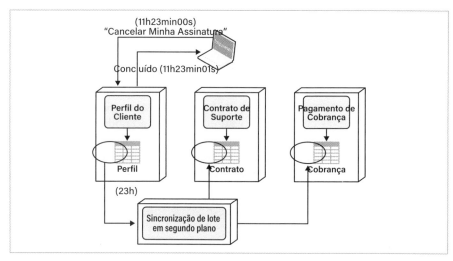

Figura 9-15. O padrão de sincronização em segundo plano usa um processo externo para garantir a consistência dos dados.

A maior desvantagem do padrão de sincronização em segundo plano é que ele une todas as fontes de dados, quebrando, assim, todo contexto delimitado entre os dados e os serviços. Observe na Figura 9-16 que o processo de sincronização em lote em segundo plano deve ter acesso de gravação a cada uma das tabelas pertencentes aos serviços correspondentes, o que significa que todas as tabelas efetivamente têm propriedade compartilhada entre os serviços e o processo de sincronização em segundo plano.

Essa propriedade de dados compartilhada entre os serviços e o processo de sincronização em segundo plano está repleta de problemas e enfatiza a necessidade de contextos restritos dentro de uma arquitetura distribuída. As alterações estruturais feitas nas tabelas pertencentes a cada serviço (alterar o nome de uma coluna, remover uma coluna, e assim por diante) também devem ser coordenadas com um processo externo em segundo plano, tornando as alterações difíceis e demoradas.

Além das dificuldades com o controle de alterações, ocorrem problemas com relação à lógica de negócios duplicada. Observando a Figura 9-15, pode parecer bastante direto que o processo em segundo plano simplesmente executaria uma operação DELETE em todas as linhas das tabelas Contrato e Cobrança contendo o cliente 123. No entanto, certas regras de negócios podem existir nesses serviços para a operação específica.

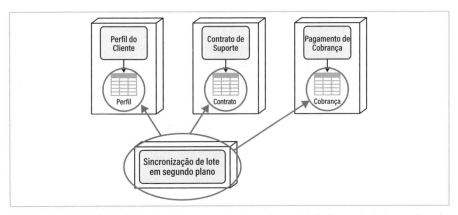

Figura 9-16. O padrão de sincronização em segundo plano é acoplado às fontes de dados, quebrando, portanto, o contexto delimitado e a propriedade dos dados.

Por exemplo, quando um cliente cancela a assinatura, seus contratos de suporte existentes e histórico de cobrança são mantidos por três meses caso o cliente decida assinar novamente o plano de suporte. Portanto, em vez de excluir as linhas nessas tabelas, uma coluna remove_date é definida com um valor longo representando a data em que as linhas devem ser removidas (um zero value nessa coluna indica um cliente ativo). Ambos os serviços verificam o remove_date diariamente para determinar quais linhas devem ser removidas de suas respectivas tabelas. A questão é: onde está localizada essa lógica de negócios? A resposta, é claro, está no Contrato de Suporte e nos Serviços de Pagamento de Cobrança — ah, e *também no processo em lote em segundo plano!*

O padrão de consistência eventual da sincronização em segundo plano não é adequado para arquiteturas distribuídas que exigem contextos limitados rígidos (como microsserviços), onde o acoplamento entre propriedade de dados e funcionalidade é uma parte crítica da arquitetura. As situações em que esse padrão é útil são sistemas heterogêneos fechados (autocontidos) que não se comunicam nem compartilham dados.

Por exemplo, considere um sistema de entrada de pedidos de empreiteiros que aceita pedidos de materiais de construção e outro sistema separado (implementado em uma plataforma diferente) que faz o faturamento de empreiteiros. Depois que um fornecedor solicita suprimentos, um processo de sincronização em segundo plano move esses pedidos para o sistema de faturamento para gerar faturas. Quando um contratado altera um pedido ou o cancela, o processo de sincronização em segundo plano move essas alterações para o sistema de faturamento, para atualizar as faturas. Esse é um bom exemplo de sistemas *eventualmente consistentes*, com o pedido do empreiteiro sempre sincronizado entre os dois sistemas.

A Tabela 9-5 resume os trade-offs do padrão de sincronização em segundo plano para consistência eventual.

Trade-Offs

Tabela 9-5. Trade-offs do padrão de sincronização em segundo plano

Vantagens	Desvantagens
Os serviços são desacoplados.	Acoplamento da fonte de dados.
Boa responsividade.	Implementação complexa.
	Quebra contextos limitados.
	A lógica de negócios pode ser duplicada.
	Consistência eventual lenta.

Padrão Baseado em Solicitação Orquestrada

Uma abordagem comum para gerenciar transações distribuídas é garantir que todas as fontes de dados sejam sincronizadas durante a solicitação de negócios (em outras palavras, enquanto o usuário final está esperando). Essa abordagem é implementada por meio do que é conhecido como *padrão baseado em solicitação orquestrada*.

Ao contrário do padrão anterior de sincronização em segundo plano ou do padrão baseado em evento descrito na próxima seção, esse padrão tenta processar toda a transação distribuída *durante a solicitação de negócios* e, portanto, requer algum tipo de orquestrador para gerenciar a transação distribuída. O orquestrador, que pode ser um serviço existente designado ou um novo serviço separado, é responsável por gerenciar todo o trabalho necessário para processar a solicitação, incluindo conhecimento do processo de negócios, conhecimento dos participantes envolvidos, lógica multicasting, tratamento de erros e propriedade do contrato.

Uma maneira de implementar esse padrão é designar um dos serviços primários (supondo que haja um) para gerenciar a transação distribuída. Essa técnica, ilustrada na Figura 9-17, designa um dos serviços para assumir o papel de orquestrador além de suas outras responsabilidades, que nesse caso é o Serviço de Perfil do Cliente.

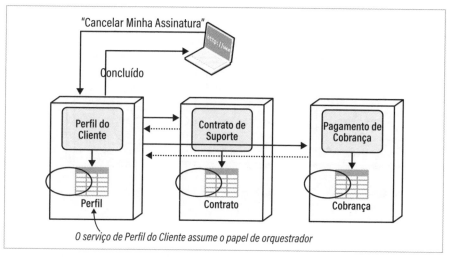

Figura 9-17. O Serviço de Perfil do Cliente assume o papel de um orquestrador para a transação distribuída.

Embora essa abordagem evite a necessidade de um serviço de orquestração separado, ela tende a sobrecarregar as responsabilidades do serviço designado como orquestrador de transações distribuídas. Além da função de orquestrador, o serviço designado que gerencia a transação distribuída também deve desempenhar suas próprias responsabilidades. Outra desvantagem dessa abordagem é que ela se presta a acoplamento rígido e dependências síncronas entre serviços.

A abordagem que geralmente preferimos ao usar o padrão baseado em solicitação orquestrada é usar um serviço de orquestração dedicado para a solicitação de negócios. Essa abordagem, ilustrada na Figura 9.18, libera o Serviço de Perfil do Cliente da responsabilidade de gerenciar a transação distribuída e coloca essa responsabilidade em um serviço de orquestração separado.

Usaremos essa abordagem de serviço de orquestração separada para descrever como esse padrão de consistência eventual funciona e os trade-offs correspondentes com esse padrão.

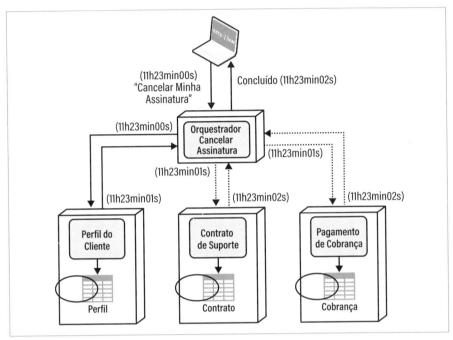

Figura 9-18. Um serviço de orquestração dedicado assume o papel de um orquestrador para a transação distribuída.

Observe que às 11h23min00s, o cliente emite uma solicitação para cancelar a assinatura do plano de suporte Sysops Squad. A solicitação é recebida pelo Serviço de Cancelamento de Assinatura do Orquestrador, que encaminha a solicitação de forma síncrona para o Serviço de Perfil do Cliente para remover o cliente da tabela Perfil. Um segundo depois, o Serviço de Perfil do Cliente envia de volta uma confirmação para o Serviço de Cancelamento de Assinatura do Orquestrador, que então envia solicitações paralelas (por meio de threads ou algum tipo de protocolo assíncrono) para o Contrato de Suporte e para os Serviços de Pagamento de Cobrança. Ambos os serviços processam a solicitação de cancelamento de inscrição e, em seguida, enviam uma confirmação de volta, um segundo depois, para o Serviço de Cancelamento de Assinatura do Orquestrador, indicando que concluíram o processamento da solicitação. Agora que todos os dados estão sincronizados, o Serviço de Cancelamento de Assinatura do Orquestrador responde ao cliente às 11h23min02s (dois segundos após a solicitação inicial), informando ao cliente que a inscrição foi cancelada com sucesso.

O primeiro trade-off a se observar é que a abordagem de orquestração geralmente favorece a consistência dos dados em detrimento da capacidade de resposta. Adicionar um serviço de orquestração dedicado não apenas adiciona saltos de rede adicionais e chamadas de serviço, mas, dependendo de se o orquestrador executa chamadas em série ou em paralelo, é necessário mais tempo para a comunicação de ida e volta entre o orquestrador e os serviços que está chamando.

O tempo de resposta poderia ser melhorado na Figura 9-18 executando a solicitação de Perfil do Cliente ao mesmo tempo que os outros serviços, mas optamos por fazer essa operação de forma síncrona por motivos de consistência e tratamento de erros. Por exemplo, se o cliente não puder ser excluído da tabela Perfil devido a uma cobrança de cobrança pendente, nenhuma outra ação será necessária para reverter as operações no Contrato de Suporte e Serviços de Pagamento de Cobrança. Isso representa outro exemplo de consistência sobre capacidade de resposta.

Além da capacidade de resposta, a outra desvantagem desse padrão é o tratamento complexo de erros. Embora o padrão baseado em solicitação orquestrada possa parecer direto, considere o que acontece quando o cliente é removido da tabela Perfil e da tabela Contrato, mas ocorre um erro ao tentar remover as informações de cobrança da tabela Cobrança, conforme ilustrado na Figura 9-19. Como os Serviços de Contrato de Perfil e Suporte comprometeram suas operações individualmente, o Serviço de Cancelamento de Assinatura do Orquestrador deve agora decidir qual ação tomar *enquanto o cliente aguarda o processamento da solicitação*:

1. O orquestrador deve enviar a solicitação novamente ao Serviço de Pagamento de Cobrança para outra tentativa?

2. O orquestrador deve realizar uma transação de compensação e fazer com que o Contrato de Suporte e os Serviços de Perfil do Cliente revertam suas operações de atualização?

3. O orquestrador deve responder ao cliente que ocorreu um erro e aguardar um pouco antes de tentar novamente enquanto tenta reparar a inconsistência?

4. O orquestrador deve ignorar o erro na esperança de que algum outro processo lide com o problema e responda ao cliente que cancelou a assinatura com sucesso?

Esse cenário do mundo real cria uma situação complicada para o orquestrador. Como esse é o padrão de consistência eventual usado, não há outro meio de corrigir os dados e colocar as coisas em sincronia (negando, portanto, as opções 3 e 4 da lista anterior). Nesse caso, a única opção real para o orquestrador é tentar reverter a transação distribuída — em outras palavras, emitir uma *atualização de compensação* para reinserir o cliente na tabela Perfil e definir a coluna remove_date column na tabela Contrato de volta para zero. Isso exigiria que o orquestrador tivesse todas as informações necessárias para reinserir o cliente e que nenhum efeito colateral ocorresse ao criar um novo cliente (como inicializar as informações de cobrança ou contratos de suporte).

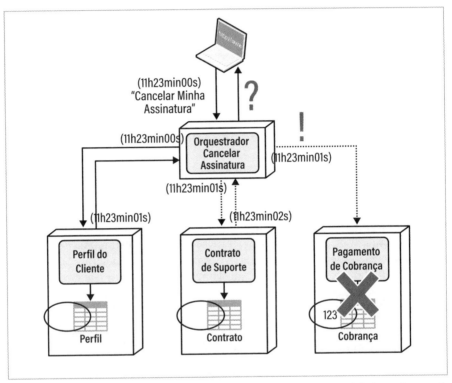

Figura 9-19. As condições de erro são muito difíceis de resolver ao usar o padrão baseado em solicitação orquestrada.

Outra complicação com a compensação de transações em uma arquitetura distribuída são as falhas que ocorrem durante a compensação. Por exemplo, suponha que uma transação de compensação foi emitida para o Serviço de Perfil do Cliente para reinserir o cliente e essa operação falhou. E agora? Agora os dados estão realmente fora de sincronia e não há outro serviço ou processo disponível para reparar o problema. A maioria dos casos como esses geralmente requer intervenção humana para reparar as fontes de dados e colocá-las novamente em sincronia. Entramos em mais detalhes sobre a compensação de transações e sagas transacionais na seção "Padrões de Saga Transacional", no Capítulo 12.

A Tabela 9-6 resume os trade-offs do padrão baseado em solicitação orquestrada para consistência eventual.

Trade-Offs

Tabela 9-6. Trade-offs do padrão baseado em solicitação orquestrada

Vantagens	Desvantagens
Os serviços são desacoplados.	Responsividade mais lenta.
Tempestividade da consistência dos dados.	Tratamento de erros complexos.
Solicitação de negócios atômica.	Geralmente requer transações de compensação.

Padrão Baseado em Eventos

O *padrão baseado em eventos* é um dos padrões de consistência eventual mais populares e confiáveis para a maioria das arquiteturas distribuídas modernas, incluindo microsserviços e arquiteturas orientadas a eventos. Com esse padrão, os eventos são usados em conjunto com um modelo de mensagens assíncronas de publicação e assinatura (pub/assinatura) para postar eventos (como cancelamento de assinatura do cliente) ou mensagens de comando (como cancelamento de assinatura do cliente) em um tópico ou fluxo de eventos. Os serviços envolvidos na transação distribuída escutam determinados eventos e respondem a esses eventos.

O tempo de consistência eventual geralmente é curto para se alcançar a consistência de dados, devido à natureza paralela e desacoplada do processamento assíncrono de mensagens. Os serviços são altamente desacoplados um do outro com esse padrão, e a capacidade de resposta é boa porque o serviço que aciona o eventual evento de consistência não precisa esperar que a sincronização de dados ocorra antes de retornar as informações ao cliente.

A Figura 9-20 ilustra como funciona o padrão baseado em evento para consistência eventual. Observe que o cliente emite a solicitação de cancelamento de assinatura para o Serviço de Perfil do Cliente às 11h23. O Serviço de Perfil do Cliente recebe a solicitação, remove o cliente da tabela Perfil, publica uma mensagem em um tópico de mensagem ou fluxo de eventos e retorna informações um segundo depois, informando ao cliente que sua assinatura foi cancelada com sucesso. Mais ou menos ao mesmo tempo em que isso acontece, tanto o Contrato de Suporte quanto os Serviços de Pagamento de Cobrança recebem o evento de cancelamento de assinatura e executam qualquer funcionalidade necessária para cancelar a assinatura do cliente, tornando todas as fontes de dados eventualmente consistentes.

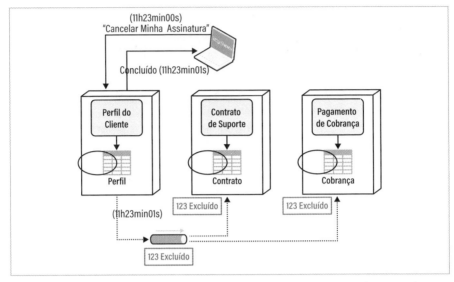

Figura 9-20. O padrão baseado em eventos usa mensagens de publicação e assinatura assíncronas ou fluxos de eventos para obter consistência eventual.

Para implementações que usam mensagens de publicação e assinatura baseadas em tópicos padrão (como ActiveMQ, RabbitMQ, AmazonMQ, e assim por diante), os serviços que respondem ao evento devem ser configurados como *assinantes duráveis*, para garantir que nenhuma mensagem seja perdida se o agente de mensagens ou o serviço que recebe a mensagem falha. Um assinante durável é semelhante em conceito às filas persistentes, pois o assinante (nesse caso, o Serviço de Contrato de Suporte e o Serviço de Pagamento de Cobrança) não precisa estar disponível no momento da publicação da mensagem, e os assinantes têm a garantia de receber a mensagem assim que estiverem disponíveis. No caso de implementações de streaming de eventos, o message broker (como o Apache Kafka) deve sempre persistir a mensagem e garantir que ela esteja disponível no tópico por um período de tempo razoável.

As vantagens do padrão baseado em eventos são capacidade de resposta, pontualidade de consistência de dados e desacoplamento de serviço. No entanto, semelhante a todos os padrões de consistência eventual, a principal desvantagem desse padrão é o tratamento de erros. Se um dos serviços (por exemplo, o Serviço de Pagamento de Cobrança ilustrado na Figura 9-20) não estiver disponível, o fato de ser um assinante durável significa que *eventualmente* ele receberá e processará o evento quando este estiver disponível. No entanto, se o serviço estiver processando o evento e falhar, as coisas se complicam rapidamente.

A maioria dos message brokers tentará um determinado número de vezes para entregar uma mensagem, e, após repetidas falhas do destinatário, o intermediário enviará a mensagem para uma *fila de mensagens mortas* [em inglês, *dead letter queue* — DLQ]. Esse é um destino configurável onde o evento é armazenado até que um processo automatizado leia a mensagem e tente corrigir o problema. Se não puder ser reparado programaticamente, a mensagem geralmente é enviada a um ser humano para processamento manual.

A Tabela 9-7 lista os trade-offs do padrão baseado em evento para consistência eventual.

Trade-Offs

Tabela 9-7. Trade-offs do padrão baseado em eventos

Vantagens	Desvantagens
Os serviços são desacoplados.	Tratamento de erros complexos.
Tempestividade da consistência dos dados.	
Responsividade rápida.	

Saga Sysops Squad: Propriedade de Dados para Processamento de Tickets

Terça-feira, 18 de janeiro, 9h14

Depois de conversar com Dana e aprender sobre propriedade de dados e gerenciamento de transações distribuídas, Sydney e Addison rapidamente perceberam que desmembrar dados e atribuir propriedade de dados para formar contextos restritos não era possível sem a colaboração de ambas as equipes na solução.

"Não é de admirar que nada pareça funcionar por aqui", observou Sydney. "Sempre tivemos problemas e discussões entre nós e a equipe de banco de dados, e agora vejo os resultados de nossa empresa nos tratando como duas equipes separadas."

"Exatamente", disse Addison. "Estou feliz por estarmos trabalhando mais de perto com a equipe de dados agora. Portanto, pelo que Dana disse, o serviço que executa ações de gravação na tabela de dados é o proprietário da tabela, independentemente de quais outros serviços precisem acessar os dados de maneira somente leitura. Nesse caso, parece que o Serviço de Manutenção do Usuário precisa ter os dados."

Sydney concordou, e Addison criou um registro geral de decisão de arquitetura descrevendo o que fazer para cenários de propriedade de tabela única:

ADR: Propriedade de Tabela Única para Contextos Limitados

Contexto

Ao formar contextos limitados entre serviços e dados, as tabelas devem ser atribuídas à propriedade de um serviço ou grupo de serviços específico.

Decisão

Quando apenas um serviço gravar em uma tabela, essa tabela receberá a propriedade desse serviço. Além disso, os serviços que exigem acesso somente leitura a uma tabela em outro contexto delimitado não podem acessar diretamente o banco de dados ou o esquema que contém essa tabela.

Pela equipe do banco de dados, a propriedade da tabela é definida como o serviço que executa operações de gravação em uma tabela. Portanto, para cenários de propriedade de tabela única, independentemente de quantos outros serviços precisam acessar a tabela, apenas um serviço recebe um proprietário, e esse proprietário é o serviço que mantém os dados.

Consequências

Dependendo da técnica usada, os serviços que exigem acesso somente leitura a uma tabela em outro contexto delimitado podem incorrer em problemas de desempenho e tolerância a falhas ao acessar dados em um contexto delimitado diferente.

Agora que Sydney e Addison entenderam melhor a propriedade da tabela e como formar contextos limitados entre o serviço e os dados, elas começaram a trabalhar na funcionalidade de pesquisa. O Serviço de Conclusão de Ticket gravaria o carimbo de data/hora em que o ticket foi concluído e do especialista que executou o trabalho na tabela de pesquisa. O serviço de pesquisa gravaria o carimbo de data/hora em que a pesquisa foi enviada ao cliente e também inseriria todos os resultados da pesquisa assim que esta fosse recebida.

"Isso não é tão difícil agora que entendo melhor os contextos limitados e a propriedade da tabela", disse Sydney.

"Ok, vamos passar para a funcionalidade de pesquisa", disse Addison.

"Ops", disse Sydney. "Tanto o Serviço de Conclusão de Ticket quanto o Serviço de Pesquisa gravam na tabela Survey."

"Isso é o que Dana chamou de propriedade de tabela conjunta", disse Addison.

"Então, quais são nossas opções?", perguntou Sidney.

"Como dividir a tabela não vai funcionar, temos apenas duas opções", disse Addison. "Podemos usar um domínio de dados comum para que ambos os serviços tenham os dados, ou podemos usar a técnica de delegação e atribuir apenas um serviço como proprietário."

"Gosto do domínio de dados comuns. Deixe que ambos os serviços gravem na tabela e compartilhem um esquema comum", disse Sydney.

"Só que isso não funcionará nesse cenário", disse Addison. "O Serviço de Conclusão de Ticket já está conversando com o domínio comum de dados de abertura de tickets. Lembre-se de que um serviço não pode se conectar a vários esquemas."

"Ah, certo", disse Sydney. "Espere, eu sei, basta adicionar as tabelas de pesquisa ao esquema de domínio de dados de abertura de tickets."

"Mas agora estamos começando a juntar todas as tabelas novamente", disse Addison. "Em breve estaremos de volta a um banco de dados monolítico novamente."

"Então, o que fazemos?", perguntou Sidney.

"Espere, acho que vejo uma boa solução aqui", disse Addison. "Você sabe que o Serviço de Conclusão de Tickets precisa enviar uma mensagem para o Serviço de Pesquisa de qualquer maneira para iniciar o processo de pesquisa assim que um ticket for concluído? E se passássemos os dados necessários junto com essa mensagem para que o Serviço de Pesquisa possa inserir os dados ao criar a pesquisa com o cliente?"

"Isso é brilhante", disse Sydney. "Dessa forma, a Conclusão de Tickets não precisa de nenhum acesso à tabela Survey."

Addison e Sydney concordaram que o Serviço de Pesquisa seria o proprietário da tabela Survey e usaria a técnica de delegação para passar dados quando a tabela notificasse o Serviço de Pesquisa para iniciar o processo de pesquisa, conforme ilustrado na Figura 9-21. Addison escreveu um registro de decisão de arquitetura para essa decisão.

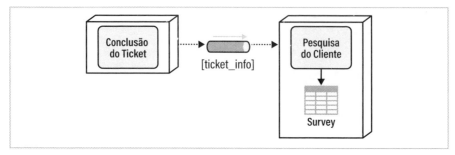

Figura 9-21. O Serviço de Pesquisa é proprietário dos dados usando a técnica de delegação.

ADR: Serviço de Pesquisa é Proprietário da Tabela Survey

Contexto

>Tanto o Serviço de Conclusão de Tickets quanto o Serviço de Pesquisa gravam na tabela Survey. Como esse é um cenário de propriedade conjunta, as alternativas são usar um domínio de dados compartilhado comum ou usar a técnica de delegação. A divisão da tabela não é uma opção devido à estrutura da tabela Survey.

Decisão

>O Serviço de Pesquisa será o único proprietário da tabela Survey, o que significa que é o único serviço que pode executar operações de gravação nessa tabela.

>Depois que um ticket é marcado como concluído e aceito pelo sistema, o Serviço de Conclusão de Tickets precisa enviar uma mensagem ao Serviço de Pesquisa para iniciar o processamento da pesquisa do cliente. Como o Serviço de Conclusão de Tickets já está enviando um evento de notificação, as informações necessárias do ticket podem ser passadas junto com esse evento, eliminando, assim, a necessidade de o Serviço de Conclusão de Tickets ter qualquer acesso à tabela Survey.

Consequências

>Todos os dados necessários que o Serviço de Conclusão de Tickets precisa inserir na tabela Survey precisarão ser enviados como parte da carga útil ao acionar o processo de pesquisa do cliente.

>No sistema monolítico, o preenchimento do ticket inseriu o registro da pesquisa como parte do processo de preenchimento. Com essa decisão, a criação do registro da pesquisa é uma atividade separada do processo de criação do ticket e agora é tratada pelo Serviço de Pesquisa.

10.
Acesso a Dados Distribuídos

Segunda-feira, 3 de janeiro, 12h43

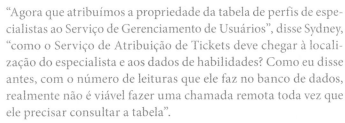

"Agora que atribuímos a propriedade da tabela de perfis de especialistas ao Serviço de Gerenciamento de Usuários", disse Sydney, "como o Serviço de Atribuição de Tickets deve chegar à localização do especialista e aos dados de habilidades? Como eu disse antes, com o número de leituras que ele faz no banco de dados, realmente não é viável fazer uma chamada remota toda vez que ele precisar consultar a tabela".

"Você pode modificar a maneira como o algoritmo de atribuição funciona para que possamos reduzir o número de consultas necessárias?", perguntou Addison.

"Não tenho ideia", respondeu Sydney. "Taylen é quem geralmente mantém esses algoritmos."

Addison e Sydney se reuniram com Taylen para discutir o problema de acesso a dados e para ver se Taylen poderia modificar os algoritmos de atribuição de especialistas para reduzir o número de chamadas de banco de dados para a tabela de perfis de especialistas.

"Está brincando comigo?", perguntou Taylen. "Não há como reescrever os algoritmos de atribuição para fazer o que você está pedindo. De jeito nenhum."

"Mas nossa única outra opção é fazer chamadas remotas para o Serviço de Gerenciamento de Usuários toda vez que o algoritmo de atribuição precisar de dados especializados", disse Addison.

"O quê?", gritou Taylen. "Não podemos fazer isso!"

"Foi o que eu disse também", falou Sydney. "Isso significa que estamos de volta à estaca zero. Esse material de arquitetura distribuída é difícil. Odeio dizer isso, mas, na verdade, estou começando a sentir falta do aplicativo monolítico. Espere, eu sei. E se fizéssemos chamadas de mensagens para o Serviço de Manutenção do Usuário, em vez de usar REST?"

"É a mesma coisa", disse Taylen. "Ainda tenho que esperar que as informações voltem, quer usemos mensagens, REST ou qualquer outro protocolo de acesso remoto. Essa tabela simplesmente precisa estar no mesmo domínio de dados que as tabelas de abertura de tickets."

"Deve haver outra solução para acessar dados que não possuímos mais", disse Addison. "Deixe-me verificar com Logan."

* * *

Na maioria dos sistemas monolíticos que usam um único banco de dados, os desenvolvedores não pensam duas vezes antes de ler as tabelas do banco de dados. As junções de tabelas SQL são comuns, e, com uma consulta simples, todos os dados necessários podem ser recuperados em uma única chamada de banco de dados. No entanto, quando os dados são desmembrados em bancos de dados separados ou esquemas pertencentes a serviços distintos, o acesso aos dados para operações de leitura começa a se tornar difícil.

Este capítulo descreve as várias maneiras pelas quais os serviços podem obter acesso de leitura a dados que não possuem — em outras palavras, fora do contexto delimitado dos serviços que precisam dos dados. Os quatro padrões de acesso a dados que discutimos neste capítulo incluem o padrão de Comunicação Entre Serviços, o padrão de Replicação de Esquema de Coluna, o padrão de Cache Replicado e o padrão de Domínio de Dados.

Cada um desses padrões de acesso a dados tem sua parcela de vantagens e desvantagens. Sim, mais uma vez, *trade-offs*. Para descrever melhor cada um desses padrões, retornaremos ao nosso Serviço de Lista de Desejos e a um exemplo de Serviço de Catálogo do Capítulo 9. O Serviço de Lista de Desejos mostrado na Figura 10-1 mantém uma lista de itens que um cliente pode eventualmente querer comprar e contém o ID, o ID do item e a data em que o item foi adicionado à tabela Lista de Desejos correspondente. O Serviço de Catálogo é responsável por manter todos os itens que a empresa vende e inclui a ID do item, a descrição do item e as informações estáticas das dimensões do produto, como peso, altura, comprimento, e assim por diante.

Nesse exemplo, quando uma solicitação é feita por um cliente para exibição em sua lista de desejos, o ID do item *e* a descrição do item (item_desc) são retornados ao cliente. Porém, o Serviço de Lista de Desejos não tem a descrição do item em sua tabela; esses dados são de propriedade do Serviço de Catálogo em um contexto delimitado bem formado, fornecendo controle de alterações e propriedade de dados. Portanto, o arquiteto deve usar um dos padrões de acesso a dados descritos neste capítulo para garantir que o Serviço de Lista de Desejos possa obter as descrições de produto do Serviço de Catálogo.

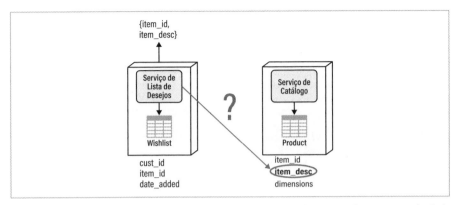

Figura 10-1. O Serviço de Lista de Desejos precisa de descrições de itens, mas não tem acesso à tabela de produtos que contém os dados.

Padrão de Comunicação Entre Serviços

O *padrão de Comunicação Entre Serviços* é, de longe, o padrão mais comum para acessar dados em um sistema distribuído. Se um serviço (ou sistema) precisar ler dados que não pode acessar diretamente, ele simplesmente *solicitará* ao serviço ou sistema proprietário usando algum tipo de protocolo de acesso remoto. O que pode ser mais simples?

Como acontece com a maioria das coisas na arquitetura de software, nem tudo é o que parece. Embora simples, essa técnica comum de acesso a dados infelizmente está repleta de desvantagens. Considere a Figura 10-2: o Serviço de Lista de Desejos faz uma chamada de acesso remoto síncrona para o Serviço de Catálogo, passando uma lista de IDs de itens em troca de uma lista de descrições de itens correspondentes.

Observe que para *cada* solicitação de obtenção de uma lista de desejos do cliente, o Serviço de Lista de Desejos deve fazer uma chamada remota para o Serviço de Catálogo para obter as descrições dos itens. O primeiro problema que ocorre com esse padrão é um desempenho mais lento devido à latência de rede, latência de segurança e latência de dados. A *latência da rede* é o tempo de transmissão do pacote de e para um serviço (geralmente, entre 30 ms e 300 ms). A latência de segurança ocorre quando o terminal para o serviço de destino requer autorização adicional para executar a solicitação. A *latência de segurança* pode variar muito, dependendo do nível de segurança no endpoint acessado, mas pode estar entre 20 ms e 400 ms para a maioria dos sistemas. A *latência de dados* descreve a situação em que várias chamadas de banco de dados precisam ser feitas para recuperar as informações necessárias para repassar ao usuário final. Nesse caso, em vez de uma única instrução de junção de tabela SQL, uma chamada de banco de dados adicional deve ser feita pelo Serviço de Catálogo para recuperar a descrição do item. Isso pode adicionar de 10 ms a 50 ms de tempo de processamento adicional. Adicione tudo isso, e a latência pode ser de até um segundo apenas para obter as descrições dos itens.

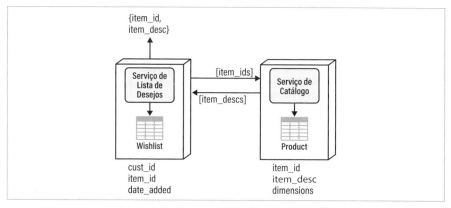

Figura 10-2. Padrão de acesso a dados de comunicação entre serviços.

Outra grande desvantagem desse padrão é o acoplamento de serviço. Como a Lista de Desejos deve depender da disponibilidade do Serviço de Catálogo, os serviços são, portanto, semântica e estaticamente acoplados, o que significa que, se o Serviço de Catálogo não estiver disponível, o Serviço de Lista de Desejos também não estará. Além disso, devido ao estreito acoplamento estático entre o Serviço de Lista de Desejos e o Serviço de Catálogo, à medida que o Serviço de Lista de Desejos é dimensionado para atender a um volume de demanda adicional, o mesmo deve acontecer com o Serviço de Catálogo.

A Tabela 10-1 resume os trade-offs associados ao padrão de acesso a dados de comunicação entre serviços.

Trade-Offs

Tabela 10-1. Trade-offs para o padrão de acesso a dados de Comunicação entre Serviços

Vantagens	Desvantagens
Simplicidade.	Latência de rede, dados e segurança (desempenho).
Sem problemas de volume de dados.	Problemas de escalabilidade e taxa de transferência.

Vantagens	Desvantagens
	Sem tolerância a falhas (problemas de disponibilidade).
	Requer contratos entre serviços.

Padrão de Replicação de Esquema de Coluna

Com o *padrão de Replicação de Esquema de Coluna*, as colunas são replicadas entre tabelas, portanto, replicando os dados e tornando-os disponíveis para outros contextos limitados. Conforme mostrado na Figura 10-3, a coluna item_desc é adicionada à tabela Wishlist, tornando esses dados disponíveis para o Serviço de Lista de Desejos sem que se tenha de solicitar os dados ao Serviço de Catálogo.

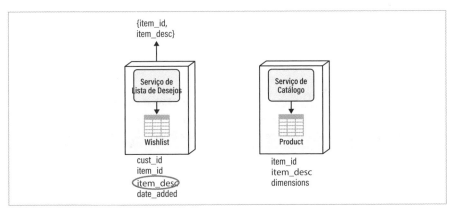

Figura 10-3. Com o padrão de acesso a dados de Replicação de Esquema de Coluna, os dados são replicados para outras tabelas.

A sincronização de dados e a consistência de dados são os dois maiores problemas associados ao padrão de acesso a dados de Replicação de Esquema de Coluna. Sempre que um produto é criado ou removido do catálogo, ou quando a descrição de um produto é alterada, o Serviço de Catálogo deve, de alguma forma, informar ao Serviço de Lista de Desejos (e quaisquer outros serviços que replicam os dados) sobre a alteração. Isso geralmente é feito por meio de comunicações assíncronas usando filas, tópicos ou streaming de eventos. A menos que seja necessária uma sincronização transacional *imediata*, a comunicação assíncrona é uma escolha preferencial sobre a comunicação síncrona, porque aumenta a capacidade de resposta e reduz a dependência de disponibilidade entre os serviços.

Outro desafio desse padrão é que às vezes é difícil controlar a propriedade dos dados. Como os dados são replicados em tabelas pertencentes a outros serviços, esses serviços podem atualizar os dados, mesmo que não sejam os *proprietários* oficiais destes. Isso, por sua vez, cria ainda mais problemas de consistência de dados.

Mesmo que os serviços ainda estejam acoplados devido à sincronização de dados, o serviço que requer acesso de leitura tem acesso imediato aos dados e pode fazer junções ou consultas SQL simples em sua própria tabela para obter os dados. Isso aumenta o desempenho, a tolerância a falhas e a escalabilidade, todas as coisas que eram desvantagens com o padrão de comunicação entre serviços.

Embora, em geral, alertemos contra o uso desse padrão de acesso a dados para cenários como o exemplo de Serviço de Lista de Desejos e Serviço de Catálogo, algumas situações em que isso pode ser considerado são agregação de dados, relatórios ou situações em que os outros padrões de acesso a dados não são bons devido a grandes volumes de dados, requisitos de alta capacidade de resposta ou requisitos de alta tolerância a falhas.

A Tabela 10-2 resume os trade-offs associados ao padrão de acesso a dados de Replicação de Esquema de Coluna.

Trade-Offs

Tabela 10-2. Trade-offs para o padrão de acesso a dados de Replicação de Esquema de Coluna

Vantagens	Desvantagens
Bom desempenho de acesso a dados.	Problemas de consistência de dados.
Sem problemas de escalabilidade e taxa de transferência.	Problemas de propriedade de dados.
Sem problemas de tolerância a falhas.	A sincronização de dados é necessária.
	Sem dependências de serviço.

Padrão de Cache Replicado

A maioria dos desenvolvedores e arquitetos pensa no cache como uma técnica para aumentar a capacidade de resposta geral. Ao armazenar dados em um cache na memória, a recuperação de dados vai de dezenas de milissegundos a apenas alguns nanossegundos. No entanto, o armazenamento em cache também pode ser uma ferramenta eficaz para acesso e compartilhamento de dados distribuídos. Esse padrão aproveita o *cache de memória replicado* para que os dados necessários a outros serviços sejam disponibilizados para cada serviço sem que eles precisem solicitá-los. Um cache replicado difere de outros modelos de cache porque os dados são mantidos na memória dentro de cada serviço e são sincronizados continuamente para que todos os serviços tenham os mesmos dados exatos o tempo todo.

Para entender melhor o modelo de cache replicado, é útil compará-lo com outros modelos de cache para ver as diferenças entre eles. O *modelo único de cache na memória* é a forma mais simples de cache, onde cada serviço tem seu próprio cache interno na memória. Com esse modelo de armazenamento em cache (ilustrado na Figura 10-4), os dados na memória não são sincronizados entre os caches, o que significa que cada serviço tem seus próprios dados exclusivos específicos para esse serviço. Embora esse modelo de cache ajude a aumentar a capacidade de resposta e a escalabilidade em cada serviço, não é útil para compartilhar dados entre serviços devido à falta de sincronização de cache entre os serviços.

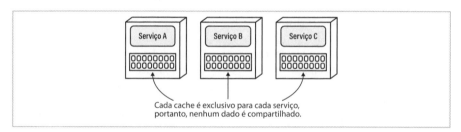

Figura 10-4. Com um único cache na memória, cada serviço contém seus próprios dados exclusivos.

O outro modelo de cache usado em arquiteturas distribuídas é o *cache distribuído*. Conforme ilustrado na Figura 10-5, com esse modelo de cache, os dados não são mantidos na memória dentro de cada serviço, mas sim externamente em um servidor de cache. Os serviços, usando um protocolo proprietário, fazem solicitações ao servidor de cache para recuperar ou atualizar dados compartilhados. Observe que, ao contrário do modelo de cache único na memória, os dados podem ser compartilhados entre os serviços.

O modelo de cache distribuído não é um modelo de cache eficaz a ser usado para o padrão de acesso a dados de cache replicado, por vários motivos. Primeiro, não há benefício para os problemas de tolerância a falhas encontrados no padrão de comunicação entre serviços. Em vez de depender de um serviço para recuperar dados, a dependência simplesmente mudou para o servidor de cache.

Como os dados do cache são centralizados e compartilhados, o modelo de cache distribuído permite que outros serviços atualizem os dados, quebrando, assim, o contexto delimitado em relação à propriedade dos dados. Isso pode causar inconsistências de dados entre o cache e o banco de dados proprietário. Embora isso às vezes possa ser resolvido por meio de uma governança rígida, ainda assim é um problema com esse modelo de armazenamento em cache.

Por fim, como o acesso ao cache distribuído centralizado é feito por meio de uma chamada remota, a latência da rede adiciona tempo de recuperação adicional para os dados, afetando, assim, a capacidade de resposta geral em comparação com um cache replicado na memória.

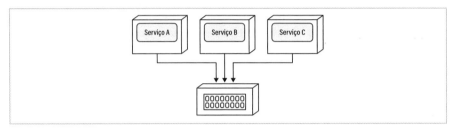

Figura 10-5. Um cache distribuído é externo aos serviços.

Com o cache replicado, cada serviço tem seus próprios dados na memória, que são mantidos em sincronia entre os serviços, permitindo que os mesmos dados sejam compartilhados entre vários serviços. Observe na Figura 10-6 que não há dependência de cache externo. Cada instância de cache se comunica com outra para que, quando uma atualização for feita em um cache, essa atualização seja imediatamente (nos bastidores) propagada de forma assíncrona para outros serviços usando o mesmo cache.

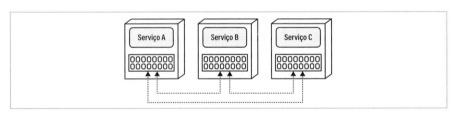

Figura 10-6. Com um cache replicado, cada serviço contém os mesmos dados na memória.

Nem todos os produtos de cache oferecem suporte ao cache replicado, por isso é importante verificar com o fornecedor do produto de cache para garantir o suporte para o modelo de cache replicado. Alguns dos produtos populares que suportam cache replicado incluem Hazelcast (*https://hazelcast.com* — conteúdo em inglês), Apache Ignite (*https://ignite.apache.org*— conteúdo em inglês) e Oracle Coherence.

Para ver como o cache replicado pode lidar com o acesso distribuído a dados, retornaremos ao nosso exemplo de Serviço de Lista de Desejos e Serviço de Catálogo. Na Figura 10-7, o Serviço de Catálogo tem um cache na memória de descrições de produtos (o que significa que é o único serviço que pode modificar o cache), e o Serviço de Lista de Desejos contém uma réplica somente leitura na memória do mesmo cache.

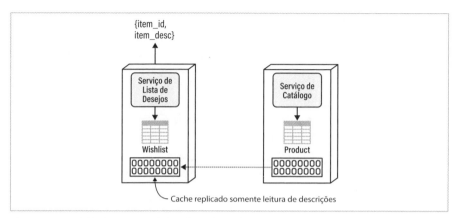

Figura 10-7. Padrão de acesso a dados de cache replicado.

Com esse padrão, o Serviço de Lista de Desejos não precisa mais fazer chamadas para o Serviço de Catálogo para recuperar as descrições dos produtos — eles já estão na memória do Serviço de Lista de Desejos. Quando atualizações são feitas na descrição do produto pelo Serviço de Catálogo, o produto em cache atualizará o cache no Serviço de Lista de Desejos para tornar os dados consistentes.

As vantagens óbvias do padrão de cache replicado são capacidade de resposta, tolerância a falhas e escalabilidade. Como nenhuma comunicação explícita entre os serviços é necessária entre os serviços, os dados estão prontamente disponíveis *na memória*, fornecendo acesso, o mais rápido possível, aos dados que um serviço não tem. A tolerância a falhas também é bem suportada com esse padrão. Mesmo que o Serviço de Catálogo caia, o Serviço de Lista de Desejos pode continuar funcionando. Assim que o Serviço de Catálogo volta a funcionar, os caches se conectam uns aos outros sem qualquer interrupção no Serviço de Lista de Desejos. Por fim, com esse padrão, o Serviço de Lista de Desejos pode ser dimensionado independentemente do serviço de catálogo.

Com todas essas vantagens claras, como poderia haver um trade-off com esse padrão? Como afirma a primeira lei da arquitetura de software em nosso livro *Fundamentos da Arquitetura de Software* (Alta Books), tudo na arquitetura de software é um trade-off, e se um arquiteto pensa que descobriu algo que *não é* um trade-off, isso significa que ele simplesmente não o *identificou* ainda.

O primeiro trade-off com esse padrão é uma dependência de serviço em relação aos dados de cache e tempo de inicialização. Uma vez que o Serviço de

Catálogo tem o cache e é responsável por preenchê-lo, ele deve estar em execução quando o Serviço de Lista de Desejos inicial for iniciado. Se o Serviço de Catálogo estiver indisponível, o Serviço de Lista de Desejos inicial deve entrar em estado de espera até que uma conexão com o Serviço de Catálogo seja estabelecida. Observe que apenas a instância *inicial* do Serviço de Lista de Desejos é afetada por essa dependência de inicialização; se o Serviço de Catálogo estiver inativo, outras instâncias da Lista de Desejos podem ser iniciadas, com os dados do cache transferidos de uma das outras instâncias da Lista de Desejos. Também é importante observar que, uma vez iniciado o Serviço de Lista de Desejos e com os dados no cache, *não* é necessário que o Serviço de Catálogo esteja disponível. Depois que o cache é disponibilizado no Serviço de Lista de Desejos, o Serviço de Catálogo pode ser ativado e desativado sem afetar o Serviço de Lista de Desejos (ou qualquer uma de suas instâncias).

O segundo trade-off com esse padrão é o dos volumes de dados. Se o volume de dados for muito alto (como ultrapassar 500 MB), a viabilidade desse padrão diminui rapidamente, principalmente no que diz respeito a várias instâncias de serviços que precisam dos dados. Cada instância de serviço tem seu próprio cache replicado, o que significa que, se o tamanho do cache de 500 MB e cinco instâncias de um serviço forem necessários, a memória total usada será de 2,5 GB. Os arquitetos devem analisar o tamanho do cache *e* o número total de instâncias de serviços que precisam dos dados armazenados em cache para determinar os requisitos totais de memória para o cache replicado.

Um terceiro trade-off é que o modelo de cache replicado geralmente não consegue manter os dados totalmente sincronizados entre os serviços se a taxa de alteração dos dados (taxa de atualização) for muito alta. Isso varia de acordo com o tamanho dos dados e a latência de replicação, mas em geral esse padrão não é adequado para dados altamente voláteis (como contagens de estoque de produtos). No entanto, para dados relativamente estáticos (como a descrição de um produto), esse padrão funciona bem.

O último trade-off associado a esse padrão é a configuração e o gerenciamento de instalação. Os serviços conhecem uns aos outros no modelo de cache replicado por meio de pesquisas e difusões TCP/IP. Se a transmissão TCI/IP e o intervalo de pesquisa forem muito amplos, pode levar muito tempo para estabelecer o handshake no nível do soquete entre os serviços. Ambientes baseados em nuvem e em contêineres tornam isso particularmente desafiador devido à falta de controle sobre os endereços IP e à natureza dinâmica dos endereços IP associados a esses ambientes.

A Tabela 10-3 lista os trade-offs associados ao padrão de acesso aos dados do cache replicado.

Trade-Offs

Tabela 10-3. Trade-offs associados ao padrão de acesso a dados de cache replicado

Vantagens	Desvantagens
Bom desempenho de acesso a dados.	A configuração em nuvem e conteinerizada pode ser difícil.
Sem problemas de escalabilidade e taxa de transferência.	Não é bom para grandes volumes de dados.
Bom nível de tolerância a falhas.	Não é bom para altas taxas de atualização.
Os dados permanecem consistentes.	Dependência inicial de inicialização do serviço.
A propriedade dos dados é preservada.	

Padrão de Domínio de Dados

No capítulo anterior, discutimos o uso de um *domínio de dados* para resolver a propriedade conjunta, em que vários serviços precisam gravar dados na mesma tabela. As tabelas que são compartilhadas entre os serviços são colocadas em um único esquema, que é compartilhado por ambos os serviços. Esse mesmo padrão também pode ser usado para acesso a dados.

Considere novamente o problema do Serviço de Lista de Desejos e do Serviço de Catálogo, em que o Serviço de Lista de Desejos precisa acessar as descrições do produto, mas não tem acesso à tabela que contém essas descrições. Suponha que o padrão de comunicação entre serviços não seja uma solução viável devido a problemas de confiabilidade com o Serviço de Catálogo, bem como problemas de desempenho com latência de rede e recuperação de dados adicionais. Suponha também que o uso do padrão Replicação de Esquema de Coluna não seja viável devido à necessidade de altos níveis de consistência de dados. Por fim, suponha que o padrão Cache Replicado não seja uma opção devido aos altos volumes de dados. A única outra solução é criar um domínio de dados, combinando as tabelas Lista de Desejos e Produto em um mesmo esquema compartilhado, acessível tanto para o Serviço de Lista de Desejos quanto para o Serviço de Catálogo.

A Figura 10-8 ilustra o uso desse padrão de acesso a dados. Observe que as tabelas Lista de Desejos e Produto não pertencem mais a nenhum dos serviços, mas são compartilhadas entre eles, formando um contexto delimitado mais amplo. Com esse padrão, ter acesso às descrições de produtos no Serviço de Lista de Desejos é uma questão de uma simples junção SQL entre as duas tabelas.

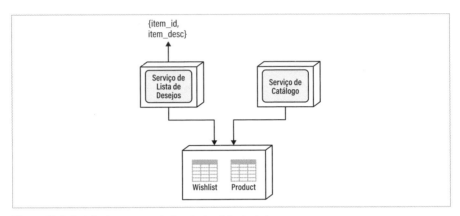

Figura 10-8. Padrão de acesso a dados de domínio de dados.

Embora o compartilhamento de dados geralmente seja desencorajado em uma arquitetura distribuída, esse padrão tem grandes benefícios sobre os outros padrões de acesso a dados. Em primeiro lugar, os serviços são completamente desacoplados uns dos outros, resolvendo, assim, qualquer dependência de disponibilidade, capacidade de resposta, taxa de transferência e problemas de escalabilidade. A capacidade de resposta é muito boa com esse padrão porque os dados estão disponíveis usando-se uma chamada SQL normal, eliminando a necessidade de fazer agregações de dados adicionais dentro da funcionalidade do serviço (como é necessário com o padrão Cache Replicado).

Tanto a consistência de dados quanto a taxa de integridade de dados são muito altas com o padrão Domínio de Dados. Como vários serviços acessam as mesmas tabelas de dados, os dados não precisam ser transferidos, replicados ou sincronizados. A integridade dos dados é preservada nesse padrão no sentido de que as restrições de chave estrangeira podem agora ser impostas entre as tabelas. Além disso, outros artefatos de banco de dados, como exibições, procedimentos armazenados e acionadores, podem existir no domínio de dados. De fato, a preservação dessas restrições de integridade e artefatos de banco de dados é outro fator para o uso do padrão Domínio de Dados.

Com esse padrão, nenhum contrato adicional é necessário para transferir dados entre serviços — o esquema da tabela torna-se o contrato. Embora isso seja uma vantagem para esse padrão, também é um trade-off. Os contratos usados com o padrão de comunicação entre serviços e o padrão Cache Replicado formam uma camada de abstração sobre o esquema da tabela, permitindo que as alterações nas estruturas da tabela permaneçam dentro de um contexto restrito e não afetem outros serviços. No entanto, esse padrão forma um contexto delimitado mais amplo, exigindo que vários serviços possam ser alterados quando a estrutura de qualquer uma das tabelas no domínio de dados é alterada.

Outra desvantagem desse padrão é que ele pode abrir problemas de segurança associados ao acesso a dados. Por exemplo, na Figura 10-8, o serviço de Lista de Desejos tem acesso completo a *todos* os dados dentro do domínio de dados. Embora isso esteja correto no exemplo de Lista de Desejos e Serviço de Catálogo, pode haver momentos em que os serviços que acessam o domínio de dados não devem ter acesso a determinados dados. Um contexto delimitado mais rígido com propriedade de serviço estrita pode impedir que outros serviços acessem determinados dados por meio de contratos usados para transmitir os dados de um lado para o outro.

A Tabela 10-4 lista as compensações associadas ao padrão de acesso a dados do domínio de dados.

Trade-Offs

Tabela 10-4. Trade-offs associados ao padrão de acesso a dados do domínio de dados

Vantagens	Desvantagens
Bom desempenho de acesso a dados.	Contexto delimitado mais amplo para gerenciar alterações de dados.
Sem problemas de escalabilidade e taxa de transferência.	Governança de propriedade de dados.
Sem problemas de tolerância a falhas.	Segurança de acesso a dados.
Sem dependência de serviço.	
Os dados permanecem consistentes.	

Sysops Squad Saga: Acesso a Dados para Atribuição de Tickets

Quinta-feira, 3 de março, 14h59

Logan explicou os vários métodos de acesso a dados dentro de uma arquitetura distribuída e também delineou os trade-offs correspondentes de cada técnica. Addison, Sydney e Taylen tiveram de tomar uma decisão sobre qual técnica usar.

"A menos que comecemos a consolidar todos esses serviços, acho que ficaremos presos ao fato de que o Atribuição de Ticket precisa de alguma forma obter os dados do perfil do especialista e rápido", disse Taylen.

"Tudo bem", disse Addison. "Portanto, a consolidação de serviço está fora de questão, porque esses serviços estão em domínios totalmente diferentes, e a opção de domínio de dados compartilhados está fora de questão pelos mesmos motivos dos quais falamos antes — não podemos ter o Serviço de Atribuição de Tickets conectado a dois bancos de dados diferentes."

"Então isso nos deixa com uma de duas escolhas", disse Sidney. "Ou usamos comunicação entre serviços ou cache replicado."

"Espere. Vamos explorar a opção de cache replicado por um minuto", disse Taylen. "De que quantidade de dados estamos falando aqui?"

"Bem", disse Sydney, "temos novecentos especialistas no banco de dados. De quais dados da tabela de perfis de especialistas o Serviço de Atribuição de Tickets precisa?"

"São principalmente informações estáticas, pois obtemos os feeds de localização de especialistas atuais de outros lugares. Portanto, seria a habilidade do especialista, suas zonas de localização de serviço e sua disponibilidade programada padrão", disse Taylen.

"Ok, isso é cerca de 1,3 KB de dados por especialista. E como temos novecentos especialistas no total, isso seria... cerca de 1.200 KB de dados no total. E os dados são relativamente estáticos", disse Sydney.

"Hum, não há muitos dados para armazenar na memória", disse Taylen.

"Não vamos esquecer que, se usássemos um cache replicado, teríamos que levar em consideração quantas instâncias teríamos para o Serviço de Gerenciamento de Usuários e também para o Serviço de Atribuição de Tickets", disse Addison. "Só por segurança, devemos usar o número máximo de instâncias de cada um que esperamos."

"Eu tenho essa informação", disse Taylen. "Esperamos ter no máximo duas instâncias do Serviço de Gerenciamento de Usuários e no máximo quatro em nosso pico mais alto para o Serviço de Atribuição de Tickets."

"Não são muitos dados totais na memória", observou Sydney.

"Não, não são", disse Addison. "Ok, vamos analisar os trade-offs usando a abordagem baseada em hipóteses que tentamos anteriormente. Sugiro que escolhamos a opção de cache replicado na memória para armazenar em cache apenas os dados necessários para o Serviço de Atribuição de Tickets. Algum outro trade-off que você possa imaginar?"

Tanto Taylen quanto Sydney ficaram sentados enquanto tentavam pensar em alguns pontos negativos para a abordagem de cache replicado.

"E se o Serviço de Gerenciamento de Usuários cair?", perguntou Sidney.

"Desde que o cache esteja preenchido, o Serviço de Atribuição de Tickets estará bem", disse Addison.

"Espere, você quer dizer que os dados estariam na memória, mesmo se o Serviço de Gerenciamento de Usuários não estiver disponível?", perguntou Taylen.

"Desde que o Serviço de Gerenciamento de Usuários comece antes do Serviço de Atribuição de Tickets, sim", disse Addison.

"Ah!", disse Taylen. "Depois há nosso primeiro trade-off. A atribuição de ticket não pode funcionar a menos que o Serviço de Gerenciamento de Usuários seja iniciado. Isso não é bom."

"Mas", disse Addison, "se fizermos chamadas remotas para o Serviço de Gerenciamento de Usuários e ele cair, o Serviço de Atribuição de Tickets se tornará inoperante. Pelo menos com a opção de cache replicado, uma vez que o Gerenciamento de Usuários esteja funcionando, não dependemos mais dele. Portanto, o cache replicado é, na verdade, mais tolerante a falhas nesse caso".

"Verdade", disse Taylen. "Só temos que ter cuidado com a dependência de inicialização."

"Qualquer outra coisa que você possa considerar negativa?", perguntou Addison, sabendo de outro trade-off óbvio, mas querendo que a equipe de desenvolvimento o apresentasse por conta própria.

"Hum", disse Sydney, "sim. Eu tenho um. Que produto de cache vamos usar?"

"Ah", disse Addison, "isso é, na verdade, outro trade-off. Algum de vocês já fez cache replicado antes? Ou alguém da equipe de desenvolvimento, talvez?"

Tanto Taylen quanto Sydney balançaram a cabeça.

"Então temos algum risco aqui", disse Addison.

"Na verdade", disse Taylen, "estou ouvindo muito sobre essa técnica de cache há algum tempo e estou morrendo de vontade de experimentá-la. Eu me voluntariaria para pesquisar alguns dos produtos e fazer algumas provas de conceito sobre essa abordagem."

"Ótimo", disse Addison. "Enquanto isso, vou pesquisar qual seria o custo de licenciamento para esses produtos também e se há alguma limitação técnica em relação ao nosso ambiente de implantação. Você sabe, coisas como cruzamentos de zona de disponibilidade, firewalls, esse tipo de coisa."

A equipe começou sua pesquisa e trabalho de prova de conceito e descobriu que essa não é apenas uma solução viável em termos de custo e esforço, mas também resolveria o problema de acesso a dados para a tabela de perfil do especialista. Addison discutiu essa abordagem com Logan, que aprovou a solução. Addison criou um ADR delineando e justificando esta decisão.

> *ADR: Uso de Cache Replicado na Memória para Dados de Perfil de Especialista*
>
> Contexto
>
> > O Serviço de Atribuição de Tickets precisa de acesso contínuo à tabela de perfil do especialista, que pertence ao Serviço de Gerenciamento de Usuários em um contexto delimitado separado. O acesso às informações

do perfil do especialista pode ser feito por meio de comunicação entre serviços, cache replicado na memória ou um domínio de dados comum.

Decisão

Usaremos cache replicado entre o Serviço de Gerenciamento de Usuários e o Serviço de Atribuição de Tickets, sendo o Serviço de Gerenciamento de Usuários o único proprietário das operações de gravação.

Como o Serviço de Atribuição de Tickets já se conecta ao esquema de domínio de dados de ticket compartilhado, ele não pode se conectar a um esquema adicional. Além disso, como a funcionalidade de gerenciamento de usuários e a funcionalidade principal de abertura de tickets estão em dois domínios separados, não queremos combinar as tabelas de dados em um único esquema. Portanto, usar um domínio de dados comum não é uma opção.

O uso de um cache replicado na memória resolve os problemas de desempenho e tolerância a falhas associados à opção de comunicação entre serviços.

Consequências

Pelo menos uma instância do Serviço de Gerenciamento de Usuários deve estar em execução ao iniciar a primeira instância do Serviço de Atribuição de Tickets.

Custos de licenciamento para o produto de cache seriam necessários para essa opção.

11.
Gerenciando Fluxos de Trabalho Distribuídos

Terça-feira, 15 de fevereiro, 14h34

Austen entrou correndo no escritório de Logan logo após o almoço. "Estive olhando para os novos projetos de arquitetura e quero ajudar. Você precisa que eu escreva alguns ADRs ou ajude com alguns picos? Ficaria feliz em redigir o ADR afirmando que só usaremos coreografia na nova arquitetura para manter as coisas desacopladas."

"Ei, espere aí", disse Logan. "Onde você ouviu isso? O que lhe dá essa impressão?"

"Bem, tenho lido muito sobre microsserviços, e o conselho de todos parece ser o de manter as coisas altamente desacopladas. Quando eu olho para os padrões de comunicação, parece que a coreografia é a mais desacoplada, então a gente sempre deve usar, certo?"

"*Sempre* é um termo complicado em arquitetura de software. Tive um mentor que tinha uma perspectiva memorável sobre isso e que sempre dizia: *nunca use absolutos ao falar sobre arquitetura, exceto ao falar sobre absolutos*. Em outras palavras, *nunca* diga *nunca*. Não sou capaz de pensar em muitas decisões em arquitetura em que *sempre* ou *nunca* se aplique."

"Ok", disse Austen. "Então, como os arquitetos decidem entre os diferentes padrões de comunicação?"

Como parte de nossa análise contínua dos trade-offs associados às arquiteturas distribuídas modernas, chegamos à parte *dinâmica* do acoplamento quântico, realizando muitos dos padrões que descrevemos e nomeamos no Capítulo 2. Na verdade, mesmo nossos padrões nomeados apenas tocam nas muitas permutações

299

possíveis com arquiteturas modernas. Assim, um arquiteto deve entender as forças em ação para que possa fazer uma análise de trade-off mais objetiva.

No Capítulo 2, identificamos três forças de acoplamento ao considerar modelos de interação em arquiteturas distribuídas: comunicação, consistência e coordenação, mostradas na Figura 11-1.

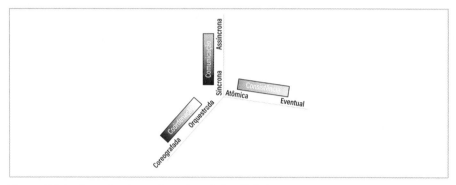

Figura 11-1. As dimensões do acoplamento quântico dinâmico.

Neste capítulo, discutimos a *coordenação*: combinar dois ou mais serviços em uma arquitetura distribuída para formar algum trabalho específico de domínio, junto com as muitas questões inerentes.

Existem dois padrões de coordenação fundamentais em arquiteturas distribuídas: orquestração e coreografia. As diferenças topológicas fundamentais entre os dois estilos são ilustradas na Figura 11-2.

A orquestração se distingue pelo uso de um orquestrador, enquanto uma solução coreografada não usa um.

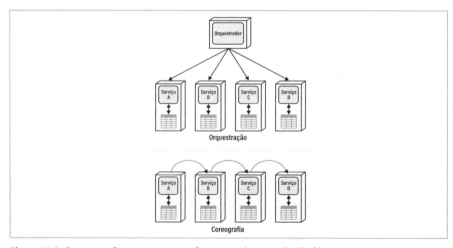

Figura 11-2. Orquestração *versus* coreografia em arquiteturas distribuídas.

Estilo de Comunicação de Orquestração

O *padrão de orquestração* usa um componente *orquestrador* (às vezes chamado de *mediador*) para gerenciar o estado do fluxo de trabalho, comportamento opcional, tratamento de erros, notificação e uma série de outras manutenções do fluxo de trabalho. É nomeado assim pela característica distintiva de uma orquestra musical, que utiliza um maestro para sincronizar as partes incompletas da partitura geral para criar uma peça musical unificada. A orquestração é ilustrada na representação mais genérica da Figura 11-3.

Neste exemplo, os serviços A-D são serviços de domínio, cada um responsável por seu próprio contexto delimitado, seus dados e seu comportamento. O componente Orquestrador geralmente não inclui nenhum comportamento de domínio fora do fluxo de trabalho que ele media. Observe que as arquiteturas de microsserviços têm um orquestrador por fluxo de trabalho, não um orquestrador global, como um *Enterprise Service Bus* (ESB). Um dos principais objetivos do estilo de arquitetura de microsserviços é o desacoplamento, e usar um componente global como um ESB cria um ponto de acoplamento indesejável. Assim, os microsserviços tendem a ter um orquestrador por fluxo de trabalho.

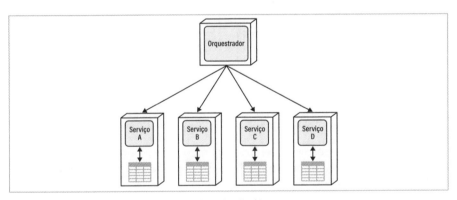

Figura 11-3. Orquestração entre microsserviços distribuídos.

A orquestração é útil quando um arquiteto deve modelar um fluxo de trabalho complexo que inclui mais do que apenas um único "caminho feliz", mas também caminhos alternativos e condições de erro. No entanto, para entender a forma básica do padrão, começamos com o caminho feliz sem erros. Considere um exemplo muito simples da Penultimate Electronics vendendo um dispositivo para um de seus clientes online, mostrado na Figura 11-4.

Esse sistema passa a solicitação de colocação de pedido para o Orquestrador de Fazer Pedidos, que faz uma chamada síncrona para o Serviço de Fazer Pedidos, que registra o pedido e retorna uma mensagem de status. Em seguida, o mediador liga para o Serviço de Pagamento, que atualiza as informações de pagamento. Depois, o orquestrador faz uma chamada assíncrona para o Serviço de Fulfillment para processar o pedido. A chamada é assíncrona porque não existem dependências de tempo estritas para o atendimento do pedido, ao contrário da verificação de pagamento. Por exemplo, se o atendimento do pedido ocorre apenas algumas vezes ao dia, não há motivo para a sobrecarga de uma chamada síncrona. Da mesma forma, o orquestrador chama o serviço de e-mail para notificar o usuário sobre um pedido eletrônico bem-sucedido.

Se o mundo consistisse apenas em caminhos felizes, a arquitetura de software seria fácil. No entanto, uma das principais partes difíceis da arquitetura de software são as condições e os caminhos de erro.

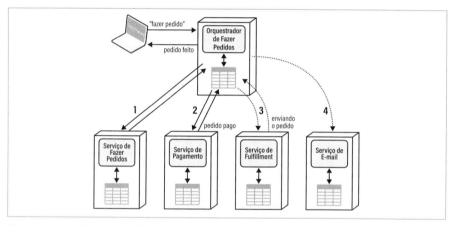

Figura 11-4. Um fluxo de trabalho de "caminho feliz" usando um orquestrador para comprar equipamentos eletrônicos (observe as chamadas assíncronas indicadas por linhas pontilhadas para chamadas menos urgentes).

Considere dois possíveis cenários de erro para a compra de eletrônicos. Primeiro, o que acontece se o método de pagamento do cliente for rejeitado? Esse cenário de erro aparece na Figura 11-5.

Aqui, o Orquestrador de Fazer Pedidos atualiza o pedido por meio do Serviço de Fazer Pedidos, como antes. No entanto, ao tentar aplicar o pagamento, ele é rejeitado pelo serviço de pagamento, talvez por causa de um número de cartão de crédito vencido. Nesse caso, o Serviço de Pagamento notifica o orquestrador, que faz uma chamada (normalmente) assíncrona para enviar uma mensagem ao serviço de e-mail para notificar o cliente sobre o pedido com falha. Além disso, o orquestrador atualiza o estado do Serviço de Fazer Pedidos, que ainda considera que este é um pedido ativo.

Observe que neste exemplo estamos permitindo que cada serviço mantenha seu próprio estado transacional, modelando nosso "Padrão Saga Conto de Fadas [(seo)]" no Capítulo 12. Uma das partes mais difíceis das arquiteturas modernas é o gerenciamento de transações, que abordamos no Capítulo 12.

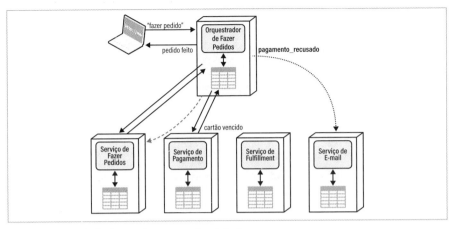

Figura 11-5. Condição de erro de pagamento rejeitado.

No segundo cenário de erro, o fluxo de trabalho progrediu ainda mais: o que acontece quando o Serviço de Fulfillment relata um pedido pendente? Esse cenário de erro aparece na Figura 11-6.

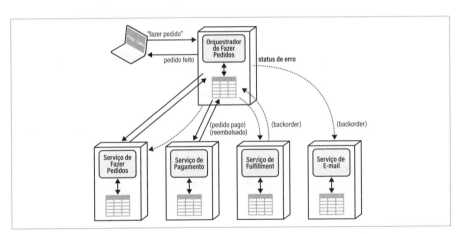

Figura 11-6. Quando um item está pendente, o orquestrador deve corrigir o estado.

Como podemos ver, o fluxo de trabalho ocorre normalmente até que o Serviço de Fulfillment notifique o orquestrador de que o item atual está esgotado, necessitando de um pedido em espera. Nesse caso, o orquestrador deve reembolsar o pagamento (é por isso que muitos serviços online não cobram até o envio e nem no momento do pedido) e atualizar o estado do Serviço de Fulfillment.

Uma característica interessante a ser observada na Figura 11-6: mesmo nos cenários de erro mais elaborados, o arquiteto não precisava adicionar caminhos de comunicação adicionais que já não existiam para facilitar o fluxo de trabalho normal, o que difere do "Estilo de Comunicação de Coreografia", abordado mais adiante neste capítulo.

As vantagens gerais do estilo de comunicação de orquestração incluem o seguinte:

Fluxo de trabalho centralizado
  Conforme a complexidade aumenta, ter um componente unificado para estado e comportamento torna-se benéfico.

Manipulação de erros
  A manipulação de erros é uma parte importante de muitos fluxos de trabalho de domínio, auxiliada por ter um proprietário de estado para o fluxo de trabalho.

Recuperabilidade
  Como um orquestrador monitora o estado do fluxo de trabalho, um arquiteto pode adicionar lógica para tentar novamente se um ou mais serviços de domínio sofrerem uma interrupção de curto prazo.

Gerenciamento de estado
  Ter um orquestrador torna o estado do fluxo de trabalho consultável, fornecendo um local para outros fluxos de trabalho e outros estados transitórios.

As desvantagens gerais do estilo de comunicação de orquestração incluem o seguinte:

Responsividade
  Toda a comunicação deve passar pelo mediador, criando um potencial gargalo na taxa de transferência que pode prejudicar a capacidade de resposta.

Tolerância a falhas
  Embora a orquestração aprimore a capacidade de recuperação dos serviços de domínio, ela cria um possível ponto único de falha para o fluxo de trabalho, que pode ser tratado com redundância, mas acrescenta mais complexidade.

Escalabilidade
  Esse estilo de comunicação não escala tão bem quanto a coreografia porque tem mais pontos de coordenação (o orquestrador), o que reduz o potencial paralelismo. Como discutimos no Capítulo 2, vários padrões de acoplamento dinâmico utilizam coreografia e, assim, atingem escalas mais altas (notavelmente o "Padrão Time Travel Saga$^{(sec)}$" e o "Padrão Anthology Saga$^{(aec)}$", abordados no Capítulo 12.

Acoplamento de serviço
  Ter um orquestrador central cria maior acoplamento entre ele e os componentes do domínio, o que às vezes é necessário. Os trade-offs do estilo de comunicação de orquestração aparecem na Tabela 11-1.

Trade-Offs

Tabela 11-1. *Trade-offs para orquestração*

Vantagens	Desvantagens
Fluxo de trabalho centralizado.	Responsividade.
Manipulação de erros.	Tolerância a falhas.
Recuperabilidade.	Escalabilidade.
Gerenciamento de estado.	Acoplamento de serviço.

Estilo de Comunicação de Coreografia

Considerando que o estilo de comunicação de orquestração foi nomeado para a coordenação central metafórica oferecida por um orquestrador, o padrão de *coreografia* ilustra visualmente a intenção do estilo de comunicação que não tem coordenação central. Em vez disso, cada serviço participa com os outros, semelhantes a parceiros de dança. Não é uma performance *ad hoc* — os movimentos foram previamente planejados pelo coreógrafo/arquiteto, mas executados sem um coordenador central.

A Figura 11-4 descreve o fluxo de trabalho orquestrado para um cliente que compra produtos eletrônicos da Penultimate Electronics; o mesmo fluxo de trabalho modelado no estilo de comunicação da coreografia aparece na Figura 11-7.

Nesse fluxo de trabalho, a solicitação inicial vai para o primeiro serviço da cadeia de responsabilidade — nesse caso, o Serviço de Fazer Pedidos. Depois de atualizar os registros internos sobre o pedido, ele envia uma solicitação assíncrona que o Serviço de Pagamento recebe. Uma vez aplicado o pagamento, o Serviço de Pagamento gera uma mensagem recebida pelo Serviço de Fulfillment, que planeja a entrega e envia uma mensagem para o Serviço de E-mail.

À primeira vista, a solução coreográfica parece mais simples — menos serviços (sem orquestrador) e uma cadeia simples de eventos/comandos (mensagens). No entanto, como acontece com muitos problemas na arquitetura de software, as dificuldades não estão nos caminhos padrão, mas sim nos limites e nas condições de erro.

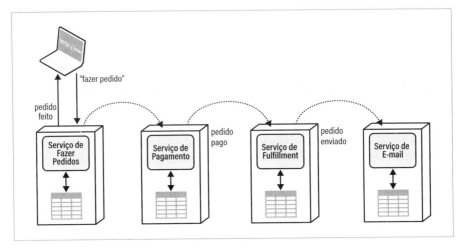

Figura 11-7. Compra de eletrônicos usando coreografia.

Como na seção anterior, cobrimos dois possíveis cenários de erro. O primeiro resulta de falha no pagamento, conforme ilustrado na Figura 11-8.

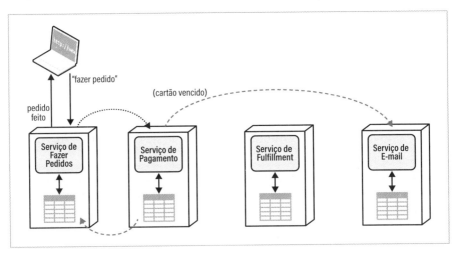

Figura 11-8. Erro no pagamento em coreografia.

Em vez de enviar uma mensagem destinada ao Serviço de Fulfillment, o serviço de Pagamento envia mensagens indicando falha ao Serviço de E-mail e de volta ao Serviço de Fulfillment para atualizar o status do pedido. Esse fluxo de trabalho alternativo não parece muito complexo, com um único novo link de comunicação que não existia antes.

No entanto, considere a crescente complexidade imposta pelo outro cenário de erro para um pedido pendente de produto, mostrado na Figura 11-9.

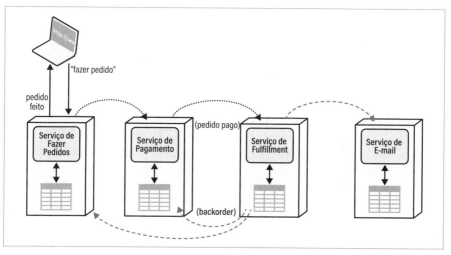

Figura 11-9. Gerenciando a condição de erro do fluxo de trabalho do backlog do produto.

Muitas etapas desse fluxo de trabalho já foram concluídas antes do evento (fora de estoque) que causa o erro. Como cada um desses serviços implementa sua própria transacionalidade (este é um exemplo do "Padrão Anthology Saga[aec]" no Capítulo 12), quando ocorre um erro, cada serviço deve emitir mensagens de compensação para outros serviços. Uma vez que o Serviço de Fulfillment perceba a condição de erro, ele deve gerar eventos adequados ao seu contexto delimitado, talvez uma mensagem de transmissão assinada pelos serviços de E-mail, Pagamento e Fazer Pedidos.

O exemplo mostrado na Figura 11-9 ilustra a dependência entre fluxos de trabalho complexos e mediadores. Embora o fluxo de trabalho inicial na coreografia ilustrado na Figura 11-7 pareça mais simples do que na Figura 11-4, o caso de erro (e outros) continua adicionando mais complexidade à solução coreografada. Na Figura 11-10, cada cenário de erro força os serviços de domínio a interagir uns com os outros, adicionando links de comunicação que não eram necessários para o caminho feliz.

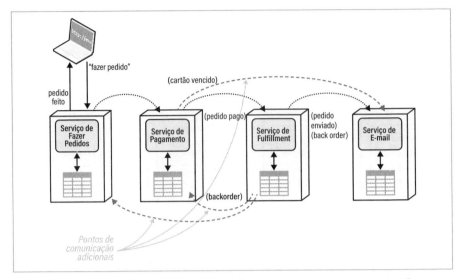

Figura 11-10. Condições de erro na coreografia geralmente adicionam links de comunicação.

Cada fluxo de trabalho que os arquitetos precisam modelar no software tem uma certa quantidade de *acoplamento semântico* — o acoplamento inerente que existe no domínio do problema. Por exemplo, o processo de atribuir um ticket a um membro do Sysops Squad tem um certo fluxo de trabalho: um cliente deve solicitar o serviço, as habilidades devem corresponder a especialistas específicos e, em seguida, fazer referência cruzada a horários e locais. A maneira como um arquiteto modela essa interação é o *acoplamento de implementação*.

O acoplamento semântico de um fluxo de trabalho é exigido pelos requisitos de domínio da solução e deve ser modelado de alguma forma. Por mais inteligente que seja um arquiteto, ele não pode reduzir a quantidade de acoplamento semântico, mas suas opções de implementação podem aumentá-lo. Isso não significa que um arquiteto não pode rejeitar semânticas impraticáveis ou impossíveis definidas por usuários de negócios — alguns requisitos de domínio criam problemas extraordinariamente difíceis na arquitetura.

Aqui está um exemplo comum. Considere a arquitetura monolítica em camadas padrão em comparação com o estilo mais moderno de um monólito modular, mostrado na Figura 11-11.

A arquitetura à esquerda representa a arquitetura em camadas tradicional, separada por recursos *técnicos*, como persistência, regras de negócios, e assim por diante. À direita, a mesma solução aparece, mas separada por preocupações de *domínio* Catalog Checkout e Update Inventory, em vez de recursos técnicos.

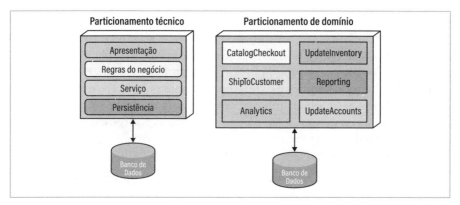

Figura 11-11. Particionamento técnico versus domínio na arquitetura.

Ambas as topologias são formas lógicas de organizar uma base de código. No entanto, considere onde residem os conceitos de domínio, como `Catalog Checkout`, dentro de cada arquitetura, ilustrado na Figura 11-12.

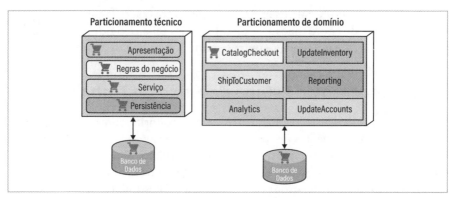

Figura 11-12. Catalog Checkout está pincelado pelas camadas de implementação em uma arquitetura particionada tecnicamente

Catalog Checkout está "pincelado" nas camadas da arquitetura técnica, enquanto aparece apenas no componente de domínio correspondente e no banco de dados no exemplo de domínio particionado. É claro que alinhar um domínio com a arquitetura particionada de domínio não é uma revelação — um dos insights do design orientado por domínio foi a primazia dos fluxos de trabalho do domínio. Não importa o que aconteça, se um arquiteto deseja modelar um fluxo de trabalho, ele deve fazer com que essas partes móveis funcionem juntas. Se o arquiteto organizou sua arquitetura da mesma forma que os domínios, a implementação do fluxo de trabalho deve ter complexidade semelhante. No entanto, se o arquiteto impôs camadas adicionais (como no particionamento técnico, mostrado na Figura 11-12), isso aumenta a complexidade geral da implementação, porque agora o arquiteto deve projetar para a complexidade *semântica* junto com a complexidade de *implementação* adicional.

Às vezes, a complexidade extra é justificada. Por exemplo, muitas arquiteturas em camadas surgiram do desejo dos arquitetos de obter economia de custos consolidando padrões de arquitetura, como pool de conexões de banco de dados. Nesse caso, um arquiteto considerou as vantagens e desvantagens da economia de custos associada ao particionamento técnico da conectividade do banco de dados *versus* a complexidade imposta e o custo ganho em muitos casos.

A principal lição da última década de design de arquitetura é modelar a *semântica* do fluxo de trabalho o mais próximo possível da implementação.

Um arquiteto nunca pode reduzir o acoplamento semântico por meio da implementação, mas pode piorá-lo.

Assim, podemos estabelecer uma relação entre o acoplamento semântico e a necessidade de coordenação — quanto mais etapas exigidas pelo fluxo de trabalho, mais erros potenciais e outros caminhos opcionais aparecem.

Gerenciamento do Estado do Fluxo de Trabalho

A maioria dos fluxos de trabalho inclui estado transitório sobre o status do fluxo de trabalho: quais elementos foram executados, quais foram deixados, ordenação, condições de erro, novas tentativas, e assim por diante. Para soluções orquestradas, o proprietário óbvio do estado do fluxo de trabalho é o orquestrador (embora algumas soluções arquitetônicas criem orquestradores sem estado para maior escala). No entanto, para a coreografia, não existe nenhum proprietário óbvio para o estado do fluxo de trabalho. Existem muitas opções comuns para gerenciar o estado na coreografia; aqui estão três das mais comuns.

Primeiro, o *padrão Controlador Frontal* coloca a responsabilidade pelo estado no primeiro serviço chamado na cadeia de responsabilidade, que neste caso é o Serviço de Fulfillment. Se esse serviço contiver informações sobre pedidos e o estado do fluxo de trabalho, alguns dos serviços de domínio deverão ter um link de comunicação para consultar e atualizar o estado do pedido, conforme ilustrado na Figura 11-13.

11. GERENCIANDO FLUXOS DE TRABALHO DISTRIBUÍDOS

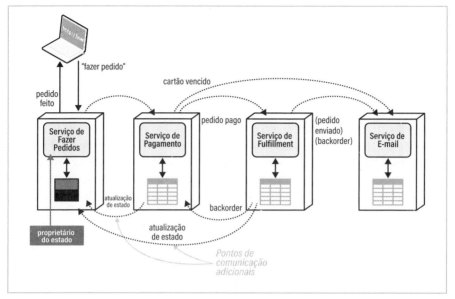

Figura 11-13. Na coreografia, um Controlador Frontal é um serviço de domínio que tem o estado do fluxo de trabalho, além do comportamento do domínio.

Nesse cenário, alguns serviços devem se comunicar de volta com o Serviço de Fazer Pedidos para atualizar o estado do pedido, pois ele é o proprietário do estado. Embora isso simplifique o fluxo de trabalho, aumenta a sobrecarga de comunicação e torna o Serviço de Fazer Pedidos mais complexo do que aquele que lidava apenas com o comportamento do domínio. Embora o padrão Controlador Frontal tenha algumas características vantajosas, ele também apresenta trade-offs, conforme mostrado na Tabela 11-2.

Trade-Offs

Tabela 11-2. Trade-offs para o padrão Controlador Frontal

Vantagens	Desvantagens
Cria um pseudo-orquestrador dentro da coreografia.	Adiciona estado de fluxo de trabalho adicional a um serviço de domínio.
Torna trivial a consulta do estado de um pedido.	Aumenta a sobrecarga de comunicação.
	Prejudicial ao desempenho e à escala, pois aumenta a vibração da comunicação de integração.

Uma segunda maneira de um arquiteto gerenciar o estado transacional é não manter nenhum estado transitório do fluxo de trabalho, contando com a consulta de serviços individuais para criar um instantâneo em tempo real. Isso é conhecido como *coreografia sem estado*. Embora isso simplifique o estado do primeiro serviço, aumenta muito a sobrecarga da rede em termos de conversas entre os serviços para criar um instantâneo com estado. Por exemplo, considere um fluxo de trabalho como o caminho feliz de coreografia simples na Figura 11-7 sem nenhum estado extra. Se um cliente deseja saber o estado de seu pedido, o arquiteto deve criar um fluxo de trabalho que consulte o estado de cada serviço de domínio para determinar o status do pedido mais atualizado. Embora isso seja uma solução altamente flexível, a reconstrução do estado pode ser complexa e cara em termos de características de arquitetura operacional, como escalabilidade e desempenho. Coreografia sem estado troca alto desempenho por controle de fluxo de trabalho, conforme ilustrado na Tabela 11-3.

Trade-Offs

Tabela 11-3. Trade-offs para coreografia sem estado

Vantagens	Desvantagens
Oferece alto desempenho e escala.	O estado do fluxo de trabalho deve ser construído durante o processo.
Extremamente desacoplado.	A complexidade aumenta rapidamente com fluxos de trabalho complexos.

Uma terceira solução utiliza o *acoplamento de selo* (descrito com mais detalhes em "Acoplamento de Selo para Gerenciamento de Fluxo de Trabalho", no Capítulo 13), armazenando o estado extra do fluxo de trabalho no contrato de mensagem enviado entre os serviços. Cada serviço de domínio atualiza sua parte do estado geral e a passa para o próximo na cadeia de responsabilidade. Assim, qualquer consumidor daquele contrato pode consultar o status do fluxo de trabalho sem consultar cada serviço.

Esta é uma solução parcial, pois ainda não fornece um único local para os usuários consultarem o estado do fluxo de trabalho em andamento. No entanto, ele fornece uma maneira de passar o estado entre os serviços como parte do fluxo de trabalho, fornecendo a cada serviço um contexto adicional potencialmente útil. Como em todos os recursos da arquitetura de software, o acoplamento de selo tem características boas e ruins, mostradas na Tabela 11-4.

Trade-Offs

Tabela 11-4. *Trade-offs para acoplamento de selo*

Vantagens	Desvantagens
Permite que os serviços de domínio passem o estado do fluxo de trabalho sem consultas adicionais a um proprietário do estado.	Os contratos devem ser maiores para acomodar o estado do fluxo de trabalho.
Elimina a necessidade de um controlador frontal.	Não fornece consultas de status just-in-time.

No Capítulo 13, discutimos como os contratos podem reduzir ou aumentar o acoplamento do fluxo de trabalho em soluções coreografadas.

As vantagens do estilo de comunicação da coreografia incluem o seguinte:

Responsividade
 Esse estilo de comunicação tem menos pontos de estrangulamento únicos, oferecendo, assim, mais oportunidades para paralelismo.

Escalabilidade
 Semelhante à responsividade, a falta de pontos de coordenação, como orquestradores, permite uma escala mais independente.

Tolerância a falhas
 A falta de um único orquestrador permite que um arquiteto aprimore a tolerância a falhas com o uso de várias instâncias.

Desacoplamento de serviço
 Nenhum orquestrador significa menos acoplamento.

As desvantagens do estilo de comunicação da coreografia incluem o seguinte:

Fluxo de trabalho distribuído
 Nenhum proprietário de fluxo de trabalho dificulta o gerenciamento de erros e outras condições de limite.

Gerenciamento de estado
 Nenhum detentor de estado centralizado impede o gerenciamento contínuo do estado.

Manipulação de erros
 A manipulação de erros se torna mais difícil sem um orquestrador porque os serviços de domínio devem ter mais conhecimento do fluxo de trabalho.

Recuperabilidade

Da mesma forma, a capacidade de recuperação se torna mais difícil sem um orquestrador para tentar novas tentativas e outros esforços de correção.

Assim como o "Estilo de Comunicação de Orquestração", a coreografia tem uma série de bons e maus trade-offs, muitas vezes opostos, resumidos na Tabela 11-5.

Trade-Offs

Tabela 11-5. Trade-offs para o estilo de comunicação de coreografia

Vantagens	Desvantagens
Responsividade.	Fluxo de trabalho distribuído.
Escalabilidade.	Gerenciamento de estado.
Tolerância a falhas.	Manipulação de erros.
Desacoplamento de serviço.	Recuperabilidade.

Trade-Offs Entre Orquestração e Coreografia

Como tudo na arquitetura de software, nem a orquestração nem a coreografia representam a solução perfeita para todas as possibilidades. Vários trade-offs importantes, incluindo alguns delineados aqui, levarão um arquiteto a usar uma dessas duas soluções.

Proprietário do Estado e Acoplamento

Conforme ilustrado na Figura 11.13, a propriedade do estado normalmente reside em algum lugar, seja em um mediador formal atuando como um orquestrador ou em um controlador frontal em uma solução coreografada. Na solução coreografada, a remoção do mediador força maiores níveis de comunicação entre os serviços. Este pode ser um trade-off perfeitamente conveniente. Por exemplo, se um arquiteto tem um fluxo de trabalho que precisa de escala maior e normalmente tem poucas condições de erro, pode valer a pena negociar a escala maior de coreografia com a complexidade do tratamento de erros.

No entanto, à medida que a complexidade do fluxo de trabalho aumenta, a necessidade de um orquestrador aumenta proporcionalmente, conforme ilustrado na Figura 11-14.

Além disso, quanto mais complexidade semântica contida em um fluxo de trabalho, mais utilitário é um orquestrador. Lembre-se, o acoplamento de implementação não pode tornar o acoplamento semântico melhor, apenas pior.

Em última análise, o ponto ideal para a coreografia está nos fluxos de trabalho que precisam de capacidade de resposta e escalabilidade e não têm cenários de erro complexos ou são pouco frequentes. Esse estilo de comunicação permite alto rendimento; ele é usado pelos padrões de acoplamento dinâmico "Padrão Phone Tag Saga$^{(sac)}$", "Padrão Time Travel Saga$^{(sec)}$" e "Padrão Anthology Saga$^{(aec)}$". Também pode levar a implementações extremamente difíceis quando outras forças são misturadas, levando ao "Padrão Horror Story" [todos descritos no Capítulo 12].

Figura 11-14. À medida que a complexidade do fluxo de trabalho aumenta, a orquestração se torna mais útil.

Por outro lado, a *orquestração* é mais adequada para fluxos de trabalho complexos que incluem limites e condições de erro. Embora esse estilo não forneça tanta escala quanto a coreografia, ele reduz bastante a complexidade na maioria dos casos. Esse estilo de comunicação aparece no "Padrão Epic Saga$^{(sao)}$", "Padrão Fairy Tale Saga$^{(seo)}$", "Padrão Fantasy Fiction Saga$^{(aao)}$" e "Padrão Parallel Saga$^{(aeo)}$" [todos descritos no Capítulo 12].

A *coordenação* é uma das principais forças que criam complexidade para os arquitetos ao determinar a melhor forma de comunicação entre os microsserviços. Em seguida, investigamos como essa força se cruza com outra força primária, a *consistência*.

Saga Sysops Squad: Gerenciando Fluxos de Trabalho

Quinta-feira, 15 de março, 11h

Addison e Austen chegaram ao escritório de Logan na hora certa, armados com uma apresentação e uma cafeteira da cozinha.

"Você está pronto para nós?", perguntou Addison.

"Claro", disse Logan. "É um bom momento — acabei de sair de uma teleconferência. Vocês estão prontos para falar sobre as opções de fluxo de trabalho para o fluxo de ticket primário?"

"Sim!", disse Austen. "Acho que devemos usar coreografia, mas Addison pensa em orquestração e não conseguimos decidir."

"Deem-me uma visão geral do fluxo de trabalho que estamos analisando."

"É o fluxo de trabalho do ticket primário", disse Addison. "Envolve quatro serviços; aqui estão os passos."

Operações voltadas para o cliente

1. O cliente envia um ticket de problema por meio do Serviço de Gerenciamento de Tickets e recebe um número de ticket.

Operações em segundo plano

1. O Serviço de Atribuição de Tickets encontra o especialista Sysops certo para o ticket de problema.
2. O Serviço de Atribuição de Tickets encaminha o ticket de problema para o dispositivo móvel do especialista em sistemas.
3. O cliente é notificado por meio do Serviço de Notificação de que o especialista Sysops está a caminho para corrigir o problema.
4. O especialista corrige o problema e marca o ticket como concluído, que é enviado ao Serviço de Gerenciamento de Tickets.
5. O Serviço de Gerenciamento de Tickets se comunica com o Serviço de Pesquisa para instruir o cliente a preencher a pesquisa.

"Você modelou as duas soluções?", perguntou Logan.

"Sim. O desenho da coreografia está na Figura 11-15."

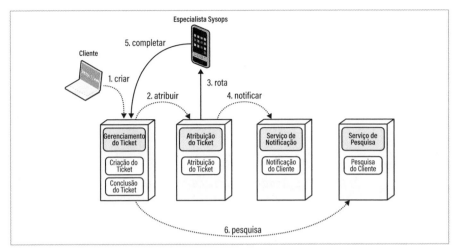

Figura 11-15. Fluxo de tickets primário modelado como coreografia.

"...e o modelo para orquestração está na Figura 11-16."

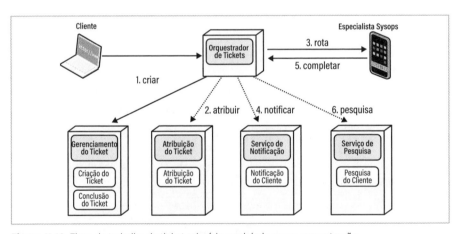

Figura 11-16. Fluxo de trabalho de ticket primário modelado como orquestração.

Logan ponderou os diagramas por um momento, então declarou: "Bem, não parece haver um vencedor óbvio aqui. Você sabe o que isso significa."

Austen acrescentou: "Trade-offs!"

"Claro", riu Logan. "Vamos pensar nos cenários prováveis e ver como cada solução reage a eles. Quais são os principais problemas com os quais você está preocupado?"

"A primeira são os tickets perdidos ou extraviados. A empresa tem reclamado disso e se tornou uma prioridade", disse Addison.

"Ok, o que lida melhor com esse problema: orquestração ou coreografia?"

"O controle mais fácil do fluxo de trabalho indica que a versão do orquestrador é melhor — podemos lidar com todos os problemas do fluxo de trabalho lá", disse Austen.

"Ok, vamos construir uma tabela de problemas e soluções preferidas na Tabela 11-6."

Trade-Offs

Tabela 11-6. Trade-offs entre orquestração e coreografia para o fluxo de trabalho do tickets

Orquestração	Coreografia
Controle do fluxo de trabalho	

"Qual é o próximo problema que devemos modelar?", Addison perguntou.

"Precisamos saber o status de um ticket de problema a qualquer momento — a empresa solicitou esse recurso e facilita o rastreamento de várias métricas. Isso implica que precisamos de um orquestrador para que possamos consultar o estado do fluxo de trabalho."

"Mas não é preciso ter um orquestrador para isso — podemos consultar qualquer serviço para ver se ele lidou com uma parte específica do fluxo de trabalho ou usar o acoplamento de marca", disse Addison.

"Isso mesmo, este não é um jogo de soma zero", disse Logan. "É possível que ambos ou nenhum funcione tão bem. Daremos crédito a ambas as soluções em nossa tabela atualizada."

Trade-Offs

Tabela 11-7. Trade-offs atualizados entre orquestração e coreografia para fluxo de trabalho de tickets

Orquestração	Coreografia
Controle do fluxo de trabalho.	
Consulta de estado.	Consulta de estado.

"Ok, o que mais?"

"Só há mais uma coisa que eu posso pensar", disse Addison. "Os tickets podem ser cancelados pelo cliente e reatribuídos devido à disponibilidade do especialista, perda de conexões com o dispositivo móvel do especialista ou atrasos do especialista no site do cliente. Portanto, o tratamento de erros adequado é importante. Isso significa orquestração?"

"Sim, geralmente. Fluxos de trabalho complexos devem ir para algum lugar, seja em um orquestrador ou espalhados por serviços. É bom ter um único local para consolidar o tratamento de erros. E a coreografia definitivamente não vai bem aqui, então atualizaremos nossa tabela na Tabela 11-8."

Trade-Offs

Tabela 11-8. Trade-offs finais entre orquestração e coreografia para fluxo de trabalho de tickets

Orquestração	Coreografia
Controle do fluxo de trabalho.	
Consulta de estado.	Consulta de estado.
Manipulação de erros.	

"Isso parece muito bom. Mais algum?"

"Nada que não seja óbvio", disse Addison. "Vamos escrever isso em um ADR; caso pensemos em outros problemas, podemos adicioná-los lá."

ADR: Usar a Orquestração para o Fluxo de Trabalho do Ticket Primário

Contexto

Para o fluxo de trabalho do ticket primário, a arquitetura deve oferecer suporte ao rastreamento fácil de mensagens perdidas ou extraviadas, excelente tratamento de erros e a capacidade de rastrear o status do ticket. Uma solução de orquestração ilustrada na Figura 11.16 ou uma solução de coreografia ilustrada na Figura 11.15 funcionará.

Decisão

Usaremos a orquestração para o fluxo de trabalho de abertura de ticket primário.

Modelamos a orquestração e a coreografia e chegamos aos trade-offs da Tabela 11-8.

Consequências

O fluxo de trabalho de tickets pode ter problemas de escalabilidade em torno de um único orquestrador, o que deve ser reconsiderado se os requisitos atuais de escalabilidade mudarem.

12.
Sagas Transacionais

Quinta-feira, 31 de março, 16h55

Austen apareceu no escritório de Logan em uma tarde de quinta-feira ventosa. "Addison acabou de me enviar aqui para lhe perguntar sobre uma história de terror?"

Logan parou e olhou para cima. "Isso é uma descrição de qualquer esporte radical louco que você está praticando nesse fim de semana? O que é desta vez?"

"É final da primavera, então muitos de nós vamos patinar no gelo no lago que está derretendo. Estamos vestindo macacões, então é realmente uma combinação de patinação e natação. Mas não foi isso que Addison quis dizer. Quando mostrei a ele meu projeto para o fluxo de trabalho de Abertura de Tickets, fui imediatamente instruído a ir até você e dizer que criei uma história de terror."

Logan riu. "Ah, entendo o que está acontecendo — você tropeçou no padrão de comunicação da saga Horror Story. Você projetou um fluxo de trabalho com comunicação assíncrona, transacionalidade atômica e coreografia, certo?"

"Como você sabia?"

"Esse é o padrão da saga Horror Story, ou, na verdade, antipadrão. Existem oito padrões de saga genéricos dos quais partimos, então é bom saber quais são, porque cada um tem um equilíbrio diferente de trade-offs."

* * *

O conceito de uma saga na arquitetura é anterior aos microsserviços, originalmente preocupados em limitar o escopo dos bloqueios de banco de dados nas primeiras arquiteturas distribuídas — o artigo amplamente considerado como tendo cunhado o conceito é da conferência Proceedings of the 1987 ACM. Em seu livro *Microservices Patterns* [Padrões de Microsserviços, em tradução livre] e também descrito na seção "Saga Pattern" de seu site, Chris Richardson descreve o padrão saga para microsserviços como uma sequência de transações locais onde cada atualização publica um evento, disparando, assim, a próxima atualização, na sequência. Se alguma dessas atualizações falhar, a saga emite uma série de atualizações compensatórias para desfazer as alterações anteriores feitas durante a saga.

No entanto, lembre-se de que, como vimos no Capítulo 2, esse é apenas um dos oito tipos possíveis de sagas. Nesta seção, mergulhamos muito mais fundo e examinamos o funcionamento interno das sagas transacionais e em como gerenciá-las, especialmente quando ocorrem erros. Afinal, como as transações distribuídas carecem de atomicidade (consulte "Transações Distribuídas", no Capítulo 9), o que as torna interessantes é quando ocorrem problemas.

Padrões de Sagas Transacionais

No Capítulo 2, apresentamos uma matriz que justapõe cada uma das dimensões que se cruzam quando os arquitetos devem escolher como implementar uma saga transacional, reproduzida na Tabela 12-1.

Tabela 12-1. A matriz de interseções dimensionais para arquiteturas distribuídas

Nome do padrão	Comunicação	Consistência	Coordenação
Epic Saga[sao]	Síncrona	Atômica	Orquestrada
Phone Tag Saga[sac]	Síncrona	Atômica	Coreografada
Fairy Tale Saga[seo]	Síncrona	Eventual	Orquestrada
Time Travel Saga[sec]	Síncrona	Eventual	Coreografada
Fantasy Fiction Saga[aao]	Assíncrona	Atômica	Orquestrada
Horror Story[aac]	Assíncrona	Atômica	Coreografada
Parallel Saga[aeo]	Assíncrona	Eventual	Orquestrada
Anthology Saga[aec]	Assíncrona	Eventual	Coreografada

Damos nomes excêntricos para cada combinação, todos derivados de tipos de sagas. No entanto, os nomes dos padrões existem para ajudar a diferenciar as possibilidades, e não queremos fornecer um teste de memorização para associar um nome de padrão a um conjunto de características, por isso adicionamos um sobrescrito a cada tipo de saga indicando os valores das três dimensões listadas em ordem alfabética (como na Tabela 12-1). Por exemplo, o *padrão Epic Saga[sao]* indica os valores de *síncrono*, *atômico* e *orquestrado* para comunicação, consistência e coordenação. Os sobrescritos ajudam a associar com mais facilidade nomes a conjuntos de caracteres.

Embora os arquitetos utilizem alguns dos padrões mais do que outros, todos eles têm usos legítimos e diferentes conjuntos de trade-offs.

Ilustramos cada combinação de comunicação possível com uma representação tridimensional da interseção das três forças no espaço, juntamente com um exemplo de fluxo de trabalho usando serviços distribuídos genéricos, aos quais nos referimos como *diagramas isomórficos*. Esses diagramas mostram as interações entre os serviços da maneira mais genérica, em direção ao nosso objetivo de mostrar os conceitos do arquiteto da forma mais simples. Em cada um desses diagramas, usamos o conjunto de símbolos genéricos mostrados na Figura 12-1.

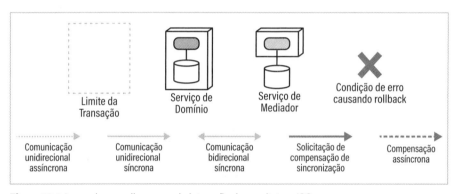

Figura 12-1. Legenda para diagramas de interação de arquitetura ISO.

Para cada um dos padrões de arquitetura, não mostramos todas as interações possíveis, que se tornariam repetitivas. Em vez disso, identificamos e ilustramos as características diferenciadoras do padrão — o que torna seu comportamento único entre os padrões.

Padrão Epic Saga$^{(sao)}$

Esse tipo de comunicação é o padrão saga "tradicional" como muitos arquitetos o entendem, também chamado de *Saga Orquestrada*, devido ao seu tipo de coordenação. Suas relações dimensionais aparecem na Figura 12-2.

Esse padrão utiliza comunicação *síncrona*, consistência *atômica* e coordenação *orquestrada*. O objetivo do arquiteto ao escolher esse padrão imita o comportamento de sistemas monolíticos — na verdade, se um sistema monolítico fosse adicionado a esse diagrama na Figura 12-2, seria a origem (0, 0, 0), sem distribuição totalmente. Assim, esse estilo de comunicação é mais familiar aos arquitetos e desenvolvedores de sistemas transacionais tradicionais.

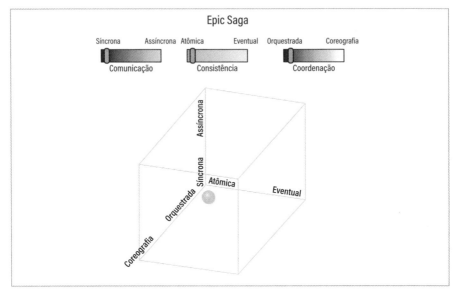

Figura 12-2. As relações dinâmicas de acoplamento (comunicação, consistência, coordenação) do padrão Epic Saga[sao].

A representação isomórfica do padrão Epic Saga[sao] aparece na Figura 12-3.

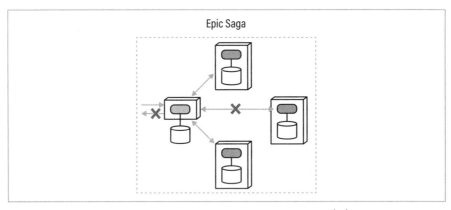

Figura 12-3. A ilustração de comunicação isomórfica do padrão Epic Saga[sao].

Aqui, um serviço *orquestrador* orquestra um fluxo de trabalho que inclui atualizações para três serviços, que devem ocorrer transacionalmente — ou todas as três chamadas são bem-sucedidas, ou nenhuma. Se uma das chamadas falhar, todas falharão e retornarão ao estado anterior. Um arquiteto pode resolver esse problema de coordenação de várias maneiras, todas complexas em arquiteturas distribuídas. No entanto, tais transações limitam a escolha de bancos de dados e têm modos de falha lendários.

12. SAGAS TRANSACIONAIS

Muitos arquitetos iniciantes ou ingênuos acreditam que, porque existe um padrão para um problema, ele representa uma solução limpa. No entanto, o padrão é o reconhecimento apenas da uniformidade, não da solubilidade. As transações distribuídas fornecem um excelente exemplo desse fenômeno — arquitetos acostumados a modelar transações em sistemas não distribuídos às vezes acreditam que mover esse recurso para o mundo distribuído é uma mudança incremental. No entanto, transações em arquiteturas distribuídas apresentam uma série de desafios, que se tornam proporcionalmente piores dependendo da complexidade do acoplamento semântico do problema.

Considere uma implementação comum do padrão Epic Saga[sao], utilizando transações de compensação. Uma *atualização de compensação* é aquela que reverte uma ação de gravação de dados executada por outro serviço (como reverter uma atualização, reinserir uma linha excluída anteriormente ou excluir uma linha inserida anteriormente) durante o curso do escopo da transação distribuída. Embora as atualizações de compensação tentem reverter as alterações para trazer as fontes de dados distribuídas de volta ao seu estado original antes do início da transação distribuída, elas estão repletas de problemas, desafios e trade-offs complexos.

Um padrão de transação de compensação atribui um serviço para monitorar a integridade transacional de uma solicitação, conforme mostrado na Figura 12-4.

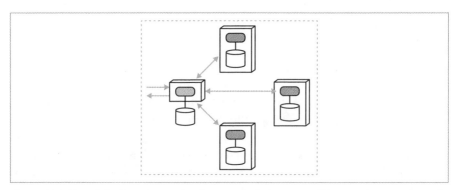

Figura 12-4. Uma Epic Saga transacional orquestrada bem-sucedida usando uma transação de compensação.

No entanto, como acontece com muitas coisas na arquitetura, as condições de erro causam dificuldades. Em uma estrutura de transação de compensação, o mediador monitora o sucesso das chamadas e emite chamadas de compensação para outros serviços se uma ou mais solicitações falharem, conforme mostrado na Figura 12-5.

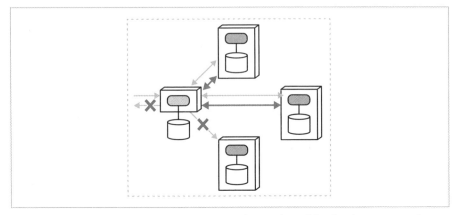

Figura 12-5. Quando ocorre um erro, um mediador deve enviar solicitações de compensação para outros serviços.

Um mediador aceita solicitações e medeia o fluxo de trabalho, e as chamadas síncronas para os dois primeiros serviços são bem-sucedidas. No entanto, ao tentar fazer a chamada para o último serviço, ele falha (possivelmente por uma ampla variedade de motivos operacionais e de domínio). Como o objetivo do Epic Saga$^{(sao)}$ é a consistência atômica, o mediador deve utilizar transações de compensação e solicitar que os outros dois serviços desfaçam a operação anterior, retornando o estado geral ao que era antes do início da transação.

Esse padrão é amplamente utilizado: ele modela o comportamento familiar e tem um nome de padrão bem estabelecido. Muitos arquitetos adotam como padrão o Epic Saga$^{(sao)}$ porque ele parece familiar para arquiteturas monolíticas, combinado com uma solicitação (às vezes demanda) das partes interessadas de que as mudanças de estado devem ser sincronizadas, independentemente das restrições técnicas. No entanto, muitos dos outros padrões dinâmicos de acoplamento quântico podem oferecer um melhor conjunto de trade-offs.

A clara vantagem do Epic Saga$^{(sao)}$ é a coordenação transacional que imita sistemas monolíticos, juntamente com o proprietário claro do fluxo de trabalho representado por um orquestrador. No entanto, as desvantagens são variadas. Primeiro, a orquestração mais a transacionalidade podem ter um impacto nas características da arquitetura operacional, como desempenho, escala, elasticidade, e assim por diante — o orquestrador deve garantir que todos os participantes da transação tenham sucesso ou falha, criando gargalos de tempo. Em segundo lugar, os vários padrões usados para implementar transacionalidade distribuída (como transações de compensação) sucumbem a uma ampla variedade de modos de falha e condições de limite, juntamente com a adição de complexidade inerente por meio de operações de desfazer. As transações distribuídas apresentam uma série de dificuldades e, portanto, devem ser evitadas, se possível.

O padrão Epic Saga$^{(sao)}$ apresenta as seguintes características:

Nível de acoplamento

Esse padrão exibe níveis extremamente altos de acoplamento em todas as dimensões possíveis: comunicação síncrona, consistência atômica e coordenação orquestrada — é, de fato, o padrão mais altamente acoplado da lista. Isso não surpreende, pois modela o comportamento da comunicação do sistema monolítico altamente acoplado, mas cria uma série de problemas em arquiteturas distribuídas.

Nível de complexidade

Condições de erro e outras coordenações intensivas adicionadas ao requisito de atomicidade adicionam complexidade a essa arquitetura. As chamadas síncronas que essa arquitetura usa atenuam parte da complexidade, pois os arquitetos não precisam se preocupar com condições de corrida e impasses durante as chamadas.

Responsividade/disponibilidade

A orquestração cria um gargalo, especialmente quando também deve coordenar a atomicidade transacional, o que reduz a capacidade de resposta. Esse padrão usa chamadas síncronas, impactando ainda mais o desempenho e a capacidade de resposta. Se algum dos serviços não estiver disponível ou ocorrer um erro irrecuperável, esse padrão falhará.

Escala/elasticidade

Similar à *responsividade*, o gargalo e a coordenação necessários para implementar esse padrão dificultam a escala e outras preocupações operacionais.

Embora o Epic Saga$^{(sao)}$ seja popular devido à familiaridade, ele cria uma série de desafios, tanto do ponto de vista do projeto quanto das características operacionais, conforme mostrado na Tabela 12-2.

Tabela 12-2. Classificações para o Epic Saga$^{(sao)}$

Padrão Epic Saga$^{(sao)}$	Classificações
Comunicação	Síncrona
Consistência	Atômica
Coordenação	Orquestrada
Acoplamento	Muito alto
Complexidade	Baixa
Responsividade/disponibilidade	Baixa
Escala/elasticidade	Muito baixa

Felizmente, os arquitetos não precisam padronizar padrões que, embora aparentemente familiares, criam complexidade acidental — existe uma variedade de outros padrões com diferentes conjuntos de trade-offs. Consulte a seção "Sysops Squad Saga: Transações Atômicas e Atualizações de Compensação", mais adiante, para obter um exemplo concreto do Epic Saga$^{(sao)}$ e alguns dos desafios complexos que ele apresenta (e como lidar com esses desafios).

Padrão Phone Tag Saga$^{(sac)}$

O padrão *Phone Tag Saga*$^{(sac)}$ muda uma das dimensões do Epic Saga$^{(sao)}$, mudando a *coordenação* de *orquestrada* para *coreografada*. Essa mudança é ilustrada na Figura 12-6.

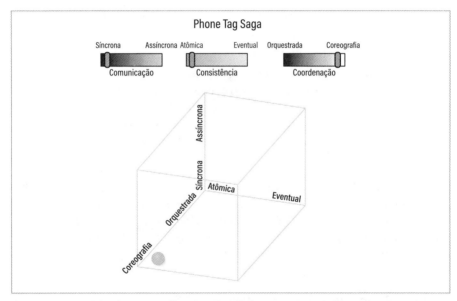

Figura 12-6. O padrão Phone Tag utiliza comunicação fracamente acoplada.

O nome do padrão é Phone Tag porque lembra um jogo infantil conhecido como *Telefone Sem Fio*: as crianças formam um círculo, e uma pessoa sussurra um segredo para a próxima pessoa, que passa para a próxima, até a versão final, que é falada pela última pessoa. Na Figura 12-6, a coreografia é preferida à orquestração, criando a mudança correspondente na comunicação estrutural mostrada na Figura 12-7.

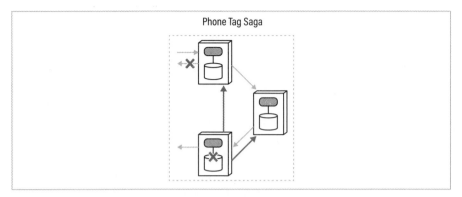

Figura 12-7. Devido à falta de orquestração, cada participante deve coordenar o status.

O padrão Phone Tag Saga[sac] apresenta atomicidade, mas também coreografia, o que significa que o arquiteto não designa nenhum orquestrador formal. No entanto, a atomicidade requer algum grau de coordenação. Na Figura 12-7, o serviço chamado inicialmente torna-se o ponto de coordenação (às vezes chamado de *controlador frontal*). Depois de concluir seu trabalho, ele passa uma solicitação para o próximo serviço no fluxo de trabalho, que continua até que o fluxo de trabalho seja bem-sucedido. No entanto, se ocorrer uma condição de erro, cada serviço deve ter uma lógica integrada para enviar solicitações de compensação de volta ao longo da cadeia.

Como o objetivo da arquitetura é a atomicidade transacional, a lógica para coordenar essa atomicidade deve residir em algum lugar. Portanto, os serviços de domínio devem conter mais lógica sobre o contexto do fluxo de trabalho do qual participam, incluindo tratamento e roteamento de erros. Para fluxos de trabalho complexos, o *controlador frontal* nesse padrão se tornará tão complexo quanto a maioria dos mediadores, reduzindo o apelo e a aplicabilidade desse padrão. Assim, esse padrão é comumente usado para fluxos de trabalho simples que precisam de maior escala, mas com potencial impacto no desempenho.

Como a coreografia *versus* orquestração melhora as características da arquitetura operacional, como a escala? O uso de coreografia mesmo com comunicação síncrona reduz os gargalos — em condições sem erro, o último serviço no fluxo de trabalho pode retornar o resultado, permitindo maior rendimento e menos pontos de estrangulamento. O desempenho para fluxos de trabalho felizes pode ser mais rápido do que em um Epic Saga(sao) devido à falta de coordenação. No entanto, as condições de erro serão muito mais lentas sem um mediador — cada serviço deve desenrolar a cadeia de chamadas, o que também aumenta o acoplamento entre os serviços.

Geralmente, o Phone Tag Saga[sac] oferece uma escala um pouco melhor do que o Epic Saga[sao] devido à falta de um mediador, que às vezes pode se tornar um gargalo limitante. No entanto, esse padrão também apresenta desempenho inferior para condições de erro e outras complexidades do fluxo de trabalho — sem um mediador, o fluxo de trabalho deve ser resolvido por meio da comunicação entre os serviços, o que afeta o desempenho.

Um bom recurso das arquiteturas não orquestradas é a falta de uma singularidade de acoplamento, um único local ao qual o fluxo de trabalho se acopla. Mesmo que esse padrão utilize solicitações síncronas, existem menos condições de espera para fluxos de trabalho de caminho feliz, permitindo maior escala. Em geral, reduzir o acoplamento aumenta a escala.

Com a escalabilidade aprimorada proporcionada pela falta de orquestração, vem o aumento da complexidade dos serviços de domínio para gerenciar as preocupações do fluxo de trabalho, além de sua responsabilidade nominal. Para fluxos de trabalho complexos, maior complexidade e comunicação entre serviços podem levar os arquitetos de volta à orquestração e seus trade-offs.

O padrão Phone Tag Saga[sac] tem uma combinação bastante rara de recursos — geralmente, se um arquiteto escolhe a *coreografia*, ele escolhe também a *assincronia*. No entanto, em alguns casos, um arquiteto pode escolher essa combinação: as chamadas síncronas garantem que cada serviço de domínio conclua sua parte do fluxo de trabalho antes de chamar o próximo, eliminando as condições de corrida. Se as condições de erro forem fáceis de resolver ou os serviços de domínio puderem utilizar idempotência e novas tentativas, os arquitetos poderão construir uma escala paralela mais alta usando esse padrão em comparação com um Epic Saga[sao].

O padrão Phone Tag Saga[sac] tem as seguintes características:

Nível de acoplamento

Esse padrão relaxa uma das dimensões de acoplamento do padrão Epic Saga[sao], utilizando um fluxo de trabalho coreografado, em vez de orquestrado. Assim, esse padrão é um pouco menos acoplado, mas com o mesmo requisito transacional, ou seja, a complexidade do fluxo de trabalho deve ser distribuída entre os serviços do domínio.

Nível de complexidade

Esse padrão é significativamente mais complexo do que o Epic Saga[sao]; a complexidade nesse padrão aumenta linearmente de modo proporcional à complexidade semântica do fluxo de trabalho: quanto mais complexo o fluxo de trabalho, mais lógica deve aparecer em cada serviço para compensar a falta de orquestrador. Como alternativa, um arquiteto pode adicionar informações de fluxo de trabalho às próprias mensagens como uma forma de *acoplamento de selo* (consulte a seção "Acoplamento de Selo para Gerenciamento de Fluxo de Trabalho", no Capítulo 13) para manter o estado, mas adicionando ao contexto de sobrecarga exigido por cada serviço.

Responsividade/disponibilidade

Menos orquestração geralmente leva a uma melhor responsividade, mas as condições de erro nesse padrão tornam-se mais difíceis de modelar sem um orquestrador, exigindo mais coordenação por meio de retornos de chamada e outras atividades demoradas.

Escala/elasticidade

A falta de orquestração se traduz em menos gargalos, geralmente aumentando a escalabilidade, mas apenas ligeiramente. Esse padrão ainda utiliza acoplamento rígido em torno de duas das três dimensões, portanto, a escalabilidade não é um destaque, especialmente se as condições de erro forem comuns.

As classificações para o Phone Tag Saga$^{(sac)}$ aparecem na Tabela 12-3.

Tabela 12-3. Classificações para o Phone Tag Saga$^{(sac)}$

Phone Tag Saga$^{(sac)}$	Classificações
Comunicação	Síncrona
Consistência	Atômica
Coordenação	Coreografada
Acoplamento	Alto
Complexidade	Alta
Responsividade/disponibilidade	Baixa
Escala/elasticidade	Baixa

O padrão Phone Tag Saga$^{(sac)}$ é melhor para fluxos de trabalho simples que não têm muitas condições de erro comuns. Embora ofereça algumas características melhores do que o Epic Saga$^{(sao)}$, a complexidade introduzida pela falta de um orquestrador compensa muitas das vantagens.

Padrão Fairy Tale Saga$^{(seo)}$

Contos de fadas típicos fornecem histórias felizes com enredos fáceis de seguir, daí o nome *Fairy Tale Saga$^{(seo)}$*, que utiliza comunicação síncrona, consistência eventual e orquestração, como mostrado na Figura 12-8.

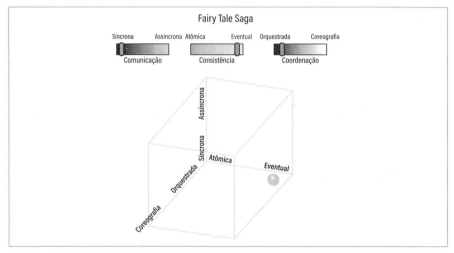

Figura 12-8. O Fairy Tale Saga[seo] ilustra uma consistência eventual.

Esse padrão de comunicação relaxa o difícil requisito atômico, fornecendo muito mais opções para os arquitetos projetarem sistemas. Por exemplo, se um serviço estiver inativo temporariamente, a consistência eventual permite armazenar em cache uma alteração até que o serviço seja restaurado. A estrutura de comunicação do Fairy Tale Saga[seo] é ilustrada na Figura 12-9.

Nesse padrão, existe um orquestrador para coordenar solicitação, resposta e tratamento de erros. No entanto, o orquestrador não é responsável por gerenciar as transações, pelas quais cada serviço de domínio mantém a responsabilidade (para exemplos de fluxos de trabalho comuns, consulte o Capítulo 11). Assim, o orquestrador pode gerenciar chamadas de compensação, mas sem a necessidade de ocorrer dentro de uma transação ativa.

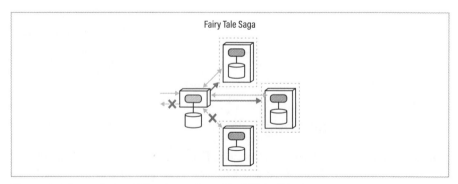

Figura 12-9. Ilustração isomórfica de uma interação do Fairy Tale.

Esse é um padrão muito mais atraente e aparece comumente em muitas arquiteturas de microsserviços. Ter um mediador facilita o gerenciamento de fluxos de trabalho, a comunicação síncrona é a mais fácil das duas opções e a consistência eventual remove o desafio de coordenação mais difícil, especialmente para tratamento de erros.

A maior e mais atraente vantagem do Fairy Tale Saga[seo] é a falta de transações holísticas. Cada serviço de domínio gerencia seu próprio comportamento transacional, contando com consistência eventual para o fluxo de trabalho geral.

Comparado a muitos outros padrões, esse padrão geralmente exibe um bom equilíbrio de trade-offs:

Nível de acoplamento

O Fairy Tale Saga[seo] apresenta alto acoplamento, com dois dos três drivers de acoplamento maximizados nesse padrão (comunicação síncrona e coordenação orquestrada). No entanto, o pior impulsionador da complexidade do acoplamento — a transacionalidade — desaparece nesse padrão em favor da consistência eventual. O orquestrador ainda deve gerenciar fluxos de trabalho complexos, mas sem a restrição de fazê-lo em uma transação.

Nível de complexidade

A complexidade do Fairy Tale Saga[seo] é bastante baixa; inclui as opções mais convenientes (orquestrado, sincronicidade) com a restrição mais flexível (consistência eventual). Daí o nome Fairy Tale Saga[seo] — uma história simples com um final feliz.

Responsividade/disponibilidade

A responsividade geralmente é melhor em estilos de comunicação desse tipo porque, mesmo que as chamadas sejam síncronas, o mediador precisa conter menos estados sensíveis ao tempo sobre as transações em andamento, permitindo um melhor balanceamento de carga. No entanto, as verdadeiras distinções no desempenho vêm com a assincronia, ilustrada em padrões futuros.

Escala/elasticidade

A falta de acoplamento geralmente leva a uma escala maior; a remoção do acoplamento transacional permite que cada serviço seja dimensionado de forma mais independente.

As classificações para o Fairy Tale Saga[seo] aparecem na Tabela 12-4.

Tabela 12-4. Classificações para o Fairy Tale Saga[seo]

Fairy Tale Saga[seo]	Classificações
Comunicação	Síncrona
Consistência	Eventual
Coordenação	Orquestrada
Acoplamento	Alto
Complexidade	Muito baixa
Responsividade/disponibilidade	Média
Escala/elasticidade	Alta

Se um arquiteto consegue aproveitar a consistência eventual, esse padrão é bastante atraente, combinando as partes móveis fáceis com o menor número de restrições assustadoras, tornando-o uma escolha popular entre os arquitetos.

Padrão Time Travel Saga[sec]

O padrão *Time Travel Saga[sec]* apresenta comunicação síncrona e consistência eventual, mas fluxo de trabalho coreografado. Em outras palavras, esse padrão evita um mediador central, colocando as responsabilidades do fluxo de trabalho inteiramente nos serviços de domínio participantes, conforme ilustrado na Figura 12-10.

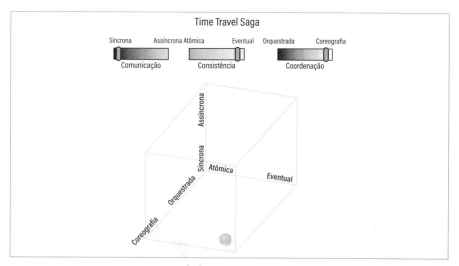

Figura 12-10. O padrão Time Travel Saga[sec] usa duas das três técnicas de desacoplamento.

A topologia estrutural ilustra a falta de orquestração, mostrada na Figura 12-11.

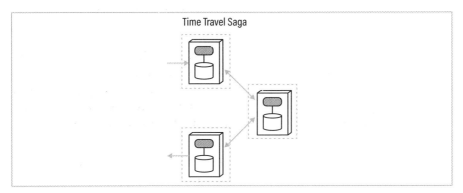

Figura 12-11. Fluxos de trabalho complexos tornam-se difíceis de gerenciar sem orquestração.

Nesse fluxo de trabalho, cada serviço aceita uma solicitação, executa uma ação e encaminha a solicitação para outro serviço. Essa arquitetura pode implementar o padrão de design *Chain of Responsibility* ou o estilo de arquitetura *Pipes and Filters* — qualquer fluxo de trabalho com uma série unidirecional de etapas. Cada serviço nesse padrão "tem" sua própria transacionalidade, portanto, os arquitetos devem projetar as condições de erro do fluxo de trabalho no design do domínio. Em geral, existe uma relação de complexidade proporcional entre a complexidade do fluxo de trabalho e as soluções coreografadas devido à falta de coordenação integrada por meio de um mediador — quanto mais complexo o fluxo de trabalho, mais difícil se torna a coreografia. Chama-se Time Travel Saga$^{(sec)}$ porque tudo é desacoplado do ponto de vista do tempo: cada serviço tem seu próprio contexto transacional, tornando a consistência do fluxo de trabalho temporalmente gradual — o estado se tornará consistente ao longo do tempo com base no design da interação.

A falta de transações no padrão Time Travel Saga$^{(sec)}$ torna os fluxos de trabalho mais fáceis de modelar, no entanto, a falta de um orquestrador significa que cada serviço de domínio deve incluir a maior parte do estado e das informações do fluxo de trabalho. Como em todas as soluções coreografadas, existe uma correlação direta entre a complexidade do fluxo de trabalho e a utilidade de um orquestrador, portanto, esse padrão é mais adequado para fluxos de trabalho simples.

Para soluções que se beneficiam de alta taxa de transferência, esse padrão funciona muito bem para fluxos de trabalho no estilo "fire and forget", como ingestão eletrônica de dados, transações em massa, e assim por diante. No entanto, como não existe nenhum orquestrador, os serviços de domínio devem lidar com condições de erro e coordenação.

A falta de acoplamento aumenta a escalabilidade com esse padrão; apenas adicionar assincronia o tornaria mais escalável (como no padrão Anthology Saga$^{(aec)}$). No entanto, como esse padrão carece de coordenação transacional holística, os arquitetos devem fazer um esforço extra para sincronizar os dados.

Aqui está a avaliação qualitativa do padrão Time Travel Saga[sec]:

Nível de acoplamento

O nível de acoplamento cai na faixa média com o Time Travel Saga[sec], com o acoplamento diminuído causado pela ausência de um orquestrador equilibrado pelo acoplamento ainda remanescente da comunicação síncrona. Como acontece com todos os padrões de consistência eventuais, a ausência de acoplamento transacional facilita muitas preocupações com os dados.

Nível de complexidade

A perda de transacionalidade proporciona uma diminuição na complexidade desse padrão. Esse padrão é quase para fins especiais, perfeitamente adequado para taxa de transferência rápida e arquiteturas de comunicação unidirecional, o nível de acoplamento corresponde bem a esse estilo de arquitetura.

Responsividade/disponibilidade

A *responsividade* pontua na *média* com esse padrão de arquitetura: é bastante alta para sistemas construídos sob medida, conforme descrito anteriormente, e bastante baixa para tratamento de erros complexos. Como não existe um orquestrador nesse padrão, cada serviço de domínio deve lidar com o cenário para restaurar a consistência eventual no caso de uma condição de erro, o que causará muita sobrecarga com chamadas síncronas, impactando a responsividade e o desempenho.

Escala/elasticidade

Esse padrão de arquitetura oferece escala e elasticidade extremamente boas; só poderia ser melhorado com assincronicidade (consulte o padrão Anthology Saga[aec]).

As classificações para o padrão Time Travel Saga[sec] aparecem na Tabela 12-5.

Tabela 12-5. Classificações para o Time Travel Saga[sec]

Time Travel Saga[sec]	Classificações
Comunicação	Síncrona
Consistência	Eventual
Coordenação	Coreografada
Acoplamento	Médio
Complexidade	Baixa
Responsividade/disponibilidade	Média
Escala/elasticidade	Alta

O padrão Time Travel Saga[sec] fornece uma rampa de acesso para o mais complexo, mas, em última instância, escalável padrão Anthology Saga[aec]. Arquitetos e desenvolvedores acham mais fácil lidar com a comunicação síncrona para raciocinar, implementar e depurar; se esse padrão fornecer escalabilidade adequada, as equipes não precisarão adotar as alternativas mais complexas, mas as mais escaláveis.

Padrão Fantasy Fiction Saga[aao]

O *Fantasy Fiction Saga*[aao] usa consistência *atômica*, comunicação *assíncrona* e coordenação *orquestrada*, conforme mostrado na Figura 12-12.

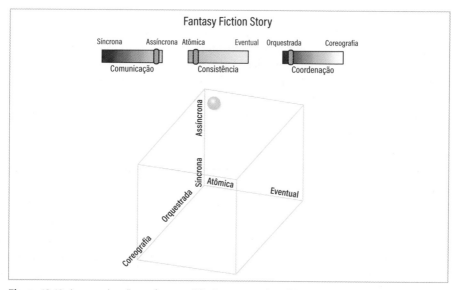

Figura 12-12. A comunicação assíncrona dificulta a transacionalidade nesse padrão.

A representação da estrutura mostrada na Figura 12-13 começa a mostrar algumas das dificuldades com esse padrão.

Só porque existe uma combinação de forças arquitetônicas não significa que ela forma um padrão atraente, mas essa combinação relativamente implausível tem usos. Esse padrão se assemelha ao Epic Saga[sao] em todos os aspectos, exceto na *comunicação* — esse padrão usa comunicação *assíncrona*, em vez de *síncrona*. Tradicionalmente, uma maneira de os arquitetos aumentarem a capacidade de resposta dos sistemas distribuídos é usando a assincronia, permitindo que as operações ocorram em paralelo, em vez de em série. Isso pode parecer uma boa maneira de aumentar o desempenho percebido em um Epic Saga[sao].

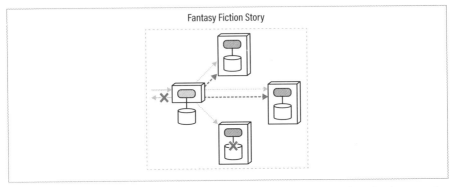

Figura 12-13. O padrão Fantasy Fiction Saga(aao) é inverosímil porque a coordenação de transações para comunicação assíncrona apresenta dificuldades.

No entanto, a assincronia não é uma mudança simples — ela adiciona muitas camadas de complexidade à arquitetura, especialmente em relação à coordenação, exigindo muito mais complexidade do mediador. Por exemplo, suponha que um fluxo de trabalho transacional *Alpha* comece. Como tudo é assíncrono, enquanto o Alpha está pendente, o fluxo de trabalho transacional Beta começa. Agora o mediador deve acompanhar o estado de todas as transações em andamento no estado pendente.

Fica pior. Suponha que o fluxo de trabalho *Gama* comece, mas a primeira chamada para o serviço de domínio dependa do resultado ainda pendente de Alpha — como um arquiteto pode modelar esse comportamento? Embora possível, a complexidade cresce cada vez mais.

Adicionar assincronia a fluxos de trabalho orquestrados adiciona também um estado transacional assíncrono à equação, removendo suposições seriais sobre pedidos e adicionando as possibilidades de impasses, condições de corrida e uma série de outros desafios de sistemas paralelos.

Esse padrão oferece os seguintes desafios:

Nível de acoplamento
   O nível de acoplamento é extremamente alto nesse padrão, usando um orquestrador e atomicidade, mas com comunicação assíncrona, o que torna a coordenação mais difícil porque arquitetos e desenvolvedores devem lidar com condições de corrida e outros problemas fora de ordem impostos pela comunicação assíncrona.

Nível de complexidade
   Como o acoplamento é tão difícil, a complexidade também aumenta nesse padrão. Não há apenas complexidade de *design*, exigindo que os arquitetos desenvolvam fluxos de trabalho excessivamente complexos, mas também

depuração e complexidade *operacional* em lidar com fluxos de trabalho assíncronos em escala.

Responsividade/disponibilidade
Como esse padrão tenta a coordenação transacional entre as chamadas, a capacidade de resposta geralmente será afetada, e será extremamente ruim se um ou mais dos serviços não estiver disponível.

Escala/elasticidade
Alta escala é virtualmente impossível em sistemas de transação, mesmo com assincronia. A escala é muito melhor no padrão similar Parallel Saga[aeo], que alterna a *consistência atômica* e a *eventual*.

As classificações para o padrão Fantasy Fiction Saga[aao] aparecem na Tabela 12-6.

Tabela 12-6. Classificações para o Fantasy Fiction Saga[aao]

Fantasy Fiction Saga [aao]	Classificações
Comunicação	Assíncrona
Consistência	Atômica
Coordenação	Orquestrada
Acoplamento	Alto
Complexidade	Alta
Responsividade/disponibilidade	Baixa
Escala/elasticidade	Baixa

Infelizmente, esse padrão é mais popular do que deveria ser, principalmente devido à tentativa equivocada de melhorar o desempenho do Epic Saga[sao] enquanto mantém a transacionalidade; uma opção melhor geralmente é o Parallel Saga[aeo].

Padrão Horror Story[aac]

Um dos padrões deve ser a pior combinação possível; é o padrão apropriadamente chamado de *padrão Horror Story[aac]*, caracterizado por comunicação *assíncrona*, consistência *atômica* e coordenação *coreografada*, ilustrado na Figura 12-14.

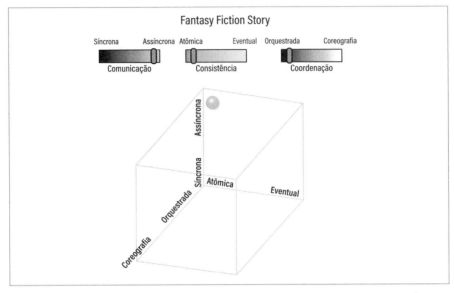

Figura 12-14. A combinação mais difícil: alcançar a transacionalidade enquanto assíncrono e coreografado.

Por que essa combinação é tão horrível? Ela combina o acoplamento mais rígido em torno da consistência (*atômico*) com os dois estilos de acoplamento mais flexíveis, *assíncrono* e *coreográfico*. A comunicação estrutural desse padrão aparece na Figura 12-15.

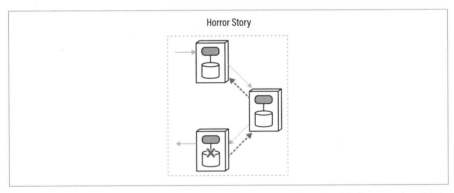

Figura 12-15. Esse padrão requer muita comunicação entre serviços devido à transacionalidade necessária e à falta de um mediador.

Nesse padrão, não existe nenhum mediador para gerenciar a consistência transacional por meio de vários serviços — enquanto usa comunicação assíncrona. Assim, cada serviço de domínio deve rastrear informações de desfazer sobre várias transações pendentes, potencialmente fora de ordem devido à assincronia, e coordenar umas com as outras durante condições de erro. Para apenas um dos muitos exemplos horríveis possíveis, imagine que a transação *Alpha* seja iniciada e, enquanto estiver pendente, a transação *Beta* seja iniciada. Uma das chamadas para a transação *Alpha* falha — agora os serviços coreografados precisam inverter a ordem de disparo, desfazendo cada elemento (potencialmente fora de ordem) da transação ao longo do caminho. A multiplicidade e a complexidade das condições de erro tornam essa opção desencorajadora.

Por que um arquiteto pode escolher essa opção? A assincronicidade é atraente como um aumento de desempenho, mas o arquiteto ainda pode tentar manter a integridade transacional, que tem uma infinidade de modos de falha inumeráveis. Em vez disso, seria melhor para um arquiteto escolher o padrão Anthology Saga[aec], que remove a transacionalidade holística.

As avaliações qualitativas para o padrão Horror Story[aac] são as seguintes:

Nível de acoplamento
Surpreendentemente, o nível de acoplamento para esse padrão não é o pior (essa "honra" vai para o padrão Epic Saga[sao]). Embora esse padrão tente o pior tipo de acoplamento único (transacionalidade), ele alivia os outros dois, faltando um mediador e o acoplamento — aumentando a comunicação síncrona.

Nível de complexidade
Assim como o nome indica, a complexidade desse padrão é realmente horrível, a pior de todas, porque requer o requisito mais rigoroso (transacionalidade) com a combinação mais difícil de outros fatores para alcançá-lo (assincronicidade e coreografia).

Escala/elasticidade
Esse padrão escala melhor do que aqueles com um mediador, e a assincronia também adiciona a capacidade de realizar mais trabalho em paralelo.

Responsividade/disponibilidade
A responsividade é baixa para esse padrão, semelhante a outros padrões que exigem transações holísticas: a coordenação do fluxo de trabalho requer uma grande quantidade de "conversas" entre serviços, prejudicando o desempenho e a responsividade.

Os trade-offs do padrão Horror Story[aac] aparecem na Tabela 12-7.

Tabela 12-7. Classificações para o Horror Story[aac]

Horror Story[aac]	Classificações
Comunicação	Assíncrona
Consistência	Atômica

ARQUITETURA DE SOFTWARE: AS PARTES DIFÍCEIS

Horror Story[aac]	Classificações
Coordenação	Coreografada
Acoplamento	Médio
Complexidade	Muito alta
Responsividade/disponibilidade	Baixa
Escala/elasticidade	Média

O apropriadamente denominado padrão Horror Story[aac] geralmente é o resultado de um arquiteto bem-intencionado começando com um padrão Epic Saga[sao], percebendo um desempenho lento devido a fluxos de trabalho complexos e notando que as técnicas para melhorar o desempenho incluem comunicação assíncrona e coreografia. No entanto, esse pensamento fornece um excelente exemplo de não considerar todas as dimensões emaranhadas de um espaço de problema. Isoladamente, a comunicação assíncrona melhora o desempenho. No entanto, como arquitetos, não podemos considerá-la isoladamente quando se confunde com outras dimensões da arquitetura, como consistência e coordenação.

Padrão Parallel Saga[aeo]

O padrão *Parallel Saga[aeo]* recebe o nome do padrão Epic Saga[sao] "tradicional", com duas diferenças principais que facilitam as restrições e, portanto, o tornam um padrão mais fácil de implementar: comunicação assíncrona e consistência eventual. O diagrama dimensional do padrão Parallel Saga[aeo] aparece na Figura 12-16.

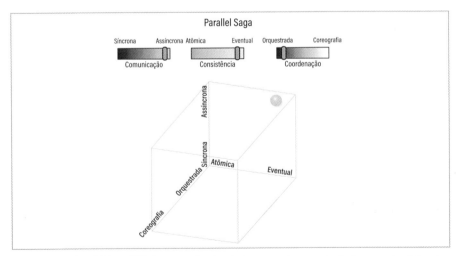

Figura 12-16. Parallel Saga[aeo] oferece melhorias de desempenho em relação às sagas tradicionais.

Os objetivos mais difíceis no padrão Epic Saga[sao] giram em torno de transações e comunicação síncrona, que causam gargalos e degradação do desempenho. Conforme mostrado na Figura 12-16, o padrão afrouxa ambas as restrições.

A representação isomórfica do Parallel Saga[aeo] aparece na Figura 12-17.

Esse padrão usa um mediador, tornando-o adequado para fluxos de trabalho complexos. No entanto, utiliza comunicação assíncrona, permitindo melhor capacidade de resposta e execução paralela. A consistência no padrão está nos serviços de domínio, que podem exigir alguma sincronização de dados compartilhados, seja em segundo plano ou conduzido por meio do mediador. Como em outros problemas de arquitetura que requerem coordenação, um mediador se torna bastante útil.

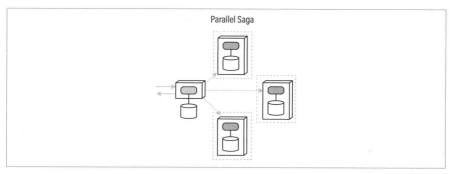

Figura 12-17. Cada serviço tem sua própria transacionalidade; o mediador coordena solicitação e resposta.

Por exemplo, se ocorrer um erro durante a execução de um fluxo de trabalho, o mediador pode enviar mensagens assíncronas para cada serviço de domínio envolvido para compensar a falha na alteração, o que pode acarretar novas tentativas, sincronização de dados ou uma série de outras correções.

Claro, o afrouxamento das restrições implica que alguns benefícios serão compensados, que é a natureza da arquitetura de software. A falta de transacionalidade impõe mais carga ao mediador para resolver erros e outros problemas de fluxo de trabalho. A comunicação assíncrona, ao mesmo tempo em que oferece melhor capacidade de resposta, dificulta a resolução de problemas de tempo e sincronização — condições de corrida, impasses, confiabilidade de fila e uma série de outras dores de cabeça de arquitetura distribuída residem nesse espaço.

O padrão Parallel Saga[aeo] exibe as seguintes pontuações qualitativas:

Nível de acoplamento
   Esse padrão tem um baixo nível de acoplamento, isolando a força de intensificação do acoplamento das transações para o escopo dos serviços de domínio individuais. Ele também utiliza comunicação assíncrona, dissociando

ainda mais os serviços dos estados de espera, permitindo um processamento mais paralelo, mas adicionando um elemento de tempo à análise de acoplamento de um arquiteto.

Nível de complexidade

A complexidade do Parallel Saga[aeo] também é baixa, refletindo a diminuição do acoplamento declarada anteriormente. Esse padrão é bastante fácil para os arquitetos entenderem, e a orquestração permite fluxos de trabalho mais simples e designs de tratamento de erros.

Escala/elasticidade

O uso de comunicação assíncrona e limites de transação menores permite que essa arquitetura seja bem dimensionada e com bons níveis de isolamento entre os serviços. Por exemplo, em uma arquitetura de microsserviços, alguns serviços públicos podem precisar de níveis mais altos de escala e elasticidade, enquanto os serviços de backoffice não precisam de escala, mas de níveis mais altos de segurança. Isolar as transações no nível do domínio libera a arquitetura para escalar em torno dos conceitos do domínio.

Responsividade/disponibilidade

Devido à falta de transações coordenadas e comunicação assíncrona, a capacidade de resposta dessa arquitetura é *alta*. Na verdade, como cada um desses serviços mantém seu próprio contexto transacional, essa arquitetura é adequada para pegadas de desempenho de serviço altamente variáveis entre os serviços, permitindo que os arquitetos escalem alguns serviços mais do que outros devido à demanda.

As classificações associadas ao padrão Parallel Saga[aeo] aparecem na Tabela 12-8.

Tabela 12-8. Classificações para Parallel Saga[aeo]

Parallel Saga[aeo]	Classificações
Comunicação	Assíncrona
Consistência	Eventual
Coordenação	Orquestrada
Acoplamento	Baixo
Complexidade	Baixa
Responsividade/disponibilidade	Alta
Escala/elasticidade	Alta

No geral, o padrão Parallel Saga[aeo] oferece um conjunto atraente de trade-offs para muitos cenários, especialmente com fluxos de trabalho complexos que precisam de alta escala.

Padrão Anthology Saga$^{(aec)}$

O *padrão Anthology Saga*$^{(aec)}$ fornece o conjunto de características exatamente oposto ao padrão tradicional Epic Saga$^{(sao)}$: comunicação *assíncrona*, consistência *eventual* e coordenação *coreografada*, fornecendo o exemplar menos acoplado entre todos esses padrões. A visualização dimensional do padrão Anthology Saga$^{(aec)}$ aparece na Figura 12-18.

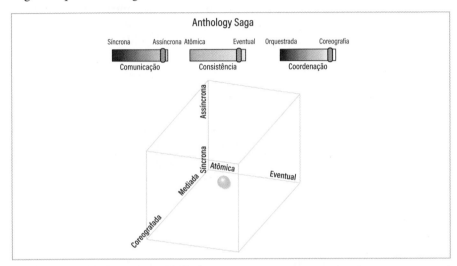

Figura 12-18. O padrão Anthology Saga$^{(aec)}$ oferece os extremos opostos da Epic Saga e, portanto, é o padrão menos acoplado.

O padrão de antologia usa filas de mensagens para enviar mensagens assíncronas para outros serviços de domínio sem orquestração, conforme ilustrado na Figura 12-19.

Como podemos ver, cada serviço mantém sua própria integridade transacional e não existe nenhum orquestrador, o que força cada serviço de domínio a incluir mais contexto sobre os fluxos de trabalho dos quais participam, incluindo tratamento de erros e outras estratégias de coordenação.

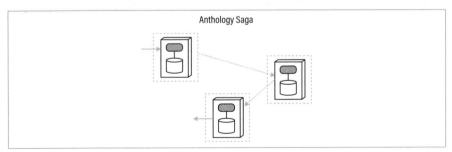

Figura 12-19. Falta de orquestração, consistência eventual e assincronia tornam esse padrão altamente desacoplado, mas um desafio para a coordenação.

A falta de orquestração torna os serviços mais complexos, mas permite rendimento, escalabilidade, elasticidade e outras características benéficas da arquitetura operacional muito mais altas. Não existem gargalos ou pontos de estrangulamento de acoplamento nessa arquitetura, permitindo alta capacidade de resposta e escalabilidade.

No entanto, esse padrão não funciona muito bem para fluxos de trabalho complexos, especialmente na resolução de erros de consistência de dados. Embora possa não parecer possível sem um orquestrador, o acoplamento de selo (veja "Acoplamento de Selo para Gerenciamento de Fluxo de Trabalho", no Capítulo 13) pode ser usado para transportar o estado do fluxo de trabalho, conforme descrito no padrão semelhante Phone Tag Saga[sac].

Esse padrão funciona melhor para fluxos de trabalho simples e principalmente lineares, nos quais os arquitetos desejam alto rendimento de processamento, e oferece o maior potencial para alto desempenho e escala, tornando-o uma escolha atraente quando esses são os principais impulsionadores do sistema. No entanto, o grau de desacoplamento dificulta a coordenação de forma proibitiva para fluxos de trabalho complexos ou críticos.

O padrão Anthology Saga[aec], inspirado em contos, tem as seguintes características:

Nível de acoplamento

O acoplamento para esse padrão é o mais baixo para qualquer outra combinação de forças, criando uma arquitetura altamente desacoplada adequada para alta escala e elasticidade.

Nível de complexidade

Embora o acoplamento seja extremamente baixo, a complexidade é correspondentemente alta, especialmente para fluxos de trabalho complexos em que um orquestrador (ausente aqui) é conveniente.

Escala/elasticidade

Esse padrão tem a pontuação mais alta na categoria de escala e elasticidade, correlacionando-se com a falta geral de acoplamento encontrada nesse padrão.

Responsividade

A responsividade é alta nessa arquitetura devido à falta de reguladores de velocidade (consistência transacional, comunicação síncrona) e ao uso de aceleradores de capacidade de resposta (coordenação coreografada).

As classificações para o padrão Anthology Saga[aec] aparecem na Tabela 12-9.

Tabela 12-9. Classificações para o Anthology Saga[(aec)]

Anthology Saga[(aec)]	Classificações
Comunicação	Assíncrona
Consistência	Eventual
Coordenação	Coreografada
Acoplamento	Muito baixo
Complexidade	Alta
Responsividade/disponibilidade	Alta
Escala/elasticidade	Muito alta

O padrão Anthology Saga[(aec)] é adequado para comunicação de taxa de transferência extremamente alta com condições de erro simples ou pouco frequentes. Por exemplo, uma arquitetura de *Pipes and Filters* se encaixaria exatamente nesse padrão.

Os arquitetos podem implementar de várias maneiras os padrões descritos nesta seção. Por exemplo, os arquitetos podem gerenciar sagas transacionais por meio de transações atômicas usando atualizações de compensação ou gerenciando o estado transacional com consistência eventual. Esta seção mostrou as vantagens e desvantagens de cada abordagem, o que ajudará um arquiteto a decidir qual padrão de saga transacional usar.

Gerenciamento de Estado e Consistência Eventual

O gerenciamento de estado e a consistência eventual aproveitam as *máquinas de estado finito* (consulte "Saga Máquinas de Estado", a seguir) para sempre conhecer o estado atual da saga transacional e também corrigir eventualmente a condição de erro por meio de novas tentativas ou algum tipo de ação corretiva automatizada ou manual. Para ilustrar essa abordagem, considere a implementação Fairy Tale Saga[(seo)] do exemplo de finalização de ticket ilustrado na Figura 12-20.

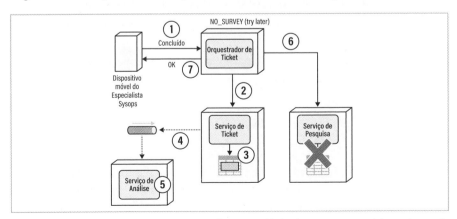

Figura 12-20. O Fairy Tale Saga leva a uma melhor capacidade de resposta, mas deixa as fontes de dados fora de sincronia até que possam ser corrigidas.

Observe que o Serviço de Pesquisa não está disponível durante o escopo da transação distribuída. No entanto, com esse tipo de saga, em vez de emitir uma atualização de compensação, o estado da saga é alterado para NO_SURVEY, e uma resposta bem-sucedida é enviada ao Especialista Sysops (etapa 7 do diagrama). O Serviço de Orquestrador de Tickets, então, funciona de forma assíncrona (nos bastidores) para resolver o erro programaticamente por meio de novas tentativas e análise de erros. Se não conseguir resolver o erro, o Serviço de Orquestrador de Tickets enviará o erro a um administrador ou supervisor para reparo e processamento manuais.

Ao gerenciar o *estado* da saga, em vez de emitir atualizações de compensação, o usuário final (nesse caso, o especialista Sysops Squad) não precisa se preocupar com o fato de a pesquisa não ter sido enviada ao cliente — essa responsabilidade é do Serviço de Orquestrador de Tickets. A capacidade de resposta é boa do ponto de vista do usuário final, e o usuário pode trabalhar em outras tarefas enquanto os erros são tratados pelo sistema.

Máquinas de Estado de Saga

Uma *máquina de estado* é um padrão que descreve todos os caminhos possíveis que podem existir em uma arquitetura distribuída. Uma máquina de estado sempre começa com um estado inicial que inicia a saga transacional e, em seguida, contém estados de transição e a ação correspondente que deve ocorrer quando o estado de transição acontece.

Para ilustrar como funciona uma máquina de estado de saga, considere o seguinte fluxo de trabalho de um novo ticket de problema criado por um cliente no sistema Sysops Squad:

1. O cliente insere um novo ticket de problema no sistema.
2. O ticket é atribuído ao próximo especialista disponível do Sysops Squad.
3. O ticket é encaminhado para o dispositivo móvel do especialista.
4. O especialista recebe o ticket e trabalha no problema.
5. O especialista finaliza o reparo e marca o ticket como concluído.
6. Uma pesquisa é enviada ao cliente.

Os vários estados que podem existir nessa saga transacional, bem como as ações de transição correspondentes, são ilustrados na Figura 12-21. Observe que a saga transacional começa com o nó START indicando o ponto de entrada da saga e termina com o nó CLOSED indicando o ponto de saída da saga.

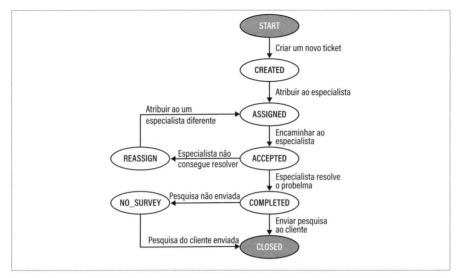

Figura 12-21. Diagrama de estado para criar um novo ticket de problema.

Os itens a seguir descrevem com mais detalhes essa saga transacional e os correspondentes estados e ações de transição que acontecem dentro de cada estado:

START
A saga transacional começa com um cliente inserindo um novo ticket de problema no sistema. O plano de suporte do cliente é verificado e os dados do ticket são validados. Depois que o ticket é inserido na tabela de tickets no banco de dados, o estado da saga transacional muda para CREATED e o cliente é notificado de que o ticket foi criado com sucesso. Esse é o único resultado possível para essa transição de estado — quaisquer erros nesse estado impedem o início da saga.

CREATED
Depois que o ticket é criado com sucesso, ele é atribuído a um especialista Sysops Squad. Se nenhum especialista estiver disponível para atender o ticket, ele será mantido em estado de espera até que um especialista esteja disponível. Depois que um especialista é atribuído, o estado da saga passa para o estado ASSIGNED. Esse é o único resultado para esta transição de estado, o que significa que o ticket é mantido no estado CREATED até que possa ser atribuído.

ASSIGNED
Depois que um ticket é atribuído a um especialista, o único resultado possível é encaminhar o ticket para o especialista. Presume-se que durante o algoritmo de atribuição, o especialista foi localizado e está disponível. Se o ticket não puder ser roteado porque o especialista não foi localizado ou não

está disponível, a saga fica nesse estado até que possa ser roteada. Uma vez encaminhado, o especialista deve confirmar que o ticket foi recebido. Assim que isso acontecer, o estado da saga transacional passará para ACCEPTED. Esse é o único resultado possível para essa transição de estado.

ACCEPTED
Existem dois estados possíveis depois que um ticket é aceito por um especialista Sysops Squad: COMPLETED ou REASSIGN. Assim que o especialista terminar o reparo e marcar o ticket como "concluído", o estado da saga passará para COMPLETED. No entanto, se por algum motivo o ticket foi atribuído incorretamente ou o especialista não consegue concluir o reparo, este notifica o sistema, e o estado passa para REASSIGN.

REASSIGN
Uma vez nesse estado de saga, o sistema reatribuirá o ticket a um especialista diferente. Assim como no estado CREATED, se um especialista não estiver disponível, a saga transacional permanecerá no estado REASSIGN até que um especialista seja designado. Uma vez que um especialista diferente é encontrado e o ticket é novamente atribuído, o estado passa para o estado ASSIGNED, esperando para ser aceito pelo outro especialista. Esse é o único resultado possível para essa transição de estado, e a saga permanece nesse estado até que um especialista seja designado para o ticket.

COMPLETED
Os dois estados possíveis depois que um especialista conclui um ticket são CLOSED ou NO_SURVEY. Quando o ticket está nesse estado, uma pesquisa é enviada ao cliente para avaliar o especialista e o serviço, e o estado da saga passa para CLOSED, encerrando assim a saga da transação. No entanto, se o serviço de pesquisa estiver indisponível ou ocorrer um erro durante o envio da pesquisa, o estado muda para NO_SURVEY, indicando que o problema foi corrigido, mas nenhuma pesquisa foi enviada ao cliente.

NO_SURVEY
Nesse estado de condição de erro, o sistema continua tentando enviar a pesquisa ao cliente. Uma vez enviado com sucesso, o estado passa para CLOSED, marcando o fim da saga transacional. Esse é o único resultado possível dessa transação de estado.

Em muitos casos, é útil colocar a lista de todas as transições de estado possíveis e a ação de transição correspondente em algum tipo de tabela. Os desenvolvedores podem usar essa tabela para implementar os gatilhos de transição de estado e possíveis condições de erro em um serviço de orquestração (ou respectivos serviços se estiver usando coreografia). Um exemplo dessa prática é mostrado na Tabela 12-10, que lista todos os estados e as ações possíveis que são acionados quando ocorre a transição de estado.

Tabela 12-10. Máquina de estado Saga para um novo ticket de problema no sistema Sysops Squad

Estado inicial	Estado de transição	Ação de transação
START	CREATED	Atribuir ticket ao especialista.
CREATED	ASSIGNED	Encaminhar o ticket para o especialista designado.
ASSIGNED	ACCEPTED	Especialista corrige problema.
ACCEPTED	COMPLETED	Enviar pesquisa ao cliente.
ACCEPTED	REASSIGN	Reatribuir a um especialista diferente.
REASSIGN	ASSIGNED	Encaminhar o ticket para o especialista designado.
COMPLETED	CLOSED	Saga de ticket concluída.
COMPLETED	NO_SURVEY	Enviar pesquisa ao cliente.
NO_SURVEY	CLOSED	Saga de ticket concluída.

A escolha entre usar atualizações de compensação ou gerenciamento de estado para fluxos de trabalho de transações distribuídas depende da situação, bem como da análise de trade-off entre responsividade e consistência. Independentemente da técnica usada para gerenciar erros em uma transação distribuída, o estado da transação distribuída deve ser conhecido e também gerenciado.

A Tabela 12-11 resume os trade-offs associados ao uso do gerenciamento de estado, em vez de transações distribuídas atômicas com atualizações de compensação.

Trade-Offs

Tabela 12-11. Trade-offs associados ao gerenciamento de estado, em vez de transações distribuídas atômicas com atualizações de compensação

Vantagens	Desvantagens
Boa responsividade.	Os dados podem estar fora de sincronia quando ocorrem erros.
Menos impacto para o usuário final para erros.	A consistência eventual pode levar algum tempo.

Técnicas para Gerenciar Sagas

Transações distribuídas não são algo que pode ser simplesmente "colocado" em um sistema. Elas não podem ser baixadas ou compradas usando-se algum tipo de estrutura ou produto como gerenciadores de transações ACID — elas devem ser projetadas, codificadas e mantidas por desenvolvedores e arquitetos.

Uma das técnicas que gostamos de usar para ajudar a gerenciar transações distribuídas é potencializar anotações (Java) ou atributos personalizados (C#) ou outros artefatos semelhantes em outras linguagens. Embora esses próprios artefatos de linguagem não contenham nenhuma funcionalidade real, eles fornecem uma maneira programática de capturar e documentar as sagas transacionais no sistema, além de fornecer um meio para associar serviços a sagas transacionais.

As listagens de origem no Exemplo 12-1 (Java) e no Exemplo 12-2 (C#) mostram um exemplo de implementação dessas anotações e atributos customizados. Observe que em ambas as implementações, as sagas transacionais (NEW_TICKET, CANCEL_TICKET, e assim por diante) estão contidas na enumeração Transaction, fornecendo um único local no código-fonte para listar e documentar as várias sagas existentes no contexto de um aplicativo.

Exemplo 12-1. Código-fonte definindo uma anotação de saga transacional (Java)

```
@Retention(RetentionPolicy.RUNTIME)
@Target(ElementType.TYPE)
public @interface Saga {
    public Transaction[] value();

    public enum Transaction {
        NEW_TICKET,
        CANCEL_TICKET,
        NEW_CUSTOMER,
        UNSUBSCRIBE,
        NEW_SUPPORT_CONTRACT
    }
}
```

Exemplo 12-2. Código-fonte definindo um atributo saga transacional (C#)

```
[AttributeUsage(AttributeTargets.Class)]
class Saga : System.Attribute {
    public Transaction[] transaction;

    public enum Transaction {
        NEW_TICKET,
        CANCEL_TICKET,
        NEW_CUSTOMER,
        UNSUBSCRIBE,
        NEW_SUPPORT_CONTRACT
    };
}
```

Uma vez definidas, essas anotações ou atributos podem ser usados para identificar os serviços que estão envolvidos na saga transacional. Por exemplo, a listagem de código-fonte no Exemplo 12-3 mostra que o Serviço de Pesquisa (identificado pela classe `SurveyServiceAPI` como o ponto de entrada do serviço) está envolvido na saga `NEW_TICKET`, enquanto o Serviço de Ticket (identificado pela classe `TicketServiceAPI` como a entrada do serviço point) está envolvido em duas sagas: a `NEW_TICKET` e a `CANCEL_TICKET`.

Exemplo 12-3. Código-fonte mostrando o uso da anotação saga transacional (Java)

```
@ServiceEntrypoint
@Saga(Transaction.NEW_TICKET)
public class SurveyServiceAPI {
    ...
}

@ServiceEntrypoint
@Saga({Transaction.NEW_TICKET,)
       Transaction.CANCEL_TICKET})
public class TicketServiceAPI {
    ...
}
```

Observe como a saga `NEW_TICKET` inclui o Serviço de Pesquisa e o Serviço de Ticket. Esta é uma informação valiosa para um desenvolvedor porque o ajuda a definir o escopo do teste ao fazer alterações em um determinado fluxo de trabalho ou saga e também permite que ele saiba quais outros serviços podem ser afetados por uma alteração em um dos serviços dentro da saga transacional.

Usando essas anotações e esses atributos personalizados, arquitetos e desenvolvedores podem escrever ferramentas simples de interface de linha de comando [em inglês, *command-line interface* — *CLI*] para percorrer uma base de código ou repositório de código-fonte para fornecer informações saga em tempo real. Por exemplo, usando uma ferramenta simples de code-walk personalizada, um desenvolvedor, arquiteto ou até mesmo um analista de negócios pode consultar quais serviços estão envolvidos na saga `NEW_TICKET`:

```
$ ./sagatool.sh NEW_TICKET -services
-> Ticket Service
-> Assignment Service
-> Routing Service
-> Survey Service
$
```

Uma ferramenta de code-walking customizada pode examinar cada arquivo de classe no contexto do aplicativo contendo a anotação customizada @ServiceEntrypoint (ou atributo) e verificar a anotação customizada @Saga para a presença da saga específica (nesse caso, Transaction.NEW_TICKET). Esse tipo de ferramenta personalizada não é complicada de escrever e pode ajudar a fornecer informações valiosas ao se gerenciar sagas transacionais.

Saga Sysops Squad: Transações Atômicas e Atualizações de Compensação

Terça-feira, 5 de abril, 9h44

Addison e Austen se reuniram com Logan para discutir as questões relacionadas à transacionalidade na nova arquitetura de microsserviços na comprida sala de conferências.

Logan começou: "Sei que nem todos estão de acordo sobre como o que vocês leram se aplica ao que estamos fazendo aqui. Então preparei alguns fluxos de trabalho e diagramas para ajudar todos a entrar em sincronia. Hoje estamos discutindo a marcação de um ticket como concluído no sistema. Para esse fluxo de trabalho, o especialista Sysops Squad conclui um trabalho e marca o ticket como 'concluído' usando o aplicativo móvel no dispositivo móvel do especialista. Quero falar sobre o padrão Epic Saga e os problemas relacionados à compensação de atualizações. Na Figura 12-22, criei um diagrama para ilustrar esse fluxo de trabalho. Todos conseguem vê-lo?"

12. SAGAS TRANSACIONAIS

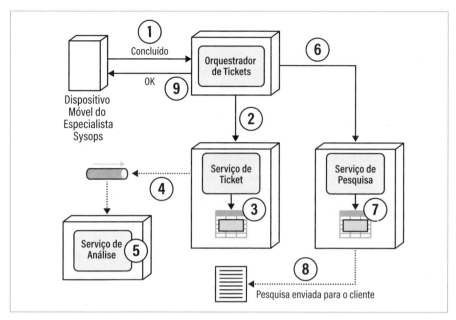

Figura 12-22. A saga épica exige que o status do ticket seja atualizado e a pesquisa seja enviada em uma operação atômica síncrona.

Logan continuou: "Também criei uma lista que descreve cada etapa. Os números circulados no diagrama correspondem ao fluxo de trabalho."

1. O especialista do Sysops Squad marca o ticket como concluído usando um aplicativo em seu dispositivo móvel, que é recebido de forma síncrona pelo Serviço de Orquestrador de Tickets.

2. O Serviço de Orquestrador de Tickets envia uma solicitação síncrona ao Serviço de Ticket para alterar o estado do ticket de "em andamento" para "concluído."

3. O Serviço de Ticket atualiza o número do ticket para "completo" na tabela do banco de dados e confirma a atualização.

4. Como parte do processo de conclusão do ticket, o Serviço de Ticket envia informações de ticket de forma assíncrona (como tempo de reparo do ticket, tempo de espera do ticket, duração, e assim por diante) para uma fila a ser coletada pelo Serviço de análise. Depois de enviado, o Serviço de Ticket envia uma confirmação ao Serviço de Orquestrador de Tickets informando que a atualização foi concluída.

5. Mais ou menos ao mesmo tempo, o Serviço de Análise recebe de forma assíncrona a análise atualizada do ticket e começa a processar as informações do ticket.

6. O Serviço de Orquestrador de Tickets, então, envia uma solicitação síncrona ao Serviço de Pesquisa para preparar e enviar a pesquisa do cliente ao cliente.
7. O Serviço de Pesquisa insere os dados em uma tabela com as informações da pesquisa (cliente, informações do ticket e carimbo de data/hora) e confirma a inserção.
8. O Serviço de Pesquisa então envia a pesquisa ao cliente por e-mail e retorna uma confirmação ao Serviço de Orquestrador de Tickets informando que o processamento da pesquisa foi concluído.
9. Por fim, o Serviço de Orquestrador de Tickets envia uma resposta de volta ao dispositivo móvel do especialista do Sysops Squad informando que o processamento da conclusão do ticket foi concluído. Quando isso acontecer, o especialista pode selecionar o próximo ticket de problema atribuído a ele.

"Uau, isso é realmente útil! Quanto tempo você levou para criar isso?", perguntou Addison.

"Não foi pouco tempo, mas vem a calhar. Você não é a única do grupo que está confusa sobre como fazer com que todas essas peças móveis funcionem juntas. Essa é a parte difícil da arquitetura de software. Todos entendem o básico do fluxo de trabalho?"

Diante de um mar de acenos, Logan continuou: "Um dos primeiros problemas que ocorre com as atualizações de compensação é que, como não há isolamento transacional em uma transação distribuída (consulte a seção "Transações Distribuídas", no Capítulo 9), outros serviços podem ter agido nos dados atualizados dentro do escopo da transação distribuída antes que a transação distribuída seja concluída. Para ilustrar esse problema, considere o mesmo exemplo da Epic Saga que aparece na Figura 12-23: o especialista do Sysops Squad marca um ticket como concluído, mas desta vez o Serviço de Pesquisa não está disponível. Nesse caso, uma atualização de compensação (etapa 7 do diagrama) é enviada ao Serviço de Ticket para reverter a atualização, alterando o estado do ticket de *concluído* para *em andamento* (etapa 8 do diagrama)."

"Observe também na Figura 12-23 que, como se trata de uma transação distribuída atômica, um erro é enviado de volta ao especialista do Sysops Squad indicando que a ação não foi bem-sucedida e para tentar novamente. Agora, uma pergunta para você: por que o especialista Sysops Squad deveria precisar se preocupar com que a pesquisa não seja enviada?"

Austen ponderou por um momento. "Mas isso não fazia parte do fluxo de trabalho no monólito? Todas essas coisas aconteceram dentro de uma transação, se bem me lembro."

"Sim, mas sempre achei isso estranho, no entanto, nunca falei nada", disse Addison. "Não vejo por que o especialista deveria se preocupar com a pesquisa. O especialista só quer passar para o próximo ticket atribuído a ele."

"Certo", disse Logan. "Esse é o problema com transações distribuídas atômicas — o usuário final é semanticamente acoplado ao processo de negócios de maneira desnecessária. Mas observe que a Figura 12.23 também ilustra o problema da falta de isolamento da transação em uma transação distribuída. Observe que, como parte da atualização original para marcar o ticket como *concluído*, o Serviço de Ticket enviou de forma assíncrona as informações do ticket para uma fila (etapa 4 no diagrama) para serem processadas pelo Serviço de Análise (etapa 5). No entanto, quando a atualização de compensação é emitida para o Serviço de Ticket (etapa 7), as informações do ticket já foram processadas pelo Serviço de Análise na etapa 5."

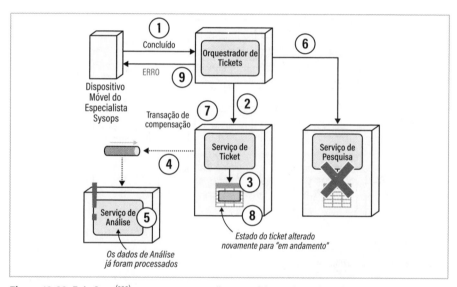

Figura 12-23. Epic Saga[sao] requer compensação, mas efeitos colaterais podem ocorrer.

"Chamamos isso de *efeito colateral* nas arquiteturas distribuídas. Ao reverter a transação no Serviço de Ticket, ações realizadas por outros serviços com dados da atualização anterior podem já ter ocorrido e não ser reversíveis. Esse cenário aponta para a importância do *isolamento* dentro de uma transação, algo que as transações distribuídas não suportam. Para resolver esse problema, o Serviço de Ticket poderia enviar outra solicitação por meio da bomba de dados para o Serviço de Análise, informando a esse serviço para ignorar as informações anteriores do ticket, mas imagine a quantidade de código complexo e lógica de tempo que seriam necessários no Serviço de Análise para lidar com essa alteração de compensação. Além disso, pode ter havido ações downstream adicionais tomadas nos dados analíticos já processados pelo Serviço de Análise, complicando ainda mais a cadeia de eventos para reverter e corrigir. Com arquiteturas distribuídas e transações distribuídas, às vezes é realmente como *tartarugas até lá embaixo*."[1]

Logan parou por um momento e continuou: "Outro problema..."

Austen interrompeu: "Outro problema?"

Logan sorriu. "Outra questão em relação às atualizações de compensação são as falhas de compensação. Mantendo o mesmo exemplo da Epic Saga para preencher um ticket, observe na Figura 12-24 que na etapa 7 uma atualização de compensação é emitida para o Serviço de Ticket para alterar o estado de *concluído* de volta para *em andamento*. Porém, nesse caso, o Serviço de Ticket gera um erro ao tentar alterar o estado do ticket (passo 8)."

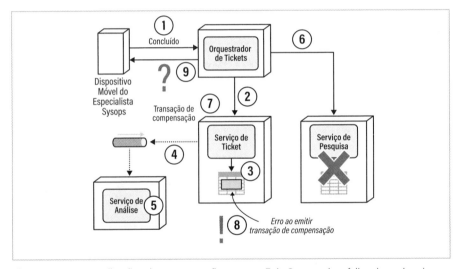

Figura 12-24. As atualizações de compensação em uma Epic Saga podem falhar, levando a inconsistência e confusão sobre qual ação tomar no caso de uma falha de compensação.

"Já vi isso acontecer! Demorou uma eternidade para rastrear", disse Addison.

"Arquitetos e desenvolvedores tendem a presumir que as atualizações de compensação sempre funcionarão", disse Logan. "Mas às vezes não. Nesse caso, conforme

1. Essa expressão remonta a uma história relatada no livro de Stephen Hawking *Uma Breve História do Tempo*. Nela, um renomado cientista dava uma palestra sobre astronomia e falava sobre como a Terra orbita o Sol e como o Sol, por sua vez, orbita o centro de uma vasta coleção de estrelas que chamamos de galáxia. Quando a palestra terminou, uma senhorinha se levantou e disse: "O que o senhor acabou de falar é bobagem. Na verdade, o mundo é um prato achatado apoiado no dorso de uma tartaruga gigante." O cientista então perguntou em que a tal tartaruga gigante estaria apoiada, e a senhorinha respondeu: "Em outra tartaruga. Uma tartaruga abaixo da outra. Há tartarugas até lá embaixo."

mostrado na Figura 12-24, há confusão sobre que tipo de resposta enviar de volta ao usuário final (nesse caso, o especialista do Sysops Squad). O status do ticket já está marcado como concluído porque a compensação falhou, portanto, tentar novamente a solicitação "marcar como concluído" pode levar a outro erro (como *Ticket já marcado como concluído*). Que confusão na parte do usuário final!"

"Sim, posso imaginar os desenvolvedores vindo até nós para nos perguntar como resolver esse problema", disse Addison.

"Muitas vezes, os desenvolvedores são bons verificadores de soluções de arquitetura incompletas ou confusas. Se eles estão confusos, pode haver um bom motivo", disse Logan. "Ok, mais um problema. As transações distribuídas atômicas e as atualizações de compensação correspondentes também afetam a responsividade. Se ocorrer um erro, o usuário final deve aguardar até que todas as ações corretivas sejam tomadas (por meio de atualizações de compensação) antes que uma resposta seja enviada informando o usuário sobre o erro."

"Não é aí que a mudança para consistência eventual ajuda, para responsividade?", perguntou Austen.

"Sim, embora a capacidade de resposta às vezes possa ser resolvida pela emissão síncrona de atualizações de compensação por meio de consistência eventual (como com o padrão Parallel Saga e o padrão Anthology Saga), não obstante, a maioria das transações distribuídas atômicas tem uma responsividade pior quando as atualizações de compensação estão envolvidas."

"Ok, isso faz sentido — a coordenação atômica sempre terá sobrecarga", disse Austen.

"É muita informação. Vamos construir uma tabela para resumir algumas das compensações associadas a transações distribuídas atômicas e atualizações de compensação." (Consulte a Tabela 12-12.)

Trade-Offs

Tabela 12-12. Trade-offs associados a transações distribuídas atômicas e atualizações de compensação

Vantagens	Desvantagens
Todos os dados restaurados ao estado anterior.	Sem isolamento de transação.
Permite novas tentativas e reinício.	Efeitos colaterais podem ocorrer na compensação.
	A compensação pode falhar.
	Baixa responsividade para o usuário final.

Logan disse: "Embora esse padrão de transação de compensação exista, ele também oferece vários desafios. Quem quer citar um?"

"Eu sei: *um serviço não pode fazer um rollback*", disse Austen. "E se um dos serviços não conseguir desfazer com sucesso a operação anterior? O orquestrador deve ter um código de coordenação para indicar que a transação não foi bem-sucedida."

"Certo — que tal outro?"

"*Para bloquear ou não os serviços participantes?*", disse Addison. "Quando o mediador faz uma chamada para um serviço e atualiza um valor, o mediador fará chamadas para os serviços subsequentes que fazem parte do fluxo de trabalho. Porém, o que acontece se surgir outra requisição para o primeiro atendimento contingente ao resultado da resolução do primeiro pedido, seja do mesmo mediador ou de um contexto diferente? Esse problema de arquitetura distribuída torna-se pior quando as chamadas são assíncronas, em vez de síncronas (ilustrado no "Padrão Phone Tag Saga[sac]" anteriormente). Como alternativa, o mediador pode insistir que outros serviços não aceitem chamadas durante o fluxo de trabalho, o que garante uma transação válida, mas destrói o desempenho e a escalabilidade."

Logan disse: "Correto. Vamos filosofar por um momento. Conceitualmente, as transações forçam os participantes a parar seus mundos individuais e sincronizar em um determinado valor. Isso é tão fácil de modelar com arquiteturas monolíticas e bancos de dados relacionais que os arquitetos abusam das transações nesses sistemas. Grande parte do mundo real não é transacional, como observado no famoso ensaio de Gregor Hohpe, "Starbucks Does Not Use Two-Phase Commit". A coordenação transacional é uma das partes mais difíceis da arquitetura, e quanto mais amplo o escopo, pior se torna."

"Existe uma alternativa para usar uma Epic Saga?", Addison perguntou.

"Sim!", disse Logan. "Uma abordagem mais realista para o cenário descrito na Figura 12-24 pode ser usar um padrão Fairy Tale Saga ou Parallel Saga. Essas sagas contam com consistência eventual assíncrona e gerenciamento de estado, em vez de transações distribuídas atômicas com atualizações de compensação quando ocorrem erros. Com esses tipos de sagas, o usuário é menos impactado por erros que podem ocorrer dentro da transação distribuída, pois o erro é tratado nos bastidores, sem envolvimento do usuário final. A capacidade de resposta também é melhor com o gerenciamento de estado e a abordagem de consistência eventual, porque o usuário não precisa esperar que uma ação corretiva seja tomada na transação distribuída. Se tivermos problemas com a atomicidade, podemos investigar esses padrões como alternativas."

"Obrigada — é muito material, mas agora vejo por que os arquitetos tomaram algumas decisões na nova arquitetura", disse Addison.

13.
Contratos

S exta-feira, 15 de abril, 12h01

Addison se encontrou com Sydney no refeitório durante o almoço para conversar sobre a coordenação entre o Orquestrador de Tickets e os serviços integrados para o fluxo de trabalho de gerenciamento de tickets.

"Por que não usar apenas o gRPC para toda a comunicação? Ouvi dizer que é muito rápido", disse Sydney.

"Bem, isso é uma implementação, não uma arquitetura", disse Addison. "Precisamos decidir que tipos de contratos queremos antes de escolher como implementá-los. Primeiro precisamos decidir entre contratos rígidos ou flexíveis. Assim que decidirmos sobre o tipo, deixarei você decidir como implementá-los, desde que passem por nossas funções de condicionamento físico."

"O que determina de que tipo de contrato precisamos?", Sidney perguntou.

No Capítulo 2, começamos a discutir a interseção de três forças importantes — comunicação, consistência e coordenação — e como desenvolver trade-offs para elas. Modelamos o espaço interseccional das três forças em um espaço tridimensional unido, mostrado novamente na Figura 13-1. No Capítulo 12, revisitamos essas três forças com uma discussão sobre os vários estilos de comunicação e seus trade-offs.

Por mais que uma arquitetura possa discernir uma relação como essa, algumas forças atravessam o espaço conceitual e afetam igualmente todas as outras dimensões. Se perseguir a metáfora visual tridimensional, essas forças transversais atuam como uma dimensão adicional, assim como o *tempo* é ortogonal às três dimensões físicas.

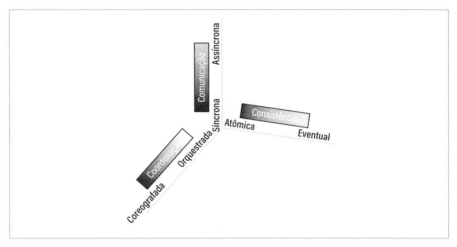

Figura 13-1. Espaço de interseção tridimensional para forças de mensagens em arquiteturas distribuídas.

Um fator constante na arquitetura de software que atravessa e afeta praticamente todos os aspectos da tomada de decisão do arquiteto são os *contratos*, amplamente definidos como a forma como as partes díspares de uma arquitetura se conectam umas às outras. A definição de contrato no dicionário é a seguinte:

contrato
Um acordo escrito ou falado, especialmente um relativo a emprego, vendas ou arrendamento, que se destina a ser executável por lei.

Em software, usamos contratos amplamente para descrever coisas como pontos de integração na arquitetura, e muitos formatos de contrato fazem parte do processo de design de desenvolvimento de software: SOAP, REST, gRPC, XMLRPC e uma sopa de letrinhas de outras siglas. No entanto, ampliamos essa definição e a tornamos mais consistente:

contrato de partes duras
O formato usado por partes de uma arquitetura para transmitir informações ou dependências.

Essa definição de *contrato* abrange todas as técnicas usadas para "conectar" as partes de um sistema, incluindo dependências transitivas para estruturas e bibliotecas, pontos de integração internos e externos, caches e qualquer outra comunicação entre as partes.

Este capítulo ilustra os efeitos dos contratos em muitas partes da arquitetura, incluindo acoplamento quântico estático e dinâmico, bem como formas de melhorar (ou prejudicar) a eficácia dos fluxos de trabalho.

Contratos Rígidos *Versus* Flexíveis

Como muitas coisas na arquitetura de software, os contratos não existem de modo binário, mas sim em um amplo espectro, do rígido ao flexível. A Figura 13-2 ilustra esse espectro usando exemplos de tipos de contrato.

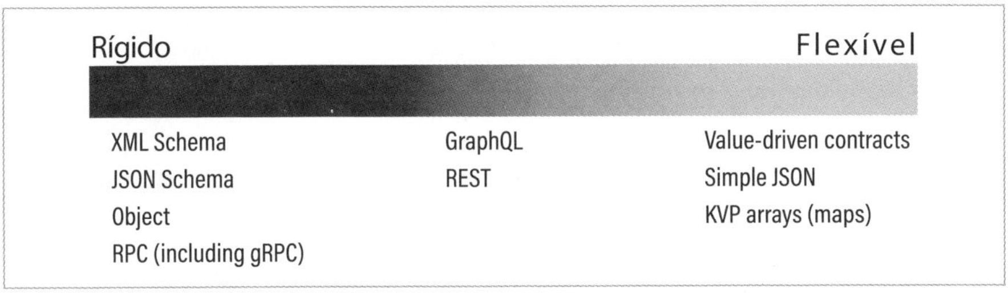

```
Rígido                                              Flexível

XML Schema              GraphQL              Value-driven contracts
JSON Schema             REST                 Simple JSON
Object                                       KVP arrays (maps)
RPC (including gRPC)
```

Figura 13-2. O espectro de tipos de contrato, de rígido a flexível.

Um contrato rígido requer adesão a nomes, tipos, pedidos e todos os outros detalhes, sem deixar ambiguidade. Um exemplo do contrato mais rígido possível em software é uma chamada de método remoto, usando um mecanismo de plataforma como o RMI em Java. Nesse caso, a chamada remota imita uma chamada de método interno, combinando nome, parâmetros, tipos e todos os outros detalhes.

Muitos formatos de contrato rígido imitam a semântica das chamadas de método. Por exemplo, os desenvolvedores veem uma série de protocolos que incluem alguma variação do RPC, tradicionalmente um acrônimo para *Remote Procedure Call*. O gRPC (*https://grpc.io* — conteúdo em inglês) é um exemplo de uma estrutura de invocação remota popular cujo padrão são contratos rígidos.

Muitos arquitetos gostam de contratos rígidos porque estes modelam o comportamento semântico idêntico de chamadas de métodos internos. No entanto, contratos rígidos criam fragilidade na arquitetura de integração — algo a ser evitado. Conforme discutido no Capítulo 8, algo que está mudando simultaneamente com frequência e é usado por várias partes distintas da arquitetura cria problemas na arquitetura. Os contratos se encaixam nessa descrição porque formam a cola dentro de uma arquitetura distribuída: quanto mais frequentemente eles devem mudar, mais problemas encrespados eles causam para outros serviços. No entanto, os arquitetos não são forçados a usar contratos rígidos e devem fazê-lo apenas quando for vantajoso.

Mesmo um formato ostensivamente flexível como JSON (*https://www.json.org* — conteúdo em inglês) oferece maneiras de adicionar seletivamente informações de esquema a pares nome-valor simples. O Exemplo 13-1 mostra um contrato JSON rígido com informações de esquema anexadas.

Exemplo 13-1. Contrato JSON rígido

```
{
    "$schema": "http://json-schema.org/draft-04/schema#",
    "properties": {
        "acct": {"type": "number"},
        "cusip": {"type": "string"},
        "shares": {"type": "number", "minimum": 100}
    },
    "required": ["acct", "cusip", "shares"]
}
```

A primeira linha faz referência à definição de esquema que usamos e com a qual validaremos. Definimos três propriedades (acct, cusip e share), juntamente com seus tipos e, na última linha, quais são necessárias. Isso cria um contrato rígido, com campos obrigatórios e tipos especificados.

Exemplos de contratos mais flexíveis incluem formatos como REST e GraphQL (*https://graphql.org* — conteúdo em inglês), formatos muito diferentes, mas semelhantes em demonstrar um acoplamento mais flexível do que os formatos baseados em RPC. Para REST, o arquiteto modela recursos, em vez de endpoints de método ou procedimento, tornando os contratos menos frágeis. Por exemplo, se um arquiteto cria um recurso RESTful que descreve partes de um avião para oferecer suporte a consultas sobre assentos, essa consulta não será interrompida no futuro se alguém adicionar detalhes sobre motores ao recurso — adicionar mais informações não interrompe o que está lá.

Da mesma forma, o GraphQL é usado por arquiteturas distribuídas para fornecer dados agregados somente leitura, em vez de executar chamadas de orquestração dispendiosas em uma ampla variedade de serviços. Considere as duas representações GraphQL nos Exemplos 13-2 e 13-3, fornecendo duas visualizações diferentes, mas adequadas, do contrato do Perfil.

Exemplo 13-2. Representação do Perfil da Lista de Desejos do Cliente

```
type Profile {
    name: String
}
```

Exemplo 13-3. Representação do Perfil do Cliente

```
type Profile {
    name: String
    addr1: String
    addr2: String
    country: String
    ...
}
```

O conceito de *perfil* aparece em ambos os exemplos, mas com valores diferentes. Nesse cenário, a Lista de Desejos do Cliente não tem acesso interno ao nome do cliente, apenas a um identificador único. Assim, ele precisa de acesso a um Perfil de Cliente que mapeie o identificador para o nome do cliente. O Perfil do Cliente, por outro lado, inclui uma grande quantidade de informações sobre o cliente, além do nome. No que diz respeito à Lista de Desejos, a única coisa interessante no Perfil é o nome.

Um antipadrão comum do qual alguns arquitetos são vítimas é supor que a Lista de Desejos pode eventualmente precisar de todas as outras partes, então os arquitetos as incluem no contrato desde o início. Esse é um exemplo de acoplamento de selo e um antipadrão na maioria dos casos, porque introduz alterações onde não são necessárias, tornando a arquitetura frágil, mas oferecendo poucos benefícios. Por exemplo, se a Lista de Desejos se preocupa apenas com o nome do cliente do Perfil, mas o contrato especifica todos os campos do Perfil (apenas no caso), uma alteração no Perfil com que a Lista de Desejos não se preocupa causa uma quebra de contrato, e a coordenação deve ser corrigida. Manter os contratos em um nível de "precisar saber" atinge um equilíbrio entre o acoplamento semântico e as informações necessárias sem criar fragilidade desnecessária na arquitetura de integração.

No outro extremo do espectro de acoplamento de contrato estão contratos extremamente flexíveis, geralmente expressos como pares nome-valor em formatos como YAML (*https://yaml.org* — conteúdo em inglês) ou JSON, conforme ilustrado no Exemplo 13-4.

Exemplo 13-4. Pares nome-valor em JSON

```
{
    "name": "Mark",
    "status": "active",
    "joined": "2003"
}
```

Nada além dos fatos crus nesse exemplo! Sem metadados adicionais, informações de tipo ou qualquer outra coisa, apenas pares nome-valor.

O uso desses contratos flexíveis permite sistemas extremamente desacoplados, geralmente um dos objetivos em arquiteturas, como microsserviços. No entanto, a flexibilidade do contrato vem com trade-offs, como falta de certeza do contrato, verificação e maior lógica de aplicação. Ilustramos na seção "Contratos em Microsserviços", mais adiante neste capítulo, como os arquitetos resolvem esse problema usando fitness functions do contrato.

Trade-Offs Entre Contratos Rígidos e Flexíveis

Quando um arquiteto deve usar contratos rígidos e quando deve usar contratos mais flexíveis? Como todas as partes difíceis da arquitetura, não existe uma resposta genérica para essa pergunta, por isso é importante que os arquitetos entendam quando cada um é mais adequado.

Contratos rígidos

Contratos mais rígidos têm várias vantagens, incluindo:

Fidelidade de contato garantida
A verificação do esquema de criação nos contratos garante a adesão exata aos valores, tipos e outros metadados controlados. Alguns espaços problemáticos se beneficiam de um acoplamento forte para mudanças contratuais.

Versionado
Contratos rígidos geralmente exigem uma estratégia de versionamento para dar suporte a dois endpoints que aceitam valores diferentes ou para gerenciar a evolução do domínio ao longo do tempo. Isso permite alterações graduais nos pontos de integração, ao mesmo tempo em que oferece suporte a um número seletivo de versões anteriores para facilitar a colaboração na integração.

Mais fácil de verificar no momento da criação
Muitas ferramentas de esquema fornecem mecanismos para verificar contratos no tempo de criação, adicionando um nível de verificação de tipo para pontos de integração.

Melhor documentação
Parâmetros e tipos distintos fornecem excelente documentação sem ambiguidade.

Contratos rígidos também têm algumas desvantagens:

Acoplamento apertado
Pela nossa definição geral de acoplamento, contratos rígidos criam pontos de acoplamento rígidos. Se dois serviços compartilham um contrato rígido e o contrato muda, ambos os serviços devem mudar.

Versionado
Isso aparece tanto nas vantagens quanto nas desvantagens. Embora manter versões distintas permita precisão, isso pode se tornar um pesadelo de integração se a equipe não tiver uma estratégia de descontinuação clara ou tentar oferecer suporte a muitas versões.

Os trade-offs para contratos rígidos estão resumidos na Tabela 13-1.

Trade-Offs
Tabela 13-1. Trade-offs para contratos rígidos

Vantagens	Desvantagens
Fidelidade contratual garantida.	Acoplamento apertado.
Versionado.	Versionado.
Mais fáceis de verificar no momento da criação.	
Melhor documentação.	

Contratos flexíveis

Contratos flexíveis, como pares nome-valor, oferecem os pontos de integração menos acoplados, mas também apresentam trade-offs, conforme resumido na Tabela 13-2.

Estas são algumas vantagens dos contratos flexíveis:

Altamente desacoplados
Muitos arquitetos têm uma meta declarada para arquiteturas de microsserviços que inclui altos níveis de desacoplamento, e contratos flexíveis fornecem mais flexibilidade.

Mais fáceis de evoluir
Como existe pouca ou nenhuma informação de esquema, esses contratos podem evoluir mais livremente. É claro que as mudanças no acoplamento semântico ainda requerem coordenação entre todas as partes interessadas — a implementação não pode reduzir o acoplamento semântico —, mas contratos flexíveis permitem uma evolução de implementação mais fácil.

Contratos flexíveis também têm algumas desvantagens:

Gestão de contratos
Contratos flexíveis, por definição, não têm recursos de contrato estritos, o que pode causar problemas como nomes com erros ortográficos, pares nome-valor ausentes e outras deficiências que os esquemas corrigiriam.

Precisam de fitness functions
Para resolver os problemas de contrato que acabamos de descrever, muitas equipes usam contratos orientados ao consumidor como uma fitness function da arquitetura para garantir que os contratos flexíveis ainda contenham informações suficientes para que o contrato funcione.

Trade-Offs

Tabela 13-2. *Trade-offs para contratos flexíveis*

Vantagens	Desvantagens
Altamente desacoplados.	Gestão de contratos.
Mais fáceis de evoluir.	Precisam de fitness functions.

Para obter um exemplo dos trade-offs comuns encontradas pelos arquitetos, considere o exemplo de contratos em arquiteturas de microsserviços.

Contratos em Microsserviços

Os arquitetos devem constantemente tomar decisões sobre como os serviços interagem uns com os outros, quais informações passar (a semântica), como passá-las (a implementação) e quão rigidamente acoplar os serviços.

Níveis de acoplamento

Considere dois microsserviços com transacionalidade independente que devem compartilhar informações de domínio, como *Endereço do Cliente*, mostrado na Figura 13-3.

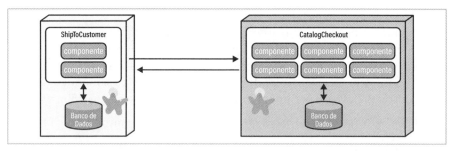

Figura 13-3. Dois serviços que devem compartilhar informações de domínio sobre o cliente.

O arquiteto pode implementar ambos os serviços no mesmo stack de tecnologia e usar um contrato rigidamente digitado, seja um protocolo de procedimento remoto específico da plataforma (como RMI) ou independente de implementação, como gRPC, e passar as informações do cliente de um para outro com alta confiança de fidelidade do contrato. No entanto, esse acoplamento rígido viola um dos objetivos aspiracionais das arquiteturas de microsserviços, em que os arquitetos tentam criar serviços desacoplados.

Considere a abordagem alternativa, em que cada serviço tem sua própria representação interna de Cliente e a integração usa pares nome-valor para passar informações de um serviço para outro, conforme ilustrado na Figura 13-4.

Aqui, cada serviço tem sua própria definição de cliente em contexto delimitado. Ao passar informações, o arquiteto utiliza pares nome-valor em JSON para passar as informações relevantes em um contrato flexível.

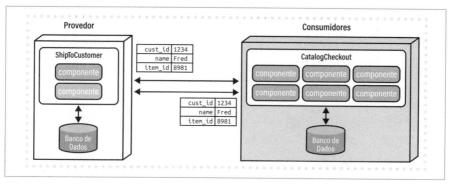

Figura 13-4. Microsserviços com sua própria representação semântica interna podem passar valores em mensagens simples.

Esse acoplamento flexível satisfaz muitos dos objetivos gerais dos microsserviços. Primeiro, ele cria serviços altamente desacoplados modelados a partir de contextos limitados, permitindo que cada equipe desenvolva representações internas tão agressivamente quanto for necessário. Segundo, cria desacoplamento de implementação. Se ambos os serviços começarem no mesmo stack de tecnologia, mas a equipe do segundo decidir mudar para outra plataforma, isso provavelmente não afetará o primeiro serviço. Todas as plataformas de uso comum podem produzir e consumir pares nome-valor, tornando-as a língua franca da arquitetura de integração.

A maior desvantagem dos contratos flexíveis é a fidelidade do contrato — como arquiteto, como posso saber se os desenvolvedores passam o número e o tipo corretos de parâmetros para chamadas de integração? Alguns protocolos, como JSON, incluem ferramentas de esquema para permitir que os arquitetos sobreponham contratos flexíveis com mais metadados. Os arquitetos também podem usar um estilo de fitness function do arquiteto chamado *contrato orientado ao consumidor*.

Contratos orientados ao consumidor

Um problema comum em arquiteturas de microsserviços são os objetivos aparentemente contraditórios de acoplamento flexível, mas fidelidade de contrato. Uma abordagem inovadora que utiliza avanços no desenvolvimento de software é um *contrato orientado ao consumidor*, comum em arquiteturas de microsserviços.

Em muitos cenários de integração de arquitetura, um serviço decide quais informações enviar para outros parceiros de integração (um modelo *push* — o provedor de serviços envia um contrato aos consumidores). O conceito de contrato orientado ao consumidor inverte essa relação em um modelo *pull*; aqui, o consumidor faz um contrato para os itens de que precisa com o provedor e passa o contrato para este, que o inclui em sua construção e mantém o teste de contrato sempre verde. O contrato encapsula as informações de que o consumidor precisa do provedor. Isso pode funcionar para uma rede de solicitações interligadas que o provedor deve honrar, conforme ilustrado na Figura 13-5.

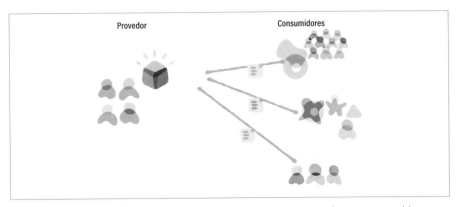

Figura 13-5. Contratos orientados ao consumidor permitem que o provedor e os consumidores permaneçam sincronizados por meio de governança de arquitetura automatizada.

Nesse exemplo, a equipe à esquerda fornece informações sobrepostas (prováveis) para cada uma das equipes de consumidores à direita. Cada consumidor cria um contrato especificando as informações necessárias e repassa para o provedor, que inclui seus testes como parte de uma integração contínua ou pipeline de implantação. Isso permite que cada equipe especifique o contrato de forma rígida ou flexível, conforme necessário, garantindo a fidelidade do contrato como parte do processo de construção. Muitas ferramentas de teste de contrato orientadas ao consumidor fornecem recursos para automatizar as verificações de contratos em tempo de construção, fornecendo outra camada de benefício semelhante a contratos mais rígidos.

Os contratos orientados ao consumidor são bastante comuns na arquitetura de microsserviços porque permitem que os arquitetos resolvam os problemas duplos de acoplamento flexível e integração governada. Os trade-offs de contratos dirigidos ao consumidor são mostrados na Tabela 13-3.

As vantagens dos contratos dirigidos ao consumidor são as seguintes:

Permite acoplamento de contrato flexível entre serviços

O uso de pares nome-valor é o acoplamento mais flexível possível entre dois serviços, permitindo alterações de implementação com a menor chance de interrupção.

Permite variabilidade na rigidez

Se as equipes usarem fitness functions de arquitetura, os arquitetos poderão criar verificações mais rígidas do que normalmente oferecidas por esquemas ou outras ferramentas aditivas de tipo. Por exemplo, a maioria dos esquemas permite que os arquitetos especifiquem coisas como tipo numérico, mas não intervalos de valores aceitáveis. Construir funções de adequação permite que os arquitetos construam o máximo de especificidade que desejarem.

Evoluível

Acoplamento flexível implica em evolubilidade. O uso de pares nome-valor simples permite que os pontos de integração alterem detalhes de implementação sem quebrar a semântica das informações transmitidas entre os serviços.

Estas são as desvantagens dos contratos orientados ao consumidor:

Exigem maturidade de engenharia

As fitness functions de arquitetura são um ótimo exemplo de uma capacidade que realmente funciona bem apenas quando equipes bem disciplinadas têm boas práticas e não pulam etapas. Por exemplo, se todas as equipes executam integração contínua que inclui testes de contrato, as fitness functions fornecem um bom mecanismo de verificação. Por outro lado, se muitas equipes ignorarem testes com falha ou não executarem testes de contrato em tempo hábil, os pontos de integração poderão ser interrompidos na arquitetura por mais tempo do que o desejado.

Dois mecanismos de intertravamento, em vez de um

Os arquitetos geralmente procuram um único mecanismo para resolver problemas, e muitas das ferramentas de esquema têm recursos elaborados para criar conectividade de ponta a ponta. No entanto, às vezes, dois mecanismos simples de intertravamento podem resolver o problema de maneira mais simples. Assim, muitos arquitetos usam a combinação de pares nome-valor e contratos orientados ao consumidor para validar contratos. No entanto, isso significa que as equipes precisam de dois mecanismos, em vez de um. A melhor solução do arquiteto para esse trade-off se resume à maturidade da equipe e dissociação com contratos flexíveis *versus* complexidade e certeza com contratos mais rígidos.

Trade-Offs

Tabela 13-3. Trade-offs para contratos orientados ao consumidor

Vantagens	Desvantagens
Permitem acoplamento de contrato flexível entre serviços.	Requerem maturidade de engenharia.
Permitem variabilidade na rigidez.	Dois mecanismos interligados, em vez de um.
Evoluíveis.	

Acoplamento de Selo

Um padrão comum e, às vezes, antipadrão em arquiteturas distribuídas é o acoplamento de selo, que descreve a passagem de uma grande estrutura de dados entre serviços, mas cada serviço interage com apenas uma pequena parte da estrutura de dados. Considere o exemplo de quatro serviços mostrados na Figura 13-6.

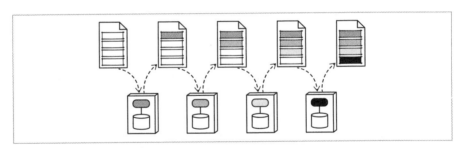

Figura 13-6. Acoplamento de selo entre quatro serviços.

Cada serviço acessa (leitura, gravação ou ambos) apenas uma pequena parte da estrutura de dados transmitida entre cada serviço. Esse padrão é comum quando existe um formato de documento padrão da indústria, geralmente em XML. Por exemplo, a indústria de viagens tem um formato de documento XML padrão global que especifica detalhes sobre itinerários de viagem. Vários sistemas que trabalham com serviços relacionados a viagens repassam todo o documento, atualizando apenas suas seções relevantes.

O acoplamento de selo, no entanto, costuma ser um antipadrão acidental, em que um arquiteto especificou demais os detalhes de um contrato que não são necessários ou acidentalmente consome muita largura de banda para chamadas mundanas.

Sobreacoplamento via Acoplamento de Selo

Voltando aos nossos Serviços de Lista de Desejos e Perfil, considere amarrar os dois juntos com um contrato rígido combinado com acoplamento de selo, conforme ilustrado na Figura 13-7.

Neste exemplo, embora o Serviço de Lista de Desejos precise apenas do nome (acessado por meio de um ID exclusivo), o arquiteto juntou toda a estrutura de dados do perfil como o contrato, talvez em um esforço equivocado para provas futuras. No entanto, o efeito colateral negativo de muito acoplamento em contratos é a fragilidade. Se o Perfil alterar um campo com o qual a Lista de Desejos não se preocupa, como o estado, isso ainda viola o contrato.

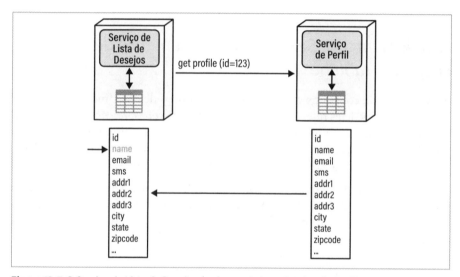

Figura 13-7. O Serviço de Lista de Desejos é selo acoplado ao Serviço de Perfil.

A especificação excessiva de detalhes em contratos geralmente é um antipadrão, mas fácil de cair ao usar o acoplamento de carimbo para preocupações legítimas, incluindo usos como gerenciamento de fluxo de trabalho (consulte a seção "Acoplamento de Selo para Gerenciamento de Fluxo de Trabalho", mais adiante neste capítulo).

Largura de Banda

O outro antipadrão inadvertido em que alguns arquitetos caem é uma das famosas falácias da computação distribuída: a largura de banda é infinita. Arquitetos e desenvolvedores raramente precisam considerar o tamanho cumulativo do número de chamadas de método que fazem em um monólito porque existem barreiras naturais. No entanto, muitas dessas barreiras desaparecem em arquiteturas distribuídas, criando problemas inadvertidamente.

Considere o exemplo anterior para 2 mil solicitações por segundo. Se cada carga for de 500 KB, a largura de banda necessária para essa solicitação única será igual a 1 milhão de KB por segundo! Obviamente, esse é um uso flagrante de largura de banda sem um bom motivo. Como alternativa, se o acoplamento entre a Lista de Desejos e Perfil contiver apenas as informações necessárias, nome, a sobrecarga muda para 200 bytes por segundo, para 400 KB perfeitamente razoáveis.

O acoplamento de selo pode criar problemas quando usado em excesso, incluindo problemas causados pelo acoplamento muito rígido à largura de banda. No entanto, como todas as coisas na arquitetura, também tem usos benéficos.

Acoplamento de Selo para Gerenciamento de Fluxo de Trabalho

No Capítulo 12, cobrimos vários padrões dinâmicos de comunicação quântica, incluindo vários deles que apresentavam o estilo de *coordenação* de *coreografia*. Os arquitetos tendem à mediação para fluxos de trabalho complexos pelos vários motivos que delineamos. No entanto, e se outros fatores, como escalabilidade, levarem um arquiteto a uma solução coreografada e complexa?

Os arquitetos podem usar o acoplamento de selo para gerenciar o estado do fluxo de trabalho entre os serviços, transmitindo o conhecimento do domínio e o estado do fluxo de trabalho como parte do contrato, conforme ilustrado na Figura 13-8.

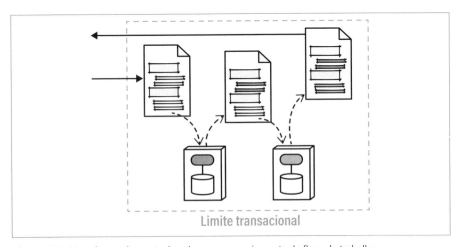

Figura 13-8. Usando acoplamento de selo para gerenciamento de fluxo de trabalho.

Nesse exemplo, um arquiteto projeta o contrato para incluir informações de fluxo de trabalho: status do fluxo de trabalho, estado transacional, e assim por diante. À medida que cada serviço de domínio aceita o contrato, ele atualiza sua parte do contrato, e o estado do fluxo de trabalho e o repassa. No final do fluxo de trabalho, o destinatário pode consultar o contrato para determinar o sucesso ou a falha, junto com o status e informações como mensagens de erro. Se o sistema precisar implementar a consistência transacional, os serviços de domínio devem retransmitir o contrato para os serviços visitados anteriormente para restaurar a consistência atômica.

Usar o acoplamento de selo para gerenciar o fluxo de trabalho cria um acoplamento maior entre os serviços do que o nominal, mas o acoplamento semântico deve ir para algum lugar — lembre-se, um arquiteto não pode reduzir o acoplamento semântico por meio da implementação. No entanto, em muitos casos, mudar para a coreografia pode melhorar o rendimento e a escalabilidade, tornando atraente a escolha do acoplamento de selo, em vez da mediação. A Tabela 13-4 mostra os trade-offs do acoplamento de selo.

Trade-Offs

Tabela 13-4. Trade-offs para acoplamento de selo

Vantagens	Desvantagens
Permite fluxos de trabalho complexos em soluções coreografadas.	Cria (às vezes artificialmente) alto acoplamento entre colaboradores.
	Pode criar problemas de largura de banda em alta escala.

Saga Sysops Squad: Gerenciando Contratos de Abertura de Tickets

Terça-feira, 10 de maio, 10h10

Sydney e Addison se encontraram novamente no refeitório para tomar um café e discutir os contratos no fluxo de trabalho de gerenciamento de tickets.

Addison disse: "Vamos examinar o fluxo de trabalho em discussão, o fluxo de trabalho de gerenciamento de tickets. Eu esbocei os tipos de contratos que devemos usar e queria executá-lo para você para ter certeza de que não estava faltando nada. Está ilustrado na Figura 13-9."

"Os contratos entre o orquestrador e os dois serviços de ticket, Gerenciamento de Ticket e Atribuição de Ticket, são rígidos; essas informações são altamente acopladas semanticamente e provavelmente mudam juntas", disse Addison. "Por exemplo, se adicionarmos novos tipos de coisas para gerenciar, a atribuição deve ser sincronizada. O Serviço de Notificação e Pesquisa pode ser muito mais flexível — as informações mudam mais lentamente e não se beneficiam do acoplamento frágil."

Sydney disse: "Todas essas decisões fazem sentido — mas e o contrato entre o orquestrador e o aplicativo do especialista Sysops Squad? Parece que precisaria de um contrato tão rígido quanto o de atribuição."

"Bem observado — nominalmente, gostaríamos que o contrato com o aplicativo móvel correspondesse à atribuição do ticket. No entanto, implantamos o aplicativo móvel por meio de uma loja de aplicativos pública, e seu processo de aprovação às vezes leva muito tempo. Se mantivermos os contratos mais flexíveis, ganhamos flexibilidade e uma taxa de mudança mais lenta."

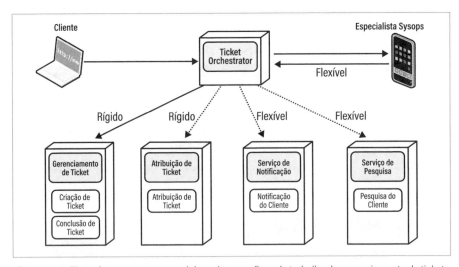

Figura 13-9. Tipos de contratos entre colaboradores no fluxo de trabalho de gerenciamento de tickets.

Ambos escreveram um ADR para isso:

ADR: Contrato Flexível para Aplicativo Móvel do Especialista Sysops Squad

Contexto

O aplicativo móvel usado pelos especialistas Sysops Squad deve ser implantado por meio da loja de aplicativos pública, impondo atrasos na capacidade de atualizar contratos.

Decisão

Usaremos um contrato de par nome-valor para passar informações de e para o orquestrador e o aplicativo móvel.

Construiremos um mecanismo de extensão para permitir extensões temporárias para flexibilidade de curto prazo.

Consequências

A decisão deve ser revista se a política da loja de aplicativos permitir uma implantação mais rápida (ou contínua).

Mais lógica para validar contratos deve residir no orquestrador e no aplicativo móvel.

14.
Gerenciando Dados Analíticos

T erça-feira, 31 de maio, 13h23

Logan e Dana (o arquiteto de dados) estavam do lado de fora da grande sala de conferências, conversando após a reunião semanal de status.

"Como vamos lidar com dados analíticos nessa nova arquitetura?", perguntou Dana. "Estamos dividindo os bancos de dados em pequenas partes, mas teremos que juntar todos esses dados para a geração de relatórios e análises. Uma das melhorias que estamos tentando implementar é um melhor planejamento preditivo, o que significa que estamos usando mais ciência de dados e estatísticas para tomar decisões mais estratégicas. Agora temos uma equipe que pensa em dados analíticos e precisamos de uma parte do sistema para lidar com essa necessidade. Vamos ter um data warehouse?"

Logan disse: "Procuramos criar um data warehouse, e, embora tenha resolvido o problema de consolidação, ele trouxe vários problemas para nós."

Grande parte deste livro se preocupa em como analisar os trade-offs dentro dos estilos de arquitetura existentes, como microsserviços. No entanto, as técnicas que destacamos também podem ser usadas para entender novos recursos à medida que aparecem no ecossistema de desenvolvimento de software; *malha de dados* é um excelente exemplo.

Os dados analíticos e operacionais têm finalidades muito diferentes nas arquiteturas modernas (consulte a seção "A importância dos dados na arquitetura", na Introdução); grande parte deste livro tratou dos difíceis trade-offs associados aos dados operacionais. Quando os sistemas cliente/servidor se tornaram populares e poderosos o suficiente para grandes empresas, arquitetos e administradores de banco de dados procuraram uma solução que permitisse consultas especializadas.

Abordagens Anteriores

A divisão entre dados operacionais e analíticos dificilmente é um problema novo — os diferentes usos fundamentais dos dados existem desde que os dados existam. À medida que os estilos de arquitetura surgiram e evoluíram, as abordagens sobre como lidar com os dados mudaram e evoluíram de maneira semelhante.

O Data Warehouse

Nas eras anteriores do desenvolvimento de software (por exemplo, computadores mainframe ou computadores pessoais antigos), os aplicativos eram monolíticos, incluindo código e dados no mesmo sistema físico. Não surpreendentemente, dado o contexto que abordamos até este ponto, a coordenação de transações em diferentes sistemas físicos tornou-se um desafio. À medida que os requisitos de dados se tornaram mais ambiciosos, juntamente com o advento das redes locais nos escritórios, isso levou ao surgimento de aplicativos *cliente/servidor*, em que um poderoso servidor de banco de dados é executado na rede e aplicativos de desktop executados em computadores locais, acessando dados pela rede. A separação de aplicativos e processamento de dados permitiu melhor gerenciamento transacional, coordenação e vários outros benefícios, incluindo a capacidade de começar a utilizar dados históricos para novos propósitos, como análises.

Os arquitetos fizeram uma tentativa inicial de fornecer dados analíticos pesquisáveis com o padrão *Data Warehouse*. O problema básico que eles tentaram abordar vai ao cerne da separação de dados operacionais e analíticos: os formatos e esquemas de um não necessariamente se encaixam (ou mesmo permitem o uso) do outro. Por exemplo, muitos problemas analíticos requerem agregações e cálculos, que são operações caras em bancos de dados relacionais, especialmente aqueles que já operam sob carga transacional pesada.

Os padrões de Data Warehouse que evoluíram tiveram pequenas variações, principalmente com base nas ofertas e capacidades do fornecedor. No entanto, o padrão tinha muitas características comuns. A suposição básica era a de que os dados operacionais eram armazenados em bancos de dados relacionais acessíveis diretamente pela rede. Aqui estão as principais características do padrão Data Warehouse:

Dados extraídos de muitas fontes

Como os dados operacionais residiam em bancos de dados individuais, parte desse padrão especificava um mecanismo para extrair os dados para outro armazenamento de dados (massivo), a parte "warehouse" do padrão. Não era prático consultar todos os vários bancos de dados da organização para criar relatórios, então os dados eram extraídos para o warehouse apenas para fins analíticos.

Transformado em esquema único

Frequentemente, os esquemas operacionais não correspondem aos necessários para gerar relatórios. Por exemplo, um sistema operacional precisa estruturar esquemas e comportamento em torno de transações, enquanto um sistema analítico raramente é de dados OLTP (consulte o Capítulo 1), mas geralmente lida com grandes quantidades de dados, para geração de relatórios, agregações, e assim por diante. Assim, a maioria dos data warehouses utilizou um *Esquema Estrela* para implementar a modelagem dimensional, transformando dados de sistemas operacionais em diferentes formatos no esquema do warehouse. Para facilitar a velocidade e a simplicidade, os projetistas de warehouse desnormalizam os dados para facilitar o desempenho e consultas mais simples.

Carregado no warehouse

Como os dados operacionais residem em sistemas individuais, o warehouse deve criar mecanismos para extrair regularmente os dados, transformá-los e colocá-los no warehouse. Os designers usaram mecanismos de banco de dados relacionais integrados, como replicação ou ferramentas especializadas, para criar conversores do esquema original para o esquema do warehouse. Obviamente, quaisquer alterações nos esquemas dos sistemas operacionais devem ser replicadas no esquema transformado, dificultando a coordenação das alterações.

Análise feita no warehouse

Como os dados "residem" no warehouse, todas as análises são feitas lá. Isso é desejável de um ponto de vista operacional: o maquinário do data warehouse normalmente apresentava armazenamento e computação de capacidade massiva, descarregando os requisitos pesados em seu próprio ecossistema.

Usado por analistas de dados

O data warehouse utilizava analistas de dados, cujo trabalho incluía a criação de relatórios e outros ativos de inteligência de negócios. No entanto, a construção de relatórios úteis requer compreensão do domínio, o que significa que o conhecimento do domínio deve residir tanto no sistema de dados operacionais quanto nos sistemas analíticos, onde os designers de consulta devem usar os mesmos dados em um esquema transformado para criar relatórios e inteligência de negócios significativos.

Relatórios e dashboards de BI

Os dados de saída do data warehouse incluíam relatórios de inteligência de negócios, dashboards que fornecem dados analíticos, relatórios e quaisquer outras informações para permitir que a empresa tome melhores decisões.

Interface em estilo SQL

Para facilitar o uso dos DBAs, a maioria das ferramentas de consulta de data warehouse fornece recursos familiares, como uma linguagem semelhante a SQL para formar consultas. Uma das razões para a etapa de transformação de dados mencionada anteriormente era fornecer aos usuários uma maneira mais simples de consultar agregações complexas e outras informações.

O Esquema Estrela

O *padrão de Esquema Estrela* era popular entre data marts e warehouses. Ele separa a semântica dos dados em *fatos*, que contêm os dados quantificáveis da organização e *dimensões*; portanto, também são conhecidos como *modelos dimensionais*, que incluem atributos descritivos dos dados de fatos.

Exemplos de dados factuais para o Sysops Squad podem incluir valor por hora, tempo para reparo, distância até o cliente e outras coisas mensuráveis de forma concreta. As dimensões podem incluir especialidades de membros do esquadrão, nomes de pessoas do esquadrão, localizações de lojas e outros metadados.

Mais significativamente, o Esquema Estrela é intencionalmente desnormalizado para facilitar consultas mais simples, lógica de negócios simplificada (em outras palavras, menos junções complexas), consultas e agregações mais rápidas, análises complexas como cubos de dados e a capacidade de formar consultas multidimensionais. A maioria dos Esquemas Estrela se torna incrivelmente complexa.

O padrão Data Warehouse fornece um bom exemplo de *particionamento técnico* na arquitetura de software: os projetistas de warehouse transformam os dados em um esquema que facilita consultas e análises, mas perde qualquer particionamento de domínio, que deve ser recriado nas consultas quando necessário.

Assim, especialistas altamente treinados eram necessários para entender como construir consultas nessa arquitetura.

No entanto, as principais falhas do padrão Data Warehouse incluíam fragilidade de integração, particionamento extremo de conhecimento de domínio, complexidade e funcionalidade limitada para o propósito pretendido:

Fragilidade de integração

O requisito incorporado a esse padrão para transformar os dados durante a fase de injeção cria uma fragilidade incapacitante nos sistemas. Um esquema de banco de dados para um determinado domínio de problema é altamente acoplado à semântica desse problema; alterações no domínio requerem alterações de esquema, que, por sua vez, requerem alterações lógicas de importação de dados.

Partição extrema de conhecimento de domínio

Construir fluxos de trabalho de negócios complexos requer conhecimento de domínio. A construção de relatórios complexos e inteligência de negócios também requer conhecimento de domínio, juntamente com técnicas de análise especializadas. Assim, os diagramas de Venn da especialização de domínio se sobrepõem, mas apenas parcialmente. Arquitetos, desenvolvedores, DBAs e cientistas de dados devem coordenar as alterações e a evolução dos dados, forçando um acoplamento estreito entre partes muito diferentes do ecossistema.

Complexidade

Construir um esquema alternativo para permitir análises avançadas adiciona complexidade ao sistema, juntamente com os mecanismos contínuos necessários para injetar e transformar dados. Um data warehouse é um projeto externo aos sistemas operacionais normais de uma organização, portanto, deve ser mantido como um ecossistema totalmente separado, mas altamente acoplado aos domínios incorporados nos sistemas operacionais. Todos esses fatores contribuem para a complexidade.

Funcionalidade limitada para a finalidade pretendida

Em última análise, a maioria dos data warehouses falhou porque não forneceu valor comercial compatível com o esforço necessário para criar e manter o warehouse. Como esse padrão era comum muito antes dos ambientes em nuvem, o investimento físico em infraestrutura era enorme, junto com o desenvolvimento e a manutenção contínuos. Frequentemente, os consumidores de dados solicitavam um determinado tipo de relatório que o warehouse não podia fornecer. Assim, um investimento tão contínuo para uma funcionalidade limitada condenou a maioria desses projetos.

A sincronização gera gargalos

A necessidade em um data warehouse de sincronizar dados em uma ampla variedade de sistemas operacionais cria gargalos operacionais e organizacionais — um local para onde vários fluxos de dados independentes devem convergir. Um efeito colateral comum do data warehouse é o processo de sincronização que afeta os sistemas operacionais, apesar do desejo de desacoplamento.

Diferenças contratuais operacionais versus *analíticas*

Os sistemas de registro têm necessidades contratuais específicas (discutidas no Capítulo 13). Os sistemas analíticos também têm necessidades contratuais que muitas vezes diferem das operacionais. Em um data warehouse, os pipelines geralmente lidam com a transformação e também com a ingestão, introduzindo fragilidade contratual no processo de transformação.

A Tabela 14-1 mostra os trade-offs para o padrão de data warehouse.

Trade-Offs

Tabela 14-1. Trade-offs para o padrão de data warehouse

Vantagens	Desvantagens
Consolidação centralizada de dados.	Partição extrema de conhecimento de domínio.
O silo analítico dedicado fornece isolamento.	Fragilidade de integração.
	Complexidade.
	Funcionalidade limitada para a finalidade pretendida.

Terça-feira, 31 de maio, 13h33

"Pensamos em criar um data warehouse, mas percebemos que ele se encaixava melhor em tipos de arquitetura monolíticos mais antigos do que em arquiteturas distribuídas modernas", disse Logan. "Além disso, temos muito mais casos de aprendizado de máquina agora aos quais precisamos oferecer suporte."

"E a ideia do data lake de que tenho ouvido falar?", perguntou Dana. "Li uma postagem no blog do site de Martin Fowler.

Parece que ele resolve vários problemas com o data warehouse e é mais adequado para casos de uso de ML."

"Ah, sim, eu li esse post quando saiu", disse Logan. "Seu site é um tesouro de boas informações, e esse post saiu logo depois que o tópico de microsserviços se tornou popular. Na verdade, li pela primeira vez sobre microsserviços naquele mesmo site em 2014, e uma das grandes questões na época era: *como gerenciamos relatórios em arquiteturas como essa?* O data lake foi uma das primeiras respostas, principalmente como um contador para o data warehouse, que definitivamente não funcionará em algo como microsserviços."

"Por que não?", Dana perguntou.

✶ ✶ ✶

O Data Lake

Como em muitas respostas reacionárias à complexidade, despesas e falhas do data warehouse, o pêndulo do design balançou para o polo oposto, exemplificado pelo padrão *Data Lake*, intencionalmente o inverso do padrão Data Warehouse. Enquanto mantém o modelo centralizado e os pipelines, ele inverte o modelo "transformar e carregar" do data warehouse para um modelo "carregar e transformar". Em vez de fazer o imenso trabalho de transformação, a filosofia do padrão Data Lake sustenta que, em vez de fazer transformações inúteis que nunca podem ser usadas, não faça transformações, permitindo que os usuários de negócios acessem dados analíticos em seu formato natural, o que normalmente requer transformação e certa manipulação para atingir seu propósito. Assim, a carga de trabalho tornou-se *reativa*, em vez de *proativa* — em vez de fazer o trabalho que pode não ser necessário, faça o trabalho de transformação apenas sob demanda.

A observação básica que muitos arquitetos fizeram foi a de que os esquemas pré-construídos em data warehouses frequentemente não eram adequados ao tipo de relatório ou consulta exigido pelos usuários, exigindo trabalho extra para entender o esquema do warehouse o suficiente para criar uma solução. Além disso, muitos modelos de aprendizado de máquina funcionam melhor com dados "mais próximos" do formato semibruto do que com uma versão transformada. Para especialistas de domínio que já entendiam o domínio, isso representou uma provação excruciante, onde os dados foram despojados da separação do domínio e do contexto para serem transformados no data warehouse, apenas para exigir conhecimento do domínio para elaborar consultas que não eram encaixes naturais do novo esquema!

As características do padrão Data Lake são as seguintes:

Dados extraídos de muitas fontes

Os dados operacionais ainda são extraídos nesse padrão, mas ocorre menos transformação em outro esquema — em vez disso, os dados geralmente são armazenados em sua forma "bruta" ou nativa. Algumas transformações ainda podem ocorrer nesse padrão. Por exemplo, um sistema upstream pode despejar arquivos formatados em um lago organizado com base em instantâneos baseados em coluna.

Carregado no lago

O lago, geralmente implantado em ambientes de nuvem, consiste em despejos regulares de dados dos sistemas operacionais.

Usado por cientistas de dados

Cientistas de dados e outros consumidores de dados analíticos descobrem os dados no lago e realizam quaisquer agregações, composições e outras transformações necessárias para responder a perguntas específicas.

O padrão Data Lake, embora seja uma melhoria em muitos aspectos do padrão Data Warehouse, ainda sofria de muitas limitações.

Esse padrão ainda carrega uma visão *centralizada* dos dados, em que os dados são extraídos dos bancos de dados dos sistemas operacionais e replicados em um lago de forma mais ou menos livre. O ônus recaía sobre o consumidor para descobrir como conectar conjuntos de dados díspares, o que geralmente acontecia no data warehouse, apesar do nível de planejamento. A lógica era que, se vamos ter de fazer pré-trabalhos para algumas análises, vamos fazer isso para todos e pular o enorme investimento inicial.

Embora o padrão Data Lake tenha evitado os problemas induzidos pela transformação do padrão Data Warehouse, ele também não abordou ou criou novos problemas.

Dificuldade em descobrir ativos adequados

Grande parte da compreensão das relações de dados dentro de um domínio evapora à medida que os dados fluem para o lago não estruturado. Assim, os especialistas de domínio ainda devem se envolver na elaboração de análises.

PII[1] e outros dados sigilosos

A preocupação com as PII aumentou em conjunto com as capacidades do cientista de dados de obter informações díspares e aprender conhecimentos que invadem a privacidade. Muitos países agora restringem não apenas informações privadas, mas também informações que podem ser combinadas para aprender e identificar, para direcionamento de anúncios ou outros propósitos menos éticos. Despejar dados não estruturados em um lago muitas vezes leva ao risco de se expor informações que podem ser unidas para violar a privacidade. Infelizmente, assim como no processo de descoberta, os especialistas do domínio têm o conhecimento necessário para evitar exposições acidentais, obrigando-os a reanalisar os dados no lago.

Ainda tecnicamente, não domínio, particionado

A tendência atual na arquitetura de software muda o foco do particionamento de um sistema baseado em capacidades técnicas para sistemas baseados em domínios, enquanto os padrões Data Warehouse e Data Lake se concentram no particionamento técnico. Geralmente, os arquitetos projetam cada uma dessas soluções com partições distintas de ingestão, transformação, carregamento e atendimento, cada uma focada em uma capacidade técnica. Padrões de arquitetura modernos favorecem o particionamento de domínio, encapsulando detalhes técnicos de implementação. Por exemplo, a arquitetura de microsserviços tenta separar os serviços por domínio, em vez de capacidades técnicas, encapsulando o conhecimento do domínio, incluindo dados, dentro do limite do serviço. No entanto, os padrões Data Warehouse e Data Lake tentam separar os dados como uma entidade separada, perdendo ou obscurecendo importantes perspectivas de domínio (como dados PII) no processo

O último ponto é crítico — cada vez mais, os arquitetos projetam em torno do *domínio*, em vez do particionamento *técnico* na arquitetura, e ambas as abordagens anteriores exemplificam a separação de dados de seu contexto. O que os arquitetos e cientistas de dados precisam é de uma técnica que preserve o tipo apropriado de particionamento em nível macro, mas que suporte uma separação clara dos dados analíticos dos operacionais. A Tabela 14-2 lista os trade-offs do padrão Data Lake.

---

1. PII são informações pessoalmente identificáveis (dados pessoais que podem ser usados para descobrir a identidade de um determinado indivíduo, como CPF, nome completo e número de telefone). (N. do. T.)

Trade-Offs

Tabela 14-2. Trade-offs para o padrão Data Lake

Vantagens	Desvantagens
Menos estruturado que o data warehouse.	Às vezes é difícil entender os relacionamentos.
Menos transformação inicial.	Requer transformações *ad hoc*.
Mais adequado para arquiteturas distribuídas.	

As desvantagens em torno da fragilidade e do acoplamento patológico de pipelines permanecem. Apesar de fazerem menos transformação no padrão Data Lake, ela ainda é comum, assim como a limpeza de dados.

O padrão Data Lake envia testes de integridade de dados, qualidade de dados e outros problemas de qualidade para pipelines de lagos downstream, o que pode criar alguns dos mesmos gargalos operacionais que se manifestam no padrão Data Warehouse.

Devido ao particionamento técnico e à natureza do lote, as soluções podem sofrer com a desatualização dos dados. Sem uma coordenação cuidadosa, os arquitetos ignoram as alterações nos sistemas upstream, resultando em dados obsoletos, ou permitem que os pipelines acoplados sejam interrompidos.

Terça-feira, 31 de maio, 14h43

"Ok, então também não podemos usar o data lake!", Dana exclamou. "E agora?"

"Felizmente, algumas pesquisas recentes encontraram uma maneira de resolver o problema de dados analíticos com arquiteturas distribuídas como microsserviços", respondeu Logan. "Ele adere aos limites de domínio que estamos tentando alcançar, mas também nos permite projetar dados analíticos de uma forma que os cientistas de dados possam usar. E elimina os problemas de PII que preocupam nossos advogados."

"Excelente!", Dana respondeu. "Como funciona?"

A Malha de Dados

Observando outras tendências em arquiteturas distribuídas, Zhamak Dehghani e vários outros inovadores derivaram a ideia central do padrão Malha de Dados do desacoplamento orientado a domínio de microsserviços, malha de serviços e sidecars (consulte "Sidecars e Malhas de Serviço" no Capítulo 8) e aplicaram a dados analíticos, com modificações. Como mencionamos no Capítulo 8, o *Padrão Sidecar* fornece uma maneira não emaranhada de organizar o acoplamento ortogonal (consulte "Acoplamento Ortogonal", também no Capítulo 8); a separação entre dados operacionais e analíticos é outro excelente exemplo desse acoplamento, mas com mais complexidade do que um simples acoplamento operacional.

Definição de Malha de Dados

A malha de dados é uma abordagem sociotécnica para compartilhar, acessar e gerenciar dados analíticos de maneira descentralizada. Ela atende a uma ampla variedade de casos de uso analítico, como geração de relatórios, treinamento de modelos de ML e geração de insights. Ao contrário da arquitetura anterior, ela faz isso alinhando a arquitetura e a propriedade dos dados com os domínios de negócios e permitindo o consumo de dados ponto a ponto.

A malha de dados está baseada em quatro princípios:

Propriedade de domínio dos dados
> Os dados pertencem e são compartilhados pelos domínios que estão mais familiarizados com os dados: os domínios que estão originando os dados ou são os consumidores de primeira classe dos dados. Essa arquitetura permite o compartilhamento distribuído e o acesso aos dados de vários domínios e de maneira ponto a ponto, sem nenhum lago ou armazém intermediário e centralizado e sem uma equipe de dados dedicada.

Dados como um produto
> Para evitar o isolamento de dados e incentivar os domínios a compartilhar seus dados, a malha de dados apresenta o conceito de dados servidos como um produto. Ele implementa as funções organizacionais e as métricas de sucesso necessárias para garantir que os domínios forneçam seus dados de uma forma que agrade a experiência dos consumidores de dados em toda a organização. Esse princípio leva à introdução de um novo quantum de arquitetura chamado *quantum de produto de dados*, para manter e fornecer dados detectáveis, compreensíveis, oportunos, seguros e de

alta qualidade para os consumidores. Este capítulo apresenta o aspecto arquitetônico do quantum do produto de dados.

Plataforma de dados de autoatendimento

Para capacitar as equipes de domínio a criar e manter seus produtos de dados, a malha de dados apresenta um novo conjunto de recursos de plataforma de autoatendimento. Os recursos se concentram em melhorar a experiência dos desenvolvedores e consumidores de produtos de dados. Ela inclui recursos como criação declarativa de produtos de dados, descoberta de produtos de dados em toda a malha por meio de pesquisa e navegação e gerenciamento do surgimento de outros gráficos inteligentes, como linhagem de dados e gráficos de conhecimento.

Governança federada computacional

Esse princípio garante que, apesar da propriedade descentralizada dos dados, os requisitos de governança em toda a organização — como conformidade, segurança, privacidade e qualidade dos dados, bem como a interoperabilidade dos produtos de dados — sejam atendidos de forma consistente em todos os domínios. A malha de dados apresenta um modelo de tomada de decisão federado composto por proprietários de produtos de dados de domínio. As políticas que eles formulam são automatizadas e incorporadas como código em todo e qualquer produto de dados. A implicação arquitetônica dessa abordagem para governança é um sidecar integrado fornecido pela plataforma em cada quantum de produto de dados para armazenar e executar as políticas no ponto de acesso: leitura ou gravação de dados.

A malha de dados é um tópico abrangente, totalmente abordado no livro *Data Mesh* [*Malha de Dados*, em tradução livre], de Zhamak Dehghani. Neste capítulo, nos concentramos no elemento arquitetural central, o *quantum do produto de dados*.

Quantum do Produto de Dados

O princípio central da malha de dados se sobrepõe a arquiteturas distribuídas modernas, como microsserviços. Assim como na *malha de serviço*, as equipes constroem um *quantum de produto de dados* [em inglês, *data product quantum* — DPQ] adjacente, mas acoplado a seu serviço, conforme ilustrado na Figura 14-1.

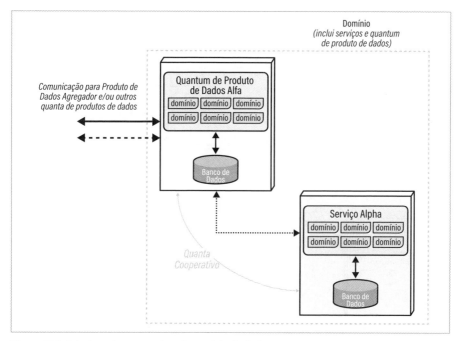

Figura 14-1. Estrutura de um quantum de produto de dados.

Nesse exemplo, o serviço *Alpha* contém dados comportamentais e transacionais (operacionais). O domínio inclui um *quantum de produto de dados*, que também contém código e dados e que atua como uma interface para a parte analítica e de relatório geral do sistema. O DPQ atua como um conjunto de comportamentos e dados operacionalmente independente, mas altamente acoplado.

Vários tipos de DPQs existem comumente em arquiteturas modernas:

DPQ alinhado à fonte (nativo)
   Fornece dados analíticos em nome do quantum de arquitetura colaborador, geralmente um microsserviço, atuando como um quantum cooperativo.

DQP agregado
   Agrega dados de várias entradas, de forma síncrona ou assíncrona. Por exemplo, para algumas agregações, uma solicitação assíncrona pode ser suficiente; para outras, o agregador DPQ pode precisar executar consultas síncronas para um DPQ alinhado à origem.

DPQ adequado à finalidade
   Um DPQ personalizado para atender a um requisito específico, que pode abranger relatórios analíticos, inteligência de negócios, aprendizado de máquina ou outro recurso de suporte.

Cada domínio que também contribui para análise e inteligência de negócios inclui um DPQ, conforme ilustrado na Figura 14-2.

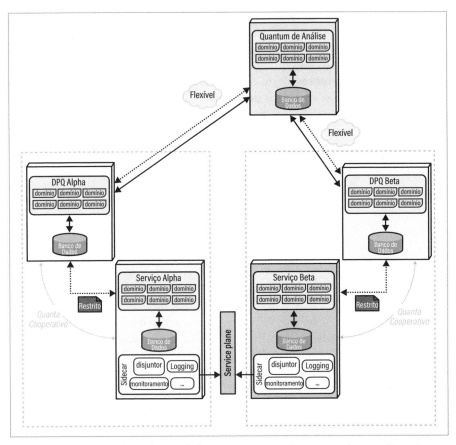

Figura 14-2. O quantum do produto de dados atua como um adjunto separado, mas altamente acoplado a um serviço.

Aqui, o DPQ representa um componente pertencente à equipe de domínio responsável pela implementação do serviço. Ele se sobrepõe às informações armazenadas no banco de dados e pode ter interações com alguns dos comportamentos do domínio de forma assíncrona. O quantum do produto de dados provavelmente também tem comportamento, bem como dados para fins de análise e inteligência de negócios.

Cada quantum de produto de dados atua como um quantum cooperativo para o próprio serviço:

Quantum cooperativo
> Um quantum operacionalmente separado que se comunica com seu cooperador por meio de comunicação assíncrona e consistência eventual, mas apresenta acoplamento de contrato rígido com seu cooperador e geralmente acoplamento de contrato mais flexível com o quantum analítico, o serviço responsável por relatórios, análises, inteligência de negócios, e assim por diante. Embora os dois quanta cooperantes sejam operacionalmente independentes, eles representam dois lados dos dados: dados operacionais no quantum e dados analíticos no quantum do produto de dados.
>
> Alguma parte do sistema carregará a responsabilidade por análises e inteligência de negócios, que formarão seu próprio domínio e quantum. Para operar, esse quantum analítico tem acoplamento quântico estático com os quanta de produtos de dados individuais de que precisa para obter informações. Esse serviço pode fazer chamadas síncronas ou assíncronas ao DPQ, dependendo do tipo de solicitação. Por exemplo, alguns DPQs contarão com uma interface SQL para o DPQ analítico, permitindo consultas síncronas. Outros requisitos podem agregar informações em vários DPQs.

Malha de Dados, Acoplamento e Quantum de Arquitetura

Como o relatório analítico é provavelmente um recurso necessário de uma solução, o DPQ e sua implementação de comunicação pertencem ao acoplamento estático de um quantum de arquitetura. Por exemplo, em uma arquitetura de microsserviços, o plano de serviço deve estar disponível, assim como um agente de mensagens deve estar disponível se o design exigir mensagens. No entanto, como o padrão Sidecar em uma malha de serviço, o DPQ deve ser ortogonal às mudanças de implementação no serviço e manter um contrato separado com o data plane.

Do ponto de vista do acoplamento quântico dinâmico, o sidecar de dados deve sempre implementar um dos padrões de comunicação que apresenta consistência eventual e assincronicidade: o "Padrão Parallel Saga[(aeo)]" ou o "Padrão Anthology Saga[(aec)]" no Capítulo 12. Em outras palavras, um sidecar de dados nunca deve incluir um requisito transacional para manter os dados operacionais e analíticos sincronizados, o que anularia o propósito de usar um DPQ para desacoplamento ortogonal. Da mesma forma, a comunicação com o plano de dados geralmente deve ser assíncrona, de modo a ter um impacto mínimo nas características da arquitetura operacional do serviço de domínio.

Quando Usar a Malha de Dados

Como tudo na arquitetura, esse padrão tem trade-offs associados a ele, conforme mostrado na Tabela 14-3.

> **Trade-Offs**
>
> *Tabela 14-3. Trade-offs para o padrão Malha de Dados*
>
> | Vantagens | Desvantagens |
> |---|---|
> | Altamente adequado para arquiteturas de microsserviços. | Requer coordenação de contrato com quantum de produto de dados. |
> | Segue princípios de arquitetura e práticas de engenharia modernos. | Requer comunicação assíncrona e consistência eventual. |
> | Permite excelente desacoplamento entre dados analíticos e operacionais. | |
> | Contratos cuidadosamente formados permitem a evolução flexível acoplada de capacidades analíticas. | |

É mais adequado em arquiteturas distribuídas modernas, como microsserviços com transacionalidade bem contida e bom isolamento entre serviços. Ele permite que as equipes de domínio determinem a quantidade, cadência, qualidade e transparência dos dados consumidos por outros quanta.

É mais difícil em arquiteturas em que os dados analíticos e operacionais devem permanecer sincronizados o tempo todo, o que representa um grande desafio em arquiteturas distribuídas. Encontrar formas de suportar uma eventual consistência, talvez com contratos muito rígidos, permite muitos padrões que não impõem outras dificuldades.

A malha de dados é um excelente exemplo da constante evolução incremental que ocorre no ecossistema de desenvolvimento de software; novos recursos criam novas perspectivas, que, por sua vez, ajudam a lidar com algumas dores de cabeça persistentes do passado, como a separação artificial entre domínio e dados, tanto operacionais quanto analíticos.

Saga Sysops Squad: Malha de Dados

Sexta-feira, 10 de junho, 9h55

Logan, Dana e Addison se reuniram na grande sala de conferências, que muitas vezes continha restos de lanches (ou, no início do dia, café da manhã) de reuniões anteriores.

"Acabei de voltar de uma reunião com nossos cientistas de dados, e eles estão tentando descobrir uma maneira de resolver um problema de longo prazo para nós — precisamos nos tornar orientados por dados no planejamento de suprimentos especializados, para a demanda de conjuntos de habilidades para diferentes regiões geográficas locais em diferentes pontos no tempo. Essa capacidade ajudará no recrutamento, treinamento e outras funções relacionadas ao fornecimento", disse Logan.

"Não estive envolvido em grande parte da implementação da malha de dados — em que ponto estamos?", perguntou Addison.

"Cada novo serviço que implementamos inclui um DPQ. A equipe de domínio é responsável por executar e manter o quantum cooperativo DQP para seu serviço. Nós apenas começamos. Estamos construindo gradualmente as capacidades à medida que identificamos as necessidades. Tenho uma imagem do Domínio de Gerenciamento de Tickets na Figura 14-3."

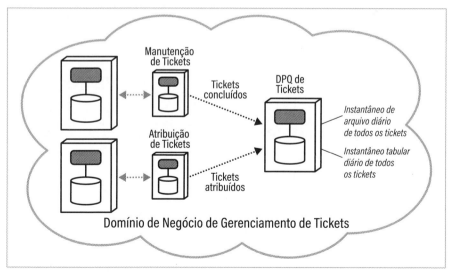

Figura 14-3. Domínio de Gerenciamento de Tickets, incluindo dois serviços com DPQs próprios, com um DPQ de Tickets.

Logan disse: "DPQ de Tickets é seu próprio quantum de arquitetura e atua como um ponto de agregação para algumas visualizações de ticket diferentes com as quais outros sistemas se preocupam."

"Quanto cada equipe tem para construir em comparação com o que já foi fornecido?", Addison perguntou.

"Eu posso responder isso", disse Dana. "A equipe da plataforma de malha de dados está fornecendo aos usuários de dados e desenvolvedores de produtos de dados um conjunto de recursos de autoatendimento. Isso permite que qualquer equipe que queira criar um novo caso de uso analítico pesquise e encontre os produtos de dados de sua escolha nos quanta de arquitetura existentes, conecte-se diretamente a eles e comece a usá-los. A plataforma também suporta domínios que desejem criar novos produtos de dados. A plataforma monitora continuamente a malha em busca de qualquer tempo de inatividade do produto de dados ou incompatibilidade com as políticas de governança e informa as equipes de domínio para que tome ações."

Logan disse: "Os proprietários de produtos de dados de domínio em colaboração com SMEs de segurança, jurídicos, de risco e conformidade, bem como os proprietários de produtos de plataforma, formaram um grupo de governança federado global, que decide sobre os aspectos dos DPQs que devem ser padronizados, como seus contratos de compartilhamento de dados, modos de transporte assíncrono de dados, controle de acesso, e assim por diante. A equipe da plataforma, ao longo do tempo, enriquece o sidecar do DPQ com novos recursos de execução de políticas e atualiza os sidecars uniformemente em toda a malha."

"Uau, estamos mais adiantados do que eu pensava", disse Dana. "De que dados precisamos para fornecer as informações para o problema de fornecimento de especialistas?"

Logan respondeu: "Em colaboração com os cientistas de dados, determinamos quais informações precisamos agregar. Parece que temos as informações corretas: o DPQ de Tickets serve a visão de longo prazo de todos os tickets gerados e resolvidos, o DPQ de Manutenção de Usuário fornece instantâneos diários para todos os perfis de especialistas e o DPQ de Pesquisa fornece um registro de todos os resultados da pesquisa dos clientes."

"Incrível", disse Addison. "Talvez devêssemos criar um novo DPQ chamado algo como DPQ de Fornecimento de Especialistas, que recebe entradas assíncronas desses três DPQs? Seu primeiro produto pode ser chamado de recomendações de fornecimento, que usa um modelo de ML treinado com dados agregados de DPQs em pesquisas, tickets e domínios de manutenção. O DPQ de Fornecimento de Especialistas fornecerá dados de recomendações diárias, à medida que novos dados forem disponibilizados sobre tickets, pesquisas e perfis de especialistas. O projeto geral se parece com a Figura 14-4."

14. GERENCIANDO DADOS ANALÍTICOS

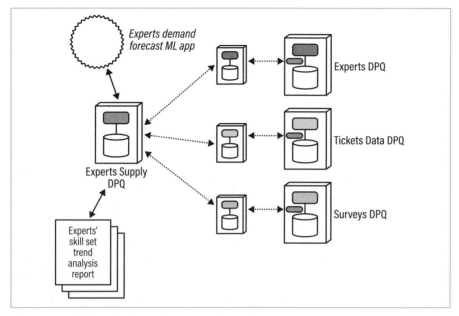

Figura 14-4. Implementando o DPQ de Fornecimento de Especialistas.

"Ok, isso parece perfeitamente razoável", disse Dana. "Os serviços já estão feitos; só precisamos garantir que os endpoints específicos existam em cada um dos DPQs de origem e implementar o novo DPQ de Fornecimento de Especialistas."

"Isso mesmo", disse Logan. "No entanto, precisamos nos preocupar com uma coisa: a análise de tendências depende de dados confiáveis. O que acontece se um dos sistemas de origem do alimentador retornar informações incompletas por um período de tempo? Isso não prejudicará a análise de tendências?"

"Está correto — nenhum dado por um período de tempo é melhor do que dados incompletos, o que faz parecer que havia menos tráfego do que havia", disse Dana. "Podemos apenas dispensar um dia vazio, desde que não aconteça muito."

"Ok, Addison, você sabe o que significa, certo?", Logan disse.

"Sim, com certeza sei — um ADR que especifica informações completas ou nenhuma e uma fitness function para garantir que obtenhamos dados completos."

> ADR: Garantir que as Fontes de DPQ de Fornecimento de Especialistas Forneçam Dados de um Dia Inteiro ou Nenhum
>
> Contexto
>
> O DPQ de Fornecimento de Especialistas realiza análises de tendências em períodos de tempo especificados. Dados incompletos para um determinado dia distorcerão os resultados da tendência e devem ser evitados.

Decisão

Garantiremos que cada fonte de dados para o DPQ de Fornecimento de Especialistas receba instantâneos completos das tendências diárias ou nenhum dado desse dia, permitindo que os cientistas de dados isentem esse dia.

Os contratos entre as fontes de alimentação e o DPQ de Fornecimento de Especialistas devem ser fracamente acoplados para evitar fragilidade.

Consequências

Se muitos dias ficarem isentos devido à disponibilidade ou outros problemas, a precisão das tendências será afetada negativamente.

Fitness functions:

Instantâneo diário completo. Verifique os carimbos de data/hora nas mensagens à medida que chegam. Dado o volume típico de mensagens, qualquer intervalo de mais de um minuto indica um intervalo no processamento, marcando esse dia como isento.

Fitness function de contrato orientada ao consumidor para DPQ de Ticket e DPQ de Fornecimento de Especialistas. Para garantir que a evolução interna do Domínio do Ticket não quebre o DPQ de Fornecimento de Especialistas.

15.
Crie Sua Própria Análise de Trade-Offs

Segunda-feira, 10 de junho, 10h01

A sala de conferências de alguma forma parecia mais iluminada do que naquele fatídico dia de setembro, quando os patrocinadores de negócios do Sysops Squad estavam prestes a desligar toda a linha de negócios do contrato de suporte. As pessoas na sala de conferências conversavam umas com as outras antes do início da reunião, criando uma energia que não era vista na sala de conferências havia muito, muito tempo.

"Bem", disse Bailey, o principal patrocinador de negócios e chefe do aplicativo de abertura de tickets Sysops Squad, "acho que devemos dar início. Como vocês sabem, o objetivo desta reunião é discutir como o departamento de TI conseguiu mudar as coisas e consertar o que era um desastre há nove meses".

"Chamamos isso de retrospectiva", disse Addison. "E é muito útil para descobrir como fazer as coisas melhor no futuro e também para discutir coisas que pareciam funcionar bem."

"Então diga-nos, o que funcionou muito bem? Como você transformou essa linha de negócios do ponto de vista técnico?", perguntou Bailey.

"Na verdade, não foi apenas uma única coisa", disse Austen, "mas uma combinação de muitas coisas. Em primeiro lugar, nós da TI aprendemos uma lição valiosa sobre olhar para os direcionadores de negócios como uma forma de abordar problemas e criar soluções. Antes, costumávamos nos concentrar apenas nos aspectos técnicos de um problema e, como resultado, nunca víamos o panorama geral."

"Essa foi uma parte", disse Dana, "mas um dos fatores que mudou as coisas para mim e a equipe de banco de dados foi começar a trabalhar mais em conjunto com as equipes de aplicativos para resolver problemas. Veja: antes, aqueles de nós no lado do banco de dados fazíamos nossas próprias coisas, e as equipes de desenvolvimento de aplicativos faziam suas próprias coisas. Nunca teríamos chegado aonde estamos agora sem colaborar e trabalhar juntos para migrar o aplicativo Sysops Squad."

"Para mim, foi aprender a analisar adequadamente os trade-offs", disse Addison. "Se não fosse pela orientação, percepções e conhecimento de Logan, não estaríamos como estamos agora. Foi por causa do Logan que conseguimos justificar nossas soluções do ponto de vista do negócio."

"Sobre isso", disse Bailey, "acho que falo por todos aqui quando digo que suas justificativas de negócio iniciais foram o que nos levou a dar a você uma última chance de consertar a bagunça em que estávamos. Era algo a que não estávamos acostumados e, bem, francamente, nos pegou de surpresa — no bom sentido."

"Ok", disse Parker, "agora que todos concordamos que as coisas parecem estar indo bem, como podemos manter esse ritmo? Como encorajamos outros departamentos e divisões dentro da empresa a não se meterem na mesma confusão em que estávamos antes?"

"Disciplina", disse Logan. "Continuamos nosso novo hábito de criar tabelas de trade-offs para todas as nossas decisões, continuamos documentando e comunicando nossas decisões por meio de registros de decisão de arquitetura e continuamos colaborando com outras equipes em problemas e soluções."

"Mas isso não é apenas adicionar muitos processos e procedimentos extras à mistura?", perguntou Morgan, chefe do departamento de marketing.

"Não", disse Logan. "Isso é *arquitetura*. E, como você pode ver, funciona."

Ao longo deste livro, o exemplo unificador ilustra como executar genericamente a análise de trade-offs em arquiteturas distribuídas. No entanto, soluções genéricas raramente existem na arquitetura, e se existem, geralmente são incompletas para arquiteturas altamente específicas e os problemas singulares que elas trazem. Assim, não pensamos que a análise de comunicação abordada no Capítulo 2 seja exaustiva, mas sim um ponto de partida para você adicionar mais colunas para os elementos únicos emaranhados em seu espaço de problema.

Para esse fim, este capítulo fornece alguns conselhos sobre como construir sua própria análise de trade-offs, usando muitas das mesmas técnicas que usamos para derivar as conclusões apresentadas neste livro.

Nosso processo de três etapas para a análise moderna de trade-offs, que apresentamos no Capítulo 2, é o seguinte:

- Encontrar quais partes estão emaranhadas.
- Analisar como elas estão acoplados umas às outras.
- Avaliar os trade-offs determinando o impacto da mudança em sistemas interdependentes.

A seguir, discutimos algumas técnicas e considerações para cada etapa a seguir.

Encontrando Dimensões Emaranhadas

O primeiro passo de um arquiteto nesse processo é descobrir quais dimensões estão emaranhadas ou entrelaçadas. Isso é exclusivo dentro de uma arquitetura específica, mas pode ser descoberto por desenvolvedores experientes, arquitetos, pessoal de operações e outras funções familiarizadas com o ecossistema geral existente e seus recursos e restrições.

Acoplamento

A primeira parte da análise responde a esta pergunta para um arquiteto: como as partes de uma arquitetura são acopladas umas às outras? O mundo do desenvolvimento de software tem uma grande variedade de definições de acoplamento, mas usamos a versão mais simples e intuitiva para este exercício: se alguém mudar X, isso possivelmente forçará Y a mudar?

No Capítulo 2, descrevemos o conceito de acoplamento estático entre quanta de arquitetura, que fornece um diagrama estrutural abrangente de acoplamento técnico. Não existe nenhuma ferramenta genérica para construir isso porque cada arquitetura é única. No entanto, dentro de uma organização, uma equipe de desenvolvimento pode criar um diagrama de acoplamento estático, manualmente ou por meio de automação.

Por exemplo, para criar um diagrama de acoplamento estático para um microsserviço dentro de uma arquitetura, um arquiteto precisa reunir os seguintes detalhes:

- Sistemas operacionais/dependências de contêineres.
- Dependências entregues via gerenciamento de dependência transitiva (frameworks, bibliotecas etc.).
- Dependências de persistência em bancos de dados, mecanismos de pesquisa, ambientes de nuvem etc.
- Pontos de integração de arquitetura necessários para o serviço inicializar por si mesmo

- Infraestrutura de mensagens (como um agente de mensagens) necessária para permitir a comunicação com outros quanta.

O diagrama de acoplamento estático não considera outros quanta cujo único ponto de acoplamento é a comunicação do fluxo de trabalho com este quantum. Por exemplo, se um serviço de Atribuição de Tickets cooperar com o Gerenciamento de Tickets em um fluxo de trabalho, mas não tiver outros pontos de acoplamento, eles serão estaticamente independentes (mas acoplados dinamicamente durante o fluxo de trabalho real).

As equipes que já têm a maioria de seus ambientes construídos por meio de automação podem incorporar a esse mecanismo generativo uma capacidade extra para documentar os pontos de acoplamento à medida que o sistema é construído.

Para este livro, nosso objetivo foi medir os trade-offs no acoplamento e na comunicação da arquitetura distribuída. Para determinar o que se tornou nossas três dimensões de acoplamento quântico dinâmico, analisamos centenas de exemplos de arquiteturas distribuídas (microsserviços e outras) para determinar os pontos de acoplamento comuns. Em outras palavras, todos os exemplos que examinamos eram sensíveis a mudanças nas dimensões de *comunicação*, *consistência* e *coordenação*.

Esse processo destaca a importância do design iterativo na arquitetura. Nenhum arquiteto é tão brilhante a ponto de seu primeiro rascunho ser sempre perfeito. A construção de topologias de amostra para fluxos de trabalho (da mesma forma que fazemos neste livro) permite que um arquiteto ou equipe crie uma visualização de matriz de trade-offs, permitindo uma análise mais rápida e completa do que as abordagens *ad hoc*.

Analise os Pontos de Acoplamento

Uma vez que um arquiteto ou equipe tenha identificado os pontos de acoplamento que deseja analisar, o próximo passo é modelar as possíveis combinações de forma leve. Algumas das combinações podem não ser viáveis, permitindo que o arquiteto pule a modelagem dessas combinações. O objetivo da análise é determinar quais forças o arquiteto precisa estudar — em outras palavras, quais forças requerem análise de trade-off? Por exemplo, para nossa análise de acoplamento dinâmico quântico de arquitetura, escolhemos acoplamento, complexidade, responsividade/disponibilidade e escala/elasticidade como nossas principais preocupações de trade-off, além de analisar as três forças de comunicação, consistência e coordenação, conforme mostrado na tabela de classificações para o "Padrão Saga[(aeo)]" no Capítulo 12, aparecendo novamente na Tabela 15-1.

Tabela 15-1. Classificações para o padrão Parallel Saga

Parallel Saga	Classificações
Comunicação	Assíncrona
Consistência	Eventual
Coordenação	Centralizada
Acoplamento	Baixo
Complexidade	Baixa
Responsividade/disponibilidade	Alta
Escala/elasticidade	Alta

Ao construir essas listas de classificação, consideramos cada solução de projeto (nossos padrões nomeados) isoladamente, combinando-os apenas no final para ver as diferenças, mostradas na Tabela 15-2.

Trade-Offs

Tabela 15-2. Comparação consolidada de padrões de acoplamento dinâmico

Padrão	Nível de acoplamento	Complexidade	Rensponsividade/ disponibilidade	Escala/ elasticidade
Epic Saga	Muito alto	Baixa	Baixa	Muito baixa
Phone Tag Saga	Alto	Alta	Baixa	Baixa
Fairy Tale Saga	Alto	Muito baixa	Média	Alta
Time Travel Saga	Médio	Baixa	Média	Alta
Fantasy Fiction Saga	Alto	Alta	Baixa	Baixa
Horror Story	Médio	Muito alta	Baixa	Média
Parallel Saga	Baixo	Baixa	Alta	Alta
Anthology Saga	Muito baixo	Alta	Alta	Muito alta

Depois de analisar cada padrão de forma independente, criamos uma matriz para comparar as características, levando a observações interessantes. Primeiro, observe a correlação inversa direta entre *nível de acoplamento* e *escala/*

elasticidade: quanto mais acoplamento presente no padrão, pior sua escalabilidade. Isso intuitivamente faz sentido; quanto mais serviços envolvidos em um fluxo de trabalho, mais difícil para um arquiteto projetar em escala.

Em segundo lugar, fizemos uma observação semelhante sobre *responsividade/disponibilidade* e nível de *acoplamento*, que não é tão direta quanto a correlação anterior, mas também é significativa: maior acoplamento leva a menos responsividade e disponibilidade porque, quanto mais serviços envolvidos em um fluxo de trabalho, maior a probabilidade de todo o fluxo de trabalho falhar com base em uma falha de serviço.

Essa técnica de análise exemplifica a arquitetura *iterativa*. Nenhum arquiteto, independentemente de sua inteligência, pode entender instantaneamente as nuances de uma situação verdadeiramente única — e essas nuances se apresentam constantemente em arquiteturas complexas. Construir uma matriz de possibilidades informa os exercícios de modelagem que um arquiteto pode querer fazer para estudar as implicações de permutar uma ou mais dimensões para ver o efeito resultante.

Avaliar os Trade-Offs

Depois de criar uma plataforma que permita cenários iterativos "e se", concentre-se nos trade-offs fundamentais para uma determinada situação. Por exemplo, focamos a comunicação síncrona *versus* assíncrona, uma escolha que cria uma série de possibilidades e restrições — tudo na arquitetura de software é um trade-off. Assim, escolher uma dimensão fundamental como a sincronicidade limita as escolhas futuras. Com essa dimensão agora fixa, execute o mesmo tipo de análise iterativa em decisões subsequentes encorajadas ou forçadas pela primeira. Uma equipe de arquitetos pode repetir esse processo até resolver as decisões difíceis — em outras palavras, decisões com dimensões emaranhadas. O que resta é design.

Técnicas de Trade-Off

Com o tempo, os autores criaram várias análises de trade-offs e elaboraram alguns conselhos sobre como abordá-las.

Análise Qualitativa Versus Quantitativa

Você deve ter observado que praticamente nenhuma de nossas tabelas de trade-off são *quantitativas* — baseadas em números —, mas sim *qualitativas* — medindo a qualidade de algo, em vez da quantidade, o que é necessário porque duas arquiteturas sempre diferirão o suficiente para evitar verdadeiras comparações quantitativas. No entanto, usar a análise estatística em um grande conjunto de dados permite uma análise qualitativa razoável.

Por exemplo, ao comparar a escalabilidade dos padrões, examinamos várias *implementações* diferentes de combinações de comunicação, consistência e coordenação, avaliando a escalabilidade em cada caso e nos permitindo construir a escala comparativa mostrada na Tabela 15-2.

Da mesma forma, os arquitetos dentro de uma organização específica podem realizar o mesmo exercício, construindo uma matriz dimensional de preocupações acopladas e observando exemplos representativos (seja dentro da organização existente ou picos localizados para testar teorias).

Recomendamos que você aprimore a habilidade de realizar análises qualitativas, pois existem poucas oportunidades para verdadeiras análises quantitativas na arquitetura.

Listas MECE

É importante que os arquitetos tenham certeza de que estão comparando as mesmas coisas, em vez de coisas totalmente diferentes. Por exemplo, não é válido comparar uma fila de mensagens simples com um barramento de serviço corporativo, que contém uma fila de mensagens, mas também dezenas de outros componentes.

Um conceito útil emprestado do mundo da estratégia de tecnologia para ajudar os arquitetos a obter a combinação correta de coisas para comparar é uma *lista MECE*, um acrônimo para *mutuamente exclusivo, coletivamente exaustivo*:

Mutuamente exclusivo
  Nenhum dos recursos pode se sobrepor entre os itens comparados. Como no exemplo anterior, é inválido comparar uma fila de mensagens com um ESB inteiro porque não são realmente a mesma categoria de coisa. Se você deseja comparar apenas os recursos de mensagens ausentes das outras partes, isso reduz a comparação a duas coisas mutuamente comparáveis.

Coletivamente exaustivo
  Isso sugere que você cobriu todas as possibilidades no espaço de decisão e não deixou de fora nenhum recurso óbvio. Por exemplo, se uma equipe de arquitetos está avaliando filas de mensagens de alto desempenho e considera

apenas um ESB e uma fila de mensagens simples, mas não Kafka, eles não consideraram todas as possibilidades no espaço.

O objetivo de uma lista MECE é cobrir completamente um espaço de categoria, sem lacunas ou sobreposições, conforme ilustrado na Figura 15-1.

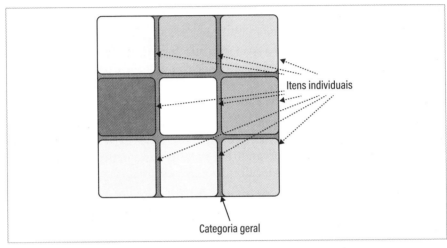

Figura 15-1. Uma lista MECE é mutuamente exclusiva e coletivamente exaustiva.

O ecossistema de desenvolvimento de software evolui constantemente, descobrindo novos recursos ao longo do caminho. Ao tomar uma decisão com implicações de longo prazo, um arquiteto deve se certificar de que não acabou de chegar um novo recurso que altera os critérios. Garantir que os critérios de comparação sejam coletivamente exaustivos incentiva essa exploração.

A Armadilha do "Fora de Contexto"

Ao avaliar os trade-offs, os arquitetos devem se certificar de manter a decisão no contexto, caso contrário, fatores externos afetarão indevidamente sua análise. Muitas vezes, uma solução tem muitos aspectos benéficos, mas carece de recursos críticos que impedem o sucesso. Os arquitetos precisam ter certeza de equilibrar o conjunto *correto* de trade-offs, não todos os disponíveis.

Por exemplo, talvez um arquiteto esteja tentando decidir se deve usar um serviço compartilhado ou uma biblioteca compartilhada para funcionalidade comum dentro de uma arquitetura distribuída, conforme ilustrado na Figura 15-2.

15. CRIE SUA PRÓPRIA ANÁLISE DE TRADE-OFFS

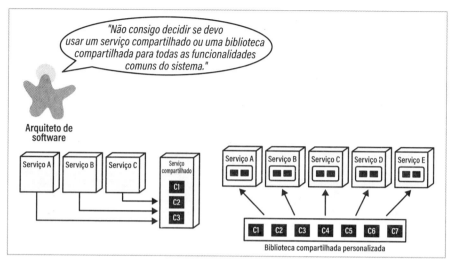

Figura 15-2. Decidindo entre serviço compartilhado ou biblioteca em uma arquitetura distribuída.

O arquiteto diante dessa decisão começará a estudar as duas soluções possíveis, tanto por meio de características gerais descobertas por meio de pesquisas quanto mediante dados experimentais dentro de sua organização. Os resultados desse processo de descoberta levam a uma matriz de trade-offs como a mostrada na Figura 15-3.

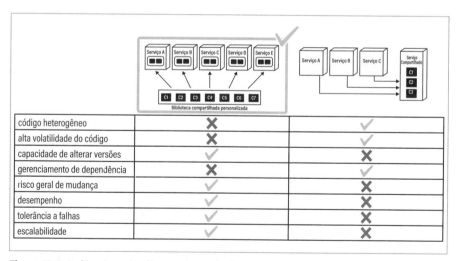

Figura 15-3. Análise de trade-offs para duas soluções.

O arquiteto parece justificado em escolher a abordagem de biblioteca compartilhada, já que a matriz claramente favorece essa solução... *em geral*. No entanto, essa decisão exemplifica o *problema do fora do contexto* — quando o contexto extra para o problema se torna claro, os critérios de decisão mudam, conforme ilustrado na Figura 15-4.

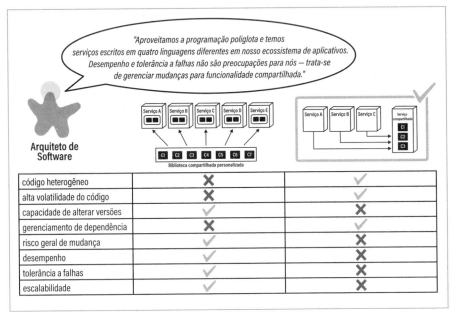

Figura 15-4. Mudança de decisão com base em contexto adicional.

O arquiteto continuou a pesquisar não apenas o problema genérico de serviço *versus* biblioteca, mas o contexto real que se aplica a essa situação. Lembre-se, as soluções genéricas raramente são úteis em arquiteturas do mundo real sem a aplicação de contexto específico de situação adicional.

Esse processo enfatiza duas observações importantes. Primeiro, encontrar o melhor contexto para uma decisão permite que o arquiteto considere menos opções, simplificando muito o processo de decisão. Um conselho comum dos sábios do software é "adotar designs simples", sem nunca explicar como atingir esse objetivo. Encontrar o contexto *estreito* correto para as decisões permite que os arquitetos pensem menos, em muitos casos, simplificando o projeto.

Em segundo lugar, é fundamental que os arquitetos entendam a importância do design *iterativo* na arquitetura, diagramando amostras de soluções arquitetônicas para jogar jogos qualitativos de "e se" para ver como as dimensões da arquitetura impactam umas às outras. Usando o design iterativo, os arquitetos podem investigar possíveis soluções e descobrir o contexto adequado ao qual uma decisão pertence.

Modelo de Casos de Domínio Relevantes

Os arquitetos não devem tomar decisões no vácuo, sem drivers relevantes que agreguem valor à solução específica. Adicionar esses drivers de domínio de volta ao processo de decisão pode ajudar o arquiteto a filtrar as opções disponíveis e focar os trade-offs realmente importantes.

Por exemplo, considere esta decisão de um arquiteto sobre criar um único serviço de pagamento ou um serviço separado para cada tipo de pagamento, conforme ilustrado na Figura 15-5.

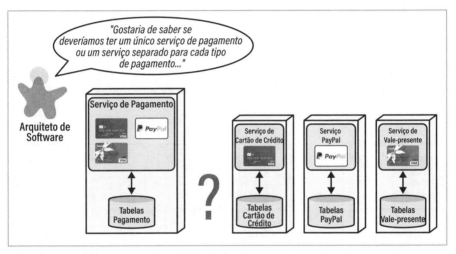

Figura 15-5. Escolher entre um único serviço de pagamento ou um por tipo de pagamento.

Conforme discutimos no Capítulo 7, os arquitetos podem escolher entre vários integradores e desintegradores para auxiliar nessa decisão. No entanto, essas forças são genéricas — um arquiteto pode adicionar mais nuances à decisão modelando alguns cenários prováveis.

Por exemplo, considere o primeiro cenário, ilustrado na Figura 15-6, para atualizar um serviço de processamento de cartão de crédito.

Nesse cenário, ter serviços separados fornece melhor *manutenibilidade*, *testabilidade* e *implantabilidade*, tudo com base no isolamento de nível quântico dos serviços. No entanto, a desvantagem de serviços separados geralmente é o código duplicado para evitar o acoplamento quântico estático entre os serviços, o que prejudica o benefício de ter serviços separados.

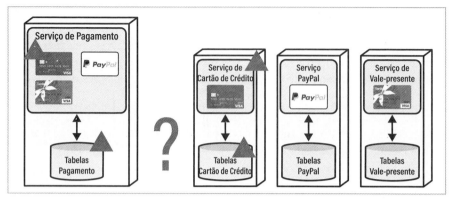

Figura 15-6. Cenário 1: atualizando o serviço de processamento de cartão de crédito.

No segundo cenário, o arquiteto modela o que acontece quando o sistema adiciona um novo tipo de pagamento, conforme mostrado na Figura 15-7.

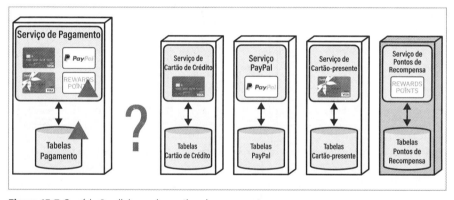

Figura 15-7. Cenário 2: adicionando um tipo de pagamento.

O arquiteto adiciona um tipo de pagamento de *pontos de recompensa* para ver o impacto que isso causa nas características de arquitetura de interesse, destacando a *extensibilidade* como um benefício de serviços separados. Até agora, os serviços separados parecem atraentes.

No entanto, como em muitos casos, fluxos de trabalho mais complexos destacam as partes difíceis da arquitetura, conforme mostrado no terceiro cenário na Figura 15-8.

Nesse cenário, o arquiteto começa a perceber os verdadeiros trade-offs envolvidos nessa decisão. A utilização de serviços separados requer coordenação para esse fluxo de trabalho, mais bem gerenciado por um orquestrador. No entanto, como discutimos no Capítulo 11, mudar para um orquestrador provavelmente causa um impacto negativo no desempenho e torna a consistência dos dados um desafio maior. O arquiteto pode evitar o orquestrador, mas a lógica do fluxo de trabalho deve residir em algum lugar — lembre-se, o acoplamento semântico pode ser aumentado apenas via implementação, nunca diminuído.

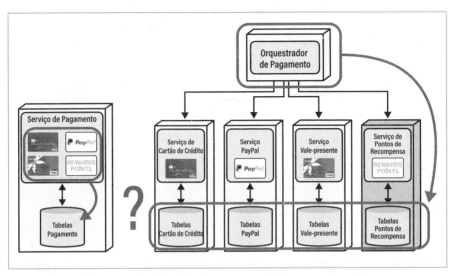

Figura 15-8. Cenário 3: usando vários tipos de pagamento.

Tendo modelado esses três cenários, o arquiteto percebe que a verdadeira análise de trade-offs se resume ao que é mais importante: *desempenho e consistência de dados* (um único serviço de pagamento) ou *extensibilidade e agilidade* (serviços separados).

Pensar em problemas de arquitetura de forma genérica e abstrata leva um arquiteto apenas até certo ponto. Como a arquitetura geralmente evita soluções genéricas, é importante que os arquitetos desenvolvam suas habilidades na modelagem de cenários de domínio relevantes para obter melhores análises e decisões de trade-off.

Prefira Pontos Principais a Evidências Esmagadoras

É fácil para os arquitetos acumular uma enorme quantidade de informações em busca de aprender todas as facetas de uma análise de trade-offs específica. Além disso, quem aprende algo novo geralmente quer contar aos outros sobre isso, especialmente se achar que a outra parte estará interessada. No entanto, muitos dos detalhes técnicos que os arquitetos descobrem são misteriosos para as partes interessadas não técnicas, e a quantidade de detalhes pode sobrecarregar sua capacidade de adicionar insights significativos à decisão.

Em vez de mostrar todas as informações que eles coletaram, um arquiteto deve reduzir a análise de trade-offs a alguns pontos-chave, que às vezes são agregados de trade-offs individuais.

Considere o problema comum que um arquiteto pode enfrentar em uma arquitetura de microsserviços sobre a escolha de comunicação síncrona ou assíncrona, ilustrado na Figura 15-9.

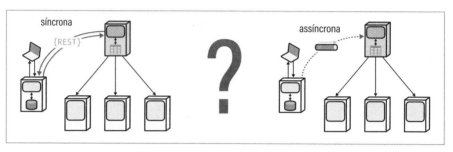

Figura 15-9. Decidindo entre os tipos de comunicação.

O orquestrador da solução síncrona faz chamadas REST síncronas para se comunicar com os colaboradores do fluxo de trabalho, enquanto a solução assíncrona usa filas de mensagens para implementar a comunicação assíncrona.

Depois de considerar os fatores genéricos que apontam para um *versus* o outro, o arquiteto pensa em cenários de domínio específicos de interesse para as partes interessadas não técnicas. Para isso, o arquiteto construirá uma tabela de trade-offs semelhante à Tabela 15-3.

Trade-Offs

Tabela 15-3. Trade-offs entre comunicação síncrona e assíncrona para processamento de cartão de crédito

Síncrona vantagem	Síncrona desvantagem	Assíncrona vantagem	Assíncrona desvantagem
	O cliente deve aguardar o início do processo de aprovação do cartão de crédito.	Não há espera pelo processo para iniciar.	
A aprovação de crédito é garantida para começar antes que a solicitação do cliente termine.			Não há garantia de que o processo foi iniciado.
	Solicitação do cliente rejeitada se o orquestrador estiver inoperante.	Envio da solicitação não dependente do orquestrador.	

Depois de modelar esses cenários, o arquiteto pode criar uma decisão final para as partes interessadas: o que é mais importante, *uma garantia de que o processo de aprovação de crédito comece imediatamente ou responsividade e tolerância a falhas?* A eliminação de detalhes técnicos confusos permite que as partes interessadas não técnicas do domínio se concentrem nos resultados, em vez de nas decisões de design, o que ajuda a evitar afogá-los em um mar de detalhes.

Evitando Óleo de Cobra e Evangelismo

Um infeliz efeito colateral do entusiasmo pela tecnologia é o evangelismo, que deveria ser um luxo reservado a líderes e desenvolvedores de tecnologia, mas tende a colocar arquitetos em apuros.

O problema surge porque, quando alguém evangeliza uma ferramenta, técnica, abordagem ou qualquer outra coisa pela qual as pessoas se entusiasmam, começa a realçar as partes boas e a diminuir as partes ruins. Infelizmente, na arquitetura de software, os trade-offs sempre acabam voltando para complicar as coisas.

Um arquiteto também deve desconfiar de qualquer ferramenta ou técnica que prometa novos recursos incríveis, que vêm e vão regularmente. Sempre force os evangelistas da ferramenta ou técnica a fornecer uma avaliação honesta do bom e do ruim — nada na arquitetura de software é totalmente bom —, o que permite uma decisão mais equilibrada.

Por exemplo, considere um arquiteto que teve sucesso no passado com uma determinada abordagem e se torna um evangelista com isso, conforme ilustrado na Figura 15-10.

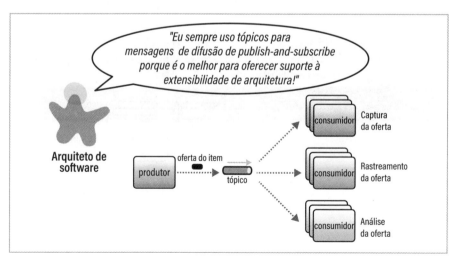

Figura 15-10. Um arquiteto evangelista que pensa ter encontrado uma solução mágica.

Esse arquiteto provavelmente já trabalhou em problemas no passado em que a extensibilidade era uma característica principal da arquitetura e acredita que essa capacidade sempre conduzirá o processo de decisão. No entanto, as soluções em arquitetura raramente escalam fora dos limites estreitos de um espaço de problema específico. Por outro lado, evidências anedóticas costumam ser convincentes. Como você chega ao verdadeiro trade-off se escondendo atrás do evangelismo instintivo?

Embora a experiência seja útil, a análise de cenários é uma das ferramentas mais poderosas de um arquiteto para permitir o design iterativo sem a construção de sistemas inteiros. Ao modelar cenários prováveis, um arquiteto pode descobrir se uma determinada solução irá, de fato, funcionar bem.

No exemplo mostrado na Figura 15-10, um sistema existente usa um único tópico para transmitir mudanças. O objetivo do arquiteto é adicionar *histórico de ofertas* ao fluxo de trabalho — a equipe deve manter a abordagem publish-and-subscribe existente ou mudar para mensagens ponto a ponto para cada consumidor?

Para descobrir os trade-offs desse problema específico, o arquiteto deve modelar cenários de domínio prováveis usando as duas topologias. A inclusão do histórico de ofertas no design publish-and-subscribe existente aparece na Figura 15-11.

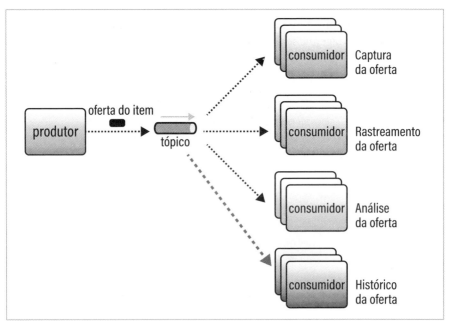

Figura 15-11. Cenário 1: adicionando histórico de ofertas ao tópico existente.

Embora essa solução funcione, ela tem problemas. Primeiro, e se as equipes precisarem de contratos diferentes para cada consumidor? Construir um único grande contrato que englobe tudo implementa o antipadrão "Acoplamento de Selo para Gerenciamento de Fluxo de Trabalho", no Capítulo 13. Forçar cada equipe a se unificar em um único contrato cria um ponto de acoplamento acidental na arquitetura — se uma equipe alterar suas informações necessárias, todas as equipes devem se coordenar nessa mudança. Em segundo lugar, e a segurança dos dados? Usando um único tópico de publicação e assinatura, cada consumidor tem acesso a todos os dados, o que pode criar problemas de segurança e também problemas de PII (Informações de Identificação Pessoal, discutidas no Capítulo 14). Em terceiro lugar, o arquiteto deve considerar as diferenças características da arquitetura operacional entre os diferentes consumidores. Por exemplo, se a equipe de operações quiser monitorar a profundidade da fila e usar o dimensionamento automático para *captura da oferta* e *rastreamento da oferta*, mas não para os outros dois serviços, o uso de um único tópico impede esse recurso — os consumidores agora estão operacionalmente acoplados.

Para mitigar essas deficiências, o arquiteto deve modelar a solução alternativa para ver se ela resolve os problemas anteriores (e não introduz novos intratáveis). A versão da fila individual aparece na Figura 15-12.

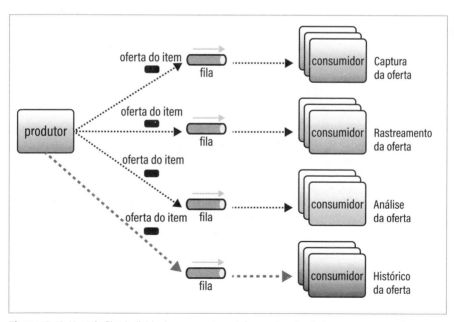

Figura 15-12. Usando filas individuais para capturar informações da oferta.

Cada parte desse fluxo de trabalho (captura de ofertas, rastreamento de ofertas, análise de ofertas e histórico de ofertas) utiliza suas próprias filas de mensagens e aborda muitos dos problemas anteriores. Primeiro, cada consumidor pode ter seu próprio contrato, desvinculando os consumidores uns dos outros. Em segundo lugar, a segurança de acesso e controle de dados reside no contrato entre o produtor e cada consumidor, permitindo diferenças tanto na informação quanto na taxa de mudança. Em terceiro lugar, cada fila agora pode ser monitorada e dimensionada independentemente.

É claro que, neste ponto do livro, você deve perceber que o sistema baseado em ponto a ponto também não é perfeito, mas oferece um conjunto diferente de trade-offs.

Uma vez que o arquiteto tenha modelado ambas as abordagens, parece que as diferenças se resumem às opções mostradas na Tabela 15-4.

Trade-Offs

Tabela 15-4. Trade-offs entre ponto-a-ponto versus mensagens publish-and-subscribe

Ponto-a-ponto	Publish-and-subscribe
Permite contratos heterogêneos.	Extensibilidade (fácil de adicionar novos consumidores).
Acesso de segurança e controle de dados mais granulares.	
Perfis operacionais individuais por consumidor.	

No final, o arquiteto deve consultar as partes interessadas (operações, arquitetos corporativos, analistas de negócios, e assim por diante) para determinar qual desses conjuntos de trade-offs é mais importante.

Às vezes, um arquiteto não escolhe evangelizar algo, mas é coagido a desempenhar o papel oposto, principalmente para algo que não tem nenhuma vantagem clara. As tecnologias desenvolvem fãs, às vezes fervorosos, que tendem a minimizar as desvantagens e aumentar as vantagens.

Por exemplo, recentemente, um líder técnico em um projeto tentou convencer um dos autores em uma discussão sobre monorepo *versus* desenvolvimento baseado em tronco [em inglês, *trunk-based development*]. Ambos têm aspectos bons e ruins, uma decisão clássica de arquitetura de software. O líder técnico era um fervoroso defensor da abordagem monorepo e tentou forçar o autor a assumir a posição oposta — não é uma discussão se não existem dois lados.

Em vez disso, o arquiteto apontou que era um trade-off, explicando gentilmente que muitas das vantagens apresentadas pelo líder técnico exigiam um nível de disciplina que nunca havia se manifestado na equipe no passado, mas certamente irá melhorar.

Em vez de ser forçado a assumir a posição oposta, o arquiteto forçou uma análise de trade-off do mundo real, não baseada em soluções genéricas. O arquiteto concordou em tentar a abordagem monorepo, mas também reunir métricas para garantir que os aspectos negativos da solução não se manifestassem. Por exemplo, um dos antipadrões prejudiciais que eles queriam evitar era o acoplamento acidental entre dois projetos devido à proximidade do repositório, então o arquiteto e a equipe criaram uma série de fitness functions para garantir que, embora fosse tecnicamente possível criar um ponto de acoplamento, a fitness function impediu isso.

Não permita que outros o forcem a evangelizar algo — traga-o de volta aos trade-offs.

Aconselhamos os arquitetos a evitar a evangelização e a tentar se tornar os árbitros objetivos dos trade-offs. Um arquiteto agrega valor real a uma organização não perseguindo solução mágica após solução mágica, mas aprimorando suas habilidades em analisar os trade-offs à medida que aparecem.

Saga Sysops Squad: Epílogo

Segunda-feira, 20 de junho, 16h55

"Ok, acho que finalmente entendi. Não podemos simplesmente confiar em conselhos genéricos para nossa arquitetura — é muito diferente de todas as outras. Temos que fazer o trabalho duro de análise de trade-offs constantemente."

"Está correto. Mas não é uma desvantagem — é uma vantagem. Assim que aprendermos como isolar dimensões e realizar análises de trade-offs, aprenderemos coisas concretas sobre nossa arquitetura. Quem se importa com as outras, genéricas?

Se pudermos reduzir o número de trade-offs para um problema a um número pequeno o suficiente para verdadeiramente modelá-los e testá-los, obteremos um conhecimento inestimável sobre nosso ecossistema. Você sabe, os engenheiros estruturais construíram um mundo de matemática e outras ferramentas preditivas, mas construir suas coisas é difícil e caro. O software é muito... bem, mais suave. Eu sempre disse que o *teste é o rigor de engenharia do desenvolvimento de software*. Embora não tenhamos o tipo de matemática que outros engenheiros têm, podemos construir e testar nossas soluções de forma incremental, permitindo muito mais flexibilidade e aproveitando a vantagem de um meio mais flexível. Testar com resultados objetivos permite que nossas análises de trade-offs passem do qualitativo para o quantitativo — da especulação à engenharia. Quanto mais fatos concretos pudermos aprender sobre nosso ecossistema único, mais precisa nossa análise poderá se tornar."

"Sim, isso faz sentido. Quer ir para nosso encontro depois do trabalho para comemorar a grande virada?"

"Claro."

APÊNDICE A
Referências de conceitos e termos

Neste livro, fizemos várias referências a termos ou conceitos explicados em detalhes em nosso livro anterior, *Fundamentos da Arquitetura de Software*. O que se segue é uma referência para esses termos e conceitos:

Complexidade ciclomática: Capítulo 6

Acoplamento de componentes: Capítulo 7

Coesão de componentes: Capítulo 7

Particionamento técnico versus de domínio: Capítulo 8

Arquitetura em camadas: Capítulo 10

Arquitetura baseada em serviços: Capítulo 13

Arquitetura de microsserviços: Capítulo 12

APÊNDICE B
Referências de registro de decisão de arquitetura

Cada decisão do Sysops Squad neste livro foi acompanhada por um Registro de Decisão de Arquitetura [ADR] correspondente. Consolidamos todos os ADRs aqui para facilitar a consulta:

"ADR: Uma frase substantiva curta contendo a decisão de arquitetura", na página 6.

"ADR: Migrar o Aplicativo Sysops Squad para uma Arquitetura Distribuída", na página 64.

"ADR: Migração Usando a Abordagem de Decomposição Baseada em Componentes", na página 81.

"ADR: Uso de Banco de Dados de Documentos para Pesquisa de Clientes", na página 186.

"ADR: Serviço Consolidado de Atribuição e Encaminhamento de Tickets", na página 212.

"ADR: Serviço Consolidado para Funcionalidade Relacionada ao Cliente", na página 216.

"ADR: Usando um Sidecar para Acoplamento Operacional", na página 242.

"ADR: Uso de uma Biblioteca Compartilhada para Lógica Comum de Banco de Dados de Abertura de Tickets", na página 248.

"ADR: Propriedade de Tabela Única para Contextos Limitados", na página 279.

"ADR: Serviço de Survey é Proprietário da Tabela Pesquisa", na página 280.

"ADR: Uso de Cache Replicado na Memória para Dados de Perfil de Especialista", na página 280.

"ADR: Usar a Orquestração para o Fluxo de Trabalho do Ticket Primário", na página 322.

"ADR: Contrato Flexível para Aplicativo Móvel do Especialista Sysops Squad", na página 380.

"ADR: Garantir que as Fontes de DPQ de Fornecimento de Especialistas Forneçam Dados de um Dia Inteiro ou Nenhum", na página 397.

APÊNDICE C
Referências a Trade-Offs

O foco principal deste livro é a análise de trade-offs; para esse fim, criamos uma série de tabelas e figuras de trade-offs na Parte II para resumir os trade-offs em torno de uma preocupação específica de arquitetura. Este apêndice resume todas as tabelas e figuras de trade-offs para fácil referência:

Figura 6-25, "Bancos de dados relacionais classificados para várias características de adoção", na página 165.

Figura 6-26, "Bancos de dados de chave-valor classificados para várias características de adoção", na página 168.

Figura 6-27, "Bancos de dados de documentos classificados para várias características de adoção", na página 171.

Figura 6-28, "Bancos de dados de família de colunas classificados para várias características de adoção", na página 173.

Figura 6-30, "Bancos de dados de grafos classificados para várias características de adoção", na página 175.

Figura 6-31, "Novos bancos de dados SQL classificados para várias características de adoção", na página 178.

Figura 6-32, "Bancos de dados nativos da nuvem classificados para várias características de adoção", na página 179.

Figura 6-33, "Bancos de dados de séries temporais classificados para várias características de adoção", na página 181.

Tabela 8-1, "Trade-offs para a técnica de replicação de código", na página 223.

Tabela 8-2, "Trade-offs para a técnica de biblioteca compartilhada", na página 228.

Tabela 8-3, "Trade-offs para a técnica de serviço compartilhado", na página 233.

Tabela 8-4, "Trade-offs para o padrão Sidecar/técnica de malha de serviço", na página 239.

Tabela 9-1, "Trade-offs da técnica de divisão da tabela de propriedade conjunta", na página 255.

Tabela 9-2, "Trade-offs da técnica de domínio de dados de propriedade conjunta", na página 257.

Tabela 9-3, "Trade-offs da técnica de delegação de propriedade conjunta", na página 260.

Tabela 9-4, "Trade-offs da técnica de consolidação de serviços de propriedade conjunta", na página 261.

Tabela 9-5, "Trade-offs do padrão de sincronização em segundo plano", na página 271.

Tabela 9-6, "Trade-offs do padrão baseado em solicitação orquestrada", na página 275.

Tabela 9-7, "Trade-offs do padrão baseado em eventos", na página 278.

Tabela 10-1, "Trade-offs para o padrão de acesso a dados de Comunicação entre Serviços", na página 284.

Tabela 10-2, "Trade-offs para o padrão de acesso a dados de Replicação de Esquema de Coluna", na página 286.

Tabela 10-3, "Trade-offs associados ao padrão de acesso a dados de cache replicado", na página 292.

Tabela 10-4, "Trade-offs associados ao padrão de acesso a dados do domínio de dados", na página 294.

Tabela 11-1, "Trade-offs para orquestração", na página 304.

Tabela 11-2, "Trade-offs para o padrão Controlador Frontal", na página 311.

Tabela 11-3, "Trade-offs para coreografia sem estado", na página 311.

Tabela 11-4, "Trade-offs para acoplamento de selo", na página 312.

Tabela 11-5, "Trade-offs para o estilo de comunicação de coreografia", na página 313.

APÊNDICE B REFERÊNCIAS DE REGISTRO DE DECISÃO DE ARQUITETURA

Tabela 11-6, "Trade-offs entre orquestração e coreografia para o fluxo de trabalho dos tickets", na página 317.

Tabela 11-7, "Trade-offs atualizados entre orquestração e coreografia para fluxo de trabalho de tickets", na página 318.

Tabela 11-8, "Trade-offs finais entre orquestração e coreografia para fluxo de trabalho de tickets", na página 318.

Tabela 12-11, "Trade-offs associados ao gerenciamento de estado, em vez de transações distribuídas atômicas com atualizações de compensação", na página 352.

Tabela 12-12, "Trade-offs associados a transações distribuídas atômicas e atualizações de compensação", na página 354.

Tabela 13-1, "Trade-offs para contratos rígidos", na página 365.

Tabela 13-2, "Trade-offs para contratos flexíveis", na página 366.

Tabela 13-3, "Trade-offs para contratos orientados ao consumidor", na página 371.

Tabela 13-4, "Trade-offs para acoplamento de selo", na página 374.

Tabela 14-1, "Trade-offs para o padrão Data Warehouse", na página 383.

Tabela 14-2, "Trade-offs para o padrão Data Lake", na página 386.

Tabela 14-3, "Trade-offs para o padrão Malha de Dados", na página 393.

Tabela 15-2, "Comparação consolidada de padrões de acoplamento dinâmico", na página 401.

Tabela 15-3, "Trade-offs entre comunicação síncrona e assíncrona para processamento de cartão de crédito", na página 410.

Tabela 15-4, "Trade-offs entre ponto-a-ponto *versus* mensagens publish-and-subscribe", na página 414.

Índice

A

abordagem publish-and-subscribe 414
abstração do banco de dados 136
ações downstream 357
acoplamento 29–30, 100
   de carimbo 373
   de componentes 117
   de domínio 242
   de implementação 308
   de selo 312, 330, 365
   de serviço 286, 304
   dinâmico 25, 31, 39
   em arquitetura 16
   estático 31, 34
   flexível 371
   operacional 236, 240
   rígido 116, 155, 331
   semântico 308
   síncrono 40
   técnico 245
   total 117
agilidade arquitetônica 51
alterações de interrupção 134
Antipadrão
   de Migração de Elefantes 66
   Grande Bola de Lama 67–68
aplicativo monolítico 117, 127

Architecture Trade-off Analysis Method — ATAM 29
arquitetura
   baseada em serviços 73
   de integração 363
   de microkernel 52
   distribuída 24, 127
   hexagonal 236–237
   iterativa 404
   menos modular 85
   monolítica 73
   orientada a serviços 3
   particionada por domínio 52
arquivo de exclusão 97–98
arquivos de classe 103
assinantes duráveis 278
assincronicidade 28, 341
ativo compartilhado 68
atomicidade 264, 266
atualização de compensação 325
automação operacional 129

B

banco de dados
   poliglota 160
   relacional 5, 36, 255
big blob 166

C

cache
    de memória replicado 289
    distribuído 289
capacidade de controlar versões 230
características da arquitetura composta 8
cerimônia de implantação 57
chaves estrangeiras 145–146
classes órfãs 104–105
cluster monolítico 135
código aberto 3
coesão funcional 44, 144
coletivamente exaustivo 405
complexidade geral do componente 87
comportamentos de domínio 76
computação distribuída 374
comunicação
    assíncrona 40–41, 267
    síncrona 40
comunicações
    leste-oeste 203
consistência 264
    ajustável 166–167
    eventual 17, 267
consultas de esquema cruzado 157
conteinerização 49, 74, 129
contexto limitado 223
contrato orientado ao consumidor 370
controlador frontal 329
controle de alterações 133
coreografia 203
    coordenação de 374
    sem estado 312
cota de conexão 139

D

dados
    analíticos 5
    operacionais 5
decomposição
    arquitetônica 66
    baseada em componentes 66, 80
    baseada em volatilidade 193
    de dados 129
    do banco de dados 74
    funcional 87, 106
desacoplamento de implementação 369
desatualização dos dados 388
desempenho 159
desenvolvimento baseado em tronco 417
desintegradores
    de dados 133
    de granularidade 189–190
desvio semântico 236
diagramas isomórficos 323
difusão semântica 246
disponibilidade básica 267
domínio de dados 150, 156, 294
duplicação
    de código 97
    de implementação 236
durabilidade 264–265, 267

E

efeito de desemaranhamento 75
elasticidade 58–59
endpoint 232
Enterprise Service Bus (ESB) 27, 301
escalabilidade 12, 133, 194, 304
    aumento da 51

horizontal 174
escopo e função do serviço 190
Esquema Estrela 381-382
estado de soberania de dados
por serviço 158
estratégia de conexão 139
estrutura
    de diretório 86
    de pacote 86
estruturas de grafos com profundidade arbitrária 163
extensibilidade 49, 191, 410-411
extensões de arquivo XIII
eXtreme Programming (XP) 7

F

falha catastrófica 60
fatores de replicação 178
fidelidade de contrato 370
fila de mensagens 41
    mortas 279
filas persistentes 253
fitness functions 97, 108, 239
    de arquitetura 6
    holísticas 9, 87-88
fluxo de trabalho 203
    centralizado 304
    distribuído 129
funcionalidade 198
    de notificação do cliente 101

G

gatilhos 145-146
gerenciamento
    de conexão 133
    de dependências 227, 230
    de estado 304

governança de arquitetura 6
grande bola de lama
não estruturada 66
granularidade 188-189
    de serviço 32, 43

I

implantabilidade 409
implantação independente 44
implementabilidade 51
    independente 32
instabilidade 70
instância de serviço 138
instrução 189
integração
    contínua 7
    governada 371
integradores
    de dados 133
    de granularidade 190
isolamento 264, 266

L

latência
    da rede 285
    de dados 285-286
    de replicação 292
    de segurança 285
linguagem
    de definição de dados 255
    orientada a objetos 69
link simbólico 156
listas de verificação 15
lógica
    de domínio comum 96
    multicasting 273

M

malha de serviço 390
manifestos de contêiner 45
manipulação de erros 304
manutenibilidade 51, 409
mensagens de solicitação-resposta 253
métricas de acoplamento 68
microfrontend 38-39
microsserviços 3, 4, 73
    arquteturas de 16
    de baixa granularidade 28
migração monolítica 84
modelo único de cache
na memória 289
modularidade 188-189
    arquitetônica 50-51
módulo genérico 33
monólito distribuído 66, 227
monorepo 417
mutuamente exclusivo 405

N

namespace de nó-folha 104
namespaces 82
    raiz 104
nomes de arquivo XIII

O

O Paradoxo da Escolha 160
orquestração 28
    centralizada 3
    de contêineres 37
Orquestrador de Solicitação 35
otimização do tipo de banco
de dados 134

P

padrão
    Controlador Frontal 310-311
    de bifurcação tática 77
    de orquestração 301
    Sidecar 236-237, 389
particionamento técnico 382
pensamento e design diligentes 4
pipelines de lagos downstream 388
plano de governança 139
princípio
    da responsabilidade única 188, 192
    DRY 222
princípios SOLID 192
prioridade
    de características operacionais 259
    de domínio primário 259
problemas
    de PII 415
    de sincronização 236
    multidimensionais 30
Processamento de Transações Online 5
processo de cinco etapas 150
projeto orientado a domínio 33-35
propriedade de dados 43
protocolos assíncronos 233

Q

quanta arquitetônicos 134
quantum
    de arquitetura 159
    de produto de dados 389

R

recuperabilidade 304

recursos compartilhados 3
refatoração 87
relacionamento um-para-muitos 121
relações de propriedade 252
requisitos de escalabilidade 139
responsabilidade de gerenciamento de domínio 260
responsividade 304
reutilização ortogonal 240

S

segurança 190
sempre consistente, paradigma 161
serviço
    compartilhado 97
    orquestrador 324
serviços
    de domínio 128
    esquecidos 135
sincronização transacional imediata 287
sistema
    distribuído 141, 285
    monolítico 96
soft state 267
solicitações atômicas coesas 204
subdomínios 105
supercolunas 170

T

tabela de auditoria 96
taxa
    de alteração 245
    de transferência 190, 194
tempo
    de compilação 225
    de execução 231
    imite de solicitação 142
    médio de inicialização 59
teorema CAP 256
testabilidade 51, 409
testes de regressão 56
tolerância a falhas 133, 159, 190, 304
tomada de decisões 1–2
Topologia de Produção 176
transação
    ACID 263
    atômica 41, 261
    distribuída 129, 265
    holística 333
transacionalidade 28, 43
    independente 368

V

velocidade de lançamento no mercado 51–52
volatilidade do código 190

Z

zona
    de disponibilidade 177
    de dor 71–72
    de inutilidade 71–72